Software Architecture: The Hard Parts

소프트웨어 아키텍처

The Hard Parts

분산 아키텍처를 위한 모던 트레이드오프 분석

O'REILLY® 한빛미디어 Hanbit Media, Inc.

마이크로서비스를 구축하고 전체 기술 스택에서 아키텍처 결정의 미묘한 차이를 분석하는 일을 해오며 항상 뭔가 허전함을 느꼈는데, 이 책은 그런 부분이 없도록 아주 꽉 채워주는 것 같습니다. 여러분이 분산 시스템을 구축하기로 했다면, 이 책을 읽어보면서 어떤 아키텍처 결정을 내릴 수 있고 각각의 장단점은 무엇인지를 체계적으로 정리할 수 있습니다. 요즘 대세인 분산 시스템을 구축하는 모든 아키텍트의 필독서입니다.

알렉산다르 세라피모스키 Aleksandar Serafimoski, **쏘우트웍스 수석 컨설턴트**

아키텍처에 관심이 많은 기술인이라면 반드시 읽어야 하는 책입니다. 다양한 패턴을 너무나도 정확하게 잘 표현했습니다.

바냐 세스 Vanya Seth, **쏘우트웍스 인도 법인 기술 책임자**

여러분이 야망을 품은 아키텍트든, 팀을 리딩하는 경력 많은 아키텍트든, 이 책은 엔터프라이즈 애플리케이션과 마이크로서비스를 성공적으로 구축하는 길로 여러분을 안내할 것입니다.

벤캣 수브라마니암 박사 Dr. Venkat Subramaniam, **애자일 디벨로퍼**Agile Developer **창업자이자 수상 작가**

『소프트웨어 아키텍처 The Hard Parts』는 고도로 결합된 시스템을 분해해 다시 쌓아올리는데 꼭 필요한 인사이트, 프랙티스, 실제 사례를 아낌없이 제공합니다. 이 책을 읽고 나면, 효과적인 트레이드오프 분석 기술을 확보해 더 나은 아키텍처 의사 결정을 내리게 될 것입니다.

주스트 반 위넨 Joost van Weenen, **인퓨즈 컨설팅**Infuze Consulting **공동 창업자 겸 경영자**

Software Architecture: The Hard Parts

소프트웨어 아키텍처

The Hard Parts

분산 아키텍처를 위한 모던 트레이드오프 분석

소프트웨어 아키텍처 The Hard Parts

분산 아키텍처를 위한 모던 트레이드오프 분석

초판 1쇄 발행 2022년 10월 1일
초판 2쇄 발행 2024년 1월 20일

지은이 닐 포드, 마크 리처즈, 프라모드 세달라지, 세막 데그하니 / **옮긴이** 이일웅 / **펴낸이** 김태헌
펴낸곳 한빛미디어(주) / **주소** 서울시 서대문구 연희로2길 62 한빛미디어(주) IT출판2부
전화 02-325-5544 / **팩스** 02-336-7124
등록 1999년 6월 24일 제25100-2017-000058호 / **ISBN** 979-11-6921-029-4 93000

총괄 송경석 / **책임편집** 박민아 / **기획** 박용규 / **편집** 박민아 / **교정** 전도영
디자인 표지 최연희 내지 박정화 / **전산편집** 황지영
영업 김형진, 장경환, 조유미 / **마케팅** 박상용, 한종진, 이행은, 김선아, 고광일, 성화정, 김한솔 / **제작** 박성우, 김정우

이 책에 대한 의견이나 오탈자 및 잘못된 내용에 대한 수정 정보는 한빛미디어(주)의 홈페이지나 아래 이메일로
알려주십시오. 잘못된 책은 구입하신 서점에서 교환해드립니다. 책값은 뒤표지에 표시되어 있습니다.
한빛미디어 홈페이지 www.hanbit.co.kr / **이메일** ask@hanbit.co.kr

지금 하지 않으면 할 수 없는 일이 있습니다.
책으로 펴내고 싶은 아이디어나 원고를 메일(writer@hanbit.co.kr)로 보내주세요.
한빛미디어(주)는 여러분의 소중한 경험과 지식을 기다리고 있습니다.

정말 잘 읽었습니다. 분산 아키텍처에 관한 지식을 이렇게 포괄적으로 잘 정리하다니! 기본 개념은 철저하게 살펴보면서 실용적인 조언을 잘 버무린 훌륭한 책입니다.

데이빗 클로엣 David Kloet**, 인디펜던트 소프트웨어**Independent Software **아키텍트**

'진흙잡탕'을 쪼개는 건 쉬운 일이 아닙니다. 이 책을 읽고 나면 어떤 서비스를 따로 빼내야 하고 어떤 서비스를 함께 두는 게 좋을지 알게 해주는, 코드부터 데이터까지 큰 그림을 바라보는 안목이 생길 것입니다.

루벤 디아즈-마르티네즈 Ruben Diaz-Martinez**, 코드사이**Codesai **소프트웨어 개발자**

이 책은 현대 소프트웨어 아키텍처의 난제들을 해결하기 위한 이론적 배경지식뿐 아니라 실용적인 프레임워크도 다루는 충실한 안내서가 될 것입니다.

제임스 루이스 James Lewis**, 쏘우트웍스 기술 리더**

지은이·옮긴이 소개

지은이 **닐 포드** Neal Ford

소프트웨어 회사인 쏘우트웍스^{Thoughtworks}(IT 산업을 혁신하고 긍정적인 사회 변화를 창출하는 동시에 가장 난해한 과제를 해결하는 기술을 제공하고자 다양한 방법을 모색하는, 열정과 끈기를 가진 사람들의 커뮤니티)의 이사이자 소프트웨어 아키텍트, 밈 랭글러^{meme wrangler*}입니다. 국제적으로 공인된 소프트웨어 개발/인도 전문가로, 특히 애자일 엔지니어링과 소프트웨어 아키텍트가 결합된 분야가 전문입니다. (지금도 집필 중이지만) 7권의 책을 저술했고 다수의 잡지에 기고했으며, 수십 개의 동영상에 출연했습니다. 또한 전 세계 수백 명의 개발자 콘퍼런스에서 연설한 바 있으며, 소프트웨어 아키텍처, 지속적인 인도, 함수형 프로그래밍, 최첨단 소프트웨어 혁신, 기술 프레젠테이션 능력 향상을 주제로 한 각종 책과 동영상을 제작했습니다. 그가 운영하는 웹 사이트 *Nealford.com*을 방문해보세요.

지은이 **마크 리처즈** Mark Richards

마이크로서비스 아키텍처, 서비스 지향 아키텍처, 분산 시스템 아키텍처의 설계/구현 등 다양한 기술 실무 분야를 경험한 소프트웨어 아키텍트입니다. 1983년부터 소프트웨어 업계에 종사해왔으며 애플리케이션, 연계 등 엔터프라이즈 아키텍처 분야에서 상당한 경험과 전문 지식을 갖고 있습니다. 『소프트웨어 아키텍처 101』과 '소프트웨어 아키텍처 기초' 동영상 시리즈를 비롯한 엔터프라이즈 메시징과 마이크로서비스에 관한 수많은 기술 서적과 동영상을 제작했고, 콘퍼런스 연사이자 트레이너로서 전 세계 수백여 콘퍼런스와 유저 그룹에서 다양한 엔터프라이즈 관련 기술을 주제로 강연한 바 있습니다.

---

* 옮긴이_다른 사람들과 길고 복잡한 토론을 거쳐 도출된 아이디어를 생각으로 묶고 정리하는 사람. 닐 포드가 자신을 밈 랭글러라고 소개하게 된 재미있는 사연을 *http://nealford.com/memeagora/2011/05/01/meme_wrangler_origins.html*에서 읽어볼 수 있습니다.

지은이 **프라모드 세달라지** Pramod Sadalage

씽크웍스Thinkworks의 데이터/데브옵스 부문 이사입니다. 애플리케이션 개발, 애자일 데이터베이스 개발, 진화적 데이터베이스 설계, 알고리즘 설계, 데이터베이스 관리 등이 전문 분야입니다.

지은이 **세막 데그하니** Zhamak Dehghani

쏘우트웍스의 신기술 부문 이사입니다. 실버브룩 리서치Silverbrook Research에서 수석 소프트웨어 엔지니어, 폭스 테크놀로지Fox Technology에서 수석 소프트웨어 엔지니어로 일했습니다.

옮긴이 **이일웅**

20년 가까이 국내외 엔터프라이즈 현장에서 자바 전문 풀스택 개발자, 소프트웨어/애플리케이션 아키텍트로 프로젝트를 수행했습니다. 어느덧 50대를 바라보는 중년 아재가 됐지만 아직도 궁금한 기술이 많은 엔지니어이고, 20여 권의 IT 전문서를 번역하며 동료, 후배 개발자들과 지식과 경험을 나누는 일에도 힘쓰고 있습니다. 집에서는 세 여인의 분에 넘치는 사랑을 받고 사는, 세상에서 제일 행복한 딸바보 아빠입니다.

이 책은 『소프트웨어 아키텍처 101』의 실무편에 해당하는 후속작으로, 분산 아키텍처를 구축할 때 서비스를 나눠야 하는 경우와 합쳐야 하는 경우를 각각 세분도^{granularity} 분해인과 통합인이라는 두 가지 관점에서 바라보고, 어떻게 하면 아키텍트가 객관적으로 트레이드오프를 분석해서 올바른 의사 결정을 내릴 수 있는지 이야기합니다. 전작이 소프트웨어 아키텍처의 중심 철학과 다양한 아키텍처의 세계를 빠르게 훑어보는 개론서였다면, 『소프트웨어 아키텍처 The Hard Parts』는 제목에 걸맞게 실무 아키텍처링을 할 때 가장 난해한, 그러나 한번 결정되면 바꾸기 어렵고 근본적인 영향을 미치는 부분(하드 파트$^{hard\ part}$)을 진지하게 살펴봅니다.

이 책 곳곳에서 여러 차례 등장하는 말이지만, 소프트웨어 아키텍처의 모든 게 다 트레이드오프이고, 어떤 아키텍처가 최적인지는 그때그때 경우에 따라 다릅니다$^{it\ depends!}$. 아키텍처는 아무리 열심히 구글링을 해봐도 정답을 찾을 수 없고, 단시간에 한두 권의 책을 읽는다고 섭렵할 수 있는 분야도 아닙니다. 전문 피아니스트가 매일매일 꾸준히 손가락 훈련을 하면서 연습을 게을리하지 않아야 연주회 무대에 설 수 있는 것처럼, 소프트웨어 아키텍트 역시 평소 여러 가지 아키텍처 구축 방안을 모색하고 각각의 트레이드오프를 객관적으로 분석하는 연습을 꾸준히 지속해야 중요한 의사 결정 순간에 회사 이해관계자들에게 정당한 명분과 타당성을 제시할 수 있을 것입니다.

네 저자들이 워낙 필력이 대단한 분들이라 그런지, 제목은 '하드 파트'이지만 마치 한 편의 흥미진진한 소설을 읽는 듯한 독특한 즐거움이 있습니다. 특히, 이 책을 번역한 저처럼 프로젝트 현장에서 소프트웨어 아키텍트로 종사하는 분들께는 오히려 전작보다 훨씬 마음에 와닿고 피부로 느껴지는 내용들이 더 많아 유익할 것입니다. 아키텍처 영역으로 시야를 넓히고자 하는 개발자나 프로그래머 분들이 읽어도 본인의 커리어에 큰 도움이 될 만한 책이어서, 해외 아키텍처 구루^{guru}들이 오랜 세월 갈고 닦으면서 다져온 노하우를 습득할 수 있는 좋은 기회가 될 것이라고 생각합니다.

『소프트웨어 아키텍처 101』의 역자로서 이 책의 번역을 흔쾌히 받아들였지만, 아직도 미약한 제 글솜씨로 이렇게 좋은 책을 국내 IT 기술자 여러분들께 선보이게 돼 두려운 마음이 앞섭니다. 부디 1년 가까이 밤잠을 줄여가며 뭔가 의미 있는 일을 하려던 제 의도가 헛되지 않기를 바랍니다. 역자 서문 마지막에 늘 등장하는 문장이지만, 원고 작업 때문에 많은 시간을 함께하지 못한 세 여인, 세상에서 제일 예쁜 아내와 두 딸 제이, 솔이에게 사랑하는 마음, 고마운 마음 가득 담아 이 책을 바칩니다.

2022년 유난히 더운 여름날
이일웅

닐과 마크가 이 책의 전작인 『소프트웨어 아키텍처 101』을 집필하는 동안, 우리*는 그동안 힌번 다뤄보고 싶었지만 너무 어려웠던 복잡한 아키텍처 사례를 계속 접해왔습니다. 어느 한 가지도 쉬운 솔루션은 없었고 지저분한 트레이드오프 범벅이었죠. 우리는 이런 사례들을 이른바 '하드 파트The Hard Parts'라는 서류철에 따로 쌓아 뒀습니다. 『소프트웨어 아키텍처 101』이 출간되자, 이 제 이 거대한 하드 파트 더미를 하나씩 들춰보며 현대 아키텍처에서 왜 이런 문제들이 그렇게 해결하기 어려운지 곰곰이 생각해봤습니다.

우리는 아키텍트처럼 일하면서 모든 사례를 빠짐없이 살펴보고 검토하며 각 경우마다 트레이 드오프를 분석했습니다. 또한 그러한 트레이드오프에 도달하게 된 과정에도 관심을 기울였습 니다. 처음에는 아키텍처 결정에서 데이터의 중요성이 점점 더 커지고 있다는 사실을 실감했습 니다. 즉, 누가 데이터에 접근하고 쓸 수 있는지, 또 분석 데이터와 운영 데이터를 어떻게 분리 해서 관리할지라는 문제가 점점 더 중요해지고 있습니다. 그래서 이 분야의 전문가들에게 자문 을 구했고, 아키텍처에 대한 데이터data to architecture, 데이터에 대한 아키텍처architecture to data라는 두 가지 측면에서 의사 결정을 완전하게 통합할 수 있었습니다. 이 책은 그 결과 탄생하게 된 결과 물로서 현대 소프트웨어 아키텍처의 갖가지 난제들과 결정을 어렵게 만드는 각종 트레이드오 프를 소개하고, 마지막으로 여러분 자신이 처한 문제에 동일한 트레이드오프 분석을 적용하는 방법을 차근차근 안내할 것입니다.

----

*　옮긴이_이 책에서는 전작인 『소프트웨어 아키텍처 101』과 마찬가지로, 4명의 공저자를 '필자'라고 표현하는 대신 '우리'라고 부드럽게 호 칭합니다.

감사의 말

우리의 강의, 워크숍, 콘퍼런스 세션, 유저user(사용자) 그룹 미팅에 참석하신 분들, 그리고 이 책의 중간 버전에 관심을 갖고 소중한 피드백을 전해주신 모든 분께 진심으로 감사드립니다. 오프라인으로 계속 피드백을 받으며 새로운 주제를 진행하기란 정말 어려운 일인데, 매번 소중한 의견을 아낌없이 전해주신 여러분들, 고맙습니다. 우리가 힘들지 않게 물심양면 도와주신 오라일리O'Reilly 출판 팀 여러분께도 감사합니다. 또한 Pasty Geeks, Hacker B&B 같은 이름의 그룹을 만들어 냉철한 판단과 창의적 발상의 오아시스를 만들어주신 학생 여러분들께도 감사를 표합니다.

바냐 세스Vanya Seth, 벤켓 수브라마니안Benkat Subramanian, 주스트 반 위넨Joost Van Weenen, 그래디 부흐 Grady Booch, 루벤 디아즈Ruben Diaz, 데이빗 클로엣David Kloet, 매트 스타인Matt Stein, 대닐로 사토Danilo Sato, 제임스 루이스James Lewis, 샘 뉴먼Sam Newman 등 이 책의 기술 리뷰자 분들, 감사합니다! 여러분의 날카로운 통찰력과 피드백은 우리의 기술 콘텐츠를 검증하고 더 나은 책을 만드는 데 큰 도움이 됐습니다.

여기서 우리는 예기치 못한 글로벌 팬데믹의 영향을 받은 수많은 근로자와 그 가족 분들께도 특별한 감사를 표하고자 합니다. 사회 각계각층의 많은 친구들과 동료들에게 닥친 엄청난 혼란과 재난에 비하면, 지식 노동자로서 우리는 그저 조금 불편함을 느낀 정도에 불과할 것입니다. 특히, 이 정도로 끔찍한 비극이 찾아오리라 전혀 생각치 못했음에도 꿋꿋하게 대처해주신 의료 종사자 여러분들께 깊은 경의를 표하고 감사드립니다. 어떤 말로도 고마운 마음을 충분히 표현하기가 어렵네요.

마크 리처즈

앞의 감사 인사와 더불어, 저를 도와준 제 사랑스러운 아내 레베카에게 감사합니다. 이 책은 당신이 소설을 집필하면서도 끊임없는 지지와 충고를 해준 덕분에 빛을 보게 된 거야. 레베카, 당신은 내게 전부라니깐! 저의 좋은 친구이자 공저자인 닐 포드 씨에게도 감사합니다. 당신과

(진직과 마찬가지로) 이 책의 지료를 함께 검토한 시간은 진짜 소중하고 값진 경험이었어요. 우리의 우정이 영원하길!

닐 포드

저의 가족이나 다름없는 쏘우트웍스 임직원 여러분들께 감사드립니다. 특히 레베카 파슨스, 마틴 파울러 씨께 감사의 말씀을 전합니다. 쏘우트웍스는 고객 가치를 창출하는 동시에 시스템을 개선하기 위해 비즈니스가 작동되는 이유를 주의 깊게 관찰하는 특별한 그룹입니다. 쏘우트웍스는 다양한 방법으로 이 책의 집필을 지원했으며, 매일 도전하면서 내게 영감을 주는 쏘우트웍스 직원들을 계속 성장시키고 있습니다. 사회적 거리두기를 하며 가뜩이나 힘든 시절을 겨우 버텨내는 상황에서 우리가 잠시 일상을 탈출하고자 거의 매주 들렸던 동네 칵테일 클럽에 감사합니다. 일단 한번 시작하면 유쾌한 대화를 멈추기 어려운, 제 오랜 친구 노먼 자피엔Norman Zapien에게도 고맙다는 말을 전합니다. 마지막으로, 집에서 키우는 고양이보다 책을 더 뚫어져라 쳐다보고 있는 남편의 생활 스타일을 변함없이 지켜준 내 아내 캔디, 정말 고마워!

프라모드 세달라지

저를 배려하고 이해해준 아내 루팔리Rupali와 사랑스러운 두 딸, 아룰라Arula와 아르하나Arhana에게 감사합니다. 아빠는 너희 모두를 사랑한단다! 제가 함께 근무하는 고객사 직원 분들과 개념 및 내용을 반복 적용하는 데 도움을 준 다양한 콘퍼런스가 없었다면, 이 책에 아무것도 쓰지 못했을 것입니다. 새로운 개념을 반복 적용할 수 있는 좋은 자리와 기회를 주신, 최근 고객사였던 AvidXchange 임직원 여러분들께 감사드립니다. 아낌없는 지원을 계속해주신 쏘우트웍스사에도 감사의 말씀을 드립니다. 닐 포드, 레베카 파슨스, 마틴 파울러 씨, 당신들은 정말 대단한 멘토입니다. 저를 더 나은 사람으로 만들어주셨죠. 마지막으로 부모님, 특히 매일매일 그리운 제 어머니 쇼바Shobha에게 감사합니다. 엄마, 보고 싶어요!

세막 데그하니

이 놀라운 작업에 동참할 수 있게 기꺼이 허락해주신 마크와 닐에게 감사할 따름입니다. 제 남편 아드리안Adrian의 지속적인 지원과 딸 아리아나Arianna의 인내심이 아니었다면 이 책을 위해 아무것도 할 수 없었을 거예요. 둘 다 사랑해!

CONTENTS

CONTENTS

CHAPTER 5 컴포넌트 기반 분해 패턴

CHAPTER **6** **운영 데이터 분리**

CONTENTS

CHAPTER **7** 서비스 세분도

CONTENTS

CONTENTS

CHAPTER 15 자신만의 트레이드오프 분석

'베스트 프랙티스'가 없다면?

소프트웨어 아키텍트 같은 기술자technologist가 콘퍼런스에 참석하거나 책을 쓰는 이유는 뭘까요? 이른바 '베스트 프랙티스best practice (모범 사례)'라고 알려진 것들이 세상에 차고 넘쳐 그 용어가 남용되다 보니 사람들은 점점 반발심을 갖게 되는 것 같습니다. 용어야 어쨌든 기술자는 일반적인 문제에 대한 새로운 솔루션solution (해결책)을 찾고 그것을 더 많은 사람에게 알리고자 책을 씁니다.

하지만 솔루션이 없는 문제들은 어떻게 다뤄야 할까요? 소프트웨어 아키텍처 분야는 하나같이 모든 영역에 걸쳐 제네릭generic*1한 솔루션이 없습니다. 온갖 지저분한 문제투성이에 거의 똑같이 지저분한 트레이드오프trade-off (상충 관계)†2만 잔뜩 널려 있죠.

소프트웨어 개발자는 인터넷을 검색해 자신이 맞닥뜨린 문제를 해결하는 데 일가견이 있는 사람들입니다. 가령, 자신의 개발 환경에서 어떤 플러그인을 설정하는 방법이 궁금하면 재빨리 구글에서 답을 찾아낼 수 있죠.

그러나 아키텍트는 그렇게 할 수가 없습니다.

아키텍트는 조직이 처한 상황과 환경에 대해 큰 그림을 그리는 사람들이므로 거의 대부분 문제에 독특한 어려움이 도사리고 있습니다. 누군가 지금 바로 이 상황과 정확히 똑같은 경험을 한

---

* 옮긴이_ '일반적인(general)'이라는 의미에 더해 '종류와 형식에 상관없이 모든 경우에 적용 가능한'이라는 뉘앙스를 갖고 있습니다. 이 책에서 이와 같이 우리말로 전달하기 어려운 미묘한 의미를 가진 용어는 가급적 원어를 음차해 옮겼습니다.

† 옮긴이_ 다른 측면에서 이득을 얻으면서 집합 또는 디자인의 품질, 양, 속성을 없애거나 잃어버리는 일이 수반되는 상황적 결정을 말합니다. 즉, 하나가 증가하면 다른 하나는 무조건 감소한다는 것을 뜻합니다(출처: 위키백과).

사람이 자기 블로그나 스택 오버플로Stack Overflow에 글을 쓸 확률이 얼마나 될까요?

프레임워크나 API 같은 기술적인 주제를 다룬 책은 많은데, 왜 아키텍처 책은 이리도 드문지 궁금한 아키텍트들도 많을 것입니다. 아키텍트는 일반적인 문제보다는 새로운 상황에서 창의적인 의사 결정을 하느라 끊임없이 고군분투하는 사람들입니다. 그들에게 모든 문제는 마치 눈송이snowflake*와노 같아서 어떤 소식은 물론 전 세계적으로도 새로운 것들이 대부분입니다. 이런 문제를 다룬 책이나 콘퍼런스 세션도 있을 리가 없지요!

아키텍트는 자신의 문제를 해결하기 위해 은제 탄환silver-bullet 솔루션(만병통치약)을 찾아 헤매선 안 됩니다. 프레드 브룩스Fred Brooks가 이 말을 처음 언급했던 1986년이나 지금이나 그런 편리한 방법 따위는 없습니다.

> 기술이든 관리 기법이든 단일한 개발은 없으며, 10년 내 생산성, 신뢰성, 단순성 측면에서 한 자릿 수 정도의 개선(10배)만을 약속할 뿐이다.
>
> 프레드 브룩스, '은제 탄환 같은 건 없다No Silver Bullet'[1]

모든 문제가 하나하나 새로운 도전을 요하기에 어떻게든 문제를 해결하려는 중대한 의사 결정의 양편에 치우친 수많은 트레이드오프를 냉정하게 판단하고 평가할 때 아키텍트의 진가가 드러납니다. 이 책의 저자들은 (이 책은 물론이고 현실에서도) '최고의 솔루션best solution'이란 말은 입에 담지 않습니다. '최고'라는 말 자체가 아키텍트가 자신의 설계에서 있을 법한 모든 경쟁 팩터competing factor를 최대화하려는 의도를 포함하고 있기 때문입니다. 그래서 우리는 이렇게 가볍게 조언합니다.

> **NOTE**
> 소프트웨어 아키텍처에서는 최고의 설계를 고집하지 마세요. 그 대신에 나쁜 것 중에서 제일 나은(least worst) 트레이드오프 조합을 찾으세요.

실제로 아키텍트가 만들어낼 수 있는 최고의 설계는 나쁜 것 중에서 제일 나은 트레이드오프의 조합인 경우가 많습니다. 어느 한 가지 아키텍처 특성만 우월한 게 아니라, 다른 경쟁 아키텍처 특성도 균형이 다 잘 맞아야 프로젝트를 성공으로 이끌 수 있습니다.

---

* 옮긴이_겨울에 하늘에서 내리는 눈송이는 모두 똑같은 것처럼 보이지만, 현미경으로 확대해보면 단 하나도 똑같은 게 없습니다.

사, 그럼 이런 의문이 들 것입니다. "아키텍트는 어떻게 나쁜 것 중에서 제일 나은 트레이드오프를 찾아낼 수(그리고 그것을 효과적으로 문서화할 수) 있을까?" 이 책은 의사 결정을 주로 다루며, 아키텍트가 새로운 상황에서 좀 더 현명하게 결정할 수 있도록 안내합니다.

1.1 왜 '하드 파트'인가?

이 책의 제목을 왜 『소프트웨어 아키텍처 The Hard Parts』라고 지었을까요? 여기서 '하드hard'라는 단어는 두 가지 의미를 가집니다.* 첫째, '어려움difficulty'입니다. 아키텍트는 이전에 그 누구도 경험해보지 못한 난제에 끊임없이 직면해 의사 결정을 내리는, 대인 관계 및 정치적 환경에 시달리면서도 장기적인 영향을 미칠 만한 갖가지 기술 결정을 내리는 사람들입니다.

둘째, '단단함solidity'입니다. 하드웨어와 소프트웨어를 구분하는 이치와 마찬가지로, 하드한 것은 소프트한 것의 기반이 되므로 쉽사리 바뀌지 않습니다. 아키텍트는 아키텍처와 설계를 구분 지어 바라보는데, 전자는 구조에 관한 것이라 쉽게 달라지지 않지만 후자는 이보다 훨씬 더 쉽게 변경됩니다. 이 책은 주로 아키텍처의 근본적인 부분을 다룰 것입니다.

소프트웨어 아키텍처에 대한 정의는 오랫동안 실무자들이 비생산적인 대화로 시간을 허비하는 빌미가 된 것 같습니다. 그중 '소프트웨어 아키텍처는 나중에 바꾸기 어려운 것'이라는 약간 비틀어 표현한 듯한 정의가 가장 잘 알려져 있는데, 이것이 이 책의 주요 내용이기도 합니다.

1.2 소프트웨어 아키텍처에 관한 영원불변의 조언

소프트웨어 개발 생태계는 끊임없이, 무질서하게 변하고 또 발전합니다. 불과 수년 전에 유행한 주제들이 생태계에 흡수돼 묻히거나 다른 것들로 금세 대체되는 일도 허다합니다. 예컨대, 10년 전만 해도 대기업의 주요 아키텍처 스타일은 오케스트레이션 중심의 서비스 지향 아키텍처였지만, 요즘 그런 아키텍처 스타일로 시스템을 구축하는 회사는 별로 없습니다. 최근 분산

----

* 옮긴이_원문에서도 풀어 설명하고 있듯이, 'hard'는 '어렵다'라는 의미와 '단단하다'라는 의미가 공존하는 단어입니다. 단지 어려울(hard) 뿐만 아니라 한번 잘못된 결정을 내리면 단단하게 굳어져(hard) 다시 뜯어내고 고치려면 더 어려워지는(hard) 것이 아키텍처의 본질이라는 사상을 묘하게 잘 표현하고 있습니다.

시스템에서 가장 각광받는 스타일은 단연 마이크로서비스입니다. 어떻게, 그리고 왜 그렇게 변하게 됐을까요?

아키텍트는 어떤 아키텍처 스타일(특히 예전부터 전해 내려온 스타일)을 바라볼 때, 그 아키텍처가 대세였던 당시에 어떤 제약 조건constraints들이 있었는지 생각해야 합니다. 서비스 지향 아키텍처가 인기를 끌 시내에는 낡은 기업이 합병돼 대기업이 됐고, 그러한 전환 과정에서 갖가지 통합 문제가 대두됐습니다. 또 대기업에서 오픈 소스가 (종종 기술적인 이유보다는 정치적인 이유로) 선택 가능한 옵션이 아니었던 시절이었죠. 따라서 아키텍트는 공유 리소스shared resource와 중앙 집중식 오케스트레이션centralized orchestration을 솔루션으로 강조했습니다.

하지만 그러는 동안, 오픈 소스와 리눅스Linux는 꽤 쓸 만한 대안으로 굳어져 운영체제도 상업적으로 무료 사용이 가능해졌습니다. 그런데 퍼핏Puppet*과 셰프Chef† 같은 도구와 더불어 리눅스로도 얼마든지 운영이 가능해지면서 대전환이 시작됐고, 덕분에 개발 팀은 그들의 환경을 자동화 빌드의 일부로서 프로그래밍 방식으로 돌려볼 수 있게 됐습니다. 이런 일이 가능해지면서, 마이크로서비스와 함께 급부상했던 컨테이너 및 오케스트레이션 도구의 인프라를 통해 아키텍처 혁신의 시발점이 마련됐습니다.

이와 같이 소프트웨어 개발 생태계는 전혀 예상치 못했던 방향으로 확장하고 진화합니다. 새로운 기능이 다른 기능으로 이어지고, 없던 기능이 불쑥 튀어나오기도 합니다. 시간이 죽 흐르면서 생태계는 한 번에 하나씩 스스로를 완전히 대체합니다.

이것이 기술, 구체적으로는 소프트웨어 아키텍처에 대한 책을 쓰는 사람들의 오랜 딜레마이기도 합니다. 그래서 우리는 이 책에서 기술이나 상세 구현에 집중하는 대신, 아키텍트가 어떻게 의사 결정을 내리는지, 새로운 상황에 처했을 때 트레이드오프를 어떻게 객관적으로 평가할 것인지에 집중했습니다. 세부 사항과 콘텍스트context(맥락, 전후 사정)는 요즘 시나리오와 사례를 이용해 제시하지만, 새로운 문제에 직면했을 때의 트레이드오프 분석과 그에 따른 의사 결정이 가장 중요한 주제입니다.

---

* 옮긴이_오픈 소스 소프트웨어 형상 관리 도구(출처: 위키백과). *https://puppet.com*

† 옮긴이_루비와 얼랭으로 작성된 형상 관리 도구의 이름이자 회사명. 시스템 구성 '레시피(recipe)'를 작성하기 위해 순수 루비 형태의 도메인 특화 언어(DSL)를 사용한다(출처: 위키백과). *https://www.chef.io*

1.3 아키텍처에서 데이터의 중요성

데이터는 소중한 것입니다. 데이터는 시스템 자체보다 더 오래갈 테니까요.

팀 버너스-리[Tim Berners-Lee]

대부분의 아키텍처에서 데이터는 '모든 것[everything]'입니다. 어떤 시스템이든 데이터는 시스템이나 아키텍처보다 훨씬 오래 지속되므로 공들여 연구하고 설계해야 합니다. 하지만 많은 데이터 아키텍트가 본능적으로 단단하게 결합된 시스템을 추구하기 때문에 현대 분산 아키텍처의 곳곳에서 충돌이 일어납니다. 예를 들면, 아키텍트와 DBA는 모놀리스 시스템을 분해하는 것과 같은 아키텍처의 큰 변화가 일어나도 비즈니스 데이터가 온전히 살아남아 가치를 창출할 수 있도록 만들어야 합니다.

데이터는 한 기업의 가장 중요한 자산이라고 합니다. 기업은 자사가 보유한 데이터에서 가치를 끌어내려고 노력하며 이 데이터를 의사 결정에 활용할 새로운 방법을 찾습니다. 이제 기존 고객 서비스부터 신규 고객 확보, 고객 유지[customer retention]* 증대, 제품 개선, 판매 및 기타 동향 예측까지 기업의 모든 부분이 데이터 중심으로 돌아갑니다. 이러한 데이터 의존 현상은 모든 소프트웨어 아키텍처가 데이터를 서비스하기 위해 움직이며 기업의 모든 부문에서 올바른 데이터를 사용할 수 있게 뒷받침하고 있음을 의미합니다.

우리는 분산 시스템이 처음 각광받기 시작한 수십 년 전부터 많은 분산 시스템을 구축해왔습니다. 그런데 현대 마이크로서비스에서 의사 결정은 외려 더 어렵게 느껴졌고, 우리는 그 이유를 밝혀내고 싶었습니다. 그 결과, 분산 아키텍처의 초창기에도 대부분 단일 관계형 데이터베이스에 데이터를 보관했다는 사실을 뒤늦게 깨달았습니다. 그러나 마이크로서비스와 도메인 주도 설계[Domain-Driven Design](DDD)[2]라는, 구현부의 상세한 커플링 범위를 제한하는 철학에 따라 트랜잭션성[transactionality]†과 더불어 데이터는 아키텍처 관심사가 됐습니다. 현대 아키텍처의 하드 파트는 대부분 이 책의 1부와 2부에서 다루게 될 데이터와 아키텍처 관심사 사이의 텐션[tension](밀고 당기는 관계)에서 비롯됩니다.

이 책에서는 여러 장에 걸쳐 운영 데이터와 분석 데이터를 명확하게 구분하고 각각에 미치는 영향을 자세히 다룹니다.

....

* 옮긴이_특정 기간 동안 회사 또는 제품이 고객을 유지하는 능력을 말합니다(출처: 위키백과).
† 옮긴이_데이터베이스 같은 시스템에서 트랜잭션(transaction)이 보장되는 성질 또는 그 정도

운영 데이터

운영 데이터operational data는 판매, 거래성 데이터transactional data, 재고inventory 등 비즈니스 활동에 쓰이는 데이터입니다. 회사가 굴러가는 데 꼭 필요한 이런 데이터가 끊기면 회사는 오래 버틸 수가 없습니다. 운영 데이터는 일반적으로 데이터베이스에서 데이터를 삽입, 수정, 삭제하는 OLTPOnline Transactional Processing* (온라인 트랜잭션 처리) 성격의 데이디입니다.

분석 데이터

분석 데이터analytical data는 예측prediction, 트렌드 분석, 기타 BIBusiness Intelligence (비즈니스 인텔리전스)† 용도로 데이터 과학자와 비즈니스 분석가가 사용하는 데이터입니다. 이 데이터는 대부분 트랜잭션과 무관하며 관계형 데이터가 아닙니다(즉, 원래 트랜잭션이 걸린 형태와는 다른, 그래프 데이터베이스나 스냅샷 형태일 수도 있습니다). 이 데이터는 일상 운영에 꼭 필요하진 않지만, 장기적인 전략 수립과 의사 결정에 중요하게 활용됩니다.

1.4 아키텍처 결정 레코드

아키텍처 결정을 가장 효과적으로 문서화하는 방법은 ADRArchitecture Decision Records (아키텍처 결정 레코드)[3]을 활용하는 것입니다. 마이클 니가드의 블로그 게시글[4]에서 처음 소개된 이후 쏘우트웍스 기술 레이더ThoughtWorks Technology Radar[5]에서 '채택됨adopt'으로 표시된 방법입니다. ADR은 아키텍처 결정이 기록된 (보통 한두 페이지 정도의) 짧은 텍스트 파일로, 일반 텍스트로 작성해도 되지만 보통 아스키독AsciiDoc[6]이나 마크다운Markdown[7] 같은 텍스트 문서 포맷이나 위키 페이지 템플릿으로 작성합니다. 이 책의 전작인 『소프트웨어 아키텍처 101』에서도 한 장을 할애해 ADR을 설명했습니다.

ADR은 이 책의 곳곳에서 다양한 아키텍처 결정을 문서화하는 도구로 쓰입니다. 각 장마다 아키텍처 결정을 ADR이 승인됐다는 전제하에 다음과 같은 포맷으로 기록할 것입니다.

----

*   옮긴이_트랜잭션 지향 애플리케이션을 손쉽게 관리할 수 있도록 도와주는 정보 시스템의 한 계열로, 일반적으로는 데이터 기입 및 트랜잭션 처리를 위해 존재합니다(출처: 위키백과).

†   옮긴이_기업에서 데이터를 수집, 정리, 분석하고 활용해 효율적으로 의사 결정을 하는 방법을 연구하는 학문입니다(출처: 위키백과).

ADR: 아키텍처 결정을 짤막한 문구로 나타낸 제목

콘텍스트context

ADR이 다루는 문제를 한두 문장으로 간략히 기술하고 문제를 해결할 수 있는 대안을 열거한다.

결정decision

확정된 아키텍처 결정과 그렇게 결정하게 된 사유를 자세히 밝힌다.

결과consequence

아키텍처 결정이 적용되면 어떤 결과가 발생하는지, 어떤 트레이드오프를 고려해야 하는지 기술한다.

이 책에 수록된 전체 ADR 목록은 부록 B에 정리돼 있습니다.

의사 결정을 문서화하는 작업도 아키텍트에게 중요하지만, 그렇게 결정한 대로 잘 지켜지는지 관리하는 일은 전혀 다른 문제입니다. 다행히 현대의 엔지니어링 프랙티스engineering practice와 아키텍처 피트니스 함수architecture fitness function를 활용하면 다양한 공통적인 거버넌스governance 관심사를 자동화할 수 있습니다.

1.5 아키텍처 피트니스 함수

아키텍트가 컴포넌트 관계를 파악해서 설계를 구체화한 다음에 다른 사람이 그렇게 설계한 대로 구현하도록 만들려면 어떻게 해야 할까요? 좀 더 포괄적으로 말해, 아키텍트는 자신이 정의한 설계 원칙이 정말 실현되는지 어떻게 확신할 수 있을까요?

이런 질문은 소프트웨어 개발에서 하나 이상의 부문을 조직적으로 관리/감독하는 아키텍처 거버넌스architecture governance에 해당합니다. 이 책은 주로 아키텍처 구조를 다루기 때문에 피트니스 함수로 설계와 품질 원칙을 자동화하는 방법을 비중 있게 다룰 것입니다.

소프트웨어 개발은 시간이 지남에 따라 고유한 엔지니어링 프랙티스에 조금씩 적응하도록 발전해왔습니다. 소프트웨어 개발 초기에는 (폭포수 개발 프로세스waterfall development process*처럼) 프로젝트 규모에 상관없이 대부분 제조업에서 차용한 프랙티스를 소프트웨어에 적용했습니다.

---

* 옮긴이_순차적인 소프트웨어 개발 프로세스로, 개발의 흐름이 마치 폭포수와 같이 지속적으로 아래로 향하는 것처럼 보이기 때문에 붙여진 이름입니다(출처: 위키백과).

1990년대 초, 익스트림 프로그래밍^{eXtreme Programming}(XP)의 원조인 C3 프로젝트[*]에 참여했던 켄트 벡^{Kent Beck}과 그의 동료 엔지니어들은 소프트웨어 개발 엔지니어링 프랙티스를 다시금 돌아보기 시작했습니다. 그 결과, 점진적 피드백^{incremental feedback}과 자동화^{automation}의 중요성이 소프트웨어 개발 생산성의 핵심 요소로 부각됐습니다. 2000년대 초, 소프트웨어의 개발과 운영이 교차하는 영역에서도 이와 동일한 산지식^{lesson learned}을 적용한 결과, 데브옵스^{DevOps}라는 새로운 역할이 탄생했고 이전에 사람이 손으로 하던 수많은 운영 허드렛일이 자동화됐습니다. 팀은 자동화 덕분에 계속 생산적인 피드백을 받으면서 더 신속하게 작업할 수 있었고, 어느새 자동화와 피드백은 효과적인 소프트웨어 개발의 기본 원칙으로 자리 잡게 됐습니다.

자동화를 통해 획기적인 발전을 도모할 수 있는 환경과 상황이란 정말 무궁무진합니다. 지속적 통합^{continuous integration}[†]이 없던 시절, 대부분의 소프트웨어 프로젝트는 장황한 통합 단계를 밟아야 했습니다. 개발자는 서로 격리돼 코딩을 하고 통합 단계에 이르러서야 자신들이 커밋한 코드가 최종 취합되는 구조를 당연시했죠. 아직도 강제로 브랜칭^{branching}을 하고 지속적 통합을 방해하는 관행은 버전 관리 도구에 남아 있습니다. 프로젝트 규모가 커질수록 통합 단계에서 엄청난 고통이 뒤따르는 것도 당연했습니다. XP 팀은 지속적 통합을 선도해 신속하고 지속적인 피드백의 가치를 예증했습니다.

데브옵스 혁명도 이와 비슷한 과정을 거쳤습니다. 가상 머신^{virtual machine}을 프로그래밍으로 정의할 수 있는 도구가 속속 개발되고, 리눅스와 다른 오픈 소스 소프트웨어가 기업용으로 '충분히 쓸 만한' 수준에 이르게 되자, 운영 담당자는 가상 머신을 정의하는 등의 수많은 반복 작업을 자동화할 수 있다는 사실을 깨닫게 됐습니다.

이 두 사례에서 볼 수 있듯이, 기술이 발전하고 안목이 깊어지면서 과거에는 몸값이 비싼 사람들이 반복 처리했던 일들이 자동화됐습니다. 사실, 대부분의 조직에서 이것만 봐도 아키텍처 거버넌스의 현재 상태를 가늠할 수가 있습니다. 예를 들면, 아키텍트가 선택한 아키텍처 스타일이나 통신 매체를 개발자가 올바르게 구현하고 있는지 어떻게 보장할 수 있을까요? 아키텍트가 일일이 코드 리뷰를 하거나 아키텍처 검토 위원회를 개최해서 거버넌스 상태를 평가하는 방법도 있겠지만, 컴퓨터를 수동으로 설정하면 늘 한두 가지씩 빠뜨리듯이 중요한 세부 사항을

---

*   옮긴이_Chrysler Comprehensive Compensation 프로젝트의 약어로, 마틴 파울러(Martin Fowler)와 켄트 벡(Kent Beck) 등이 수행한 크라이슬러사의 급여 시스템 개발 프로젝트를 말한다(출처: *https://martinfowler.com/bliki/C3.html*).

†   옮긴이_자동화된 빌드 및 테스트가 수행된 후, 개발자가 코드 변경 사항을 중앙 리포지터리에 정기적으로 병합하는 데브옵스 소프트웨어 개발 방식입니다(출처: 아마존 웹 서비스).

놓치는 주먹구구식 리뷰가 될 가능성이 높습니다.

1.5.1 피트니스 함수 사용하기

2017년 출간된 『Building Evolution Architectures』(O'Reilly, 2017)에서 저자들(닐 포드Neal Ford, 레베카 파슨스Rebecca Parsons, 패트릭 쿠아Patrick Kua)은 아키텍처 피트니스 함수architectural fitness function라는 개념을 '어떤 아키텍처 특성이나 그것들을 조합한 아키텍처 특성의 무결성을 객관적으로 평가하는 임의의 메커니즘any mechanism that performs an objective integrity assessment of some architecture characteristic or combination of architecture characteristics'이라고 정의했습니다. 중요한 문장이므로 한 구절씩 자세히 음미해보겠습니다.

임의의 메커니즘

피트니스 함수는 다양한 도구를 이용해서 구현할 수 있습니다(앞으로 이 책에서 많은 예제가 나옵니다). 예를 들어, 성능이나 확장성 같은 운영 아키텍처 특성은 아키텍처 구조를 테스트하는 전용 테스트 라이브러리로 평가합니다. 신뢰성reliability과 복원성resiliency은 카오스 엔지니어링 프레임워크chaos engineering framework*를 활용합니다.

객관적인 무결성 평가

자동화 거버넌스를 가능하게 만드는 핵심 포인트는 아키텍처 특성을 객관적으로 정의하는 것입니다. 이를테면, 아키텍트는 '고성능high performance 웹 사이트였으면 좋겠다'는 식으로 말해선 곤란합니다. 반드시 테스트, 모니터, 아니면 다른 피트니스 함수로 측정 가능한 객체의 값을 제공해야 합니다.

아키텍트는 그 자체로는 객관적으로 측정하기 어렵지만 다른 가능한 값들을 조합해서 파악할 수 있는 복합적인 아키텍처 특성도 잘 관찰해야 합니다. 예를 들어 '민첩성agility'은 측정 가능한 특성이 아니지만, 이 포괄적인 용어의 의미를 좁혀 구체화하면 팀이 전사 또는 담당 도메인의 변화에 신속하게 확신을 갖고 대응하는 것을 지향할 수 있습니다. 이런 식으로 아키텍트는 민첩성의 원인이라 할 만한, 다른 측정 가능한 아키텍처 특성(예: 배포성deployability, 시험성testability, 배포 주기cycle time)을 식별할 수 있습니다. 만약 아키텍처 특성을 측정할 방법이 없다면 그것은 정의 자체가 너무 모호하

---

* 옮긴이_『카오스 공학(견고한 시스템을 만드는 카오스 공학의 이론과 실제)』(에이콘출판사, 2021) 참고

다는 방증입니다. 측정 가능한 아키텍처 특성을 추구해야 피트니스 함수 애플리케이션을 자동화할 수 있습니다.

어떤 아키텍처 특성이나 그것들을 조합한 아키텍처 특성

피트니스 함수의 범위는 다음 두 가지로 분류됩니다.

원자적atomic

원자적 피트니스 함수는 하나의 아키텍처 특성만 별도로 처리합니다. 예를 들어, 코드베이스의 컴포넌트 주기를 확인하는 피트니스 함수는 원자적 피트니스 함수입니다.

전체적holistic

여러 특성이 조합된 아키텍처 특성은 전체적 피트니스 함수로 확인합니다. 아키텍처 특성은 다른 아키텍처 특성과 더불어 시너지synergy(공동 작용)가 발생하는 복합적인 성격을 갖고 있습니다. 예를 들어, 보안을 강화하면 성능이 영향을 받게 되는 식입니다. 또 확장성scalability과 탄력성elasticity은 상충되는 경우가 많아 다수의 동시 유저를 지원하면 트래픽이 폭주해서 곤란을 겪게 될 수 있습니다. 전체적인 피트니스 함수는 서로 맞물려 있는 아키텍처 특성들을 잘 조합하고 그 조합된 결과가 아키텍처에 부정적인 영향을 미치지 않도록 보장합니다.

아키텍트는 아키텍처 특성의 예기치 않은 변화에 대비하기 위해 피트니스 함수를 구현합니다. 애자일 소프트웨어 개발자는 단위 테스트, 기능 테스트, 유저 인수 테스트 코드를 작성해서 도메인 설계를 여러 다른 각도에서 여러 번 검증할 수 있지만, 아키텍처 설계는 아직 이러한 메커니즘이 따로 없습니다. 사실, 피트니스 함수와 단위 테스트를 구분하는 것은 아키텍트 입장에서 바람직한 범위 설정 지침입니다. 피트니스 함수는 아키텍처 특성을 검증하는 것이지, 도메인 설계를 검증하는 게 아닙니다. 단위 테스트는 정확히 그 반대입니다. 그러므로 아키텍트는 '이 테스트를 하려면 도메인 지식이 필요한가?'를 자문해서 피트니스 함수가 필요한지, 아니면 단위 테스트가 필요한지 판단할 수 있습니다. 이 질문에 대한 대답이 '예'이면 단위, 기능, 유저 인수 테스트를, '아니오'이면 피트니스 함수를 선택합니다.

예를 들면, 탄력성은 폭증하는 유저 수를 감당하는 애플리케이션의 능력입니다. 아키텍트가 도메인(예: 이커머스 사이트ecommerce site, 온라인 게임 등)을 속속들이 다 알 필요는 없습니다. 탄력성은 구조에 관한 문제이므로 피트니스 함수의 범주에 속합니다. 반면, 우편 번호 각 자리 숫자가 올바른지 검증하는 일은 전통적인 테스트로 커버할 수 있습니다. 물론 항상 이렇게 이것 아니면 저것 식으로 구분할 수 있는 것은 아닙니다. 어떤 피트니스 함수는 도메인에 영향을 미치기도 하고 그 반대인 경우도 있겠지만, 목표 자체가 다르다는 점을 인지하면 둘을 구분하기가 훨씬 수월해집니다.

몇 가지 좀 더 구체적인 예를 들어 개념 설명을 부연하겠습니다.

코드베이스의 내부 구조적 무결성structural integrity을 유지하는 것은 거의 모든 아키텍트의 공통적인 설계 목표 중 하나입니다. 그러나 아키텍트가 아무리 좋은 의도를 갖고 있어도 많은 플랫폼에는 이에 반하는 것들이 영향을 미치기 마련입니다. 예를 들어, 일반적인 자바Java 또는 닷넷.NET 개발 환경에서는 개발자가 임포트하지 않은 클래스를 참조하려고 하면 통합 개발 환경(IDE)이 즉시 참조할 클래스를 자동 임포트auto-import할지 묻습니다. 그러다 보니 대부분의 개발자는 무의식 중에 일종의 반사 작용처럼 습관적으로 자동 임포트 대화 상자에 의존하게 됩니다.

하지만 아무렇게나 클래스나 컴포넌트를 임포트하는 것은 모듈화에 재앙이나 다름없습니다. 가령 [그림 1-1]은 아키텍트라면 누구나 피하고 싶은 유해한 안티패턴입니다.

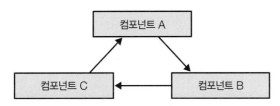

그림 1-1 컴포넌트 간 순환 디펜던시

[그림 1-1]에서 세 컴포넌트는 서로 다른 컴포넌트를 참조합니다. 이렇게 컴포넌트가 얽히고 설킨 상태를 그대로 방치하면, 개발자가 특정 컴포넌트를 재사용해야 할 경우 의존하는 다른 컴포넌트도 함께 가져와야 하므로 모듈성이 나빠집니다. 그 다른 컴포넌트마저 또 다른 컴포넌트들과 결합돼 있으면 아키텍처는 점점 더 진흙잡탕Big Ball of Mud 안티패턴[8]처럼 변질되겠죠. 그렇다고 아키텍트가 개발자 옆에 붙어 앉아 매일 감시할 수도 없는 노릇이니, 이런 불상사를 막으려면 어떻게 해야 할까요? 코드 리뷰는 개발 주기상 너무 늦게 시작되므로 큰 효과가 없습니다. 아키텍트가 코드를 리뷰하기 전 일주일 동안 개발자가 코드베이스 여기저기에 임포트를 남발했다면 코드베이스는 이미 심각하게 훼손된 상태일 것입니다.

이 문제는 [예제 1-1]과 같은 피트니스 함수를 작성해서 컴포넌트 순환 참조를 방지하면 해결할 수 있습니다.

예제 1-1 컴포넌트 순환 참조를 감지하는 피트니스 함수

```java
public class CycleTest {
    private JDepend jdepend;

    @BeforeEach
    void init() {
        jdepend = new JDepend();
        jdepend.addDirectory("/path/to/project/persistence/classes");
        jdepend.addDirectory("/path/to/project/web/classes");
        jdepend.addDirectory("/path/to/project/thirdpartyjars");
    }

    @Test
    void testAllPackages() {
        Collection packages = jdepend.analyze();
        assertEquals("Cycles exist", false, jdepend.containsCycles());
    }
}
```

JDepend[9]라는 메트릭metric(지표) 도구로 패키지 간 디펜던시dependency(의존 관계)를 확인하는 코드입니다. JDepend는 자바 패키지의 구조를 파악해서 순환 참조가 하나라도 발견되면 테스트를 실패 처리합니다. 아키텍트는 이 테스트를 지속적인 프로젝트 빌드의 일부로 장착함으로써 '개발자의 실수로 순환 참조가 발생하지는 않을까'라는 걱정을 덜 수 있습니다. 이는 소프트웨어 개발을 몰아치듯 진행하는 것보다 (아키텍트에게는 중요한 관심사이지만 일상 코딩에는 별 영향이 없는) 중요한 것을 수호하는 피트니스 함수의 좋은 사례입니다.

[예제 1-1]은 코드 중심의 저수준low-level 피트니스 함수입니다. 널리 쓰이는 코드 위생 도구hygiene tool(예: 소나큐브SonarQube[10])는 많은 공통 피트니스 함수가 턴키 방식turnkey manner으로* 제공하지만, 미시적인 아키텍처의 구조뿐만 아니라 거시적인 구조를 검증해야 할 경우도 있습니다. 예를 들어 [그림 1-2]와 같은 레이어드 아키텍처layed architecture(계층형 아키텍처)를 설계할 때, 아키텍트는 관심사를 분리하기 위해 레이어를 나눕니다.

---

* 옮긴이_제품에 기본 제공된 함수를 바로 사용할 수 있는 형태를 말합니다.

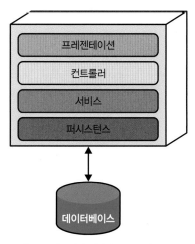

그림 1-2 전통적인 레이어드 아키텍처

그러나 아키텍트가 이렇게 정의한 레이어를 개발자가 잘 지켜 개발하리라 어떻게 장담할 수 있을까요? 패턴의 중요성을 제대로 이해하지 못한 개발자도 있을 수 있고, 성능 같은 관심사를 더 우선시해 '허락을 받느니 차라리 용서를 구하는 게 더 낫다better to ask forgiveness than permission'는 식의 태도를 고수하는 개발자도 있겠죠. 어쨌든 아키텍트가 이런 아키텍처를 설계한 타당한 이유를 그것을 구현하는 사람들이 임의로 침해하도록 내버려두는 건 장기적으로 볼 때 아키텍처의 건강을 해칩니다.

아크유닛ArchUnit[11]을 이용하면 [예제 1-2]와 같은 피트니스 함수를 작성해 문제를 해결할 수 있습니다.

예제 1-2 레이어 디펜던시를 확인하는 아크유닛 코드

```
layeredArchitecture()
    .layer("Controller").definedBy("..controller..")
    .layer("Service").definedBy("..service..")
    .layer("Persistence").definedBy("..persistence..")

    .whereLayer("Controller").mayNotBeAccessedByAnyLayer()
    .whereLayer("Service").mayOnlyBeAccessedByLayers("Controller")
    .whereLayer("Persistence").mayOnlyBeAccessedByLayers("Service")
```

레이어 간의 원하는 관계를 지정하고 이를 관리하는 피트니스 함수의 코드입니다. 이런 식으로

아키텍트는 다이어그램과 그 밖의 정보 아티팩트artifact 외부에서도 아키텍처 원칙을 정립하고 그것이 잘 지켜지는지 지속적으로 확인할 수 있습니다.

닷넷 진영에도 사용법이 비슷한 넷아크테스트NetArchTest[12]라는 도구가 있습니다. [예제 1-3]은 C#으로 작성한 레이어 검증 코드입니다.

예제 1-3 레이어 디펜던시를 확인하는 넷아크테스트 코드

```
// 프레젠테이션 레이어에 있는 클래스는 리포지터리를 직접 참조하면 안 된다.
var result = Types.InCurrentDomain()
    .That()
    .ResideInNamespace("NetArchTest.SampleLibrary.Presentation")
    .ShouldNot()
    .HaveDependencyOn("NetArchTest.SampleLibrary.Data")
    .GetResult()
    .IsSuccessful;
```

피트니스 함수는 객관적인 결과를 얻는 것이 중요하지만 '객관적objective'이라고 해서 꼭 '정적static'인 것을 의미하지는 않습니다. true/false나 성능 문턱값threshold(임계치) 같은 비콘텍스트noncontextual* 값을 반환하는 피트니스 함수도 있고, 콘텍스트에 따라서는 다른 값을 반환하는 (동적 양상을 보이는) 함수도 있습니다. 예를 들어, 일반적으로 아키텍트가 확장성을 평가할 때는 동시 유저 수를 세어보고 유저별 성능을 측정합니다. 유저 수가 증가하면 유저당 성능은 조금씩 떨어지지만, 이 수치가 가파르게 떨어지지 않도록 시스템을 설계해야 합니다. 이런 경우, 아키텍트는 동시 유저 수를 고려해 성능 피트니스 함수를 설계하고, 그 측정 결과가 객관적이라는 전제하에 테스트를 진행할 수 있을 것입니다.

피트니스 함수는 대부분 자동화해 반복 실행시키지만, 간혹 수동으로 실행해야 하는 함수도 있습니다. 이러한 수동 피트니스 함수는 사람이 직접 검증합니다. 가령 민감한 법률 정보가 담긴 시스템은 합법성을 준수해야 하므로 변호사가 중요한 부분의 변경을 직접 검토해야 하는데, 이런 일은 자동화할 도리가 없습니다. 다행히 대부분의 배포 파이프라인deployment pipeline† 은 수동 단계manual stage도 지원하므로 수동 피트니스 함수를 만들어 넣을 수 있습니다. 수동 피트니스 함수는 실행하지 않으면 아무것도 확인할 수 없으므로 가급적 자주 실행하는 것이 좋습니다. 팀

---

* 옮긴이_콘텍스트와 무관한, 즉 콘텍스트의 영향을 받지 않는

† 옮긴이_소프트웨어를 버전 관리 시스템에서 프로덕션까지 엔드 투 엔드(end-to-end)로 배포하는 일련의 자동화된 모습을 추상화해 표현한 용어로, 요즘은 어느 프로젝트에서나 당연시하는 CI/CD(지속적 통합 및 인도) 체계를 구축하기 위해 필수적인 개념입니다.

은 (드물지만) 필요할 때마다^{on demand}, 또는 (가장 일반적으로는) 지속적 통합 작업의 일부로 피트니스 함수를 실행합니다. 피트니스 함수 같은 검증 도구의 혜택을 제대로 누리려면 반드시 지속적으로 실행시켜야 합니다.

피트니스 함수를 응용한 엔터프라이즈 수준의 거버넌스 사례에서도 알 수 있듯이, 연속성 continuity이 정말 중요합니다. 예를 들어, 어느 회사의 개발 프레임워크나 라이브러리에서 제로데이 익스플로잇^{zero-day exploit*}이 발견되면 어떻게 대응해야 할까요? 대부분의 회사는 보안 전문가들이 프로젝트를 샅샅이 뒤져 문제를 일으킨 프레임워크 버전을 찾아내고 업데이트를 권고하겠지만, 이런 프로세스가 자동화돼 있지 않으면 무수한 수동 단계가 불가피합니다. 뜬구름 잡는 얘기가 아니라, 실제로 이와 똑같은 일이 이퀴팩스^{Equifax} 같은 메이저 금융 기관에서 발생해 큰 파장을 불러일으킨 적이 있습니다. 수동 프로세스는 에러가 발생하기 쉽고 세부 항목이 빠질 가능성이 높습니다.

> **이퀴팩스 데이터 침해 사고**
>
> 2017년 9월 7일, 미국의 주요 신용 평가 기관인 이퀴팩스(Equifax)는 데이터 침해 사고가 발생했다고 공식 발표했습니다. 조사 결과, 자바 진영에서 많이 쓰였던 스트럿츠(Struts) 웹 프레임워크[†]의 약점이 해킹된 것이 사고 원인으로 밝혀졌습니다(Apache Struts vCVE-2017-5638). 아파치 재단은 이미 이 취약성을 공지해 2017년 3월 7일 패치 버전을 릴리스(release)했고, 이튿날 미 국토안보부(Department of Homeland Security)는 이퀴팩스와 다른 유관 기업들에 이 사실을 알렸습니다. 그리고 2017년 3월 15일 전수 검사를 실시했는데, 이렇게 해도 어떤 시스템이 영향을 받는지 모두 밝혀내지는 못했습니다. 이퀴팩스 보안 전문가들이 데이터 침해 사고의 원인인 해킹 행위를 밝혀낸 2017년 7월 29일까지도 이 중요한 패치가 많은 구형 시스템에 적용되지 않았던 것입니다.

팀 프로젝트별로 배포 파이프라인이 실행되며, 각 배포 파이프라인에 '슬롯^{slot}(끼워 넣을 자리)'이 있고 보안 팀이 여기에 피트니스 함수를 배포할 수 있다면 어떨까요? 평상시 이 슬롯들은 개발자가 패스워드를 DB에 저장하지 못하게 차단하는 등의 일반적인 거버넌스 업무를 수행하는 체크 포인트 역할을 하지만, 모든 프로젝트 곳곳에 이런 장치가 달려 있으면 제로데이 익스플로잇을 발견하자마자 보안 팀에서 특정 프레임워크와 버전 넘버를 체크하는 코드를 바

---

* 옮긴이_아주 단순하지만 그것을 발견하기 전까지 매우 복잡한 갖가지 문제를 일으키는 소프트웨어 또는 하드웨어 결함

† 옮긴이_2010년 전후까지도 국내 대기업 프로젝트에서 많이 사용했던 오픈소스 자바 웹 애플리케이션용 프레임워크로, 현재 Struts 2.5 버전까지 업데이트돼 있으나 요즘은 스프링 프레임워크(Spring Framework) MVC가 사실상 표준으로 굳어져 있기 때문에 많이 쓰이지 않습니다.

로 삽입할 수 있을 것입니다. 취약한 버전이 발견되면, 빌드는 실패하고 보안 팀 담당자가 바로 인지할 수 있겠죠. 이렇게 코드, DB 스키마, 배포 구성, 피트니스 함수 어디서건 변경 발생 시 즉시 알아차릴 수 있게 배포 파이프라인을 구성하면 중요한 사내 거버넌스 작업을 두루 자동화할 수 있습니다.

피트니스 함수는 아키텍트에게 단비 같은 도구입니다. 무엇보다 아키텍트가 다시 코딩을 할 수 있는 기회가 된다는 점에서 중요합니다! 아키텍트들은 일반적으로 더 이상 코드를 많이 들여다볼 수 없다는 사실에 불만을 토로합니다. 하지만 피트니스 함수는 대부분 코드 형태입니다! 빌드된 프로젝트를 상대로 언제든지 검증할 수 있는, 아키텍처의 실행 가능한 명세를 구축함으로써 아키텍트는 시스템을 이해하고 그것이 잘 발전되고 있는지 지켜볼 수 있습니다. 이는 점점 늘어나는 프로젝트 코드의 흐름을 계속 따라가야 하는 아키텍트의 핵심 목표와 부합합니다.

그러나 아무리 강력한 피트니스 함수라도 과용은 금물입니다. 아키텍트가 자기만 알아볼 수 있는, 너무 복잡하고 서로 맞물려 작동되는 피트니스 함수를 구사하면 개발자와 팀 모두 당황스러울 것입니다. 소프트웨어 프로젝트에서 중요하지만 긴급하지는 않은 원칙들을 실천할 수 있는 체크리스트를 만드는 게 좋습니다. 실제로 프로젝트 현장에서는 "이게 나쁘다는 건 아는데, 시간이 없으니 그냥 가고 나중에 고치자."라는 식으로 긴급성에 묻혀 중요한 원칙들이 간과되는 일이 참 많습니다. 이것이 기술 부채$^{technical\ debt}$*를 지게 되는 가장 흔한 원인이기도 합니다. 아키텍트는 코드 품질, 구조, 그리고 계속 실행되는 피트니스 함수에 반해 안전망이 허술해지지 않도록 규칙을 체계화함으로써 개발자가 그냥 지나칠 수 없는 품질 체크리스트를 작성합니다.

수년 전, 아툴 가완디$^{Atul\ Gawande}$가 쓴 『체크! 체크리스트』(21세기북스, 2010)라는 명저는 항공기 조종사와 외과 의사 같은 전문직 종사자들이 체크리스트를 활용(법적 의무인 경우도 있음)하는 방법을 소개합니다. 물론 이런 분야에 종사하는 전문가들이 자기 일을 모르거나 자주 잊어버려서 체크리스트를 사용하는 건 아닙니다. 숙련된 프로라도 같은 일을 반복하고 또 반복하다 보면 간혹 빠뜨리고 지나치는 것들이 있기 때문이죠. 피트니스 함수는 아키텍트가 정의한 중요 원칙들이 적힌 체크리스트를 나타내며, 개발자가 실수로(또는 일정 등의 외부 요인 때문에 일부러) 지나치지 않게 보장하는 빌드 프로세스의 한 과정입니다.

----

* 옮긴이_현시점에서 더 오래 소요될 수 있는 더 나은 접근 방식을 사용하는 대신 쉬운(제한된) 솔루션을 채택함으로써 발생하는 추가적인 재작업 비용(출처: 위키백과)

우리는 이 책에서 초기 설계는 물론이고 아키텍처 솔루션의 거버넌스를 설계할 때마다 피트니스 함수를 적극 활용할 것입니다.

1.6 아키텍처 vs. 설계: 정의는 간단명료하게

아키텍처와 설계를 구분하되, 서로 연관된 활동으로 유지하는 일은 아키텍트가 늘 고심하는 부분입니다. 우리는 이 둘의 구분에 대한 지리멸렬한 논쟁에 끼어들고 싶은 마음은 없지만, 이 책에서는 다음 몇 가지 이유로 아키텍처 측면에서 우리의 확실한 입장을 밝히고자 합니다.

첫째, 아키텍트는 효과적인 결정을 하기 위해 아키텍처의 기본 원칙을 이해해야 합니다. 예를 들어, 동기 통신과 비동기 통신 중 하나를 선택하는 문제는 아키텍트가 상세 구현을 계층화하기 전부터 이미 수많은 트레이드오프를 갖고 있습니다. 우리는 『소프트웨어 아키텍처 101』에서 '어떻게how'보다 '왜why'가 더 중요하다는 소프트웨어 아키텍처 제2법칙을 이야기했습니다. 아키텍트는 솔루션을 구현하는 방법도 알아야 하지만, 먼저 그러한 선택이 다른 대안보다 왜 나은지 이해해야 합니다.

둘째, 아키텍처 개념에 집중함으로써 그 개념의 다양한 구현부에 대한 이야기는 건너뛸 수 있습니다. 예를 들어 비동기 통신을 구현하는 방법은 매우 다양하지만, 아키텍트가 왜 비동기 통신을 선택했는지에 집중하고 상세 구현은 넘어갑니다.

셋째, 수많은 선택지의 구현 과정을 일일이 따라간다면 아마 이 책은 세상에서 가장 두꺼운 IT 책이 될지도 모릅니다. 아키텍처 원칙에 집중하면 모든 것을 가능한 한 일반화할 수 있습니다.

가급적 주제가 아키텍처 범위를 벗어나지 않도록 핵심 개념들을 가장 간단하게 정의하고자 합니다. 예를 들어, 아키텍처에서 커플링만 제대로 다뤄도 책 한 권 분량은 나올 테니 최대한 단순화해 다음과 같이 정의하겠습니다.

서비스service

서비스는 독립적인 실행 파일executable 형태로 배포된, 기능이 응집된 집합체입니다. 이 책에서 서비스에 대해 이야기하는 대부분의 개념은 분산 아키텍처, 특히 마이크로서비스 아키텍처에 적용됩니다.

2장에서는 서비스를 아키텍처 퀀텀의 일부로 정의합니다. 이는 서비스와 다른 퀀텀 간의 정적/동적인 커플링까지 의미를 확장시킨 것입니다.

커플링coupling

(서비스를 포함해) 어떤 두 아티팩트가 있는데 한쪽을 변경하면 다른 쪽도 함께 변경해야 제대로 작동될 경우, 이 둘은 서로 결합된coupled[*] 것입니다.

컴포넌트component

컴포넌트는 주어진 비즈니스 또는 인프라 기능을 수행하는 애플리케이션의 아키텍처 구성 요소입니다. 일반적으로 패키지package(자바), 네임스페이스namespace(C#), 또는 디렉터리 구조에 맞게 소스 코드 파일을 물리적으로 묶어놓은 형태입니다. 예를 들어, 주문 이력 컴포넌트는 `app.business.order.history`라는 네임스페이스에 위치한 클래스 파일들에 구현합니다.

동기(동기식) 통신synchronous communication

호출부caller가 다음 단계로 진행하기 전에 피호출부callee의 응답을 기다려야 하는 통신 구조입니다.[†]

비동기(비동기식) 통신asynchronous communication

동기 통신과 반대로, 호출부가 피호출부의 응답을 기다리지 않고도 다음 단계를 진행할 수 있는 통신 구조입니다. 호출부는 선택적으로 요청 완료 시 별도의 채널을 통해 피호출부의 응답을 받을 수 있습니다.

오케스트레이션orchestrated coordination[‡]

주 임무가 워크플로 조정인 서비스, 즉 오케스트레이터orchestrator(조정자, 중재자)가 포함된 조정 기법을 오케스트레이션orchestration이라고 합니다.

---

[*] 옮긴이_소프트웨어에서 커플링(coupling)은 디펜던시(dependency) 등의 용어와 마찬가지로 미묘한 의미가 함축돼 있습니다. 따라서 이 책에서는 커플링 용어 자체를 명사로 지칭할 때는 원어를 그대로 음차해(즉, '커플링'으로) 표기하되, 동사 형태로 활용될 경우에는 '결합하(되)다'는 우리말이 더 자연스럽기 때문에 두 가지 방법을 모두 써서 옮깁니다.

[†] 옮긴이_동기(synchronous)/비동기(asynchronous)와 블로킹(blocking)/넌블로킹(nonblocking)을 혼동하는 경우가 많습니다. 블로킹/넌블로킹은 제어권(control), 즉 코드를 실행할 권리를 넘겨주는지 여부에 따라 달라집니다. 호출부가 피호출부를 호출한 뒤 제어권을 피호출부에 넘겨주면 블로킹이고, 호출부가 계속 제어권을 갖고 있으면 넌블로킹입니다.

[‡] 옮긴이_원서에서는 동사 orchestrate와 coordinate를 뚜렷한 기준 없이 혼용하고 있으나, 이 책에서는 orchestration과 choreography라는 두 가지 대표적인 coordination 기법을 지칭할 경우에는 각각 '오케스트레이션'과 '코레오그래피'로 음차 표기하고, 이들이 수행하는 추상적인 행위는 '조정'으로 구분합니다.

코레오그래피choreographed coordination

오케스트레이터가 없는 경우에는 워크플로 내부의 서비스들이 서로 긴밀하게 조정하면서 동작합니다. 이런 조정 기법을 코레오그래피choreography라고 합니다.

원자성atomicity

워크플로의 전체 구성 요소가 일관되게 작동하면 원자적atomic*이라고 합니다(6장).

계약(컨트랙트)contract

이 용어는 두 소프트웨어 파트 간의 인터페이스, 즉 메서드나 함수 호출, 통합 아키텍처 원격 호출, 디펜던시 등을 포괄적으로 가리킵니다. 소프트웨어 두 조각이 서로 맞물리는 곳이라면 어디든 계약이 수반됩니다.

소프트웨어 아키텍처는 원래 추상적입니다. 우리는 이 책을 읽는 독자 여러분이 플랫폼, 기술, 상용 소프트웨어 등을 어떻게 유니크하게 조합해서 사용할지 알 수 없습니다. 다만 어떤 조합도 완벽하게 일치하지 않는다는 점은 확실합니다. 이 책에서는 '한빛가이버†'라는 가상의 애플리케이션을 예로 들어, 앞으로 이야기할 수많은 추상적인 아이디어를 구체적으로 표현하고 아키텍처 이야기 보따리를 좀 더 실감 나게 풀어볼까 합니다.

1.7 한빛가이버 사가

사가saga
영웅적인 업적을 기리는 긴 이야기

옥스포드 영어 사전Oxford English Dictionary

이 책에는 사전적이면서 비유적인 사가들이 많이 등장합니다. '사가saga'는 아키텍트가 분산 아키텍처에서 트랜잭션 동작transactional behavior(자세한 내용은 12장 참고)을 기술하기 위해 자주 쓰

---

* 옮긴이_'원자'는 화학적 성질을 띠는 가장 작은 단위이지만 그 내부는 전자, 중성자, 양성자, 원자핵 등으로 구성돼 있습니다. 이와 마찬가지로, 워크플로 역시 여러 가지 요소로 구성되지만 하나인 것처럼 움직이면 '원자적인(원자처럼 작동하는)' 것입니다.

† 옮긴이_원서에서는 '시숍 스쿼드(Sysops Squad)', 즉 '시스템 오퍼레이터 군단'이라는 뜻을 지닌 명칭을 사용하고 있으나, 이 책에서는 맥가이버(McGyver) 같은 전문 기사들이 모여 수리해주는 서비스 전문 업체라는 의미에서 '한빛가이버'로 명칭을 바꿨습니다.

는 용어입니다. 아키텍처에 관한 논의는 추상적으로 흘러갈 때가 많고, 특히 아키텍처의 하드 파트 같은 문제를 다룰 때 그런 경향이 있기 때문에 이 책에서는 한빛가이버 사가를 예로 들어 좀 더 구체적이고 실질적인 문제 해결 방안을 제시하고자 합니다.

지금부터 설명할 다양한 기법과 트레이드오프는 각 장마다 한빛가이버 사가를 이용해 기술할 것입니다. 소프트웨어 아키텍처에 관한 책들은 대부분 새로운 개발 테크닉을 주로 다루는 편이지만, 실제로는 기존 시스템에 문제가 있는 경우가 많습니다. 그래서 우리도 한빛가이버 애플리케이션의 기존 아키텍처부터 이야기하겠습니다.

한빛전자는 대한민국 각지에 수많은 판매점을 거느린 종합 가전 회사입니다. 고객은 이 회사가 제조한 컴퓨터, TV, 스테레오 등의 전자 제품을 구입할 때 지원 플랜support plan을 선택적으로 구매할 수 있습니다. 지원 플랜을 구매한 고객은 제품에 문제가 있을 때, 티케팅 애플리케이션 ticketing application을 통해 티켓을 접수하고 한빛가이버 전문 기사는 고객의 집(또는 회사)을 방문해 제품을 수리하는 출장 서비스를 제공합니다.

다음은 한빛가이버 티케팅 애플리케이션의 4대 주요 유저입니다.

관리자

관리자administrator는 전문 기사 리스트와 기사별 스킬 세트skill set(보유 기술), 위치location(출장 가능 지역), 가용성availability(출장 가능 여부) 등의 시스템 내부 유저 정보를 관리합니다. 또 시스템을 사용하는 고객에 대한 모든 과금billing(청구) 프로세스와 정적 참조 데이터(예: 지원 대상 제품, 시스템 내부의 이름–값 쌍name–value pair) 관리를 담당합니다.

고객

고객customer은 한빛가이버 애플리케이션에 신규 등록한 후 프로필, 지원 계약, 과금 정보를 작성합니다. 제품에 이상이 생기면 고장 티켓problem ticket을 접수하고 수리 완료 후 발송되는 설문에 응답합니다.

전문 기사

전문 기사expert는 고장 티켓을 배정받고 고객을 만나 제품을 수리합니다. 이때 지식 베이스knowledge base 시스템에 접속해 고객의 문제점에 관한 솔루션을 검색하거나 자신이 수리한 내용을 입력합니다.

매니저

매니저^{manager}는 고장 티켓의 진행 상황을 추적하고 전체 티켓 시스템의 분석 리포트를 취합합니다.

1.7.1 비티케팅 워크플로

비티케팅 워크플로^{nonticketing workflow}는 고장 티켓과 직접적인 관련이 없는, 관리자, 매니저, 고객이 수행하는 작업입니다.

1. 관리자는 한빛가이버 전문 기사를 추가하고 기사의 스킬 세트, 위치, 가용성 정보를 입력합니다.
2. 고객은 한빛가이버 애플리케이션에 등록하고 자신이 구입한 제품에 따라 복수의 지원 플랜을 선택합니다.
3. 고객이 초기 등록 시 기재한 신용카드로 요금이 매월 자동 과금됩니다. 고객은 시스템에 접속해서 과금 내역과 명세서를 열람할 수 있습니다.
4. 매니저는 재무 보고, 전문 기사 실적 보고, 티케팅 보고 등 다양한 운영/분석 리포트를 요청/취합합니다.

1.7.2 티케팅 워크플로

티케팅 워크플로^{ticketing workflow}는 고객이 시스템에 접속해서 고장 티켓을 등록할 때 개시되며 수리 완료 후 고객이 설문을 마치면 종료됩니다.

1. 지원 플랜을 구매한 고객이 한빛가이버 애플리케이션에 접속해서 고장 티켓을 등록합니다.
2. 고장 티켓이 접수되면 스킬 세트, 위치, 가용성 면에서 가장 적합한 전문 기사에게 배정됩니다.
3. 고장 티켓은 배정된 전문 기사의 모바일 기기에 설치된 앱으로 전달됩니다. 물론 SMS 문자 메시지로도 고장 티켓이 배정됐다고 알립니다.
4. 전문 기사가 수리를 진행할 예정이라고 (프로필 프리퍼런스^{profile preference}(선택 사항)에 따라) 고객에게 SMS나 이메일로 알립니다.
5. 전문 기사는 전용 모바일 앱을 이용해서 티켓 정보와 고객 위치를 확인합니다. 문제 해결을 위해 지식 베이스에 접속해서 과거 수리 내역을 참고할 수도 있습니다.
6. 전문 기사는 수리 완료 후 티켓을 '완료^{complete}'로 표시합니다. 다른 전문 기사가 참고할 수 있도록 지식 베이스에 문제점과 해결 방법을 추가하는 것도 잊지 않습니다.

7. 티켓 완료 사실이 시스템에 통보되면 고객에게 설문 링크가 포함된 이메일이 발송됩니다. 고객은 설문에 응답합니다.

8. 고객이 응답한 설문 정보는 시스템에 기록됩니다.

1.7.3 현재 문제점

최근 한빛가이버 애플리케이션의 운영이 매끄럽지 못해 고객 불만이 커지고 있습니다. 이 시스템은 수년 전에 개발된 대규모 모놀리식^{monolithic} 애플리케이션입니다. 등록한 티켓이 소실돼 전문 기사가 방문하지 않았다고 불평하는 고객들도 있고, 수리 방법을 전혀 모르는 엉뚱한 기사가 배정돼서 당황스러웠다는 컴플레인도 종종 들어옵니다. 또 무슨 문제인지 몰라도 시스템이 거의 먹통이 돼 고객이 고장 티켓을 등록할 수 없을 때가 적지 않다는 얘기도 들립니다.

덩치 큰 모놀리식 애플리케이션은 변경하기가 어렵고 리스크가 따릅니다. 사소한 변경도 너무 오래 걸리고 자칫 다른 곳이 망가질 때도 많습니다. 한빛가이버 애플리케이션은 가끔 멈춰버리거나^{freeze up} 아예 다운되는 일도 드물지 않을 정도로 심각한 상태입니다. 이럴 때마다 문제를 조치하고 애플리케이션을 재시동하려면 짧게는 5분에서 길게는 2시간까지 전체 애플리케이션을 사용할 수 없습니다.

뭔가 빨리 조치를 취하지 않으면 한빛전자 경영진은 애물단지인 지원 계약 사업부를 포기하고, 현재 고용된 아키텍트, 관리자, 전문 기사, 매니저, 개발자를 모두 해고할지도 모르는 형편입니다.

1.7.4 한빛가이버 아키텍처 컴포넌트

현재 운영 중인 한빛가이버 애플리케이션은 티켓 관리, 리포팅, 고객 등록, 과금, 유저 관리, 로그인, 전문 기사 스킬/프로필 관리 기능을 제공합니다. [그림 1-3]과 [표 1-1]은 이 모놀리식 애플리케이션(네임스페이스의 접두어 **ss**는 한빛가이버 애플리케이션의 콘텍스트를 나타냄[*])의 컴포넌트를 정리한 것입니다.

---

* 옮긴이_원서에서는 시스템명이 시솝 스쿼드(Sysops Squad)이므로 그 영문 약어인 ss로 네임스페이스를 표기했습니다.

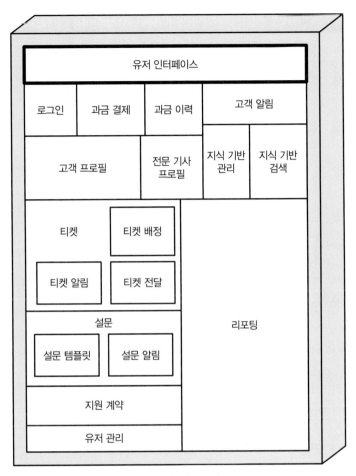

그림 1-3 한빛가이버 애플리케이션의 컴포넌트 구성도

표 1-1 한빛가이버 애플리케이션의 컴포넌트 리스트

컴포넌트	네임스페이스	설명
로그인(Login)	ss.login	내부 유저 및 고객 로그인, 보안 로직 처리
과금 결제(Billing Payment)	ss.billing.payment	월별 고객 과금 처리, 고객 신용카드 정보 관리
과금 이력(Billing History)	ss.billing.history	결제 이력, 이전 명세서 관리
고객 알림(Customer Notification)	ss.customer.notification	과금 및 일반 정보를 고객에게 알림
고객 프로필(Customer Profile)	ss.customer.profile	고객 프로필, 등록 정보 관리
전문 기사 프로필(Expert Profile)	ss.expert.profile	전문 기사 프로필(이름, 위치, 스킬 등) 관리

컴포넌트	네임스페이스	설명
지식 베이스 관리 (KB Maintenance)	ss.kb.maintenance	지식 베이스 항목 관리 및 조회
지식 베이스 검색(KB Search)	ss.kb.search	지식 베이스 검색용 쿼리 엔진
리포팅(Reporting)	ss.reporting	모든 리포팅(전문 기사, 티켓, 재무 정보)
티켓(Ticket)	ss.ticket	티켓 생성, 관리, 완료 처리, 공통 코드 관리
티켓 배정(Ticket Assign)	ss.ticket.assign	티켓을 전문 기사에게 배정
티켓 알림(Ticket Notify)	ss.ticket.notify	전문 기사가 출동 중이라고 고객에게 알림
티켓 전달(Ticket Route)	ss.ticket.route	전문 기사의 모바일 앱으로 티켓 전달
지원 계약(Support Contract)	ss.supportcontract	고객 지원 플랜 관련 계약
설문(Survey)	ss.survey	설문 관리, 취합, 결과 기록
설문 알림(Survey Notify)	ss.survey.notify	설문 이메일을 고객에게 발송
설문 템플릿(Survey Templates)	ss.survey.templates	서비스 유형별 설문 템플릿 관리
유저 관리(User Maintenance)	ss.users	내부 유저 및 역할 관리

이들 컴포넌트는 2장부터 분산 아키텍처에서 애플리케이션을 분해하는 다양한 기법과 트레이드오프를 설명하면서 계속 사용할 것입니다.

1.7.5 한빛가이버 데이터 모델

한빛가이버 애플리케이션은 [표 1-1]처럼 여러 컴포넌트로 구성돼 있지만, 데이터베이스는 하나의 스키마로 모든 테이블과 관련 데이터베이스 코드를 관리합니다. 데이터베이스 테이블에는 고객, 유저, 계약, 과금, 결제, 지식 베이스, 고객 설문 정보 등을 저장합니다. [표 1-2]는 테이블 리스트를, [그림 1-4]는 ER 모델을 나타낸 것입니다.

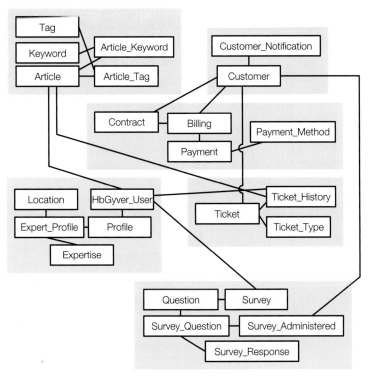

한빛가이버 DB 테이블 관계도
(컬럼, 뷰는 편의상 생략)

그림 1-4 한빛가이버 애플리케이션의 데이터 모델

표 1-2 한빛가이버 애플리케이션의 테이블 리스트

테이블	설명
Customer	한빛가이버 애플리케이션에 수리 지원을 요청한 고객
Customer_Notification	알림 관련 고객 프리퍼런스
Survey	고객 수리 만족도 설문
Question	설문 문항
Survey_Question	설문별로 배정된 문항
Survey_Administered	고객에게 전송된 설문 문항
Survey_Response	고객이 응답한 설문 결과
Billing	지원 계약에 대한 과금 정보
Contract	구매 제품별 수리 지원 계약

테이블	설명
Payment_Method	지불 가능한 결제 수단
Payment	명세서대로 처리된 결제 내역
HbGyver_User	한빛가이버 애플리케이션의 모든 유저
Profile	유저 프로필 정보
Expert_Profile	전문 기사 프로필 정보
Expertise	전문 기사의 다양한 전문 분야
Location	전문 기사의 서비스 가능 지역(위치)
Article	지식 베이스 항목
Tag	지식 베이스 항목의 태그
Keyword	지식 베이스 항목의 키워드
Article_Tag	지식 베이스 항목의 연관 태그
Article_Keyword	키워드와 항목을 조인한 테이블
Ticket	고객으로부터 접수된 고장 티켓
Ticket_Type	티켓 타입
Ticket_History	티켓 처리 이력

한빛가이버 애플리케이션의 데이터는 저장 프로시저^{stored procedure}나 트리거^{trigger}를 거의 쓰지 않는 제3정규형(3NF) 모델* 기반으로 모델링돼 있으며, 거의 대부분의 뷰는 리포팅 컴포넌트에서 사용됩니다. 아키텍트 팀은 애플리케이션을 분해해 분산 아키텍처로 전환할 계획이며, 이 과정에서 데이터베이스에 관련된 문제는 데이터베이스 팀과 협의해 진행할 것입니다. 이 테이블과 뷰 역시 이 책 전반에 걸쳐 데이터베이스 분해에 필요한 다양한 기법과 트레이드오프를 설명할 때 계속 사용할 것입니다.

---

* 옮긴이_테이블이 제1정규형, 제2정규형을 만족하고 테이블 내 모든 속성이 기본 키(primary key)에만 의존하며 다른 후보 키에는 의존하지 않는 상태를 말합니다(*https://en.wikipedia.org/wiki/Third_normal_form* 참고).

따로 떼어놓기

Part I

따로 떼어놓기

어떤 물건이 어떻게 조립돼 있는지 알고 싶으면 하나씩 분해해보는 것이 가장 좋은 방법이겠죠. 그럼 아키텍트가 (분산 아키텍처의 트레이드오프 같은) 복잡한 주제를 이해하려면 어디부터 손대는 게 좋을까요?

밀러 페이지-존스(Meilir Page-Jones)는 『What Every Programmer Should Know About Object-Oriented Design』(Dorset House, 1996)에서 아키텍처의 커플링은 정적 커플링(static coupling)과 동적 커플링(dynamic coupling)으로 분류된다는 날카로운 통찰력을 보여줬습니다. 정적 커플링은 아키텍처 요소(클래스, 컴포넌트, 서비스 등)가 서로 어떻게 연결되는지, 즉 디펜던시, 결합도(coupling level), 연결점 등을 나타냅니다. 정적 커플링은 아키텍처 본연의 정적 디펜던시를 의미하므로 아키텍트가 컴파일 타임(compile time)에 측정할 수 있습니다.

동적 커플링은 아키텍처 요소가 서로를 어떻게 호출하는지, 즉 어떤 유형의 통신을 하고 어떤 정보를 주고받고 계약이 얼마나 엄격한지 등을 나타냅니다.

이 책의 목표는 분산 아키텍처에서 트레이드오프를 분석하는 방법을 살펴보는 것입니다. 그러려면 일단 아키텍처 부품을 한 조각씩 따로 떼어내서 완전히 이해한 다음 다시 붙여놔야 하겠죠.

1부에서는 주로 아키텍처 구조, 즉 각 요소가 정적으로 결합되는 방식을 설명합니다. 2장은 아키텍처의 정적 커플링과 동적 커플링의 범위를 정의하는 문제를 살펴보고 앞으로 분해하면서 이해하게 될 전체 그림을 그립니다. 3장은 아키텍처 모듈성을 정의하면서 실제로 분해 프로세스를 시작하고, 4장은 코드베이스를 평가하고 해체하는 도구를, 5장은 이러한 분해 프로세스에 유용한 패턴들을 설명합니다.

아키텍처에서 데이터와 트랜잭션의 중요성은 점점 커지고 있으며 아키텍트와 DBA가 내리는 수많은 트레이드오프 결정에 영향을 끼칩니다. 6장은 서비스와 데이터 경계를 조정하는 방법 등 데이터가 아키텍처에 어떤 영향을 미치는지 알아봅니다. 마지막으로, 7장은 아키텍처 커플링과 데이터 관심사를 통합해 (서비스 사이즈 및 경계를 더 크거나 작게 만드는) 통합인과 분해인에 대해 이야기합니다.

등장 인물

원서의 저자들은 아키텍처를 완성해가는 과정을 좀 더 실감나게 표현하기 위해 가상의 기업과 조직, 인물들을 창조했는데, 이 책에서는 우리 실정에 맞게 사명과 등장 인물의 이름을 로컬화했습니다. 또 일반적인 평문으로 기술한 원서와 달리, 등장 인물 간의 대화 내용이나 현장 분위기를 좀 더 생동감 있게 전달하고자 대본 형식으로 바꿔 구성했습니다(괄호 안 이름은 원서에서 사용한 각 인물의 본명).

- 한빛가이버 애플리케이션 아키텍트 팀

    - **노건우**(Logan): 팀 리더
    - **손성한**(Addison): 애플리케이션 아키텍트(AA)
    - **오선빈**(Austen): 애플리케이션 아키텍트(AA)

- 한빛가이버 개발 팀

    - **태예림**(Taylen): 팀 리더
    - **한현승**(Skyler): 애플리케이션 개발 팀 개발자
    - **김무열**(Sydney): 애플리케이션 개발 팀 개발자

- 한빛가이버 데이터 아키텍트 팀

    - **설하나**(Dana): 데이터 아키텍트(DA)
    - **최이본**(Devon): 전사 데이터베이스 관리자(DBA)

- 기타 등장 인물

    - **박거성**(Parker): PO(Product Owner, 프로덕트 오너)
    - **강세민**(Sam): 전사 보안 담당자
    - **박배일**(Bailey): 사업총괄본부장
    - **모건승**(Morgan): 마케팅 팀 리더

## CHAPTER 2

아키텍처 퀀텀

11월 3일 수요일 13:00

한빛전자 수석 아키텍트인 노건우 팀장은 휴게실에 모여 분산 아키텍처에 대해 한창 토론 중이던 사람들에게 다가갑니다.

노건우: "선빈 씨, 또 깁스한 거야?"

오선빈: "그냥 부목 댄 거예요. 주말에 내기 골프를 치다 손목을 삐었는데 거의 다 나았어요."

노건우: "이런, 괜한 걸 물어봤네. 근데 두 사람 다 한창 열 올리면서 무슨 얘기 중이야?"

오선빈: "네, 마이크로서비스에서 사가 패턴을 쓰면 한 트랜잭션으로 묶어 처리할 수 있고 서비스도 원하는 만큼 작게 만들 수 있을 텐데… 왜 이 좋은 걸 안 쓰려는 건지 얘기하고 있었습니다."

손성한: "하지만 사가를 쓰려면 오케스트레이션도 사용해야 하잖아요? 비동기 통신이 필요할 땐 어쩌고? 게다가 트랜잭션은 또 얼마나 복잡해질까? 너무 잘게 나누면 데이터 충실도는 제대로 보장될까요?"

오선빈: "음, 그럼 그냥 ESB^Enterprise Service Bus (엔터프라이즈 서비스 버스)를 사용해서 업무를 관리하면 만사 편하지 않을까요?"

손성한: "요즘 ESB는 아무도 안 쓰는 것 같던데… 카프카^Kafka 같은 걸 써야 하나?"

오선빈: (깜짝 놀라며) "오, ESB랑 카프카는 전혀 다른 거예요!"

노건우: (점점 열기가 달아오르는 대화를 끊으며) "이건 뭐 짜장면이냐, 짬뽕이냐네. 어떤 도구, 어떤 접근 방법도 만병통치약은 아니지. 마이크로서비스 같은 분산 아키텍처는 원래 어려워. 작용하는 모든 힘을 억지로 풀어헤쳐야 할 때 특히 어렵지. 지금 우리한테는 아키텍처의 난제를 해결하는 데 유용한 접근 방

법이나 프레임워크가 절실해."

손성한: "저는 앞으로 우리가 뭘 하든 가능한 한 분리하는 게 맞다고 봐요. 요즘 읽은 아키텍처 책을 보니 아키텍트는 가능하다면 모든 걸 디커플링decoupling하는 게 좋다고 하더라고요."

노건우: "성한 씨가 읽은 그 조언대로 무작정 쪼개기만 하면 나중에 서로 통신할 때 문제가 되겠지. 그런 식으로는 소프트웨어를 개발하기가 너무 어려워! 사실 커플링이 처음부터 나쁜 건 아니고, 외려 유능한 아키텍트라면 커플링을 적절하게 이용할 줄도 알아야 해. 그러고 보니 어느 그리스 철학자가 이런 말을 했다지?"

> 만물은 독(毒)일지니, 독이 없는 건 하나도 없다. 오직 용량만이 독성을 없앨 수 있다!
>
> 파라켈수스Paracelsus[*]

분산 아키텍처에서 일어나는 다양한 요소 간의 충돌을 해소하고 트레이드오프의 균형을 맞추는 것은 아키텍트가 해야 하는 가장 어려운 일 중 하나입니다. 컨설턴트는 '느슨하게 결합된 loosely coupled' 시스템의 이점을 칭송하며 갖가지 조언을 쏟아내지만, 다른 어떤 것에도 연결되지 않는 시스템을 설계할 수 있을까요? 가급적 작은 단위의 마이크로서비스를 설계해서 디커플링을 추구하지만, 무작정 잘게 쪼개기만 하면 오케스트레이션과 트랜잭션, 비동기성asynchronicity 등이 큰 문제가 되겠죠. '디커플링'이 좋다고들 하지만, 시스템을 유용한 방향으로 구축하면서 그러한 목표를 달성하기 위한 가이드라인guideline(지침)은 제시하지 않습니다.

이처럼 명확하고 보편적인 가이드라인이 없는 까닭에 아키텍트는 세분도와 통신 방식을 결정할 때 애를 먹습니다. 복잡한 실세계의 시스템에도 적용 가능한 베스트 프랙티스가 따로 없으니까요. 사실 지금까지는 아키텍트가 케이스별로case-by-case 치밀한 분석을 수행하고 최선의(또는 가장 나쁜 것 중에서 제일 나은least worst) 트레이드오프 세트를 결정하는 데 필요한 정확한 시각과 용어가 부족했었습니다.

분산 아키텍처에서는 왜 아키텍트가 의사 결정을 내리기 어려운 걸까요? 사람들은 이미 20세기부터 대부분 똑같은 (메시지 큐, 이벤트 같은) 메커니즘을 사용해서 분산 시스템을 구축해 왔습니다. 그런데 마이크로서비스가 등장하면서 왜 갑자기 복잡도complexity level가 크게 높아졌을까요?

....

[*] 옮긴이_문예부흥기 시대에 활동한 독일계 스위스 본초학자, 연금술사, 점성술사(출처: 위키백과)

ㄱ 답은 경계 콘텍스트bounded context 사상에서 영감을 받은 마이크로서비스의 기본 철학에 있습니다. 경계 콘텍스트에 맞게 모델링한 서비스를 구축하려면 트랜잭션성이 아키텍처의 최고 관심사가 되므로 당연히 분산 시스템의 설계 방식에도 미묘하지만 중요한 변화가 수반됩니다. 마이크로서비스 이전에 설계된 많은 분산 시스템에서는 이벤트 핸들러event handler가 단일 관계형 데이터베이스에 접속해서 데이터 무결성, 트랜잭션 등을 처리하도록 설계했지만, 이제 데이터베이스가 서비스 내부로 들어오면서 데이터 관심사 역시 아키텍처 관심사가 된 것입니다.

앞서 언급했듯이, '소프트웨어 아키텍처'는 여러분이 구글에서 정답을 찾을 수 없는 주제입니다. 현대 아키텍트에게 트레이드오프를 분석하는 기술은 꼭 필요합니다. 지난 수십 년간 여러 프레임워크(예: ATM^Architecture Trade-off Analysis Method[1] (아키텍처 트레이드오프 분석 방법))가 등장하긴 했지만, 아키텍트가 매일 직면하는 현실의 문제와는 동떨어져 있었습니다.

이 책은 아키텍트가 맞닥뜨리는 갖가지 상황에 따라 올바르게 트레이드오프를 분석하는 방법에 집중합니다. 아키텍처의 많은 것이 으레 그렇듯, 요점은 간단합니다. 아키텍처의 하드 파트는 디테일details에 있습니다. 특히, [그림 2-1]처럼 여러 요소가 서로 얽히고설켜 개별 요소를 거의 알아보기 힘들 정도가 되면 한층 더 어려워집니다.

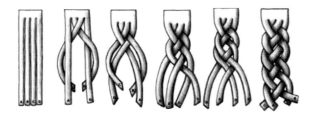

그림 2-1 머리카락을 계속 땋다 보면 원래 형체는 점점 더 알아보기 힘들어진다.

여러 가지 문제가 복합적으로 꼬여 있으면 문제를 하나씩 독립적으로 떼어내서 살펴보기 어려우므로 아키텍트가 트레이드오프 분석을 하기가 매우 어렵습니다. 따라서 트레이드오프 분석의 첫 단추는 문제의 차원dimension을 풀어헤치는 것입니다. 어느 부분이 어떻게 서로 얽혀 있고 그래서 변경을 하면 얼마만큼의 영향이 있을지 살펴보는 거죠. 이런 목적으로 커플링이라는 용어를 다음과 같이 아주 간단하게 정의합니다.

커플링

소프트웨어 시스템의 어느 한쪽을 변경하면 다른 쪽도 함께 변경해야 할 경우, 양쪽은 서로 결합된 coupled(즉, 커플링이 존재하는) 것이다.

소프트웨어 아키텍처에서는 다수의 힘force이 인터랙션interaction(상호 작용)을 일으키며 다차원 multidimensional 문제를 야기합니다. 아키텍트는 트레이드오프 분석을 하기 전에 어떤 힘들을 서로 절충시켜야 할지 결정해야 합니다.

현대적인 소프트웨어 아키텍처의 트레이드오프 분석을 위해 다음과 같이 조언합니다.

1. 어느 부분이 서로 얽혀 있는지 찾는다.
2. 그 부분이 서로 어떻게 결합돼 있는지 분석한다.
3. 상호 의존적인 시스템에 변경을 가하면 어떤 영향이 있을지 파악해 트레이드오프를 평가한다.

세 단계로 간단해 보이지만 디테일이 하드 파트입니다. 예를 들어, 마이크로서비스와 연관된 분산 아키텍처에서 가장 어려운(그리고 대체로 거의 모든 경우에 해당되는) 문제 하나를 꼽아 보면 다음과 같습니다.

마이크로서비스의 사이즈와 통신 방식은 어떻게 결정해야 하는가?

마이크로서비스의 적정한 사이징은 모든 아키텍처 요소에 고루 파급되는 문제입니다. 가령 서비스를 너무 작게 만들면 트랜잭션과 오케스트레이션이 문제가 되고, 그렇다고 너무 큼지막하게 만들면 확장과 배포 이슈가 생길 수 있습니다.

이 책의 나머지 부분에서는 이런 문제의 답을 찾아가는 과정에서 고려해야 할 많은 요소를 하나씩 풀어볼 것입니다. 비슷하지만 다른 패턴은 새로운 용어를 써서 명확히 구분하고, 이런저런 패턴을 적용하는 다양한 실사례도 보이고자 합니다.

무엇보다 이 책이 지향하는 목표는 여러분 각자가 겪고 있는 특정한 문제에 대해 어떻게 스스로 트레이드오프를 분석해야 할 것인지, 예제 위주로 테크닉을 설명하는 것입니다. 여러분과의 여행은 분산 아키텍처의 힘들을 풀어보는 것부터, 먼저 아키텍처 퀀텀과 정적/동적 커플링에 대해 살펴보는 것부터 시작하겠습니다.

2.1 아키텍처 퀀텀

퀀텀quantum(양자)은 양자 역학 분야에서 주로 사용되는 용어이지만, 물리학자들과 동일한 이유에서 이 단어를 선택했습니다. 퀀텀은 '얼마나 많은how many(수)', '얼마만큼의how much(양)' 라는 뜻을 가진 라틴어 quantus(퀀투스)에서 유래된 말입니다. 물리학에서 이 용어를 공식적으로 채택하기 이전에도 법조계에서는 이미 이 용어를 '필요하거나 허용되는 액수(예: 손해배상금)'라는 의미로 사용했고, 위상수학topology에서도 위치와 형상의 성질을 다룰 때 이 용어를 사용합니다. 라틴어에서 유래된 까닭에 datum/data처럼 단수형은 quantum, 복수형은 quanta입니다.*

아키텍처 퀀텀은 각기 다른 요소들이 서로 연결을 맺고 통신하는 방법에 관한 소프트웨어 아키텍처의 토폴로지topology와 동작behavior을 나타냅니다.

아키텍처 퀀텀

아키텍처 퀀텀architecture quantum은 높은 기능 응집도, 높은 정적 커플링, 동기적 동적 커플링의 특성을 띤, 독립적으로 배포 가능한independently deployable 아티팩트입니다. 아키텍처 퀀텀의 가장 흔한 예로, 워크플로에 잘 구성된well-formed 마이크로서비스를 들 수 있습니다.

정적 커플링

정적 커플링static coupling은 정적인 디펜던시가 아키텍처에서 계약을 통해 어떻게 결정되는지를 나타냅니다. 운영체제, 프레임워크 및 (또는) 전이적 디펜던시transitive dependency 관리†를 통해 전달되는 라이브러리, 그 밖에 퀀텀을 작동시키기 위해 필요한 요건 등이 해당됩니다.

동적 커플링

동적 커플링dynamic coupling은 어떻게 퀀텀이 런타임에 서로 통신하는지(예: 동기 통신을 하는지, 비동기 통신을 하는지)를 나타냅니다. 이런 특성은 피트니스 함수를 지속적으로 실행시켜 모니터링해야 합니다.

정적 커플링과 동적 커플링은 비슷해 보이지만, 아키텍트는 반드시 이 둘의 차이점을 구분할

---

* 옮긴이_우리말로 '퀀텀', '퀀텀들'이라고 표현하면 어색하므로 이 책에서는 단수/복수 모두 '퀀텀'으로 표기합니다.
† 옮긴이_쉬운 예로, A가 B에 의존하고(A → B) B가 C에 의존할 경우(B → C), 결과적으로 A가 C에 의존하게 되는 현상을 전이적 디펜던시 또는 전이 의존성이라고 합니다. 가령, 메이븐으로 관리하는 자바 프로젝트의 아티팩트들은 대부분 이러한 전이적 디펜던시를 가진다고 할 수 있습니다.

줄 알아야 합니다. 간단히 말해, 정적 커플링은 서비스가 어떻게 서로 연결되는지를 의미하고 동적 커플링은 서비스가 런타임에 어떻게 서로를 호출하는지를 의미합니다. 예를 들어 마이크로서비스 아키텍처에서 서비스는 데이터베이스처럼 자신이 의존하는 컴포넌트를 포함하는데, 이는 정적 커플링에 해당합니다. 필요한 데이터가 없으면 서비스가 동작하지 않으니까요. 그런데 만약 이 서비스가 워크플로 수행 도중 다른 서비스를 호출한다면, 이것은 동적 커플링입니다. 이 런타임 워크플로를 제외하곤 어떤 두 서비스도 상대방의 작동 여부에 구애받지 않기 때문입니다. 한마디로 말해 정적 커플링은 작동 디펜던시operational dependency를, 동적 커플링은 통신 디펜던시communication dependency를 분석한 것입니다.

아키텍처 퀀텀을 정의한 문장에는 중요한 의미가 들어 있으니 하나씩 자세히 음미해보겠습니다.

2.1.1 독립적으로 배포 가능

아키텍처 퀀텀은 아키텍처에서 개별 배포가 가능한 단위separate deployable unit를 말합니다. 따라서 하나의 단위로 배포되는 모놀리식 아키텍처는 정의에 따라 단일 아키텍처 퀀텀single architecture quantum입니다. 마이크로서비스 같은 분산 아키텍처는 서비스를 독립적으로 배포하는 고도로 자동화된 체계를 지향하므로, 각 마이크로서비스는 독립적으로 배포 가능하며 (바로 다음에 이야기할 커플링 여부에 따라) 각각의 아키텍처 퀀텀에 해당됩니다.

아키텍처 설계 시 아키텍처 퀀텀을 각각 배포 가능한 자산deployable asset으로 나타내는 것은 여러모로 유용합니다. 첫째, 아키텍처 퀀텀으로 표시한 경계는 아키텍트, 개발자, 운영자 간의 공용어common language 역할을 합니다. 아키텍트는 커플링의 특성을, 개발자는 동작의 범위를, 운영자는 배포 가능한 특성을 이해하는 식으로 각자가 처한 문제의 공통 범위를 이해하는 데 도움을 줍니다.

둘째, 분산 아키텍처에서 아키텍처 퀀텀은 서비스를 적절하게 분해하고자 고심하는 아키텍트가 고려해야 할 힘(정적 커플링) 중 하나를 나타냅니다. 마이크로서비스 아키텍처는 개발자가 서비스를 얼마나 잘게 나누는 게 좋을지 결정하기 어려운 경우가 많습니다. 이를테면, 배포 문제만 하더라도 서비스를 얼마마다 한 번씩 릴리스할지, 다른 서비스는 얼마만큼의 영향을 받을지, 어떤 엔지니어링 프랙티스가 수반되는지 등의 트레이드오프가 따릅니다. 이런 상황에서 분산 아키텍처의 배포 경계를 정확하고 분명하게 파악할 수 있다면 아키텍트에게 큰 도움이 될 것입니다 (세분도와 그에 따른 드레이드오프는 7장에서 자세히 다룹니다).

셋째, 독립적으로 배포해도 데이터베이스 같은 공통 결합점coupling point이 아키텍처 퀀텀에 포함되는 것을 막을 수는 없습니다. 아키텍처를 논의할 때 데이터베이스, 유저 인터페이스user interface 같은 문제는 흔히 가볍게 넘어가곤 하는데, 실제 시스템에서는 이런 문제를 공통적으로 처리해야 하는 경우가 많습니다. 따라서 공유 데이터베이스를 사용하는 모든 시스템은 애플리케이션과 딱 맞춰 데이터베이스를 배포하지 않을 경우, 독립적 배포가 가능한 아키텍처 퀀텀의 기준에서 벗어나게 됩니다. 공유 데이터베이스가 없었다면 다수의 아키텍처 퀀텀에 대해 독립적으로 배포할 수 있었을 분산 시스템도 실제로는 그렇지 못한 경우가 대부분이므로 단순히 배포 경계만 봐서는 제대로 가늠하기가 어렵습니다. 또 아키텍트는 아키텍처 퀀텀의 두 번째 기준인 높은 기능 응집도를 고려해 아키텍처 퀀텀을 유용한 범위로 제한해야 합니다.

2.1.2 높은 기능 응집도

높은 기능 응집도high functional cohesion는 클래스, 컴포넌트, 서비스 등 연관된 요소들 간의 구조적인 근접성proximity (가까움)을 나타냅니다. 컴퓨터 과학자들은 역사적으로 다양한 응집도 타입을 정의했는데, 여기서 말하는 응집도란 플랫폼에 종속돼 클래스나 컴포넌트로 나타낼 수 있는 일반적인 모듈을 가리킵니다. 도메인 관점에서 높은 기능 응집도의 기술적 정의는 도메인 주도 설계에서 경계 콘텍스트의 목표, 즉 어떤 도메인 워크플로를 구현하기 위한 동작behavior 및 데이터data와 부분적으로 일치합니다.

독립적 배포성 관점에서만 본다면, 거대한 모놀리식 아키텍처가 단일 아키텍트 퀀텀으로 제격이겠죠. 하지만 모든 시스템 기능이 죄다 포함된 이런 구조는 기능 응집도가 높을 수가 없습니다. 모놀리스가 커질수록 기능 응집도는 반드시 낮아지기 마련입니다.

이론적으로 마이크로서비스 아키텍처에서 각 서비스는 하나의 도메인이나 워크플로를 모델링한 것이므로 기능 응집도가 높습니다. 이런 맥락에서 응집도란 '서비스가 어떻게 다른 서비스와 인터랙션해서 일을 하느냐'가 아니라 '한 서비스가 다른 서비스에 얼마나 결합돼 있는가, 얼마나 독립적인가'를 나타냅니다.

2.1.3 높은 정적 커플링

높은 정적 커플링high static coupling은 아키텍처 퀀텀 내부 요소들이 서로 긴밀히 연결돼 있다는 뜻입니다. 이것은 실제로 계약이 그렇게 맺어져 있기 때문입니다. 아키텍트는 REST, SOAP 같은 것들만 계약 포맷이라고 생각하지만, 실은 메서드 시그니처method signature, (IP 주소 또는 URL 등의 결합점을 통한) 작동 디펜던시도 일종의 계약입니다. 따라서 계약은 아키텍처의 하드 파트입니다(모든 계약 타입에 얽힌 커플링 이슈와 계약을 적절하게 잘 선택하는 방법 등에 관한 내용은 13장 참고).

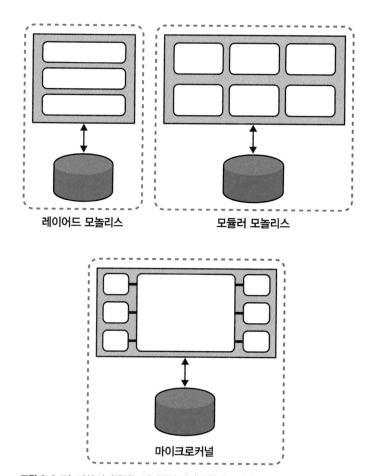

그림 2-2 모놀리식 아키텍처는 아키텍처 퀀텀이 항상 1이다.

아키텍처 퀀텀은 정적 커플링을 어느 정도 기늠할 수 있는 척도로, 대부분의 아키텍처 토폴로지에서 측정 방법이 매우 간단합니다. 예를 들어 [그림 2-2]는 『소프트웨어 아키텍처 101』에서 가져온 그림으로, 모놀리식 아키텍처 스타일의 아키텍처 퀀텀은 무조건 1입니다.

하나의 단위로 배포되고 단일 데이터베이스를 사용하는 아키텍처는 모두 단일 아키텍처 퀀텀입니다. 데이터베이스는 정적 커플링으로 판단하는 기준으로, 단일 데이터베이스에 의존하는 시스템은 절대로 1보다 큰 퀀텀을 가질 수 없습니다. 따라서 아키텍처 퀀텀의 정적 커플링 기준은 개발 중인 소프트웨어 컴포넌트의 내부뿐만 아니라 아키텍처에서의 결합점을 식별하는 데 유용하게 쓰입니다. 대부분의 모놀리식 아키텍처는 아키텍처 퀀텀을 1로 만드는 단일 결합점(예: 데이터베이스)을 갖고 있습니다.

분산 아키텍처는 컴포넌트 수준에서 디커플링됩니다. [그림 2-3]과 같은 서비스 기반 아키텍처의 아키텍처 퀀텀은 얼마일까요?

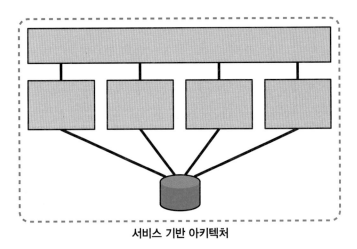

서비스 기반 아키텍처

그림 2-3 서비스 기반 아키텍처의 아키텍처 퀀텀

이 아키텍처도 마이크로서비스처럼 각 서비스가 격리돼 있지만, 단일 관계형 데이터베이스를 사용하는 것은 매한가지이므로 아키텍처 퀀텀은 1입니다.

서비스 기반 아키텍처

여기서 서비스 기반 아키텍처란 서비스를 기반으로 하는 일반적인 아키텍처를 말하는 게 아니라, 개별 배포된 유저 인터페이스와 단위가 큰(coarse-grained) 원격 서비스, 그리고 모놀리스 데이터베이스로 구성된 분산 매크로-레이어드(distributed macro-layered) 구조의 특수한 하이브리드 아키텍처 스타일을 나타냅니다. 데이터베이스 수준의 격리라는, 마이크로서비스에서 고려해야 하는 한 가지 복잡한 부분을 해소한 아키텍처입니다. 서비스 기반 아키텍처의 서비스도 (도메인 주도 설계의 경계 콘텍스트 사상에 따라) 마이크로서비스와 원칙은 같지만, 과거 아키텍트들은 격리의 진가를 제대로 알아보지 못했던 까닭에(아니면 부정적인 트레이드오프를 너무 많이 목격한 탓에) 단일 관계형 데이터베이스에 의존합니다.

서비스 기반 아키텍처는 모놀리식 아키텍처를 구조 조정할 때 공통적으로 추구하는 목표로, 기존 데이터베이스 스키마와 통합점(integration point)을 깨뜨리지 않고도 분해할 수 있게 합니다. 분해 패턴은 5장에서 이야기합니다.

지금까지 모든 토폴로지에서 아키텍처 퀀텀은 1로 측정됐지만, 분산 아키텍처는 2 이상의 퀀텀이 생길 수 있습니다(물론 꼭 그러리란 보장은 없습니다). 예를 들어, 이벤트 기반 아키텍처event-based architecture*의 중재자 스타일은 [그림 2-4]에서 보다시피 항상 단일 아키텍처 퀀텀입니다.

이벤트 기반 아키텍처는 분산 아키텍처의 모습을 띠고 있지만, 두 결합점은 결국 단일 아키텍처 퀀텀을 지향합니다. 다시 말해, 예전 모놀리식 아키텍처처럼 공통 데이터베이스가 있고 요청 오케스트레이터request orchestrator는 자신이 전체 아키텍처의 작동상 결합점이 돼서 그 주변에 아키텍처 퀀텀이 형성되는 것입니다.

---

*   옮긴이_이벤트 기반 아키텍처로 마이크로서비스를 구축하는 문제에 관한 기술적인 주제는 『이벤트 기반 마이크로서비스 구축』(한빛미디어, 2021) 참고

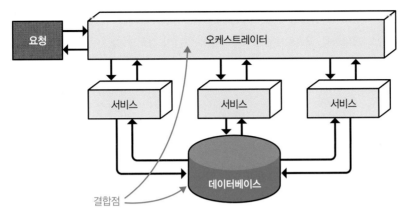

그림 2-4 중재자가 조정하는 이벤트 기반 아키텍처는 단일 아키텍처 퀀텀이다.

브로커형 이벤트 기반 아키텍처broker event-driven architecture는 이것보다는 덜 결합돼 있지만, 그렇다고 완전한 디커플링도 아닙니다. [그림 2-5]의 이벤트 기반 아키텍처를 봅시다.

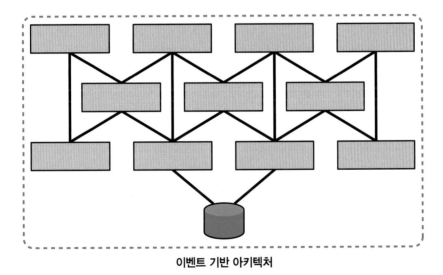

이벤트 기반 아키텍처

그림 2-5 브로커형 이벤트 기반 아키텍처 같은 분산 아키텍처도 단일 퀀텀일 수 있다.

(중앙 중재자가 없는) 브로커형 이벤트 기반 아키텍처는 모든 서비스가 단일 관계형 데이터베이스를 사용하는데, 결국 여기가 공통 결합점이 되기 때문에 어쨌든 단일 아키텍처 퀀텀입니다. 아키텍처 퀀텀을 정적 분석할 때는 "아키텍처에 종속된 이것이 서비스 작동에 필요한가?"라

고 자문해야 합니다. 이벤트 기반 아키텍처의 모든 서비스가 데이터베이스에 접근하는 건 아니라 해도, 데이터베이스 액세스를 필요로 한다면 아키텍처 퀀텀의 정적 커플링이 되는 것입니다.

그럼 [그림 2-6]의 이벤트 기반 아키텍처처럼 공통 결합점이 존재하지 않는 분산 아키텍처는 어떨까요?

이 이벤트 기반 시스템은 데이터 저장소data store가 2개 있고 서비스들 간에 정적 디펜던시가 전혀 없습니다. 두 아키텍처 퀀텀 모두 준프로덕션production-like 체제로* 가동시킬 수 있습니다. 비록 시스템이 갖춰야 할 모든 워크플로에 참여할 수는 없어도 아키텍처 내부에서 요청을 송수신하는 등의 작업은 거뜬히 수행할 수 있습니다.

아키텍처 퀀텀의 정적 커플링은 아키텍처 컴포넌트architectural component와 운영 컴포넌트operational component 간의 커플링 디펜던시coupling dependency로 평가합니다. 따라서 운영체제, 데이터 저장소, 메시지 브로커, 컨테이너 오케스트레이션과 그 밖의 모든 운영 디펜던시는 아키텍처 퀀텀의 정적인 결합점을 형성합니다(아키텍처 퀀텀에서 계약의 역할은 13장에서 자세히 다룹니다).

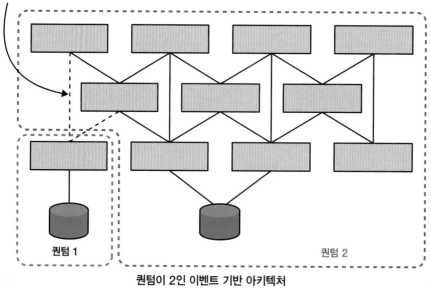

쿼텀 간에는 비동기 통신만 한다.

쿼텀 1   쿼텀 2

쿼텀이 2인 이벤트 기반 아키텍처

그림 2-6 쿼텀이 2인 이벤트 기반 아키텍처

....

* 옮긴이_[그림 2-6]의 쿼텀 1과 2를 각각 운영계 시스템으로 떼어내어 가동시켜도 될 정도로 독립적인 체계를 구성하고 있다는 뜻입니다.

마이그로서비스 아키텍치 스타일은 데이디 디펜던시를 포함히는 고도로 디기플링된 시비스를 특징으로 합니다. 이런 아키텍처를 설계한 아키텍트는 높은 디커플링을 선호하고, 각 서비스마다 자체 퀀텀을 구성하며, 서비스 간 결합점이 생기지 않도록 신경을 씁니다(그림 2-7).

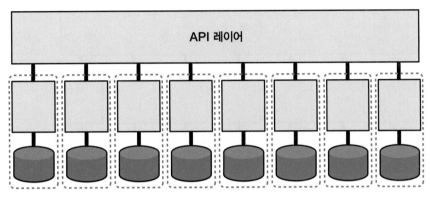

그림 2-7 마이크로서비스는 각각 자체 퀀텀으로 구성된다.

각 서비스는 (각자 하나의 경계 콘텍스트로서) 고유한 아키텍처 특성을 가질 수 있습니다. 이를테면, 어떤 서비스는 다른 서비스보다 확장성이나 보안을 더 높은 수준으로 구현할 수 있습니다. 이처럼 아키텍처 특성의 적용 범위를 세분화할 수 있는 것이 마이크로서비스 아키텍처 스타일의 강점입니다. 고도의 디커플링 덕분에 모든 팀이 다른 팀과의 의존 관계가 깨질까 봐 걱정할 필요 없이 최대한 신속하게 서비스 작업을 진행할 수 있습니다.

그러나 이런 시스템도 유저 인터페이스와 단단하게 결합돼 있으면 또다시 단일 아키텍처 퀀텀으로 돌아가고 맙니다(그림 2-8).

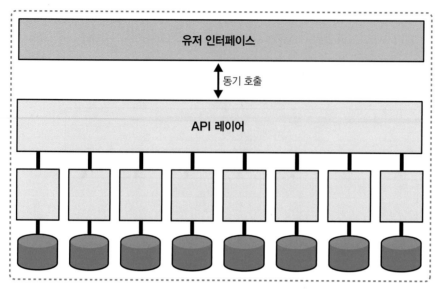

그림 2-8 유저 인터페이스가 단단히 결합되면 마이크로서비스 아키텍처 퀀텀은 다시 1로 줄어든다.

유저 인터페이스는 프런트엔드와 백엔드 간 결합점이 되므로 대부분의 유저 인터페이스는 백엔드가 일부라도 망가지면 제대로 작동하지 않습니다.

또 모든 서비스가 단일 유저 인터페이스 체제로 작동되는 구조에서는 서비스마다 차별화된 (성능, 확장성, 탄력성, 신뢰성 같은) 운영 아키텍처 특성을 설계하기 어려울 것입니다(특히 2.1.4절 '동적 퀀텀 커플링'에서 언급한 동기 호출이 그러한 사례입니다).

아키텍트는 프런트엔드와 백엔드 간 커플링이 생기지 않도록 비동기성을 활용해서 유저 인터페이스를 설계합니다. 요즘 마이크로서비스 프로젝트는 대부분 마이크로프런트엔드 프레임워크를 사용해서 유저 인터페이스 요소를 설계하는 추세입니다. 이런 아키텍처에서 서비스 대신 인터랙션하는 유저 인터페이스 요소는 서비스 자체에서 나오는 것입니다. 유저 인터페이스 단면surface은 유저 인터페이스 요소가 그려지는 일종의 캔버스로, 대부분 이벤트를 매개로 컴포넌트 간의 느슨하게 결합된 통신을 가능하게 합니다(그림 2-9).

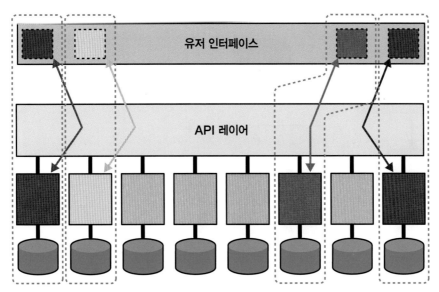

그림 2-9 마이크로프런트엔드 아키텍처는 각 서비스 + 유저 인터페이스 컴포넌트가 아키텍처 퀀텀이 된다.

[그림 2-9]에서 마이크로프런트엔드마다 다르게 색칠한 4개 서비스는 각자 아키텍처 퀀텀을 형성하므로 아키텍처 특성을 달리할 수 있습니다.

아키텍처의 모든 결합점은 퀀텀 관점에서 보면 정적 결합점이 될 수 있습니다. [그림 2-10]처럼 두 시스템이 데이터베이스를 공유하는 구조라면 어떤 영향이 있을까요?

시스템의 정적 커플링은 통합 아키텍처^integration architecture 같은 복잡한 시스템에서도 중요한 인사이트^insight* 를 제공합니다. 컴포넌트가 서로 어떻게 '연결되는지^wired'를 나타낸 정적 퀀텀 다이어그램은 점점 레거시 아키텍처를 이해하는 일반적인 아키텍처 기법으로 굳어지고 있습니다. 이런 그림은 어느 시스템이 변경의 영향을 받는지 파악할 수 있게 해주는, 아키텍처(그리고 어쩌면 디커플링)를 이해하는 유익한 길잡이 역할을 합니다.

정적 커플링은 분산 아키텍처에 영향을 미치는 절반의 요소에 불과합니다. 그럼 다른 절반에 해당하는 동적 커플링도 살펴봅시다.

---

* 옮긴이_ 내부를 꿰뚫어 살펴봄으로써 전체를 이해할 수 있는 능력

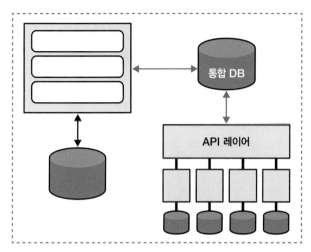

그림 2-10 공유 데이터베이스는 두 시스템 간의 결합점이 돼서 단일 퀀텀이 형성된다.

2.1.4 동적 퀀텀 커플링

아키텍처 퀀텀 정의의 나머지는 런타임의 동기적 커플링입니다. 다시 말해, 분산 아키텍처 내부에서 아키텍처 퀀텀이 인터랙션하면서 워크플로를 형성하는, 아키텍처 퀀텀의 동작에 관한 내용입니다.

서비스가 서로를 호출할 때는 본질적으로 다음과 같은 세 힘이 맞물려 작용하면서 다차원 의사 결정 공간을 나타냅니다. 그래서 트레이드오프를 결정하기가 참 어렵습니다.

통신communication

연결 동기성connection synchronicity의 종류, 즉 동기 통신인가, 비동기 통신인가?

일관성consistency

워크플로 통신에 원자성atomicity이 필수인가, 아니면 최종 일관성eventual consistency만 맞춰도 충분한가?

조정coordination

워크플로가 오케스트레이터를 활용하는가, 아니면 코레오그래피 방식으로 서비스가 서로 통신하는가?

통신

서로 통신하는 두 서비스가 동기(동기식) 통신을 할지, 비동기(비동기식) 통신을 할지는 아키텍트가 답해야 할 근본적인 질문 중 하나입니다.

동기 통신을 하면 요청자^{requestor}(호출부)는 수신자^{receiver}(피호출부)의 응답을 기다려야 합니다 (그림 2-11).

그림 2-11 동기 호출은 수신자의 응답을 기다린다.

요청자는 수신자를 호출하고 수신자가 어떤 값(또는 상태 변경이나 에러 조건을 의미하는 상태값)을 반환할 때까지 (gRPC처럼 동기 호출이 지원되는 프로토콜 중 하나로) 블로킹^{blocking}(차단)합니다.

비동기 통신은 요청자가 (보통 메시지 큐^{message queue} 같은 메커니즘을 통해) 수신자에게 메시지를 전달하는 방식입니다. 요청자는 메시지가 처리될 예정이라는 사실에 대해 확인 응답^{acknowledgement}(ACK)을 받고 하던 일을 다시 계속합니다. 요청의 결과 반환값이 필요한 경우, 수신자는 응답 큐를 이용해 (비동기적으로) 요청자에게 결과를 전달합니다(그림 2-12).

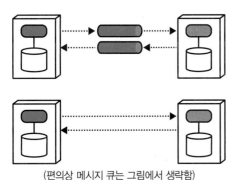

(편의상 메시지 큐는 그림에서 생략함)

그림 2-12 비동기 통신을 하면 병렬 처리가 가능하다.

요청자는 메시지를 큐에 넣고 자신이 요청한 정보를 전달했다는 사실을 수신자가 알게 될 때까지 다른 작업을 계속 수행합니다. 일반적으로 비동기 통신은 메시지 큐([그림 2-12] 상단에 표시한 원통형 튜브)로 구현하기 때문에 편의상 [그림 2-12] 하단처럼 생략합니다. 물론 메시지 큐가 아닌 다른 다양한 라이브러리나 프레임워크를 사용해서 비동기 통신을 구현할 수도 있습니다.

서비스 간 통신 방식은 결정된 이후에는 동기화, 에러 처리, 트랜잭션, 확장성, 성능에 중대한 영향을 미치므로 아키텍트는 트레이드오프를 고려해서 신중하게 선택해야 합니다.

일관성

일관성은 통신 호출이 준수해야 할 트랜잭션 무결성transactional integrity의 엄격함을 말합니다. 일관성 스펙트럼의 한쪽에는 (요청을 처리하는 도중 '모 아니면 도all-or-nothing**'라는 식의 일관성을 요하는) 원자적 트랜잭션atomic transaction이 있고, 그 반대쪽에는 제각기 정도가 다른 최종 일관성이 있습니다.

트랜잭션성transactionality (여러 서비스를 모 아니면 도 방식으로 트랜잭션에 참여시키는 것)은 분산 아키텍처에서 모델링하기가 가장 까다로운 문제이므로 교차 서비스 트랜잭션cross-service transaction은 가급적 삼가는 것이 좋습니다. 일관성 및 데이터와 아키텍처의 교차에 대해서는 6장, 9장, 10장, 12장에서 이야기합니다.

조정

조정은 주어진 통신 방식으로 모델링한 워크플로에 어느 정도의 조정이 필요한지를 나타냅니다. 마이크로서비스의 일반적인 조정 패턴으로는 오케스트레이션과 코레오그래피를 꼽을 수 있습니다(11장). 한 서비스가 요청에 응답하는 단순한 워크플로에서는 딱히 조정이 필요 없지만, 워크플로가 점점 복잡해질수록 조정의 필요성이 점점 크게 느껴집니다.

이 세 팩터(통신, 일관성, 조정)는 아키텍트의 의사 결정에 중요한 단서가 됩니다. 이들은 서로 영향을 주고받는 관계라서 어느 한 가지만 단독으로 선택할 수는 없습니다. 예를 들어 트랜잭션성은 중재자가 있는 동기식 아키텍처에서 더 구현하기 쉽지만, 고도의 확장성은 최종 일관성 기반의 비동기식 코레오그래피 시스템에서 실현 가능합니다.

....

*   옮긴이_전부 다 처리하거나 하나도 처리하지 않는 방식

이렇게 서로 연관된 세 힘은 [그림 2-13]에서 보다시피 3차원 공간을 형성합니다.

서비스 통신에 작용하는 세 힘을 3차원 좌표 평면으로 그린 것으로, 아키텍트는 어떤 결정을 내리기 전에 이 세 힘의 세기를 3차원 그래프로 나타낼 수 있습니다.

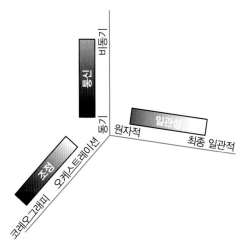

그림 2-13 3차원 동적 퀀텀 커플링 그래프

주어진 상황에서 어떤 힘들이 작용하는지 명확하게 알고 있어야 트레이드오프 분석에 필요한 기준을 정립할 수 있을 것입니다. 예컨대 동적 커플링의 경우, [표 2-1]은 여덟 가지 가능한 조합을 도출해 정리한 기본 패턴별 차원 매트릭스입니다.

표 2-1 기본 패턴별 차원 매트릭스

패턴명	통신	일관성	조정	커플링
에픽 사가(sao)	동기	원자성	오케스트레이션	매우 높음
폰 태그 사가(sac)	동기	원자성	코레오그래피	높음
페어리 테일 사가(seo)	동기	최종 일관성	오케스트레이션	높음
타임 트래블 사가(sec)	동기	최종 일관성	코레오그래피	보통
판타지 픽션 사가(aao)	비동기	원자성	오케스트레이션	높음
호러 스토리 사가(aac)	비동기	원자성	코레오그래피	보통
패러렐 사가(aeo)	비동기	최종 일관성	오케스트레이션	낮음
앤솔로지 사가(aec)	비동기	최종 일관성	코레오그래피	매우 낮음

이 매트릭스를 완전히 이해하려면 먼저 각 차원을 따로따로 조사해야 합니다. 2장 이후부터는 통신, 일관성, 조정에 관한 개별 트레이드오프를 이해하기 위해 먼저 필요한 콘텍스트를 만든 다음, 12장에서 다시 한데 모아 이야기를 정리하려고 합니다.

1부 '따로 떼어놓기'에서는 정적 커플링 중심으로 데이터 오너십^{data ownership}(데이터 소유권), 트랜잭션성, 서비스 세분도^{service granularity} 등 분산 아키텍처에 영향을 미치는 다양한 차원을 알아봅니다. 2부 '다시 합치기'에서는 동적 커플링 위주로 마이크로서비스의 통신 패턴을 중점적으로 설명합니다.

2.2 한빛가이버 사가: 퀀텀의 이해

11월 23일 화요일 14:32

선빈은 평소와는 사뭇 다른, 조금 묘한 표정을 하며 성한의 자리로 갔습니다.

오선빈: "성한 씨, 잠깐 얘기 좀 할 수 있어요?"

손성한: "넵, 무슨 일이죠?"

오선빈: "아키텍처 퀀텀 자료를 보고 있는데, 이런… 하나도 눈에 들어오질 않아요!"

손성한: (웃으며) "하하, 알겠어요. 저도 처음엔 너무 추상적인 개념이라서 골치가 아팠는데, 실무랑 연관 지어 생각해보니 아주 기발한 사고방식이더라고요."

오선빈: "좀 자세히 설명을…"

손성한: "네, 아키텍처 퀀텀이란 건 기본적으로 DDD 경계 콘텍스트를 아키텍처 용어로 정의한 겁니다."

오선빈: "그럼 그냥 경계 콘텍스트라고 하면 되지 않나요?"

손성한: "이미 DDD에서 경계 콘텍스트라는 말을 정의했는데, 여기에 아키텍처에 관한 의미까지 얹어서 사용하면 사람들이 헷갈리겠죠. 두 용어는 비슷하지만 동일하지는 않아요. 일단 기능 응집도와 독립적인 배포에 관한 부분은 경계 콘텍스트에 기반한 서비스와 확실히 일치하지만, 아키텍처 퀀텀은 커플링 타입을 식별함으로써, 즉 정적인 커플링과 동적인 커플링을 구분 지어 생각한, 말하자면 한 발짝 더 진보한 개념이죠."

오선빈: "휴, 이게 다 뭔 말이지? 커플링은 그냥 커플링 아닌가? 왜 굳이 구별하는 거죠?"

손성한: "커플링 타입에 따라 고민해야 할 문제들이 달라지니까요. 먼저, 정적 커플링은… 제 생각에 이건 뭔가가 서로 어떻게 연결하는지를 나타내는 겁니다. 가령 지금 타깃 아키텍처에 구축하려는 서비스 하나를 떠올려보세요. 그 서비스를 기동하려면 다른 뭔가가 연결돼 있어야 하겠죠?"

오선빈: "음, 포스트그레스큐엘^PostgreSQL DB에 접속하는 자바 애플리케이션을 도커에서 실행시키는… 뭐 이런 거 말이죠?"

손성한: "자, 만약 선빈 씨가 지금 아무것도 없는 맨땅에서 그런 서비스를 구축한다면 어떨까요? 자바 기반의 스프링 부트를 사용하고, 음… 프레임워크와 라이브러리는 한 15~20개쯤 되겠죠?"

오선빈: "맞아요, 디펜던시는 모두 메이븐 POM 파일 하나로 관리하겠죠. 또 뭐가 있을까요?"

손성한: "뭔가 작동시키는 데 필요한 연결이 바로 정적 퀀텀 커플링을 뒷받침하는 아이디어죠. 우리는 이 벤트로 서비스 간 통신을 하잖아요… 이벤트 브로커도 포함되겠죠?"

오선빈: "하지만 그건 동적인 부분 아닌가요?"

손성한: "브로커 자체가 동적인 건 아니죠. 서비스(또는 더 넓게 보면 아키텍처 퀀텀)가 메시지 브로커를 통해 다른 서비스와 통신하는 구조라면 브로커가 반드시 필요합니다. 서비스가 브로커를 거쳐 다른 서비스를 호출할 때 비로소 동적이라고 볼 수 있는 거죠."

오선빈: "네, 하긴 그러네요. 처음부터 부트스트랩^bootstrap하는 데 필요한 게 뭔지 따져보면 그게 바로 정적 퀀텀 커플링이군요."

손성한: "맞아요, 그리고 그런 정보는 엄청 유용해요. 최근 각 서비스에 대한 정적 퀀텀 커플링 다이어그램을 방어적으로 그려봤잖아요?"

오선빈: (웃으며) "방어적? 그게 무슨…?"

손성한: "우리 그때 아키텍처나 운영 프로세스 중 뭐라도 하나 변경되면 어떤 부분이 깨지는지 알아보려고 신뢰성 분석을 했잖아요. 뭐, 리스크를 줄이자는 건데, 요는 서비스가 변경되면 뭘 테스트해야 하는지 알고 싶었던 거죠."

오선빈: "아, 그러네요. 이제 알겠네. 그런 게 정적 퀀텀 커플링이구나. 많이 도움이 됐죠. 어떤 팀이 다른 팀에 어떤 영향을 미치는지 잘 표현했고… 정말 유용한 것 같더라고요. 이런 걸 객관적인 수치로 측정할 수 있는 도구는 따로 없나요?"

손성한: (웃으며) "아, 그런 게 있으면 얼마나 좋겠습니까! 아쉽게도 우리의 고유한 아키텍처 조합에 딱 맞는 오픈 소스 도구는 없습니다. 요즘 플랫폼 팀 사람들이 이 작업을 자동화하는 도구를 개발 중인 것 같던데, 우리 아키텍처에 맞게 커스터마이징하면 되겠죠. 그쪽 분들은 컨테이너 매니페스트^container manifest,

POM 파일, NPM 디펜던시, 기타 디펜던시 도구를 사용해서 빌드 디펜던시 리스트를 만들어 관리하더라고요. 또 어떤 시스템이 언제, 얼마나 자주 다른 시스템을 호출하는지 일관된 로그 파일로 남기니까 모든 서비스를 굽어볼 수 있겠죠. 로그 파일을 잘 활용하면 뭔가가 서로 어떻게 연결돼 있는지 호출 그래프를 그려볼 수 있어요."

오선빈: "네, 어쨌거나 정적 커플링은 뭔가가 서로 어떻게 연결되는지를 나타낸다, 이거죠? 그럼 동적 커플링은요?"

손성한: "동적 커플링은 퀀텀이 서로 어떻게 통신하는지, 특히 호출을 동기로 할 건지, 비동기로 할 건지의 문제와 그것이 (성능, 확장성, 탄력성, 신뢰성 등의) 운영 아키텍처 특성에 어떤 영향을 미치는지에 관한 겁니다. 예컨대, 탄력성도 그렇죠. 확장성과 탄력성의 차이점이 뭔지 기억하세요?"

오선빈: (피식 웃으며) "오, 이런! 깜짝 퀴즈를 낼 줄은 몰랐네. 가만 있자… 확장성은 다수의 동시 유저를 지원할 수 있는 능력이고, 탄력성은 단시간에 폭주하는 유저 요청을 버틸 수 있는 능력 아닌가요?"

손성한: "정답입니다! '참 잘했어요' 도장 찍어줄게요. 자, 먼저 탄력성부터 봅시다. 타깃 아키텍처에 티케팅과 배정이라는 두 서비스를 두 가지 방법으로 호출한다고 해요. 두 서비스는 아주 세심하게 서로 완전히 분리해서 설계했고, 그 결과 이들은 탄력성 있게 독립적으로 작동시킬 수 있게 됐어요. 하지만 정적 커플링은 또 다른 부수 효과$^{side\ effect}$를 유발합니다. 즉, 운영 아키텍처 특성 같은 것들의 범위를 식별하죠. 이를테면, 티케팅의 규모가 10배는 더 커진 상태에서 두 서비스 간 통신이 필요하다고 합시다. 이런 상황에서 동기 호출을 하면 호출부가 자신보다 더 느린 서비스가 처리를 끝내고 제어권을 반환할 때까지 기다려야 하니 워크플로는 전체적으로 멈춘 듯하겠죠. 반면에 메시지 큐를 버퍼 삼아 비동기 호출을 하면, 호출부가 큐에 메시지를 넣고 곧바로 다음 작업을 진행하면 될 테니 나중에 워크플로가 끝날 때 알림을 받으면 그만입니다."

오선빈: "아, 이제 알겠어요! 아키텍처 퀀텀은 아키텍처 특성의 범위를 정하는 거니까, 정적 커플링이 아키텍처 퀀텀에 어떤 식으로든 영향을 미치겠네요. 그런데 동기, 비동기 어느 쪽으로 호출하느냐에 따라 두 서비스가 일시적으로 결합될 수도 있잖아요?"

손성한: "맞아요, 호출 특성 탓에 성능, 응답성, 확장성 같은 것들이 한데 엮이게 되면 호출 도중 아키텍처 퀀텀이 일시적으로 뒤얽힐 수 있어요."

오선빈: "OK, 아키텍처 퀀텀이 뭔지, 커플링이 어떤 식으로 연관되는지 알겠어요. 근데 아직도 전 quantum/quanta를 잘 구분하지 못하겠네요!"

손성한: (웃으면서) "datum/data랑 똑같아요. 사실 단수형, 복수형이라는 차이만 있을 뿐 같은 의미를

지닌 난어이시만, datum이라고 하는 사람은 없잖아요? 아마 선빈 씨도 우리 아키텍셔를 좀 더 파헤쳐보면 동적 커플링이 워크플로와 트랜잭셔널 사가에 미치는 영향을 더 잘 알게 될 겁니다."

오선빈: "점점 흥미진진한데요?"

## CHAPTER 3

아키텍처 모듈성

9월 21일 화요일 9시 33분

수백 번도 더 드나들던 회의실이지만, 오늘은 분위기가 달랐습니다. 완전히 달랐습니다. 모인 사람들은 함구했고 오직 정적만 가득했습니다. 칼로 베일 것만 같은 음울한 침묵. 네, 오늘 회의 주제를 생각하면 이런 침묵이 당연하겠네요.

한빛가이버 티케팅 애플리케이션의 경영진은 애플리케이션 아키텍트인 성한과 선빈을 만나 왜 아직도 이 애플리케이션의 고질적인 문제를 IT 부서에서 해결하지 못하는지를 따지면서 강한 우려와 불만을 나타냈습니다. 이미 낙제점을 받은 애플리케이션이 제대로 돌아가지 않을 경우, 아예 사업부를 접어야 할지도 모른다는 은근한 협박도 잊지 않았습니다.

긴장감이 고조된 회의가 끝나자 간부들은 조용히 회의실을 나섰고 성한과 선빈만이 쓸쓸히 남았습니다.

손성한: "에효 참! 애플리케이션 문제가 어제오늘 일도 아닌데 우리한테만 뭐라 하니 진짜 어이없네! 정말 상황이 안 좋네요."

오선빈: "네, 사업부를 폐지할지도 모른다니 진짜 심각하네요. 이러다 다른 프로젝트를 맡게 될지도 모르고, 운 나쁘면 사표를 써야 할 수도 있겠네. 그냥 일 관두고 축구장이나 스키장에 가서 실컷 놀고 싶긴 한데, 그래도 이대로 잘리는 건 좀 아니죠."

손성한: "저도 그래요. 지금 우리 개발 팀이 딱 좋은데, 뿔뿔이 헤어지고 싶진 않아요."

오선빈: "저도요. 근데 난 아직도 애플리케이션을 분해하면 거의 모든 문제가 해결될 거라고 보는데…"

손성한: "내 생각도 그래요. 하지만 아키텍처 리팩터링에 시간과 돈을 더 투자하라고 높은 분들을 설득할

수 있을까요? 아까 회의 때도 우리가 여기저기 땜질하느라 돈만 집어쓰고, 그래도 이슈는 계속 팡팡 터진다고 뭐라 하잖아요."

오선빈: "맞아요, 그분들은 이제 비용이 많이 들고 시간이 오래 걸리는 아키텍처 마이그레이션 작업이라면 손사래를 치겠죠."

손성한: "음, 우리 둘 다 애플리케이션을 분해할 필요성은 공감하는데… 어떻게 해야 간부들을 설득해서 애플리케이션을 완전히 재구축하는 데 필요한 시간과 자금 지원을 따낼 수 있을까요?"

오선빈: "참, 어렵네… 노건우 팀장님을 찾아가서 한번 상의해볼까요?"

성한은 사내 메신저에서 한빛전자의 수석 아키텍트인 노건우 팀장이 온라인 상태인 것을 확인하고 메시지를 보냅니다. '기존 모놀리식 애플리케이션을 분해하고 싶지만, 솔직히 이런 접근 방식이 효과가 있다고 경영진을 설득시킬 자신은 없다. 선빈과 더불어 곤경에 처해 있으니 팀장님의 고견이 절실하다', 이렇게 자초지종을 설명했습니다. 노건우 팀장은 흔쾌히 두 사람을 회의실로 불렀습니다.

노건우: "두 사람은 한빛가이버 애플리케이션을 분해하면 모든 골치 아픈 문제가 해결될 거라고 어떻게 확신하지?"

오선빈: "그건… 저희가 코드를 패치하고 또 패치하며 별별 짓을 다 해봤지만 제대로 동작하지 않는 것 같아서요. 아직도 이슈가 많아요."

노건우: "선빈 씨는 내 질문의 요점을 전혀 이해하지 못하는 것 같네. 그럼 이번엔 다르게 질문해볼게. 시스템을 분해하는 것이 아무튼 그냥 돈만 날리고 시간만 허비하는 것보다 더 나은 결과를 가져올 거라고 어떻게 확신하는 거야?"

오선빈: "흠, 솔직히 저희도 확신은 없습니다."

노건우: "그런데 애플리케이션을 분해하는 것이 정답이라는 건 어떻게 알지?"

오선빈: "아까 말씀드렸잖아요. 뭔 짓을 해도 효험이 없으니까!"

노건우: "음, 미안하지만… 사장님한테 그런 식으로 말해봐야 아무런 명분도 될 수 없을 텐데? 이 정도는 자네들도 잘 알잖아. 그렇게는 절대로 자금 지원을 못 받아."

손성한: "네, 그럼 좀 그럴듯한 명분으로는 어떤 게 있을까요? 저희가 어떻게 해야 이 방법을 밀어붙여서 추가 자금 지원을 받을 수 있겠습니까?"

노건우: "좋아, 자네들이 원하는 자금 지원을 따낼 만큼 합당한 비즈니스 사례를 제시하려면, 아키텍처를 모듈화하면 뭐가 좋은지 이해하는 게 먼저겠네. 그런 이점들을 현재 시스템의 문제점과 맞춰보고 애플리케이션을 분해하는 문제와 연관된 트레이드오프를 분석한 다음, 그 결과를 잘 문서화하는 게 좋겠어."

오늘날 기업은 변화의 급류에 휩싸여 있습니다. 시장은 계속 더 빠른 속도로 변화하고 있으며, (기업 인수 합병 등의) 비즈니스 동인(動因)business driver, 치열한 시장 경쟁, 소비자 수요 증가, (머신 러닝과 인공 지능을 통한 자동화 같은) 연이은 혁신 등의 이유로 하부 컴퓨터 시스템부터 바꿔야 할 필요성이 커지고 있습니다. 그리고 이러한 컴퓨터 시스템의 변화는 결과적으로 그 변화를 지탱하는 하부 아키텍처underlying architecture의 변화를 필요로 합니다.

비즈니스뿐만 아니라, 컴퓨터 시스템이 상주한 기술 환경도 끊임없이 변화하기는 마찬가지입니다. 클라우드 기반의 인프라로 전환되면서 컨테이너화containerization, 데브옵스DevOps 채택, 지속적 전달 파이프라인continuous delivery pipeline의 발전 등도 컴퓨터 시스템의 하부 아키텍처에 고루 영향을 미칩니다.

이렇게 지속적으로 변화하는 소프트웨어 아키텍처의 시시콜콜한 내용을 전부 다 관리하기는 어려운 일입니다. 소프트웨어 아키텍처는 시스템의 근간이므로 대형 건물이나 초고층 빌딩의 기초 공사처럼 변경될 일이 별로 없을 것 같지만, 비즈니스 및 기술 환경의 새로운 시대적 요구를 충족시키고 이에 적응하려면 소프트웨어 아키텍처는 끊임없이 변화할 수밖에 없습니다.

실제로 요즘 업계에서는 점점 더 많은 기업 간 인수 합병이 성사되고 있습니다. 한 회사가 다른 회사를 인수하면 그 회사의 물리적 자산(예: 인력, 건물, 재고 등)뿐 아니라 더 많은 고객도 확보하게 됩니다. 그런데 인수 합병의 결과로 늘어난 유저 수에 맞춰 사업 영역을 넓힐 수 있도록 기존 시스템을 확장할 수 있는지가 문제입니다. 민첩성, 신장성과 더불어 확장성 역시 인수 합병에서 큰 비중을 차지하는데, 사실 이 모든 것이 아키텍처에 관한 문제입니다.

일반적으로 규모가 큰 모놀리식(단일 배포) 시스템은 인수 합병에 필요한 확장성, 민첩성, 신장성을 보장하기 어렵습니다. 시스템 리소스(예: 스레드, 메모리, CPU)를 조금만 추가해도 금세 빠듯해질 테니까요. [그림 3-1]은 물이 담긴 유리컵입니다. 컵은 서버(또는 가상 머신), 물은 애플리케이션을 나타냅니다. 모놀리식 애플리케이션이 점점 커지고 고객 수요가 늘어나면 (인수 합병이나 사세 확장 등 어떤 이유에서든 간에) 처리해야 할 유저 부하가 급증하고 리소스를 더 많이 차지하기 시작합니다. 컵에 물이 더 채워지면(모놀리식 애플리케이션이 점점 커지면) 언젠가 가득 차겠죠. 새 유리컵을 가져와도(서버나 가상 머신을 증설해도) 결국 첫 번째 유리컵과 같은 양만큼 물이 찰 테니 별 소용이 없습니다.

그림 3-1 한계에 이른 대형 모놀리식 애플리케이션은 물이 가득 찬 유리컵이나 마찬가지다.

아키텍처를 모듈화해서 덩치가 큰 모놀리식 애플리케이션을 더 작은 파트로 쪼개고 미래의 확장을 대비해야 추가 용량을 확보할 수 있고 신속한 변화에 계속 대응할 수 있습니다. 이러한 능력은 결과적으로 기업의 전략적 목표를 달성하는 데 도움이 될 것입니다.

자, 이제 빈 유리컵을 하나 더 가져와서 물(애플리케이션)을 두 컵으로 나눠 담습니다(그림 3-2). 절반의 물을 더 부을 수 있으니 50%의 용량^{capacity}을 추가 확보한 셈입니다. 이 유리컵 비유는 우리가 지금까지 비즈니스 이해관계자^{stakeholder}, C-레벨 임원들*에게 아키텍처 모듈화(모놀리식 애플리케이션의 분해)를 효과적으로 설명하는 데 아주 요긴했습니다. 그들은 우리 말을 듣고 아키텍처 리팩터링에 아낌없이 비용을 투자했죠.

그림 3-2 양이 많아지더라도 물이 넘치지 않게 하려면 애플리케이션을 나눠 반쯤 찬 두 컵으로 만든다.

....

* 옮긴이_CEO(최고경영자), CTO(최고기술책임자), CFO(최고재무책임자)처럼 'C(Chief)' 자로 시작하는 직함을 가진 이사회 임원들

확장성 제고는 아키텍처 모듈화의 수많은 이점 중 하나에 불과합니다. 변화에 능동적으로 대처하는 능력, 즉 민첩성 역시 빼놓을 수 없는 아키텍처 모듈화의 중요한 강점입니다. 다음 문구는 2020년 1월, 데이빗 벤자민David Benjamin과 데이빗 콤로스David Komlos가 『포브스Forbes』에 기고한 글[1]에서 발췌한 것입니다.

> 진로 수정이 필요할 때마다 과감하고 신속하게 결단을 내려 효과적으로 밀어붙이는 능력이야말로 승자와 패자를 가르는 요인 중 하나입니다.

요즘 같은 세상에서 기업이 생존하려면 기민하게 움직여야 합니다. 그러나 비즈니스 이해관계자들이 재빠르게 의사 결정을 하고 방향을 선회해도 회사 기술진은 새로운 지침에 맞는 시스템을 신속하게 구현하지 못할 수도 있습니다. 기술이 비즈니스만큼 빠르고 능동적으로 움직이게 하려면(뒤집어 말해서, 기술 때문에 비즈니스가 발목을 잡히지 않게 하려면) 어느 정도 이상의 아키텍처 민첩성이 꼭 필요합니다.

3.1 모듈화 동인

아키텍트는 뚜렷한 비즈니스 동인 없이 시스템을 더 잘게 나누면 안 됩니다. 애플리케이션을 더 작은 부분으로 나누는 주요 비즈니스 동인은 시장 출시 속도speed-to-market(시장 출시 시간time-to-market이라고도 함)와 시장에서의 경쟁 우위 확보입니다.

제품을 빠르게 시장에 출시하려면 아키텍처 민첩성, 즉 변화에 신속하게 대응하는 능력이 필요합니다. 민첩성은 유지 보수성, 시험성, 배포성 등 많은 아키텍처 특성으로 이뤄진 복합적인 아키텍처 특성입니다.

경쟁 우위는 확장성, 애플리케이션 가용성, 내고장성을 높이고 출시 시기를 앞당겨 달성할 수 있습니다. 사세가 커질수록 유저 활동이 늘어나므로 그만큼 더 많은 확장이 필요합니다. 내고장성은 애플리케이션 일부가 실패해도 다른 파트는 정상 가동시켜 엔드 유저end user에게 미치는 영향을 최소화하는 능력입니다. [그림 3-3]은 모듈화와 연관된 기술 동인technical driver과 비즈니스 동인(사각형으로 표시)의 관계를 나타낸 것입니다.

하루가 멀다 하고 급변하는 시장에서 민첩하게 움직이지 않으면 기업은 생존하기 어렵습니다.

따라서 하부 아키텍처 역시 날렵한 체제를 갖춰야 합니다. 가용성(내고장성), 확장성, 배포성, 시험성, 유지 보수성은 오늘날 시장에서 민첩성, 시장 출시 속도, 경쟁 우위를 달성하기 위해 필요한 5대 핵심 아키텍처 특성입니다.

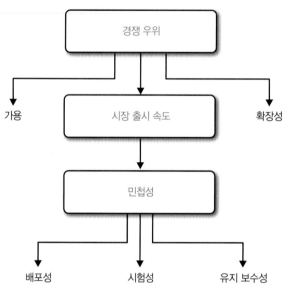

그림 3-3 모듈화 동인과 상호 연관 관계

아키텍처 모듈화를 반드시 분산 아키텍처로만 추구해야 한다는 법은 없습니다. 다음 절에서 하나씩 살펴보겠지만, 유지 보수성, 시험성, 배포성은 모듈러 모놀리스modular monolith나 마이크로커널 아키텍처microkernel architecture 같은 모놀리식 아키텍처에서도 충분히 달성할 수 있습니다(보다 자세한 정보는 부록 B 참고). 이 두 아키텍처 스타일은 컴포넌트를 구조화하는 방식에 따라 일정 수준의 아키텍처 모듈성을 제공합니다. 가령 모듈러 모놀리스에서는 여러 컴포넌트를 잘 구성된 도메인well-formed domain으로 묶는데, 이를 도메인 분할 아키텍처domain partitioned architecture라고 합니다(『소프트웨어 아키텍처 101』 8장 참고). 마이크로커널 아키텍처는 기능을 개별 플러그인 컴포넌트들로 분할하므로 테스트와 배포 범위가 엄청나게 줄어듭니다.

3.1.1 유지 보수성

유지 보수성maintainability은 각종 패치, 프레임워크 업그레이드, 서드파티 업데이트 등의 내부적 변경은 물론이고 기능을 얼마나 쉽게 추가, 변경, 삭제할 수 있는지를 나타내는 특성입니다. 복합적인 아키텍처 특성이 대개 그렇듯, 유지 보수성을 객관적으로 정의하기는 어렵습니다. 소프트웨어 아키텍트이자 헬로투모로우hello2morrow[2]의 창시자인 알렉산더 폰 지트제비츠Alexander von Zitzewitz는 애플리케이션의 유지 보수성을 객관적으로 측정할 수 있는 새로운 기준을 마련했습니다.[3] 그가 고안한 유지 보수성 메트릭에는 원래 꽤 복잡하고 많은 팩터가 등장하지만, 처음에는 이런 형태였습니다.

$$ML = 100 * \sum_{i=1}^{k} c_i$$

여기서 ML은 시스템 전체의 유지 보수성 수준(%), k는 시스템에 있는 논리적 컴포넌트의 총개수, c_i는 주어진 컴포넌트의 (특히 유입 결합도incoming coupling level에 초점을 둔) 결합도입니다. 이 수식은 컴포넌트 간 결합도가 높을수록 코드베이스의 유지 보수성은 전반적으로 낮아짐을 나타냅니다.

복잡한 수학은 잠시 제쳐 두고 (애플리케이션을 구성하는) 컴포넌트에 따라 애플리케이션의 상대적인 유지 보수성을 측정할 수 있는 일반적인 메트릭을 몇 가지 소개하겠습니다.

컴포넌트 결합도component coupling

컴포넌트가 서로에 대해 알고 있는 정도와 형태

컴포넌트 응집도component cohesion

컴포넌트의 동작이 서로 연관돼 있는 정도와 형태

순환 복잡도cyclomatic complexity

컴포넌트 내부의 전체적인 간접 참조indirection 및 중첩nesting 정도

컴포넌트 사이즈component size

컴포넌트 내부에 구현된 코드의 전체 문장statement 수

기술 분할technical partitioning 대 도메인 분할domain partitioning

컴포넌트를 기술적 용도에 따라 나눌 것인가, 아니면 도메인 목적에 맞게 나눌 것인가(부록 A 참고)?

컴포넌트는 주어진 비즈니스 또는 인프라 기능을 수행하는 애플리케이션의 아키텍처 구성 요소입니다. 일반적으로 패키지package(자바), 네임스페이스namespace(C#), 또는 디렉터리 구조에 맞게 소스 코드 파일을 물리적으로 묶은 형태입니다. 예를 들어, 주문 이력 컴포넌트는 `app.business.order.history`라는 네임스페이스에 위치한 클래스 파일들에 구현합니다.

대규모 모놀리식 아키텍처는 일반적으로 다수의 레이어에 걸쳐 기능이 분할돼 있습니다. 또 도메인 관점에서 컴포넌트 간 결합도가 높고 응집도는 약하기 때문에 유지 보수성이 떨어집니다. 예를 들어, 전통적인 모놀리식 레이어드 아키텍처에서 고객 위시리스트wish list(나중에 구입하려고 따로 보관한 상품)에 보관한 항목에 만료일자를 추가하는 새로운 요구 사항이 생겼다고 합시다. 이를 시스템에 반영하려면 변경된 코드가 애플리케이션의 모든 레이어로 전파되므로 애플리케이션 전체를 뜯어고쳐야 합니다(그림 3-4).

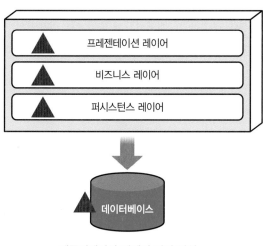

애플리케이션 레벨의 변경 범위
(삼각형은 변경 발생 지점을 나타냄)

그림 3-4 모놀리식 레이어드 아키텍처는 애플리케이션 레벨에서 변경이 일어난다.

이처럼 사소한 변경 하나일지라도, 그것을 반영하려면 팀 구성에 따라 최소한 세 팀의 조율이 필요할 수도 있습니다.

- 만료일자 필드를 새로 추가하려면 유저 인터페이스 팀의 협조가 필요합니다.

- 만료일자에 관한 비즈니스 규칙을 추가하고 계약을 변경하려면 백엔드 팀의 도움을 받아야 합니다.

- Wishlist 테이블에 만료일자 컬럼을 새로 추가하려면 DBA가 테이블 스키마를 변경해야 합니다.

위시리스트 도메인이 전체 아키텍처에 사방팔방 흩어져 있으므로 특정 도메인이나 (위시리스트 같은) 서브도메인subdomain(하위 도메인)을 관리하기가 버겁습니다. 이와 달리, 모듈러 아키텍처는 도메인(서브도메인)을 더 잘게, 개별 배포가 가능한 소프트웨어 단위로 분리해서 구현하므로 변경 작업이 한결 수월합니다. 분산 서비스 기반의 아키텍처는 새 요구 사항의 변경 범위가 특정 도메인 서비스 수준에 국한되므로 변경이 필요한 특정 배포 단위deployment unit만 손쉽게 격리시킬 수 있습니다(그림 3-5).

마이크로서비스 아키텍처처럼 더 모듈화한 아키텍처에서는 새 요구 사항을 기능 수준의 변경 범위로 배포할 수 있기 때문에 위시리스트 기능을 담당한 서비스만 변경하면 됩니다(그림 3-6).

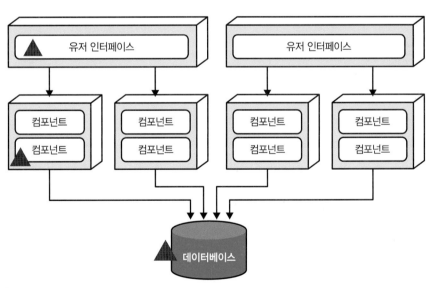

도메인 레벨의 변경 범위
(삼각형은 변경 발생 지점을 나타냄)

그림 3-5 서비스 기반 아키텍처는 도메인 레벨에서 변경이 일어난다.

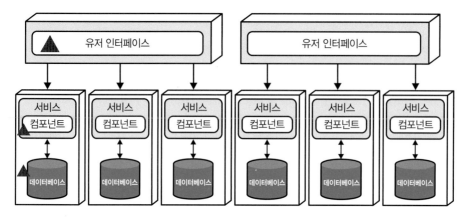

기능 레벨의 변경 범위
(삼각형은 변경 발생 지점을 나타냄)

그림 3-6 마이크로서비스 아키텍처는 기능 레벨에서 변경이 일어난다.

이 세 아키텍처 스타일을 잘 살펴보면, 아키텍처를 모듈화할수록 유지 보수성이 개선되고 새로운 기능을 더 쉽게 추가, 변경, 삭제할 수 있음을 알게 됩니다.

3.1.2 시험성

시험성은 아키텍처 민첩성을 위한 필수 성분으로, 테스트의 완전성completeness과 (보통 자동화 테스트를 통한) 용이함ease을 의미합니다. 레이어드 아키텍처처럼 규모가 큰 모놀리식 아키텍처에서는 거대한 배포 단위의 모든 기능에 대해 완벽하게 회귀 테스트regression test*를 수행하기는 어려우므로 시험성이 (그에 따라 민첩성도) 상대적으로 낮습니다. 설령 모놀리식 애플리케이션을 완전히 회귀 테스트한다 해도 사소한 코드 변경 하나 때문에 수백, 수천 개의 단위 테스트를 실행해야 한다면 얼마나 번거로울까요? 전체 테스트를 실행하는 데 많은 시간이 걸릴 뿐더러, 사실 변경된 코드와 전혀 상관없는 불쌍한 개발자는 테스트 실패 원인을 찾느라 야근을 피하지 못할 것입니다.

애플리케이션을 더 작은 배포 단위로 나눠 아키텍처를 모듈화하면 서비스를 변경하더라도 전

---

* 옮긴이_회귀 버그는 이전에 제대로 작동하던 소프트웨어 기능에 문제가 생기는 것을 가리키며, 일반적으로 회귀 버그는 프로그램 변경 중 뜻하지 않게 발생합니다. 회귀 테스트는 이러한 회귀 버그를 찾아내는 모든 소프트웨어 테스트 방식을 가리키는 말입니다(출처: 위키백과).

체 테스트 범위가 줄어들고 테스트를 좀 더 완전하고 수월하게 진행할 수 있습니다. 또 더 작으면서 목적에 특화된 테스트 스위트test suite를 만들 수 있고 단위 테스트를 관리하기도 더 수월해집니다.

아키텍처를 모듈화하면 일반적으로 시험성은 개선되는 반면, 모놀리식 배포 애플리케이션과 동일한 문제가 재발할 가능성이 있습니다. 예를 들어, [그림 3-7]처럼 어떤 모놀리식 애플리케이션을 더 작은 3개의 자기 완비형self-contained 배포 단위(서비스)로 분리했다고 합시다.

서비스 B와 서비스 C는 서비스 A와 무관하므로 서비스 A는 변경해도 테스트 범위는 해당 서비스로 한정됩니다. 하지만 하단 그림처럼 세 서비스가 서로 통신하면, 서비스 A 변경 시 서비스 B, C도 테스트해야 하므로 시험성이 급격히 떨어지며, 테스트 용이성 및 완전성 모두 부정적인 영향을 받습니다.

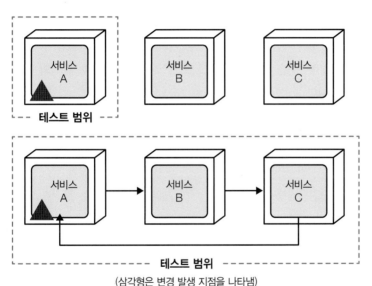

(삼각형은 변경 발생 지점을 나타냄)

그림 3-7 서로 통신하는 서비스가 늘어나면 그만큼 테스트 범위가 넓어진다.

3.1.3 배포성

배포성deployability은 배포의 용이함은 물론이고 배포 빈도frequency와 전체 리스크까지 포괄한 개념입니다. 애플리케이션이 변화무쌍하게 움직이려면 이 세 팩터 모두가 잘 뒷받침돼야 합니다.

소프트웨어를 격주 단위로(또는 더 자주) 배포하면 (여러 변경이 한데 뒤섞여) 배포 리스크가 전반적으로 커질 뿐만 아니라, 고객에게 전달할 새로운 기능이나 버그 픽스^{bug fix}가 지연될 공산이 커집니다. 물론, 배포 빈도는 고객(또는 엔드 유저)이 변화를 얼마나 재빠르게 흡수할 수 있는지에 따라서도 적절히 조정해야 합니다.

모놀리식 아키텍처는 애플리케이션 배포에 잡다한 작업들(예: 코드 프리징^{code freezing}, 목^{mock} 배포 등)이 수반되는 편이고, 새로운 기능이나 버그 픽스를 배포하면 다른 파트가 말썽을 일으킬 위험이 있습니다. 또 배포 주기가 너무 길어서(수 주 내지 수개월) 배포성이 현저히 낮습니다. 개별 배포할 소프트웨어 단위를 늘려 아키텍처를 어느 정도 이상으로 모듈화하면 배포에 수반되는 작업과 리스크가 줄어들어 대규모 모놀리식 애플리케이션보다 더 자주 배포할 수 있습니다.

배포성 역시 시험성과 마찬가지로 더 잘게 분해된 서비스들이 비즈니스 트랜잭션을 완료하기 위해 서로 더 많은 통신을 해야 한다는 단점이 있습니다. 그리고 배포 시점에 혹여라도 다른 서비스가 잘못될까 봐 단순한 변경조차 배포하기 어려울 만큼 리스크가 커질 수도 있습니다. 소프트웨어 아키텍트인 매트 스틴^{Matt Stine}[4]은 마이크로서비스 오케스트레이션에 대한 자신의 블로그 게시글[5]에서 이런 말을 했습니다.

> 마이크로서비스를 특정 순서를 지켜 완전한 하나의 세트로 배포해야 한다면 다시 모놀리스로 집어넣고 여러분 자신을 고통의 늪에서 구원하십시오.

아키텍처 모듈화도 이렇게 '분산 진흙잡탕^{big ball of distributed mud}'이 돼버린 상황에서는 장점을 얻기가 거의 불가능합니다.

3.1.4 확장성

확장성^{scalability}은 유저 부하가 점점 증가해도 시스템이 응답성을 유지하는 능력입니다. 유저 부하가 급증하거나 불규칙적으로 요동치는 중에도 시스템이 응답성을 유지하는 능력, 즉 탄력성과도 연관이 있습니다. [그림 3-8]은 확장성과 탄력성의 차이점을 보여줍니다.

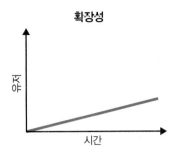
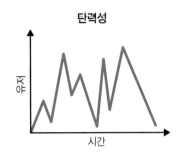

그림 3-8 확장성은 탄력성과 다른 개념이다.

두 아키텍처 특성 모두 응답성을 동시 요청 수(또는 시스템에 접속한 유저 수)의 함수로 나타내지만, 아키텍처와 구현 관점에서는 전혀 다른 방식으로 취급됩니다. 확장성은 일반적으로 회사가 정상 궤도를 따라 꾸준히 성장하는 긴 시간에 걸쳐 영향을 미치지만, 탄력성은 유저 부하가 갑자기 치솟는 경우 즉각적인 대응을 할 수 있는 능력을 말합니다.

콘서트 티켓 판매 시스템을 떠올리면 이해하기 쉽습니다. 평상시는 동시 유저 수가 적은 상태로 유지되지만, 스타 연예인의 콘서트 티켓 발매가 시작되면 동시 유저 수는 초당 20명 내지 3,000명 정도로 폭증할 것입니다. 이런 상황에서도 응답성을 유지하려면 짧은 시간에 폭증한 유저 부하를 시스템이 감당할 수 있어야 하는데, 그러려면 서비스의 MTTS^Mean-Time-To-Startup(평균 시작 시간)가 아주 짧아야 합니다. 아키텍처 관점에서 이 정도의 탄력성을 달성하려면 서비스를 아주 잘게 세분화하는 것이 좋습니다. MTTS(그리고 탄력성)는 적절한 아키텍처 솔루션을 갖춰 놓고 소규모 경량 플랫폼과 런타임 환경 등의 설계 시점 기법^design-time technique을 적용함으로써 관리할 수 있습니다.

서비스를 잘게 나누면 확장성, 탄력성 모두 좋아지지만, 탄력성은 세분도(배포 단위 사이즈가 얼마나 되는가?)와, 확장성은 모듈성(애플리케이션을 개별 배포 단위로 얼마나 분리했는가?)과 직접적인 관계가 있습니다. [그림 3-9]는 기존 레이어드 아키텍처, 서비스 기반 아키텍처, 마이크로서비스 아키텍처 스타일에 대해 각각 확장성과 탄력성을 평가해서 별점을 매긴 것입니다(아키텍처 스타일과 각 아키텍처 특성의 등급에 관한 내용은 이 책의 전작인 『소프트웨어 아키텍처 101』 참고). 별점 1개는 아키텍처에서 잘 지원되지 않는 특성임을 의미하고, 별점 5개는 이 아키텍처의 강점인 특성임을 의미합니다.

[그림 3-9] 상단의 모놀리식 레이어드 아키텍처는 확장성과 탄력성이 비교적 낮게 매겨져 있습니다. 이 아키텍처는 일단 덩치가 커서 확장이 쉽지 않고 비용도 많이 들며, 애플리케이션의

전체 기능 역시 같은 정도로 확장(애플리케이션 수준의 확장성과 좋지 않은 MTTS)해야 하는 어려움이 있습니다. 클라우드 기반 인프라에서는 더 비싼 대가를 치뤄야 합니다. 그 밑의 서비스 기반 아키텍처는 확장성은 조금 낮지만 탄력성은 여전히 좋지 않습니다. 이 아키텍처의 도메인 서비스는 대부분 굵직굵직하게 나뉘어 있고 도메인 전체를 단일 단위(예: 주문 처리, 창고 관리)로 배포하며, MTTS도 너무 길어서 큰 규모에 걸맞은 탄력성을 즉시 확보하기 어렵습니다. 하단의 (도메인 수준의 확장성과 적당한 MTTS) 마이크로서비스 아키텍처는 개별 배포된 서비스 규모가 작고 단일 목적으로 세분화돼 있으므로 확장성과 탄력성을 모두 최대로 끌어올릴 수 있습니다(기능 레벨의 확장성과 우수한 MTTS).

시험성, 배포성도 그렇듯이, 단일 비즈니스 트랜잭션에 많은 서비스가 참여해 서로 통신할수록 확장성과 탄력성은 떨어지기 마련입니다. 따라서 높은 확장성과 탄력성이 필요할 경우, 서비스 간 동기 통신을 가능한 한 적게 유지하는 것이 중요합니다.

그림 3-9 모듈화하면 확장성과 탄력성이 좋아진다.

3.1.5 가용성/내고장성

다른 아키텍처 특성처럼 내고장성$^{fault\ tolerance}$ 역시 여러 가지 정의가 있습니다. 우리는 내고장성을 아키텍처 모듈화 관점에서 시스템의 어떤 파트가 고장 나도 나머지 파트는 응답성^{responsiveness}과 가용성^{availabilty}을 유지하는 능력으로 정의합니다. 예를 들어, 쇼핑몰 애플리케이션의 결제 처리 파트에서 치명적인 에러(예: OOM 상태)가 발생해도 유저는 결제를 하지 못할 뿐이지 상품을 검색하고 주문할 수는 있어야 합니다.

모놀리식 시스템은 내고장성이 하나같이 형편없습니다. 전체 애플리케이션에 걸리는 부하를 여러 인스턴스로 분배하면 내고장성이 어느 정도 좋아지지만, 이 방법은 비용이 많이 들고 그리 효율적이지 않습니다. 가령 프로그램 버그 때문에 고장이 날 경우, 여러 인스턴스에 버그가 존재하므로 당연히 해당 인스턴스 모두 실패할 것입니다.

도메인 및 기능 수준에서 내고장성을 확보하려면 아키텍처 모듈화가 필수입니다. 시스템을 여러 배포 단위로 분할하면 돌이킬 수 없는 장애가 발생해도 문제가 해당 배포 단위에만 국한되므로 나머지 시스템은 정상 가동시킬 수 있습니다. 물론 여기서도 조심해야 할 부분이 있습니다. 장애가 발생한 서비스에 동기적으로 의존하는 다른 서비스가 있는 경우, 내고장성을 달성하기는 어렵습니다. 이것이 분산 시스템에서 우수한 내고장성을 유지하기 위해 서비스 간 비동기 통신이 꼭 필요한 이유입니다.

3.2 한빛가이버 사가: 비즈니스 케이스 만들기

9월 30일 목요일 12:01

아키텍처 모듈화의 의미를 충분히 이해하고 그에 따라 시스템을 분해할 확실한 명분을 확보한 성한과 선빈은 한빛가이버 애플리케이션 문제를 다시 논의했습니다. 두 사람은 경영진이 납득할 만한 비즈니스 정당성을 제공하기 위해 현재 시스템의 문제들을 모듈화 동인과 맞춰 보려고 합니다.

손성한: "지금 우리 이슈들을 하나씩 살펴보면서 모듈화 동인과 한번 맞춰봐요. 그러다 보면 애플리케이션을 나눠야 문제를 해결할 수 있다고 높은 분들을 설득할 수 있겠죠."

오선빈: "좋은 생각입니다. 저번 회의 때 제일 처음 얘기했던 변경 관리부터 볼까요? 현재 모놀리식 시스

템은 뭐 하나 바꾸려고 해도 다른 부분이 깨지곤 해서 사실 적용이 쉽지 않죠. 게다가 변경 작업 자체도 오래 걸리고 바꾼 코드를 테스트하는 것도 진짜 골치 아파요."

손성한: "그리고 개발자들은 코드베이스가 너무 비대해서 신기능이나 버그 픽스를 어디에 반영해야 할지 도통 모르겠다고 불평하죠."

오선빈: "네, 이것만 봐도 일단 전체적인 유지 보수성이 핵심 이슈인 건 분명합니다."

손성한: "맞아요, 애플리케이션을 쪼개야만 코드가 분리되고 또 그래야 개별 배포된 서비스에 따로따로 배포가 가능하겠죠. 개발자도 자신이 변경한 코드를 더 쉽게 반영할 수 있으니 좋고요."

오선빈: "시험성 역시 이 문제와 연관된 핵심 특성인데요. 지난번에 단위 테스트를 모두 자동화했으니까 이건 다 커버됐다고 봐야 하지 않을까요?"

손성한: "실은 그렇지 않아요. 이 자료 좀 보세요."

성한이 건넨 자료를 보니, 테스트 케이스 중 30% 이상이 주석 처리됐거나 사용하지 않는 코드였고, 결정적인 일부 워크플로에 대한 테스트 케이스도 누락된 상태였습니다. 성한은 오래전부터 (크든 작든) 어떤 변경을 하더라도 개발자는 단위 테스트 스위트를 전부 다 돌려봐야 한다고 주장해왔지만, 그럴 만한 시간적 여유도 없고 무엇보다 자기가 고친 코드와 아무 상관도 없는 문제를 조치하라는 건 이치에 맞지 않다며 항의하는 개발자들 때문에 시달려 왔습니다. 그 결과 아주 사소하고 단순한 변경조차 시스템에 반영하려면 오래 걸릴 수밖에 없게 된 거죠.

손성한: "시험성은 '테스트를 얼마나 쉽게 할 수 있느냐' 하는 부분도 있지만, 테스트가 얼마나 완전한가를 나타내는 특성이기도 해요. 사실 우린 둘 다 제대로 못하고 있죠. 애플리케이션을 분리하면 변경된 사항에 대한 테스트 범위가 확 줄어들고 그와 관련된 자동화 단위 테스트를 한데 묶어 테스트 완성도를 높일 수 있으니까 버그는 확실히 줄 거예요.

배포성도 마찬가집니다. 지금 우리 애플리케이션은 모놀리식 구조여서 사소한 버그 하나라도 고치려면 전체 시스템을 다시 배포할 수밖에 없어요. 배포 리스크가 크니까 사업부 박거성 부장님은 한 달에 한 번만 프로덕션 릴리스를 하자고 하시던데… 이 상태로 계속 가면 매달 릴리스하기 전까지 수많은 변경 분이 적체되고, 개중에는 다른 파트와 맞물려 있는데 테스트조차 제대로 안 된 코드도 나올 테고… 박 부장님은 그런 건 전혀 고민하지 않으시는 것 같더라고요."

오선빈: "맞아요, 게다가 매번 릴리스할 때마다 목을 배포하고 코드 프리징하는 것도 다 시간이 걸리는 일인데, 정말 시간 낭비죠. 그런데 지금 우리가 논하는 게 아키텍처 문제는 아니잖아요? 순전히 배포 파이프라인 문제 아닌가요?"

손성한: "제 생각은 다릅니다. 아키텍처와도 분명히 관련이 있어요. 선빈 씨, 한번 생각해보세요. 시스템을 여러 개별 서비스로 나눠 배포하면 어떤 서비스에 적용한 변경은 그 서비스에만 한정되겠죠. 예컨대 티켓 배정 프로세스를 변경할 일이 발생했는데, 이 프로세스가 별도 서비스에 구현돼 있으면 테스트 범위가 엄청나게 줄어들고 배포 리스크도 크게 낮출 수 있어요. 즉, 매번 쓸데없이 푸닥거리를 하지 않아도 더 자주 배포할 수 있고, 그 결과 버그 수도 상당히 줄일 수 있다고 봅니다."

오선빈: "무슨 말씀인지 알겠고 저도 공감합니다만, 지금 우리 배포 파이프라인도 언젠가는 수정이 불가피할 거라 봐요."

한빛가이버 애플리케이션을 분해해 분산 아키텍처로 전환하면 변경 문제를 해결할 수 있을 거란 생각에 우선 안도한 두 사람은 또 다른 경영진의 관심사로 화제를 돌렸습니다.

손성한: "자, 그건 그렇고… 지난번 회의 때 전반적인 고객 만족도에 대해 걱정들이 많으신 것 같던데… 가끔 시스템이 먹통이 돼버릴 때도 있고, 일과 중 특정 시간대에 다운되는 현상이 아직도 가끔 있어요. 그래서 티켓이 중간에서 없어지거나 티켓 전달이 안 돼 난리가 난 적도 한두 번이 아니었죠. 고객들은 지원 플랜을 취소하겠다고 난리였고…"

오선빈: "잠깐, 여기 최근 자료를 보니까 시스템을 계속 다운시키는 주범이 코어 티케팅 기능이 아니라 고객 설문, 리포팅 기능이라고 나와 있네요."

손성한: "아, 그래요? 정말 잘됐네요! 그럼 코어 티케팅 기능은 현 상태를 유지하고, 문제를 일으키는 나머지 시스템 기능만 별도 서비스로 빼내면 일단 시스템 장애를 격리시킬 수 있겠네요. 이것 하나만으로도 아주 좋은 명분입니다!"

오선빈: "맞아요, 내고장성을 확보해 가용성을 전반적으로 높이면 고객들은 주로 티케팅 기능을 이용할 테니 별문제 없을 테고, 시스템이 다운되는 문제는 따로 조치가 가능하다… 뭐, 이렇게 정리하면 되겠네요."

손성한: "그런데, 시스템이 프리징되는 현상은요? 이 문제도 애플리케이션을 분리한다고 바로잡을 수 있을까요?"

오선빈: "그래서 아닌 게 아니라, 제가 최근에 개발 팀 김무열 씨한테 분석을 요청했어요. 그 결과 두 가지 원인이 조합된 결과로 밝혀졌지요. 첫째, 25명 이상의 고객이 동시에 티켓을 접수할 때마다 시스템이 프리징된다… 그런데 이런 내용도 있네요. 고객이 고장 티켓을 입력하는 업무 시간 중에 운영 리포트 기능을 실행해도 시스템이 프리징된다…"

손성한: "확장성 문제도 있고 데이터베이스 로드 문제도 있다는 말이네요."

오선빈: "바로 그거예요! 애플리케이션과 모놀리식 데이터베이스를 떼어내면 리포팅 기능만 따로 자체 시

스템으로 분리할 수 있고 고객 대면 티케팅 기능도 확장시킬 수 있습니다."

두 사람은 경영진을 설득하기에 충분한 비즈니스 케이스를 마련한 사실에 만족했고 그것이 이 사업부를 지키기 위한 올바른 접근 방식이라고 확신했습니다. 성한은 시스템을 분해하기로 한 결정을 기록하고 경영진에게 제출할 비즈니스 케이스 프레젠테이션 자료를 만들기 위해 ADR^Architecture Decision Record (아키텍처 결정 레코드)을 정리했습니다.

ADR: 한빛가이버 애플리케이션을 분산 아키텍처로 마이그레이션

콘텍스트

한빛가이버 애플리케이션은 신규 고객 및 고장 티켓 접수/처리, 운영 및 분석 리포팅, 과금/결제 처리, 기타 제반 관리 기능 등 수많은 비즈니스 기능이 구현된 모놀리식 시스템이다. 그러나 이 시스템은 현재 확장성, 가용성, 유지 보수성 등 여러 측면에서 문제가 많은 상황이다.

결정

현재 운영 중인 모놀리식 한빛가이버 애플리케이션을 분산 아키텍처로 마이그레이션한다. 이 과정이 잘 마무리되면 다음과 같은 성과를 기대할 수 있다.

- 내고장성을 높여 코어 티케팅 기능을 외부 고객에게 매끄럽게 제공한다.
- 신규 고객 및 티켓 접수가 늘어나도 유연한 확장이 가능해서 그동안 빈번했던 애플리케이션 프리징 현상이 해결된다.
- 리포팅 기능 자체와 데이터베이스에 대한 리포팅 부하를 분리함으로써 애플리케이션의 잦은 프리징 현상이 해결된다.
- 팀이 현재의 모놀리식 애플리케이션보다 훨씬 더 신속하게 새로운 기능을 구현하고 버그 픽스를 할 수 있게 돼서 전반적으로 민첩성이 향상된다.
- 시스템에서 발생하는 버그가 줄어 테스트가 더 용이해진다.
- 새 기능을 더 빠르게(매주 또는 매일) 서버에 배포하고 버그를 조치함으로써 배포성이 개선된다.

결과

개발 인력 대부분이 아키텍처 마이그레이션 작업에 참여할 예정이므로 이 기간 중에는 새로운 기능 구현이 다소 미뤄질 것이다.

마이그레이션 작업으로 추가 비용(추후 견적 예정)이 든다.

릴리스 담당 엔지니어는 기존 배포 파이프라인이 수정될 때까지 다수의 배포 유닛을 릴리스하면서 상태를 모니터링해야 한다.

마이그레이션을 하려면 모놀리식 데이터베이스를 분해해야 한다.

며칠 후, 성한과 선빈은 경영진을 만나 자신들이 정리한 비즈니스 케이스를 조목조목 잘 설명했습니다. 프레젠테이션에 만족한 경영진은 기립 박수를 보냈고 성한과 선빈에게 마이그레이션을 당장 진행하라고 지시했습니다.

## CHAPTER 4

아키텍처 분해

10월 4일 월요일 10:04

성한과 선빈은 모놀리식 한빛가이버 애플리케이션을 분해해 분산 아키텍처로 전환하는 작업에 돌입했습니다. 그런데 이 작업을 어떻게 시작하는 게 가장 좋을지 고민입니다.

손성한: "애플리케이션이 너무 방대해서 어디부터 손대야 할지 난감하네요. 덩치가 정말 코끼리만 하네요."

오선빈: "오, 코끼리는 어떻게 먹나요?"*

손성한: (웃으며) "하하, 그 말 전에도 많이 들어봤어요. 당연히 한 번에 한 입씩 먹어야죠!"

오선빈: "그래요, 우리도 한 번에 한 입씩만 먹자고요. 제가 전에 리포팅 기능 때문에 애플리케이션이 자주 프리징된다고 했었는데, 여기서부터 시작하는 게 어떨까요?"

손성한: "그게 좋겠네. 근데 데이터는요? 리포팅만 개별 서비스로 떼어낸다고 끝이 아닐 텐데요. 데이터도 함께 분해하거나, 아니면 리포팅 데이터베이스를 따로 구축해서 데이터 펌프에 퍼나르는 식으로 데이터도 넣어줘야 합니다. 이거 첫 입부터 너무 커지겠는데요?"

오선빈: "그러네요. 지식 베이스 기능은 어떨까요? 이 서비스는 제법 독립적이라서 추출하기는 훨씬 쉬울 것 같은데…"

손성한: "생각해보니 설문 기능도 분리하기는 쉽겠어요. 그런데… 이렇게 코끼리를 한 입씩 아무렇게나 베어 물어볼 게 아니라 좀 더 체계적으로 접근하는 게 좋겠습니다."

....

* 옮긴이_원문은 'How do you eat an elephant?'로 '천리길도 한 걸음부터'라는 우리 속담과 비슷한 뉘앙스를 가진 말입니다.

오선빈: "노건우 팀장님한테 한번 조언을 구해보는 건 어떨까요?"

두 사람은 노건우 팀장을 만나 애플리케이션을 분해하는 방안에 대해 자신들이 검토 중인 몇 가지 접근 방법을 설명했습니다. 그들은 지식 베이스, 설문 기능부터 분리하고 싶지만 그 이후에는 뭘 어떻게 하는 게 좋을지 모르겠다고 털어놨습니다.

노건우: "지금 두 사람이 말하는 접근 방식을 코끼리 마이그레이션 안티패턴Elephant Migration Anti-Pattern이라고 하지. 처음엔 한 번에 한 입씩 코끼리를 베어 무는 게 좋아 보이지만, 이렇게 아무 체계도 없이 접근했다 간 결국 진흙잡탕이 돼버리기 일쑤야. 분산 모놀리스distributed monolith라고도 하던데, 어쨌든 난 이런 접근 방식은 권장하고 싶지 않아."

손성한: "그럼, 팀장님. 어떻게 접근하는 게 좋을까요? 애플리케이션을 분해하는 좋은 패턴이 있을까요?"

노건우: "애플리케이션을 전체적으로 바라보면서 전술적으로 분기하거나 컴포넌트 기반으로 분해를 시작 하는 게 좋겠어. 내가 아는 한 이 두 가지 방법이 가장 효과적이야."

손성한/오선빈: (일제히 노건우 팀장을 바라보며) "그럼 저희 같은 경우는 어떤 방법이 좋을까요?"

아키텍처 모듈화가 모놀리식 애플리케이션을 나눠야 하는 이유라면, 아키텍처 분해architectural decomposition는 그것을 실천하는 방법입니다. 크고 복잡한 모놀리식 애플리케이션을 나누는 일은 복잡하고 시간도 많이 걸리므로, 이런 작업을 시작하는 게 현실적으로 가능한지 따져보고 어떻 게 접근하는 게 좋을지 이해하는 것이 중요합니다.

가장 일반적인 모놀리식 애플리케이션의 분해 전략은 컴포넌트 기반 분해component-based decomposition와 전술적 분기tactical forking 두 가지를 생각해볼 수 있습니다. 컴포넌트 기반 분해는 (애플리케이션의 논리적 구성 요소인) 컴포넌트를 정제/추출한 후 분산 아키텍처를 점진적으 로, 제어 가능한 방향으로 구성하면서 다양한 리팩터링 패턴을 적용하는 방법입니다. 전술적 분기는 마치 조각가가 화강암이나 대리석으로 아름다운 예술 작품을 만들 듯, 먼저 애플리케이 션의 레플리카replica(사본)를 만들고 필요 없는 부분을 하나씩 잘라내며 서비스를 조금씩 완성 해 나가는 방법입니다.

그럼 어느 방법이 가장 효과적일까요? 이 질문에 대한 답은 경우에 따라 다릅니다. 분해 방법 을 고려할 때 중요한 팩터 중 하나는 '기존 모놀리식 애플리케이션 코드가 얼마나 잘 구성돼 있 는가'입니다. 즉, 코드베이스 내부에 어떤 컴포넌트들이 있고 이들 간의 경계는 명료하게 정의 돼 있는지, 아니면 일정한 체계 없이 코드베이스가 진흙잡탕처럼 뭉쳐 있는지 잘 들여다볼 필요가 있습니다.

[그림 4-1]의 순서도에 나타낸 것처럼, 아키텍처 분해 작업은 (다음 절에서 다룰 내용이지만) 코드베이스를 분해할 수 있는지 따져보는 것으로 시작됩니다. 분해 가능한 코드베이스라면 소스 코드 체계가 명확하게 식별할 만한 컴포넌트가 없을 정도로 엉망인지 살펴보고, 정말 그런 상태라면 전술적 분기(4.3절 '전술적 분기' 참고)를 하는 것이 현명한 선택입니다. 반대로 소스 코드가 잘 정의된(즉, 느슨하게 결합된 형태의) 컴포넌트를 바탕으로 체계적으로 구성돼 있으면 컴포넌트 기반 분해 방법(4.2절 '컴포넌트 기반 분해' 참고)을 적용하는 게 낫습니다.

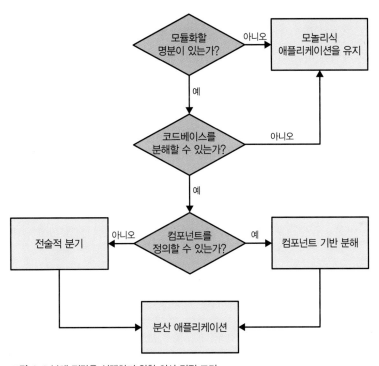

그림 4-1 분해 전략을 선택하기 위한 의사 결정 트리

이 장에서는 먼저 이 두 가지 접근 방식을 개략적으로 살펴보고, 컴포넌트 기반 분해 패턴은 다음 장에서 따로 더 자세히 설명하겠습니다.

4.1 분해 가능한 코드베이스인가?

코드베이스에 이렇다 할 체계가 하나도 없으면…? 이런 코드베이스도 분해할 수 있을까요? 이런 소프트웨어를 흔히 진흙잡탕 안티패턴[1]이라고 하는데, 브라이언 푸트Brian Foote가 동일한 제목으로 쓴 에세이[2]에서 유래된 용어입니다. 예를 들어, 데이터베이스에 직접 접속하는 이벤트 핸들러가 전혀 모듈화돼 있지 않은 상태로 가득 찬 복잡한 웹 애플리케이션은 진흙잡탕 아키텍처입니다. 일반적으로 아키텍트는 이런 부류의 시스템에 패턴을 만드느라 시간을 낭비하지 않습니다. 소프트웨어 아키텍처는 내부 구조에 관한 것인데, 진흙잡탕 시스템은 그런 구조라 할 만한 게 거의 없으니까요.

안타깝지만 지금도 많은 소프트웨어 시스템이 관리를 게을리해서 결국 진흙잡탕이 돼버리고 후임 아키텍트가 무거운 책임을 떠안는(그리고 뒤처리를 하면서 전임자를 헐뜯는) 일이 다반사입니다. 어떤 아키텍처든 아키텍트가 구조 조정restruction을 하려면 제일 먼저 그 계획을 수립해야 하고, 그러려면 내부 구조를 잘 알고 있어야 합니다. 무엇보다 이 과정에서 아키텍트는 '구제 가능한 코드베이스인가?'를 자문해야 합니다. 즉, 이 아키텍처가 분해 패턴을 적용할 만한 대상인지, 아니면 다른 접근 방식을 택하는 게 더 나을지 생각해봐야 합니다.

어느 정도면 코드베이스 내부 구조가 적당한지 판별하는 절대적인 기준 따위는 없습니다. 또 평가 결과도 아키텍트마다 거의 제각각입니다. 하지만 코드베이스의 특성을 거시적으로 살펴보는 데 유용한 도구를 잘 활용하면 내부 구조(특히 컴포넌트 간 커플링 상태)를 파악하는 데 도움이 됩니다.

4.1.1 구심/원심 커플링

에드워드 요던Edward Yourdon과 래리 콘스탄틴Larry Constantine이 쓴 『Structured Design』(Prentice Hall, 1979)에는 구심afferent 커플링, 원심efferent 커플링 같은 중요한 개념들이 대거 등장합니다. 구심 커플링은 (컴포넌트, 클래스, 함수 등의) 코드 아티팩트로 들어오는incoming 접속 수를, 원심 커플링은 다른 코드 아티팩트로 나가는outgoing 접속 수를 나타냅니다.

시스템의 구조를 변경할 때는 이 두 측정값이 어떻게 변하는지 잘 지켜보길 바랍니다. 예를 들어, 모놀리스를 분산 아키텍처로 분해하는 아키텍트는 Address 같은 공통 클래스가 있는지 먼저 찾아볼 것입니다. 모놀리스에서는 Address 같은 클래스를 개발자가 재사용하는 것을 당연하게 생각하고 이려 권장하지만, 모놀리스를 분해할 경우에는 이렇게 공유된 자산이 얼마나 많은 다른 파트에서 사용 중인지 그 실태를 파악해야 합니다.

아키텍트가 코드의 커플링 특성을 분석해 코드베이스를 이해하고 구조 조정 및 마이그레이션을 할 수 있게 도와주는 도구는 웬만한 플랫폼에 하나쯤은 준비돼 있습니다. 클래스 및(또는) 컴포넌트 관계를 매트릭스 뷰 형태로 제공하는 도구 역시 많은 플랫폼에서 제공됩니다.

[그림 4-2]는 JDepend라는 이클립스 플러그인의 실행 결과 화면입니다. 화면을 잘 보면, 다음 절에서 본격적으로 살펴볼 몇몇 집계 메트릭과 패키지별 커플링 분석 데이터가 있습니다.

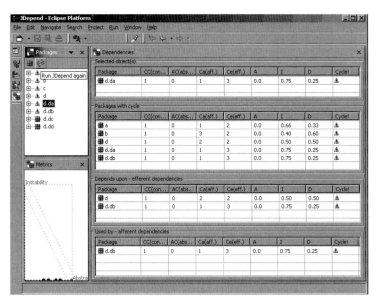

그림 4-2 이클립스의 JDepend 화면에 표시된 커플링 관계

4.1.2 추상도와 불안정도

소프트웨어 아키텍처 분야에서 저명한 석학인 로버트 마틴Robert Martin은 1990년대 후반 저술한 C++ 책에서 모든 객체 지향 언어에 적용 가능한 몇 가지 메트릭을 고안했습니다. 추상도abstractness와 불안정도instability 역시 그가 만들어낸 메트릭으로, 코드베이스 내부 특성의 균형을 나타내는 값입니다.

추상도는 (추상 클래스, 인터페이스 등의) 추상 아티팩트^{abstract artifact}와 구상 아티팩트^{concrete artifact} (구현부)의 비율, 즉 구현 대비 추상화가 이뤄진 정도를 나타냅니다. 추상 요소^{abstract element}는 개발자가 전체 기능을 더 잘 이해할 수 있게 도와주는 코드베이스의 특성입니다. 쉬운 예로, 10,000라인에 달하는 코드를 main() 메서드 하나에 몽땅 몰아넣은 애플리케이션은 사실상 다른 사람이 이해하기 불가능하므로 추상도는 0에 가까울 것입니다.

[식 4-1]은 추상도를 구하는 수식입니다.

식 4-1 추상도

$$A = \frac{\sum m^a}{\sum m^c + \sum m^a}$$

(m^a는 코드베이스 내부에 있는 추상 요소(인터페이스 또는 추상 클래스), m^c는 구상 요소(비추상 클래스))

아키텍트는 추상 요소 개수의 총합과 구상 요소 개수의 총합의 비율을 구해 추상도를 계산합니다. 불안정도는 여기서 파생된 값으로, 원심 커플링과 (구심 커플링 + 원심 커플링)의 비율입니다.

식 4-2 불안정도

$$I = \frac{C^e}{C^e + C^a}$$

(C^e는 원심(나가는) 커플링, C^a는 구심(들어오는) 커플링)

불안정도는 코드베이스가 얼마나 불안정한지를 나타냅니다. 불안정도가 높은 코드베이스는 커플링이 높아서 변경을 가하면 깨지기 쉽습니다. 예를 들어 C^a가 2인 두 가지 경우를 생각해봅시다. 전자는 $C^e = 0$이므로 불안정도가 0이고, 후자는 $C^e = 3$으로 불안정도가 3/5입니다. 이 수치만 봐도 어떤 컴포넌트를 변경하면 그에 딸린 다른 컴포넌트를 얼마나 많이 고쳐야 하는지 알 수 있는데, 이것이 바로 코드베이스의 불안정도를 나타냅니다. 불안정도가 1에 가까울수록 불안정한 컴포넌트이고, 0에 가까울수록 안정적이고 견고한 컴포넌트입니다. 또한 모듈이나 컴포넌트가 대부분 추상 요소를 포함하고 있으면 안정적이고, 반대로 구상 요소만 가득 차

있으면 따따해서 부러지기 쉬운 상태라고 할 수 있습니다. 그러나 높은 안정성은 결국 재사용의 여지가 줄어드는 트레이드오프가 따릅니다. 다시 말해, 모든 컴포넌트가 자기 완비형일 경우 상당한 중복은 불가피하겠죠.

그러므로 I와 A 값은 따로따로 보지 말고 함께 바라보는 것이 중요합니다. 곧이어 설명할 메인 시퀀스로부터의 거리도 이런 관점에서 등장한 개념입니다.

4.1.3 메인 시퀀스로부터의 거리

메인 시퀀스로부터의 거리distance from the main sequence는 아키텍처 구조를 평가하는 몇 가지 전체적인 메트릭 중 하나로, 불안정도와 추상도를 수식에 넣어 계산합니다(식 4-3).

식 4-3 메인 시퀀스로부터의 거리

$$D = |A + I - 1|$$

(A는 추상도, I는 불안정도)

메인 시퀀스로부터의 거리는 추상도와 불안정도 사이의 이상적인 관계를 나타냅니다. 이상적인 선에 가까운 클래스를 서로 경쟁적인 두 메트릭의 건전한 조합이라고 보는 것입니다. 예를 들어, [그림 4-3]에서 클래스의 메인 시퀀스로부터의 거리는 D입니다.

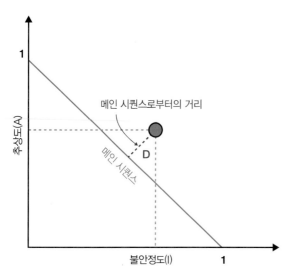

그림 4-3 특정 컴포넌트에 대해 측정한 메인 시퀀스로부터의 수직 거리

개발자는 현재 컴포넌트를 그래프에 나타내보고 이상적인 선에서 떨어져 있는지 거리를 잽니다. 이 선에 가까울수록 컴포넌트 균형이 잘 맞는다는 뜻입니다. 오른쪽 위로 치우친 부분은 쓸모없는 구역zone of uselessness (추상화가 과도해서 사용하기 어려운 코드)이라 하고, 반대로 왼쪽 아래로 치우친 부분은 고통스런 구역zone of pain (추상화를 거의 안 하고 구현 코드만 잔뜩 넣어 취약하고 관리하기 힘든 코드)이라 합니다(그림 4-4).

이런 메트릭을 측정하는 도구는 어지간한 플랫폼에 다 있으니 생소함unfamiliarity, 마이그레이션, 기술 부채 평가 등의 사유로 아키텍트가 코드베이스를 분석할 때 유용하게 쓰입니다.

메인 시퀀스로부터의 거리 값은 애플리케이션 구조 조정을 모색 중인 아키텍트에게 어떤 점을 시사할까요? 건설 공사와 마찬가지로 기초가 허술한 '대형 구조물'을 옮기는 작업은 리스크가 아주 큽니다. 따라서 애플리케이션 구조 조정이 절실할 경우, 일단 내부 구조부터 개선함으로써 마이그레이션 작업을 훨씬 더 수월하게 진행할 수 있습니다.

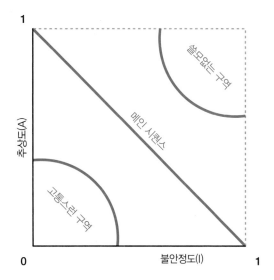

그림 4-4 쓸모없는 구역과 고통스런 구역

또 메인 시퀀스로부터의 거리는 내부 구조의 균형에 관한 훌륭한 단서를 제공합니다. 만약 수많은 컴포넌트가 쓸모없는 구역과 고통스런 구역 중 어느 한쪽에 치우쳐 있다면, 우선 이런 현상을 바로잡을 수 있을 때까지 내부 구조를 강화하는 것이 불필요한 시간 낭비를 피하는 지름길입니다.

아키텍트가 [그림 4-1]의 흐름도에 따라 분석한 결과 분해 가능한 코드베이스라고 판단된다면, 다음은 애플리케이션에 어떻게 접근해서 분해할지 결정할 차례입니다. 이어서 애플리케이션을 분해하는 두 가지 접근 방식인 컴포넌트 기반 분해와 전술적 분기 기법을 차례로 알아보겠습니다.

4.2 컴포넌트 기반 분해

우리는 모놀리식 애플리케이션을 마이크로서비스처럼 고도로 분산된 아키텍처로 마이그레이션하는 작업이 어렵고 복잡해지는 가장 중요한 원인이 제대로 정의되지 않은 아키텍처 컴포넌트라는 사실을 숱한 경험 끝에 깨달았습니다. 컴포넌트는 시스템에서 역할 및 책임과 기능 세트가 명확하게 정의된 애플리케이션의 구성 요소입니다. 대부분 애플리케이션에서 네임스페이스나 디렉터리 구조 형태로 나타나며 컴포넌트 파일(또는 소스 파일) 형태로 구현합니다. 예 컨대, [그림 4-5]에서 penultimate/ss/ticket/assign이라는 디렉터리 구조는 네임스페이스 가 `penultimate.ss.ticket.assign`인 티켓 배정 컴포넌트를 가리킵니다.

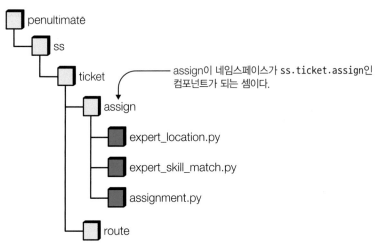

그림 4-5 코드베이스의 디렉터리 구조가 컴포넌트의 네임스페이스가 된다.

> **NOTE**
> 모놀리식 애플리케이션을 분산 아키텍처로 분해할 때는 개별 클래스가 아니라 컴포넌트로부터 서비스를 구축하기 바랍니다.

우리는 오랜 세월에 걸쳐 모놀리식 애플리케이션을 분산 아키텍처로 마이그레이션하는 데 유용한 컴포넌트 기반 분해 패턴을 개발했습니다. 결국 언젠가 서비스로 거듭나게 될, 잘 정의된 컴포넌트로 소스 코드를 리팩터링하는 작업에 관한 패턴들로, 여러분도 이 패턴들을 잘 활용하면 분산 아키텍처로 전환하는 수고를 상당히 줄일 수 있을 것입니다.

이런 컴포넌트 기반 분해 패턴은 모놀리식 아키텍처를 (이 책의 2장과 『소프트웨어 아키텍처 101』에서 자세히 설명한) 서비스 기반 아키텍처로 마이그레이션할 때 결정적인 역할을 합니다. 서비스 기반 아키텍처는 애플리케이션을 여러 도메인 서비스, 즉 특정 도메인에 관련된 비즈니스 로직이 모두 구현된, 큼지막한 단위로 개별 배포하는 여러 서비스로 분해하는 복합적인 마이크로서비스 아키텍처 스타일입니다.

서비스 기반 아키텍처는 최종 목적지 또는 마이크로서비스로 향하는 디딤돌로서 적당합니다.

- 서비스 기반 아키텍처를 디딤돌로 삼은 아키텍트는 이 아키텍처를 구축해보면서 어느 도메인을 어느 수준까지 마이크로서비스로 세분화할지, 또 어떤 도메인은 그냥 큰 덩어리로 남겨둬야 할지 결정할 수 있습니다(어떻게 결정하는지는 7장에서 자세히 설명합니다).
- 서비스 기반 아키텍처는 데이터베이스를 분해할 필요가 없으므로 아키텍트는 데이터베이스 분해를 고민하기 전에 도메인 분할, 기능 분할에 집중할 수 있습니다(6장에서 자세히 설명합니다).
- 서비스 기반 아키텍처에서는 운영 자동화나 컨테이너화가 필요 없기 때문에 각 도메인 서비스는 원래 애플리케이션과 동일한 아티팩트(예: EAR 파일, WAR 파일, 어셈블리 등)로 배포하면 됩니다.
- 서비스 기반 아키텍처로의 전환은 기술적인 성격을 띠므로, 보통 비즈니스 이해관계자는 관여할 필요가 없으며 IT 부서의 조직 구조 또는 테스트/배포 환경을 변경할 필요도 없습니다.

> **NOTE**
> 모놀리식 애플리케이션을 마이크로서비스로 마이그레이션할 경우, 먼저 그 중간 단계인 서비스 기반 아키텍처로 전환해보는 방안을 고려해보세요.

그러나 코드베이스가 아무런 체계도 없고(진흙잡탕) 이렇다 할 컴포넌트도 별로 없는 경우에는 어떻게 해야 할까요? 전술적 분기는 바로 이런 경우에 필요한 것입니다.

4.3 전술적 분기

전술적 분기는 파우스토 데 라 토레Fausto De La Torre[3]가 처음 명명한 패턴으로, 진흙잡탕 아키텍처를 구조 조정하는 실용적인 접근 방식입니다.

일반적으로 아키텍트는 코드베이스를 구조 조정할 때 어떤 조각들을 추출하는 것을 떠올립니다(그림 4-6).

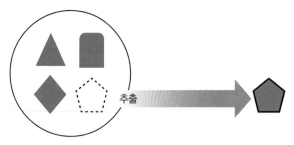

그림 4-6 시스템의 일부분을 추출한다.

그러나 시스템에서 어느 일부를 떼어낸다는 건, 바꿔 말하면 더 이상 필요 없는 나머지를 삭제하는 것과 같습니다(그림 4-7).

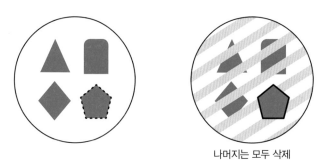

나머지는 모두 삭제

그림 4-7 안 쓰는 부분을 지우는 것도 시스템의 일부를 분리하는 방법이다.

[그림 4-6]처럼 하려면 아키텍처를 정의한 무수히 많은 커플링 가닥들을 개발자가 일일이 발라내야 하는데, 이렇게 하나씩 추출하면 머지않아 디펜던시 때문에 더욱더 많은 모놀리스가 나타난다는 사실을 깨닫게 됩니다. 하지만 [그림 4-7]처럼 필요 없는 코드를 삭제하면, 디펜던시는 남겠지만 쓸데없이 추출을 반복하는 일은 안 해도 됩니다.

결국, 이러한 추출과 삭제의 차이가 전술적 분기의 핵심입니다. [그림 4-8]처럼 모놀리식 애플리케이션 형태로 시작된 시스템을 예로 들어봅시다.

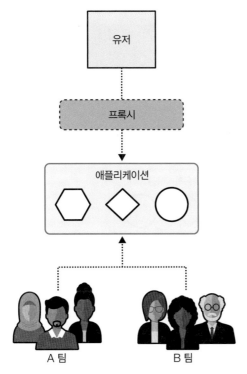

그림 4-8 여러 파트가 혼재된, 구조 조정 이전의 모놀리스

이 시스템은 내부 구조가 그다지 복잡하지 않은 여러 (그림에서 단순 도형으로 표시된) 도메인 기능으로 이뤄져 있습니다. 여기서 목표는, A 팀은 마름모와 육각형 서비스를 담당하고 B 팀은 원 모양 서비스를 담당하도록 기존 모놀리스를 분해하는 것입니다. 전술적 분기의 첫 단추는 전체 모놀리스를 그대로 복제해서 각 팀에 전체 코드베이스의 사본을 주는 것입니다(그림 4-9).

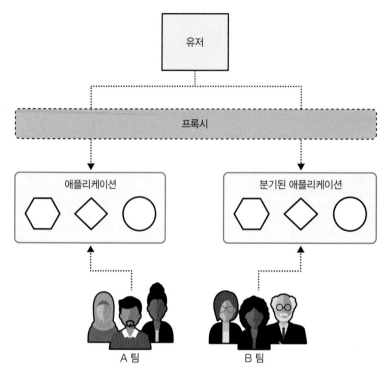

그림 4-9 1단계: 모놀리스를 복제한다.

각 팀은 이렇게 전달받은 전체 코드베이스 사본에서 (원하는 코드를 추출하는 게 아니라) 더 이상 필요 없는 코드를 삭제하기 시작합니다(그림 4-7). 개발자가 단단히 결합된 수많은 디펜던시를 어떻게 추출할지 고민할 필요가 없으므로 이렇게 삭제하는 편이 훨씬 수월합니다. 단, 삭제할 때는 기능을 따로 떼어낸 다음, 다른 것을 깨뜨리지 않는 코드는 무조건 지웁니다.

이런 식으로 팀별로 계속 타깃 부위를 도려내면서 안 쓰는 코드를 하나씩 들어냅니다(그림 4-10).

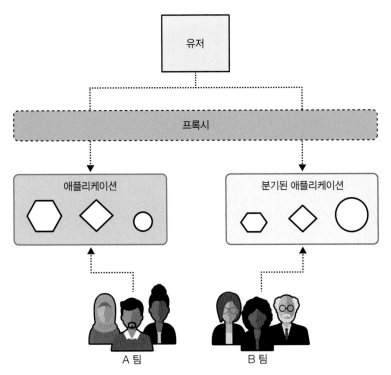

그림 4-10 팀별로 계속 리팩터링해서 필요 없는 코드를 지운다.

전술적 분기 패턴이 완료되면, 파트별로 큰 단위의 구조는 그대로 남아 있는 상태로 각 팀의 원래 모놀리식 애플리케이션을 둘로 쪼갤 수 있습니다(그림 4-11).

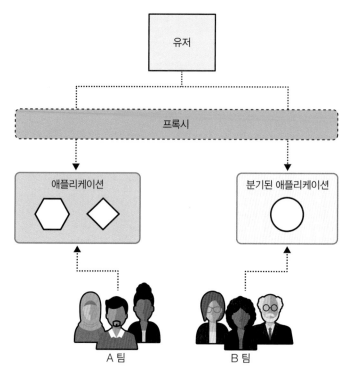

그림 4-11 두 서비스로 분리된 전술적 분기의 최종 모습

구조 조정을 마친 결과, 큼지막한 두 서비스만 남게 됐습니다.

4.3.1 트레이드오프

전술적 분기는 정통 분해 방법을 적용하기 어려울 때 괜찮은 대안으로, 내부 구조라고 할 만한 게 전혀(또는 거의) 없는 코드베이스에 적합합니다. 그러나 아키텍처의 만사가 그렇듯, 이 방법도 트레이드오프가 있습니다.

장점

- 사전 분석 없이도 곧바로 작업을 시작할 수 있습니다.
- 개발자는 대개 코드를 추출하는 것보다 삭제하는 걸 더 쉽게 받아들입니다. 높은 커플링 때문에 난잡한 코드베이스에서 코드를 추출하기는 어렵지만, 필요 없는 코드인지는 컴파일 또는 간단한 테스트로도 확인할 수 있습니다.

단점

- 이렇게 작업해도 모놀리스 코드는 여전히 서비스에 상당 부분 남아 있을 가능성이 큽니다.

- 개발자가 별도로 노력하지 않는 한, 새로 만들어진 서비스의 내부 코드가 이전 모놀리스에 있던 난잡한 코드보다 더 나을 리 없습니다. 다만 덩치가 조금 줄어든 것일 뿐!

- 공통 코드와 공통 컴포넌트 파일의 네이밍이 서로 맞지 않아 공통 코드를 식별하기 곤란하고 일관성을 유지하기 어렵습니다.

이 패턴의 이름(전술적 분기)은 (좋은 패턴명이 으레 그렇듯) 정말 잘 지었습니다. 이 패턴은 아키텍처를 구조 조정하는 전략적strategic 접근 방식이 아닌 전술적tactical 접근 방식이기 때문에 팀별로 재빠르게 (방법 자체는 구조적이지 않지만) 중요하고 필수적인 시스템을 차세대로 마이그레이션할 수 있습니다.[*]

4.4 한빛가이버 사가: 어떤 방식으로 분해할 것인가?

10월 29일 금요일 10:01

전술적 분기와 컴포넌트 기반 분해, 이 두 가지 방법을 이해한 성한과 선빈은 대회의실에서 다시 만나 추상도 및 불안정도 메트릭을 이용해 한빛가이버 애플리케이션을 분석해보고 현재 상황에서 둘 중 더 적합한 것을 선택하기로 했습니다.

손성한: "이것 보세요. 코드 대부분은 메인 시퀀스 선상에 있습니다. 뭐, 특이점도 더러 있지만, 우리 애플리케이션은 분해를 하는 것이 타당한 것 같네요. 그럼 이제 분해를 어떤 방법으로 할지 결정하면 되겠군요."

오선빈: "저는 전술적 분기 방식이 맘에 들어요. 그러고 보니 예전에 어떤 유명한 조각가가 했던 말이 떠오르네요. 어떻게 단단한 대리석으로 그렇게 아름다운 작품을 조각할 수 있는지 묻는 질문에, 자신은 거기 있으면 안 될 것 같은 대리석 조각을 제거했을 뿐이라고 대답했죠. 한빛가이버 애플리케이션도 이렇게 잘 다듬기만 하면 멋진 조각품이 될 텐데!"

손성한: "허허, 미켈란젤로가 환생하셨네! 전엔 스포츠였다가 이젠 조각? 취미 활동이 정말 다채로우시네

---

[*] 옮긴이_전략(strategy)은 전술(tactic)의 상위 개념으로, 전략이 '무엇을 할 것인가'를 정의한다면 전술은 '어떻게 할 것인가'를 정의하는 영역입니다. 즉, 전술은 전략에서 정의된 해야 할 일을 성취하기 위한 계획된 행동과 실전적인 수단/방법이라고 할 수 있습니다.

요. 전술적 분기도 좋은데, 각 서비스 내부의 중복 코드와 공유 기능이 너무 많다는 게 마음에 걸립니다. 지금 우리가 겪고 있는 문제들도 대체로 유지 보수성, 시험성, 신뢰성과 연관이 있잖아요. 한 번에 동일한 변경을 그 많은 서비스에 적용하려면… 휴, 생각만 해도 끔찍하네!"

오선빈: "공유 기능이 그렇게 많은가요?"

손성한: "정확하진 않지만, 로그, 보안 같은 인프라 관련 공유 코드만 해도 상당하다고 들었어요. 또 DB를 호출하는 코드도 애플리케이션의 퍼시스턴스 레이어에서 공유해 쓰고 있고요."

오선빈: (잠시 말을 멈추고 생각하다가) "성한 씨 말도 맞겠지만, 컴포넌트 경계가 이미 잘 정의돼 있으니 컴포넌트 기반 분해 방식이 더디긴 해도… 음, 다시 생각해보니 스포츠는 절대 포기할 수 없지만, 내 조각가 커리어 정도라면 과감히 포기해도 별 탈 없겠네요!"

두 사람은 한빛가이버 애플리케이션의 분산 아키텍처 전환에 컴포넌트 분해 방식이 적합하다는 데 의견을 모았습니다. 성한은 이렇게 결정한 내용과 컴포넌트 기반 분해 접근 방식의 트레이드오프 및 정당성을 ADR로 간략히 정리했습니다.

ADR: 컴포넌트 기반 분해 방식으로 마이그레이션

콘텍스트

모놀리식 한빛가이버 애플리케이션은 여러 서비스로 나눠 개별 배포할 예정이다. 이렇게 분산 아키텍처로 마이그레이션하기 전에 컴포넌트 기반 분해와 전술적 분기라는 두 가지 접근 방식을 고려했다.

결정

컴포넌트 기반 분해 접근 방식으로 현재 모놀리식 한빛가이버 애플리케이션을 분산 아키텍처로 마이그레이션한다. 한빛가이버 애플리케이션은 비교적 컴포넌트 경계가 잘 정의된 편이므로 컴포넌트 기반으로 분해하기에 적합하다. 컴포넌트에 따라 서비스를 분해하면 각 서비스에 중복 코드가 포함될 가능성이 줄어든다.

전술적 분기 방식을 적용하면 사전에 서비스 경계를 정해 분기된 애플리케이션이 얼마나 많이 생성될지 파악해야 한다. 컴포넌트 기반으로 분해할 경우, 컴포넌트를 그룹핑하면서 서비스 정의는 자연스럽게 도출될 것이다.

안정성, 가용성, 확장성, 워크플로 등 현재 우리가 직면한 문제의 성격상 컴포넌트 기반 분해 방식으로 접근하면 전술적 분기 방식보다 더 안전하게, 더 통제하기 쉬운 방향으로 점진적인 마이그레이션이 가능할 것으로 예상된다.

결과

컴포넌트 기반 분해가 전술적 분기보다 마이그레이션 기간은 더 길겠지만, 위에서 밝힌 명분과 당위성을 고려하면 장점이 더 많다고 생각한다. 또 팀 개발자가 서로 협력해 공통 기능, 컴포넌트 경계, 도메인 경계를 식별할 수 있을 것이다.

전술적 분기 방식을 사용하면 분기된 각 애플리케이션마다 팀원을 배정해야 하므로 팀도 더 잘게 나눠야 하고 이런 작은 팀들 간의 조율도 훨씬 많아질 테니 부담은 늘어날 것이다.

## CHAPTER 5

컴포넌트 기반 분해 패턴

11월 1일 월요일 11:53

성한과 선빈은 컴포넌트 기반으로 분해하기로 했지만, 분해 패턴에 대해서는 자세히 알지 못해 다시 미궁에 빠졌습니다. 인터넷을 열심히 찾아봤지만 쓸 만한 정보는 별로 없었습니다. 그래서 다시 노건우 팀장을 만나 어떤 분해 패턴들이 있고 어떻게 사용하는 것인지를 배우기로 했습니다.

손성한: "아, 팀장님. 여기저기 불 끄러 다니시느라 많이 바쁘실 텐데 시간 내주셔서 정말 감사합니다. 요즘 저희가 마이그레이션 작업에 착수했는데 난관에 봉착해서요."

노건우: "괜찮아, 우리가 남이가? 나도 전에 성한 씨처럼 일한 적이 있어서 잘 알아. 맨땅에 대고 헤딩하는 기분이겠지, 훗. 게다가 이번 마이그레이션은 공수가 눈에 띄게 많이 투입되니까 처음 시작할 때부터 제대로 추진하는 게 중요할 거야. 나중에 또 마이그레이션을 할 일은 없을 테니."

오선빈: "고맙습니다, 팀장님. 저도 2시간 후에 다른 회의가 있어서 가급적 짧게 끝낼게요. 일전에 컴포넌트 기반 분해 방식을 설명해주셨는데요. 저희가 일단 이 방식을 밀어붙이려고 하는데 인터넷을 찾아봐도 쓸 만한 자료가 없더라고요."

노건우: "그건 당연해. 아직 컴포넌트 기반 분해 패턴을 다룬 책도 없으니까. 올해 말쯤 돼야 이런 패턴을 자세히 다룬 책이 나온다고는 하던데… 아무튼, 4년 전 어느 콘퍼런스에 갔을 때 아주 경험 많은 소프트웨어 아키텍트 한 분에게 처음 배웠던 내용이지. 모놀리식 아키텍처에서 (서비스 기반 아키텍처, 마이크로서비스 등의) 분산 아키텍처로 안전하게 마이그레이션하는 반복적이고 체계적인 접근 방식이 강의 주제였는데, 정말 깊은 인상을 받았어. 그때 배운 패턴을 응용해서 지금까지 꽤 많은 성공을 거뒀고…"

손성한: "저희도 한 수 배울 수 있을까요, 팀장님?"

노건우: "응, 나도 이따 회의가 있긴 한데… 화이트보드에 하나씩 그려가며 자세히 설명해줄게."

(4장에서 설명한) 컴포넌트 기반 분해는 코드베이스 체계가 어느 정도 잡혀 있고 네임스페이스(또는 디렉터리)별로 그룹핑돼 있는 모놀리식 애플리케이션을 분리할 때 매우 효과적입니다. 이 장에서는 컴포넌트 기반 분해 기법의 여러 패턴을 소개합니다. 나중에 언젠가는 서비스로 정착될, 잘 정의된 일련의 컴포넌트 세트로 모놀리식 소스 코드를 리팩터링하는 과정을 패턴화한 것입니다. 이들 패턴을 올바르게 활용하면 모놀리식 애플리케이션을 분산 아키텍처로 마이그레이션하는 수고를 크게 덜 수 있습니다.

[그림 5-1]은 이 장에서 설명할 컴포넌트 기반 분해 패턴의 로드맵입니다. 처음에는 모놀리식 애플리케이션을 분산 애플리케이션으로 마이그레이션하면서 이 패턴들을 순서대로 적용하되, 도중에 모놀리식 애플리케이션을 유지 보수하면서 개별적으로 적용해도 됩니다. 다음은 컴포넌트 기반 분해 패턴들을 간략히 정리한 것입니다.

컴포넌트 식별 및 사이징 패턴(5.1절)

보통 모놀리식 애플리케이션을 분해할 때 제일 먼저 등장하는 패턴으로, 컴포넌트를 식별하고 관리하고 적절하게 사이징sizing합니다(크기를 정합니다).

공통 도메인 컴포넌트 수집 패턴(5.2절)

애플리케이션 전체에 걸쳐 중복될 가능성이 있는 공통 비즈니스 도메인 로직을 통합해 분산 아키텍처에서 잠재적인 중복 서비스를 줄입니다.

컴포넌트 눌러 펴기 패턴(5.3절)

도메인, 서브도메인, 컴포넌트를 축소collapse/확장expand해서 소스 코드 파일을 잘 정의된 컴포넌트 내부에만 둡니다.

컴포넌트 디펜던시 결정 패턴(5.4절)

컴포넌트 디펜던시를 식별하고 다듬어 모놀리식 아키텍처 → 분산 아키텍처 마이그레이션의 실현 가능성과 전체 작업량을 결정합니다.

컴포넌트 도메인 생성 패턴(5.5절)

컴포넌트를 애플리케이션 내부의 논리적인 도메인들로 그룹핑하고 컴포넌트 네임스페이스 및(또는) 디렉터리를 특정 도메인에 알맞게 리팩터링합니다.

도메인 서비스 생성 패턴(5.6절)

모놀리식 애플리케이션의 논리 도메인을 개별 배포된 도메인 서비스들로 옮겨 모놀리식 아키텍처를 물리적으로 분리합니다.

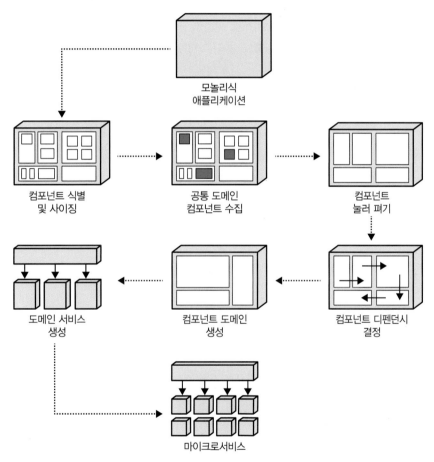

그림 5-1 컴포넌트 기반 분해 패턴의 흐름과 사용 방법

이 6개 패턴을 각각 세 파트로 나눠 설명하겠습니다. 첫째, '패턴 설명'에서는 패턴의 작동 원리

와 중요성, 패턴의 적용 결과를 기술합니다. 둘째, '관리용 피트니스 함수'에서는 해당 패턴 적용 이후 지속적인 유지 보수를 수행하면서 코드베이스의 정합성을 분석/검증하는 데 필요한 거버넌스 자동화에 대해 이야기합니다. 셋째, '한빛가이버 사가'는 실제로 한빛가이버 애플리케이션에 해당 패턴을 적용하는 방법을 상술하고 패턴 적용 이후 애플리케이션이 어떻게 달라졌는지 설명합니다.

아키텍처 스토리

이 장에서는 아키텍처 스토리(architecture story) 기법으로 각 패턴의 끝부분(한빛가이버 사가)에서 애플리케이션의 구조적인 측면에 영향을 미치는 코드 리팩터링을 기록하고 설명합니다. 아키텍처 스토리는 구현/변경이 필요한 기능이 무엇인지 설명하는 유저 스토리(user story)와 달리, 애플리케이션의 전반적인 구조에 영향을 미치고 비즈니스 동인(확장성 제고, 시장 출시 기간 단축 등)을 만족하는 코드 리팩터링 과정을 제시합니다. 예를 들어 아키텍트가 나중에 다른 결제 수단을 추가할 수 있도록 확장성을 높이고자 결제 서비스를 분해해야 한다고 판단했다면, 다음과 같이 아키텍처 스토리를 만들어볼 수 있을 것입니다.

"나는 아키텍트로서 결제 수단이 추가될 경우, 확장성과 민첩성을 개선하기 위해 결제 서비스를 분해할 필요가 있다."

아키텍처 스토리는 기술 부채 스토리(technical debt story)와는 다릅니다. 개발자가 '코드를 정리하기 위해' 다음 이터레이션(iteration)에서 해야 할 일들을 포착하는 것이 기술 부채 스토리라면, 아키텍처 스토리는 특정한 아키텍처 특성이나 비즈니스 요건을 지원하기 위해 신속히 변경해야 할 부분을 조명합니다.

5.1 컴포넌트 식별 및 사이징 패턴

마이그레이션의 첫 번째 단계는 컴포넌트 식별 및 사이징 패턴Identify and Size Components pattern을 적용하는 일입니다. 이 패턴의 목적은 애플리케이션을 구성하는 컴포넌트(논리 구성 요소)를 식별/분류한 뒤 적절하게 사이징하는 것입니다.

5.1.1 패턴 설명

서비스는 컴포넌트를 재료로 만들어지기 때문에 애플리케이션에 어떤 컴포넌트가 있는지 식별하고 그 크기를 적정하게 맞추는 일은 매우 중요합니다. 이 패턴은 너무 크거나(하는 일이 많음) 너무 작은(하는 일이 별로 없음) 컴포넌트를 찾아내는 용도로도 쓰입니다. 일반적으로 다른 컴포넌트에 비해 덩치가 큰 컴포넌트는 다른 컴포넌트와 더 많이 결합돼 있으므로 개별 서비스로 분해하기가 더 어렵고 덜 모듈화된 아키텍처가 될 수밖에 없습니다.

그런데 컴포넌트 사이즈를 어느 정도로 잡아야 좋을지 결정하기가 의외로 어렵습니다. 프로그래머마다 클래스, 메서드, 함수를 설계하는 방식이 다르기 때문에 단순히 소스 코드의 총라인 수만으로 결정하는 건 좋지 않습니다. 컴포넌트 사이징에 유용한 메트릭은 주어진 컴포넌트 내부의 총문장 수(네임스페이스 또는 디렉터리에 들어 있는 전체 소스 파일에 구현된 조건문, 분기문 등의 총개수)입니다. 문장은 소스 코드를 구성하는 하나의 완전한 액션으로서 보통 특수 문자로 끝납니다(예: 자바, C, C++, C#, Go, 자바스크립트 등의 언어는 세미콜론(;)을 사용하고 F#, 파이썬, 루비 같은 언어는 개행 문자newline를 사용합니다). 총문장 수 역시 완벽한 메트릭은 아니지만, 컴포넌트가 얼마나 많은 일을 하고 얼마나 복잡한지를 대략 알 수 있는 좋은 지표입니다.

컴포넌트 사이즈는 애플리케이션 내부에서 비교적 일관되게 유지해야 합니다. 일반적으로는 애플리케이션 컴포넌트 사이즈의 표준 편차standard deviation를 1~2 정도의 범위로 맞추는 것이 좋습니다. 또 각 컴포넌트의 구현 코드가 차지하는 비중(%)은 큰 편차 없이 어느 정도 균등하게 분포된 모습이 바람직합니다.

소스 파일의 문장 수를 보여주는 정적 코드 분석 도구static code analysis tool[1]는 많지만, 그중 컴포넌트별 누적 문장 수를 보여주는 도구는 많지 않습니다. 이런 이유로 아키텍트는 대개 수작업 또는 자동 후처리automated post-procession의 한 과정으로 컴포넌트별 총누적 문장 수를 구한 다음, 해당 컴포넌트의 코드가 차지하는 비중(%)을 계산합니다.

어떤 도구를 쓰고 어떤 알고리즘을 적용하든, 이 패턴을 적용하면 [표 5-1]과 같은 중요한 정보와 메트릭을 수집/계산할 수 있습니다.

표 5-1 컴포넌트를 식별하고 사이징한 분석 예

컴포넌트명	컴포넌트 네임스페이스	비중(%)	문장 수	파일 수
과금 결제	ss.billing.payment	5	4,312	23
과금 이력	ss.billing.history	4	3,209	17
고객 알림	ss.customer.notification	2	1,433	7

컴포넌트명

컴포넌트명component name은 컴포넌트를 잘 나타내는 이름과 식별자를 사용합니다. 각종 다이어그램과 문서 전반에 걸쳐 일관된 이름을 사용하는 게 좋으며, 가능한 한 자기 기술적인self-describing 명료한 이름으로 컴포넌트 이름을 정하기 바랍니다. 예를 들어, [표 5-1]에서 과금 이력Billing History은 그 이름만으로도 고객의 과금 이력을 관리하기 위한 소스 코드 파일이 포함된 컴포넌트임을 분명히 알 수 있습니다. 컴포넌트의 역할과 책임이 명쾌하게 드러나지 않는다면 좀 더 기술적인descriptive 컴포넌트로 변경하는(그리고 어쩌면 네임스페이스도 함께 변경하는) 것도 방법입니다. 예를 들어, 티켓 관리자Ticket Manager 컴포넌트라고 명명하면 이 컴포넌트가 시스템에서 하는 역할이 너무 모호하기 때문에 좀 더 구체적인 이름을 지어 역할을 확실히 드러내는 것이 좋습니다.

컴포넌트 네임스페이스

컴포넌트 네임스페이스component namespace는 컴포넌트를 구현한 소스 코드가 어디에, 어떻게 묶여 저장됐는지를 나타내는 물리적(또는 논리적) 식별자입니다. 일반적으로 네임스페이스, 패키지 구조(자바), 또는 디렉터리 구조로 표기합니다. 디렉터리 구조로 컴포넌트를 나타내는 경우, 보통 파일 구분자를 점(.)으로 바꿔 논리적 네임스페이스를 생성합니다. 예를 들어, ss/customer/notification 디렉터리에 있는 소스 코드 파일의 컴포넌트 네임스페이스는 ss.customer.notification입니다. 프로그래밍 언어에 따라 네임스페이스가 디렉터리 구조와 일치해야 하는 언어(예: 자바의 패키지)도 있고, 이런 제약이 없는 언어(예: C# 네임스페이스)도 있습니다. 네임스페이스 식별자를 어떻게 사용하든 모든 애플리케이션의 컴포넌트에서 식별자 종류는 한 가지로 통일해야 합니다.

비중

비중percent은 전체 소스 코드에서 해당 컴포넌트의 소스 코드가 차지하는 상대적 크기(%)입니다. 해당 컴포넌트의 소스 코드 총문장 수를 애플리케이션 전체 코드베이스의 총문장 수로 나눠 계산합니다. 이 값은 어떤 애플리케이션에서 너무 크거나 너무 작은 컴포넌트를 가려내는 기준으로 삼기 좋습니다. 예를 들어, [표 5-1]에서 ss.billing.payment 컴포넌트에 구현된 소스 코드의 문장 수는 전체 코드베이스 문장 수의 5%를 차지합니다.

문장 수

문장 수는 해당 컴포넌트를 구현한 소스 코드의 총문장 개수를 말합니다. 이 메트릭은 애플리케이션에서 치지한 컴포넌트의 상대적 크기는 물론이고 컴포넌트의 진반적인 복잡성을 가늠하는 데도 요긴하게 쓰입니다. 예를 들어 고객 위시리스트는 언뜻 보면 단일 목적의 단순한 컴포넌트 같지만, 무려 12,000개나 되는 문장이 구현돼 있습니다. 따라서 위시리스트 항목을 처리하는 비즈니스 로직이 복잡하다고 유추할 수 있습니다. 이 값은 앞서 설명한 비중(%)을 계산할 때도 사용됩니다.

파일 수

파일 수는 컴포넌트에 포함된 소스 코드 파일(예: 클래스, 인터페이스, 타입 등)의 총개수입니다. 컴포넌트 사이즈와 큰 상관은 없지만, 클래스 구조 관점에서는 컴포넌트에 관한 부가 정보에 해당합니다. 예를 들어, 어떤 컴포넌트의 문장 수는 18,409개인데 파일은 달랑 2개뿐인 경우 콘텍스트에 따라 더 잘게 나누는 것이 좋은 리팩터링 후보라고 할 수 있습니다.

큰 컴포넌트를 리사이징resizing할 경우는 기능 분해functional decomposition 또는 도메인 주도 접근 방식을 이용해 큰 컴포넌트 안에 있음 직한 서브도메인을 먼저 찾아보기 바랍니다. 예를 들어, 한빛가이버 애플리케이션에서 티켓을 생성, 할당, 전달, 완료 처리하는 고장 티켓Trouble Ticket 컴포넌트는 전체 코드베이스의 22%를 차지합니다. 이렇게 한 덩이로 구성된 고장 티켓 컴포넌트는 4개 컴포넌트(티켓 생성, 티켓 배정, 티켓 전달, 티켓 완료)로 찢어 컴포넌트별 코드 비중은 줄이고 더 모듈화된 애플리케이션을 만드는 게 더 합리적입니다. 큰 컴포넌트 안에 뚜렷이 구별되는 서브도메인이 하나도 없는 경우에는 그냥 놔두면 됩니다.

5.1.2 관리용 피트니스 함수

이 분해 패턴을 적용해서 컴포넌트를 올바르게 식별하고 사이징했다면, 이제 거버넌스를 자동화해 새로운 컴포넌트를 식별하고 일상적인 애플리케이션 유지 보수 과정에서 특정 컴포넌트가 너무 커지지 않도록, 의도하지 않은 방향으로 컴포넌트 간 의존 관계가 발생하지 않도록 관리하는 것이 중요합니다. 따라서 어떤 제약 조건 초과 시(즉, 앞서 설명한 비중이나 표준 편차 값이 어느 한도를 벗어나면) 아키텍트가 바로 인지할 수 있게 트리거되는 자동화 피트니스 함수가 있으면 유용합니다.

피트니스 함수는 직접 커스터마이징한 코드나 오픈 소스, COTSCommercial Off-The-Shelf 도구*를

---

* 옮긴이_일반 고객에게 판매하거나 사용 권한을 부여할 수 있는 컴퓨터 소프트웨어나 하드웨어 완성품

CI/CD 파이프라인의 일부로 넣어 구현합니다. 이 분해 패턴의 거버넌스에 유용한 자동화 피트니스 함수를 몇 가지 소개하겠습니다.

피트니스 함수: 컴포넌트 재고 관리

CI/CD 파이프라인을 통해 배포할 때 실행되는 이 피트니스 함수는 컴포넌트 재고를 최신화하는 데 유용합니다. 또한 개발 팀이 추가/삭제한 컴포넌트를 아키텍트에게 알리는 용도로도 쓰입니다. 어떤 컴포넌트가 추가/삭제됐는지 파악하는 행위는 이 패턴뿐만 아니라 다른 분해 패턴에서도 아주 중요합니다. [예제 5-1]은 이 피트니스 함수의 구현 알고리즘을 의사코드 pseudocode로 표현한 것입니다.

예제 5-1 컴포넌트 재고를 관리하는 의사코드

```
# 데이터 저장소에서 이전 컴포넌트 네임스페이스 리스트를 읽어들인다.
LIST prior_list = read_from_datastore()

# 디렉터리 구조를 탐색하면서 각 경로마다 네임스페이스를 생성한다.
LIST current_list = identify_components(root_directory)

# 새로 추가되거나 삭제된 컴포넌트가 있으면 알림을 보낸다.
LIST added_list = find_added(current_list, prior_list)
LIST removed_list = find_removed(current_list, prior_list)
IF added_list NOT EMPTY {
  add_to_datastore(added_list)
  send_alert(added_list)
}
IF removed_list NOT EMPTY {
  remove_from_datastore(removed_list)
  send_alert(removed_list)
}
```

피트니스 함수: 어떤 컴포넌트도 전체 코드베이스의 〈몇 %〉 이상을 차지해선 안 된다

CI/CD 파이프라인으로 배포할 때 자동 실행되는 피트니스 함수로, 전체 소스 코드에서 차지하는 비중이 지정된 문턱값(%)을 초과하는 컴포넌트가 있을 경우 아키텍트에게 알림 메시지를 발송합니다. 앞서 설명했듯이 이 문턱값은 애플리케이션 사이즈에 따라 달라지지만, 사이즈가 튀는 컴포넌트를 식별하려면 반드시 실정해야 합니다. 예를 들어 컴포넌트가 10개뿐인 비교적 작은 애플리케이션은 문턱값을 30% 정도로 설정하면 너무 큰 컴포넌트가 금세 드러나겠지만, 컴포넌트가 50개인 큰 애플리케이션이라면 문턱값을 10% 정도로 낮춰야 적당할 것입니다. [예제 5-2]는 이 피트니스 함수의 구현 알고리즘을 의사코드로 표현한 것입니다.

예제 5-2 코드가 차지하는 비중을 기반으로 컴포넌트 사이즈를 관리하는 피트니스 함수의 의사코드

```
# 디렉터리 구조를 탐색하면서 각 경로마다 네임스페이스를 생성한다.
LIST component_list = identify_components(root_directory)

# 소스 코드 전체를 탐색해서 총누적 문장 수를 구한다.
total_statements = accumulate_statements(root_directory)

# 각 컴포넌트의 소스 코드를 탐색하면서 누적 문장 수를 합하고
# 전체 소스 코드에서 차지하는 비중(%)을 계산한다.
# 결괏값이 10%를 초과하면 알림을 발송한다.
FOREACH component IN component_list {
  component_statements = accumulate_statements(component)
  percent = component_statements / total_statements
  IF percent > .10 {
    send_alert(component, percent)
  }
}
```

피트니스 함수: 어떤 컴포넌트도 평균 컴포넌트 사이즈로부터 〈표준 편차 OO〉 이상 벗어나면 안 된다

CI/CD 파이프라인으로 배포할 때 자동 실행되는 피트니스 함수로, 전체 컴포넌트 사이즈의 평균값(컴포넌트 총문장 수 기준)에서 지정된 표준 편차(문턱값) 이상인 컴포넌트가 있으면 아키텍트에게 알림을 발송합니다.

표준 편차는 사이즈가 튀는 컴포넌트를 발견하기에 좋은 수단입니다. 값은 다음 수식으로 계산합니다.

$$s = \sqrt{\frac{1}{N-1}\sum_{i=1}^{N}(x_i - \bar{x})^2}$$

(N은 관측값 개수, x_i는 관측값, $\bar{x}$는 관측값 평균)

다음은 관측값 평균($\bar{x}$)을 계산하는 수식입니다.

$$\bar{x} = \frac{1}{N} \sum_{i=1}^{N} x_i$$

이렇게 구한 평균과 표준 편차 값을 이용하면 전체 평균 컴포넌트 사이즈에서 유난히 튀는 컴포넌트를 찾아낼 수 있습니다. [예제 5-3]은 표준 편차 3을 문턱값으로 지정해서 이 피트니스 함수를 구현한 의사코드입니다.

예제 5-3 표준 편차 개수를 기준으로 컴포넌트 사이즈를 유지하는 피트니스 함수의 의사코드

```
# 디렉터리 구조를 탐색하면서 각 경로마다 네임스페이스를 생성한다.
LIST component_list = identify_components(root_directory)

# 소스 코드 전체를 탐색해서 총누적 문장 수와 컴포넌트별 문장 수를 구한다.
SET total_statements TO 0
MAP component_size_map
FOREACH component IN component_list {
  num_statements = accumulate_statements(component)
  ADD num_statements TO total_statements
  ADD component,num_statements TO component_size_map
}

# 표준 편차를 계산한다.
SET square_diff_sum TO 0
num_components = get_num_entries(component_list)
mean = total_statements / num_components
FOREACH component,size IN component_size_map {
  diff = size - mean
  ADD square(diff) TO square_diff_sum
}
std_dev = square_root(square_diff_sum / (num_components - 1))

# 컴포넌트별 표준 편차를 계산한다.
# 결괏값이 3을 초과하면 알림을 발송한다.
FOREACH component,size IN component_size_map {
  diff_from_mean = absolute_value(size - mean);
  num_std_devs = diff_from_mean / std_dev
  IF num_std_devs > 3 {
    send_alert(component, num_std_devs)
  }
}
```

5.1.3 한빛가이버 사가: 컴포넌트 사이징

11월 2일 화요일 09:12

성한은 노건우 팀장으로부터 컴포넌트 기반 분해 패턴에 대한 설명을 듣고 난 후, 우선 컴포넌트 식별 및 사이징 패턴에 따라 전체 애플리케이션 컴포넌트를 식별하고 각 컴포넌트를 총 문장 수 기준으로 사이징하기로 했습니다.

그는 필요한 컴포넌트 정보를 빠짐없이 수집해 정리했고(표 5-2), 전체 애플리케이션의 총 문장 수(여기서는 82,931개) 대비 컴포넌트별 코드가 차지하는 비중(%)을 계산했습니다.

표 5-2 한빛가이버 애플리케이션의 컴포넌트 사이즈 분석 예

컴포넌트명	컴포넌트 네임스페이스	비중(%)	문장 수	파일 수
로그인	ss.login	2	1,865	3
과금 결제	ss.billing.payment	5	4,312	23
과금 이력	ss.billing.history	4	3,209	17
고객 알림	ss.customer.notification	2	1,433	7
고객 프로필	ss.customer.profile	5	4,012	16
전문 기사 프로필	ss.expert.profile	6	5,099	32
지식 베이스 관리	ss.kb.maintenance	2	1,701	14
지식 베이스 검색	ss.kb.search	3	2,871	4
리포팅	ss.reporting	**33**	**27,765**	**162**
티켓	ss.ticket	8	7,009	45
티켓 배정	ss.ticket.assign	9	7,845	14
티켓 알림	ss.ticket.notify	2	1,765	3
티켓 전달	ss.ticket.route	2	1,468	4
지원 계약	ss.supportcontract	5	4,104	24
설문	ss.survey	3	2,204	5
설문 알림	ss.survey.notify	2	1,299	3
설문 템플릿	ss.survey.templates	2	1,672	7
유저 관리	ss.users	4	3,298	12

[표 5-2]를 살펴보니, 대부분의 컴포넌트 사이즈는 엇비슷한데 유독 리포팅 컴포넌트(`ss.reporting`)만 코드베이스의 33%나 차지하고 있습니다. 전에도 리포팅 컴포넌트가 다른 컴포넌트보다 규모가 큰 편이라고 들었습니다. 성한은 이 컴포넌트를 분해해서 전체 사이즈를 줄이기로 했습니다.

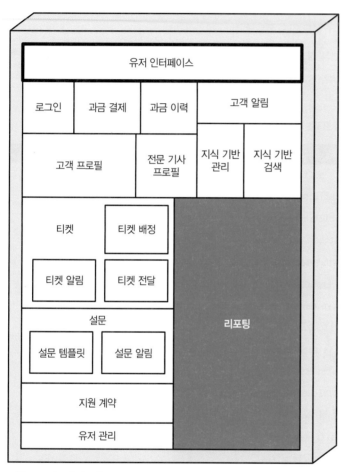

그림 5-2 리포팅 컴포넌트는 너무 크기 때문에 분해하는 게 좋다.

좀 더 살펴보니, 리포팅 컴포넌트는 크게 다음 세 가지 소스 코드로 구현돼 있었습니다.

- 티케팅 리포트(지역별 통계 리포트, 일별/주별/월별 티켓 리포트, 티켓 접수 시간 리포트 등)
- 전문 기사 리포트(전문 기사 실적 리포트, 전문 기사 티켓 배정 리포트 등)
- 재무 리포트(수리 비용 리포트, 전문 기사 인건비 리포트, 수익 리포트 등)

또 성한은 공통 유틸리티, 계산기, 공유 데이터 쿼리, 리포트 배포, 공유 데이터 포매터 등 현재 사용 중인 모든 타입의 리포트가 공통(공유) 코드를 사용하고 있다는 사실을 알았습니다. 그는 이 리팩터링에 관한 아키텍처 스토리(이 장 앞부분의 '아키텍처 스토리' 설명 참고)를 작성해서 개발 팀과 공유했고, 아키텍처 스토리를 전달받은 김무열(개발자)은 단일 컴포넌트인 리포팅을 개별 컴포넌트 4개(공통 코드가 위치한 리포팅 공통 컴포넌트 + 3개의 각 리포트 기능이 구현된 티켓 리포트, 전문 기사 리포트, 재무 리포트)로 나눴습니다(그림 5-3).

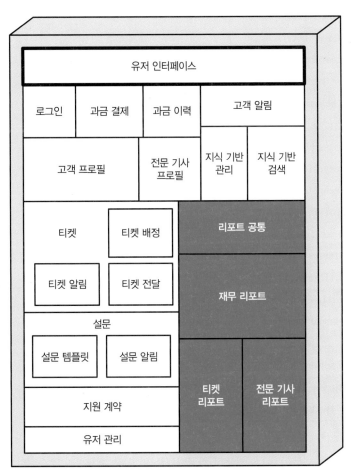

그림 5-3 비대한 리포팅 컴포넌트를 더 작은 컴포넌트들로 쪼갠다.

무열이 변경한 코드를 커밋한 후, 성한은 코드를 다시 분석했고 거의 모든 컴포넌트의 사이즈가 꽤 고르게 분포된 결과를 얻었습니다(표 5-3).

표 5-3 컴포넌트 식별 및 사이징 패턴을 적용한 이후의 컴포넌트 사이즈

컴포넌트명	컴포넌트 네임스페이스	비중(%)	문장 수	파일 수
로그인	ss.login	2	1,865	3
과금 결제	ss.billing.payment	5	4,312	23
과금 이력	ss.billing.history	4	3,209	17
고객 알림	ss.customer.notification	2	1,433	7
고객 프로필	ss.customer.profile	5	4,012	16
전문 기사 프로필	ss.expert.profile	6	5,099	32
지식 베이스 관리	ss.kb.maintenance	2	1,701	14
지식 베이스 검색	ss.kb.search	3	2,871	4
리포트 공유	ss.reporting.shared	**7**	**5,309**	**20**
티켓 리포트	ss.reporting.tickets	**8**	**6,955**	**58**
전문 기사 리포트	ss.reporting.experts	**9**	**7,734**	**48**
재무 리포트	ss.reporting.financial	**9**	**7,767**	**36**
티켓	ss.ticket	8	7,009	45
티켓 배정	ss.ticket.assign	9	7,845	14
티켓 알림	ss.ticket.notify	2	1,765	3
티켓 전달	ss.ticket.route	2	1,468	4
지원 계약	ss.supportcontract	5	4,104	24
설문	ss.survey	3	2,204	5
설문 알림	ss.survey.notify	2	1,299	3
설문 템플릿	ss.survey.templates	2	1,672	7
유저 관리	ss.users	4	3,298	12

[표 5-3], [그림 5-3]에서 알 수 있듯이, 이제 리포팅 컴포넌트는 더 이상 존재하지 않습니다. 아직 네임스페이스(ss.reporting)가 남아 있긴 하지만, 컴포넌트가 아니라 서브도메인일 뿐입니다. 리팩터링을 마친 [표 5-3]의 컴포넌트들은 다음 절에서 이야기할 공통 도메인 컴포넌트 수집 패턴의 적용 대상이 됩니다.

5.2 공통 도메인 컴포넌트 수집 패턴

모놀리식 아키텍처를 분산 아키텍처로 마이그레이션할 때는 공통 서비스를 더 쉽게 식별/생성할 수 있도록 공통 도메인 기능을 찾아내서 통합하는 것이 유리합니다. 공통 도메인 컴포넌트 수집 패턴^{Gather Common Domain Components pattern}은 공통 도메인 로직을 발굴하고 수집해서 단일 컴포넌트로 중앙화하는 패턴입니다.

5.2.1 패턴 설명

공통 도메인 기능^{shared domain functionality}은 애플리케이션 비즈니스 처리 로직(예: 알림, 데이터 포매팅^{data formatting} 및 검증^{validation})의 일부로, 몇몇 프로세스에서만 공통적으로 사용됩니다. 반면, 공통 인프라 기능^{shared infrastructure functionality}(예: 로깅, 메트릭 수집, 보안)은 모든 프로세스에 공통적으로 적용된다는 차이점이 있습니다.

공통 도메인 기능을 통합하면 모놀리식 시스템을 분해할 때 중복 서비스를 쉽게 제거할 수 있습니다. 애플리케이션 전체적으로 중복된 여러 공통 도메인 기능은 거의 차이점이 없으므로 단일 공통 서비스(또는 공유 라이브러리)로 중앙화하면 만사가 쉽게 해결됩니다.

공통 도메인 기능을 발견하는 일은 대부분 수작업으로 진행되지만, 자동화해 수고를 덜 수 있는 방법도 있습니다(5.2.2절 '관리용 피트니스 함수'). 어떤 애플리케이션에서 여러 컴포넌트가 공통 클래스를 만들어 쓰고 있거나 공통적인 상속 구조를 띠고 있다면, 공통 도메인 처리 로직이 있다는 뜻입니다. 예를 들어 아주 큰 코드베이스에 SMTPConnection이라는 클래스 파일이 있고 상이한 5개의 네임스페이스(컴포넌트)에 이 클래스 파일이 포함돼 있으면, 공통 이메일 알림 기능이 애플리케이션 전체에 흩어져 있고 하나로 통합하기 좋은 후보임을 짐작할 수 있습니다.[*]

공통 도메인 기능을 식별하는 또 다른 방법은 논리 컴포넌트의 이름이나 해당 네임스페이스를 확인하는 것입니다. 어떤 큰 코드베이스를 살펴보니 다음과 같은 컴포넌트(네임스페이스로 표시)들이 있다고 합시다.

---

* 옮긴이_SMTP(Simple Mail Transfer Protocol)는 인터넷에서 이메일을 보내기 위해 이용되는 프로토콜이므로, SMTPConnection 이라는 클래스 파일명만 봐도 이메일 기능이 쓰이고 있음을 알 수 있습니다.

- 티켓 감사(Ticket Auditing)(`penultimate.ss.ticket.audit`)
- 과금 감사(Billing Auditing)(`penultimate.ss.billing.audit`)
- 설문 감사(Survey Auditing)(`penultimate.ss.survey.audit`)

이 세 컴포넌트의 코드를 뜯어보니, 수행된 액션과 그 액션을 요청한 유저를 감사 테이블 audit table에 기록하는 동일한 작업을 각자 수행합니다. 처리 흐름은 조금 다를지 몰라도 감사 테이블에 로우row(행) 1개를 삽입하는 최종 결과는 동일하겠죠. 이런 공통 도메인 기능을 `penultimate.ss.shared`라는 새로운 컴포넌트로 통합하면 분산 아키텍처에서 중복 코드와 서비스가 확 줄어들 것입니다.

하지만 모든 공통 도메인 기능을 공통 서비스로 만들어야 하는 건 아닙니다. 컴파일 시 코드에 바인딩되는 공통 라이브러리에 공통 코드를 한데 몰아넣는 방법도 있습니다. 8장에서는 공통 라이브러리 대신 공통 서비스를 사용하면 어떤 장단점이 있는지 자세히 설명합니다.

5.2.2 관리용 피트니스 함수

공통 도메인 기능의 거버넌스 자동화는 식별한 공통 기능이 도메인 기능인지, 인프라 기능인지를 분류하는 행위 자체가 주관적이므로 결코 쉬운 일이 아닙니다. 그래서 이 패턴을 관리하는 피트니스 함수 역시 어느 정도 수작업이 불가피하지만, 공통 도메인 기능을 직접 해석하는 과정에서 유용한 거버넌스 자동화 방안을 몇 가지 소개합니다.

피트니스 함수: 컴포넌트 네임스페이스의 리프 노드에서 공통된 이름을 찾는다

CI/CD 파이프라인을 통해 배포 시 실행되는 이 피트니스 함수는 컴포넌트 네임스페이스 내부에서 공통된 이름을 찾습니다. 둘 이상의 컴포넌트에서 이름이 같은 네임스페이스 리프 노드leaf node가 발견되면, 아키텍트가 기능을 분석하고 이것이 공통 도메인 로직인지 판단할 수 있도록 알려주는 것입니다. 이름만 같을 뿐 공통 도메인 로직이 아닌 네임스페이스(예: `.calculate` 또는 `.validate`로 끝나는 다수의 네임스페이스)는 '오탐false positive' 알림이 반복 전송될 수도 있으므로 제외 파일exclusion file에 따로 보관합니다. [예제 5-4]는 이 피트니스 함수의 구현 알고리즘을 의사코드로 표현한 것입니다.

```
# 디렉터리 구조를 탐색하면서 각 경로마다 네임스페이스를 생성한다.
LIST component_list = identify_components(root_directory)

# 이전에 저장된 제외 리스트에 없는 중복된 컴포넌트 노드 이름을 찾는다.
LIST excluded_leaf_node_list = read_datastore()
LIST leaf_node_list
LIST common_component_list

FOREACH component IN component_list {
  leaf_name = get_last_node(component)
  IF leaf_name IN leaf_node_list AND
    leaf_name NOT IN excluded_leaf_node_list {
    ADD component TO common_component_list
  } ELSE {
    ADD leaf_name TO leaf_node_list
  }
}

# 공통 컴포넌트가 하나라도 발견되면 알림을 발송한다.
IF common_component_list NOT EMPTY {
  send_alert(common_component_list)
}
```

피트니스 함수: 여러 컴포넌트에 걸쳐 공통된 코드를 찾는다

CI/CD 파이프라인을 통해 배포 시 실행되는 이 피트니스 함수는 여러 네임스페이스에서 사용 중인 공통 클래스의 위치를 찾습니다. 항상 정확하지는 않지만, 중복 도메인 기능이 있을 법한 위치를 아키텍트에게 귀띔하는 것입니다. 조금 전의 피트니스 함수처럼 이 함수 역시 중복 도메인 로직이 아닌 공통 코드는 계속 '오탐'이 발생하지 않도록 제외 파일에 담습니다. [예제 5-5]는 이 피트니스 함수의 구현 알고리즘을 의사코드로 표현한 것입니다.

예제 5-5 여러 컴포넌트에서 공통된 소스 파일을 찾는 의사코드

```
# 디렉터리 구조를 탐색하면서 각 경로마다 네임스페이스를, 각 컴포넌트마다 소스 파일
명 리스트를 생성한다.
LIST component_list = identify_components(root_directory)
LIST source_file_list = get_source_files(root_directory)
MAP component_source_file_map
FOREACH component IN component_list {
```

```
  LIST component_source_file_list = get_source_files(component)
  ADD component, component_source_file_list TO component_source_file_map
}

# 이전에 저장된 제외 리스트에 없는, 여러 컴포넌트가 함께 사용하는 소스 파일을 찾는
다.
LIST excluded_source_file_list = read datastore()
LIST common_source_file_list
FOREACH source_file IN source_file_list {
  SET count TO 0
  FOREACH component,component_source_file_list IN component_source_file_map {
    IF source_file IN component_source_file_list {
      ADD 1 TO count
    }
  }
  IF count > 1 AND source_file NOT IN excluded_source_file_list {
    ADD source_file TO common_source_file_list
  }
}

# 여러 컴포넌트가 함께 사용하는 소스 파일이 하나라도 발견되면 알림을 발송한다.
IF common_source_file_list NOT EMPTY {
  send_alert(common_source_file_list)
}
```

5.2.3 한빛가이버 사가: 공통 컴포넌트 수집

11월 5일 금요일 10:34

 애플리케이션에서 컴포넌트 식별 및 사이징까지 완료한 성한은 공통 도메인 컴포넌트 수집
패턴을 적용해 공통 컴포넌트 기능이 있는지 확인했습니다. [표 5-4]는 [표 5-3]의 컴포넌트
목록에서 고객에게 알림을 발송하는 기능과 연관된 컴포넌트 3개를 정리한 것입니다.

표 5-4 공통 도메인 기능이 구현된 컴포넌트

컴포넌트명	컴포넌트 네임스페이스	기능
고객 알림	ss.customer.notification	과금 및 일반 정보를 고객에게 알림
티켓 알림	ss.ticket.notify	전문 기사가 출동 중이라고 고객에게 알림
설문 알림	ss.survey.notify	설문 이메일을 고객에게 발송

이 세 알림 컴포넌트는 고객에게 알려주는 내용만 다를 뿐, 고객에게 어떤 정보를 전달한다는 점은 공통적입니다. [그림 5-4]는 이런 공통 알림 기능을 가진 3개 컴포넌트를 찾아 표시한 것입니다.

성한은 이 세 컴포넌트가 소스 코드까지 상당히 비슷하다는 사실을 알아냈고 (동료 아키텍트인) 선빈을 만나 이야기를 나눴습니다. 선빈은 알림 컴포넌트를 단일화하는 쪽으로 마음이 기울었지만, 전체적인 컴포넌트 간 결합도가 마음에 걸렸습니다. 성한도 차후 그게 문제가 될 수도 있겠다 싶어 트레이드오프를 좀 더 조사해봤습니다.

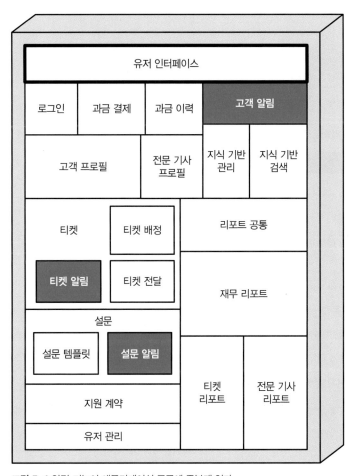

그림 5-4 알림 기능이 애플리케이션 곳곳에 중복돼 있다.

성한은 현재 알림 컴포넌트의 유입(구심) 결합도를 분석해 [표 5-5]와 같이 정리했습니다. 여기서 'CA'는 해당 컴포넌트를 필요로 하는 다른 컴포넌트의 수(구심 커플링)를 나타냅니다.

표 5-5 컴포넌트 통합 이전의 커플링 분석 결과

컴포넌트명	CA	사용하는 컴포넌트
고객 알림	2	과금 결제, 지원 계약
티켓 알림	2	티켓, 티켓 전달
설문 알림	1	설문

그런데 고객 알림 기능을 단일 컴포넌트로 통합한 결과, 통합 알림 컴포넌트의 결합도가 5로 증가했습니다(표 5-6).

표 5-6 컴포넌트 통합 이후 수행한 커플링 분석 결과

컴포넌트명	CA	사용하는 컴포넌트
알림	5	과금 결제, 지원 계약, 티켓, 티켓 전달, 설문

성한은 이 데이터를 선빈과 함께 검토했습니다. 신규 통합 컴포넌트의 유입 결합도는 상당히 높게 나타났지만, 고객 알림을 위한 전반적인 유입(원심) 결합도에 미치는 영향은 미미했습니다. 즉, 3개로 찢은 개별 컴포넌트의 유입 결합도는 총합이 5인데, 이 수치는 단일 통합 컴포넌트의 결합도와 일치했습니다.

두 사람은 공통 도메인 기능을 통합한 이후 결합도를 분석하는 작업이 얼마나 중요한지 절감했습니다. 어떤 경우에는 공통 도메인 기능을 단일 컴포넌트로 통합하면, 유입 결합도가 너무 높아져서 결국 하나의 공유 컴포넌트에 대한 디펜던시가 너무 커져버립니다. 이제 커플링 분석 작업이 손에 익은 성한과 선빈은 코드와 기능 모두의 중복을 줄이기 위해 알림 기능을 통합하기로 결정했습니다.

성한은 모든 알림 기능을 단일 네임스페이스로 통합하고 공통 알림Notification 컴포넌트로 표출하겠다는 내용의 아키텍처 스토리를 작성했습니다. 며칠 후, 아키텍처 스토리를 전달받은 무열은 소스 코드를 리팩터링해서 [그림 5-5]처럼 고객 알림 컴포넌트를 단일화했습니다.

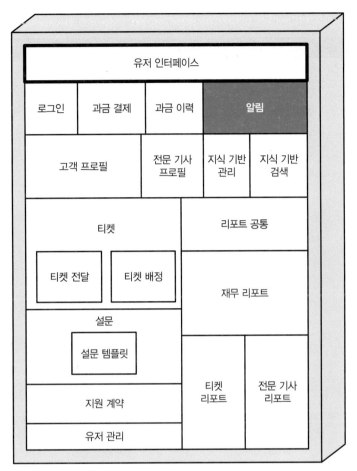

그림 5-5 모든 알림 기능은 알림 컴포넌트 하나로 통합한다.

[표 5-7]은 성한이 작성한 아키텍처 스토리를 무열이 실제로 구현한 컴포넌트 목록입니다. 고객 알림 컴포넌트(ss.customer.notification), 티켓 알림 컴포넌트(ss.ticket.notify), 설문 알림 컴포넌트(ss.survey.notify)를 없애고, 이들 소스 코드를 이번에 새로 통합한 알림 컴포넌트(ss.notify)로 옮겼습니다.

표 5-7 공통 도메인 수집 패턴 적용 이후의 컴포넌트 리스트

컴포넌트명	네임스페이스	기능
로그인	ss.login	유저 및 고객 로그인
과금 결제	ss.billing.payment	고객 월별 명세서
과금 이력	ss.billing.history	결제 이력
고객 프로필	ss.customer.profile	고객 프로필 관리
전문 기사 프로필	ss.expert.profile	전문 기사 프로필 관리
지식 베이스 관리	ss.kb.maintenance	지식 베이스 관리 및 조회
지식 베이스 검색	ss.kb.search	지식 베이스 검색
알림	ss.notification	**모든 고객 알림**
리포트 공유	ss.reporting.shared	리포트 공유 기능
티켓 리포트	ss.reporting.tickets	티켓 리포트 생성
전문 기사 리포트	ss.reporting.experts	전문 기사 리포트 생성
재무 리포트	ss.reporting.financial	재무 리포트 생성
티켓	ss.ticket	티켓 생성 및 관리
티켓 배정	ss.ticket.assign	티켓을 전문 기사에게 배정
티켓 전달	ss.ticket.route	티켓을 전문 기사에게 전달
지원 계약	ss.supportcontract	지원 계약 관리
설문	ss.survey	설문 송수신
설문 템플릿	ss.survey.templates	설문 템플릿 관리
유저 관리	ss.users	내부 유저 관리

5.3 컴포넌트 눌러 펴기 패턴

컴포넌트는 대개 네임스페이스, 패키지, 디렉터리 등으로 구성되고, 이런 틀 안에 클래스 파일(또는 소스 코드 파일)을 구현한다고 했습니다. 그러나 어떤 컴포넌트가 다른 컴포넌트를 기반으로 생성되고, 이것이 또다시 다른 컴포넌트 위에서 만들어지기를 반복하다 보면 컴포넌트의 정체성은 점점 사라지기 시작하고 결국 도저히 컴포넌트라 부를 수도 없는 지경에 이릅니다. 컴포넌트 눌러 펴기 패턴Flatten Components pattern은 컴포넌트가 서로를 짓밟으면서 구축되지 않도록, 디렉터리 구조나 네임스페이스에서 리프 노드만 있는 평평하게 눌러 펴진 상태로 나타냅니다.

5.3.1 패턴 설명

어떤 컴포넌트를 나타내는 네임스페이스가 확장되면(다시 말해 다른 노드가 그 네임스페이스 또는 디렉터리 구조에 추가되면), 이전의 네임스페이스나 디렉터리는 더 이상 컴포넌트가 아닌 서브도메인으로 바뀝니다. 가령, 한빛가이버 애플리케이션에서 고객 설문 기능을 설문(ss.survey)과 설문 템플릿(ss.survey.templates)이라는 두 컴포넌트로 나타낸다고 합시다. [표 5-8]을 보니 ss.survey 네임스페이스에 설문을 관리/취합하는 클래스 파일이 5개 있고, ss.survey.templates 네임스페이스에 고객에게 발송하는 설문 템플릿을 나타내는 7개의 클래스 파일이 있습니다.

표 5-8 설문 컴포넌트는 고아 클래스가 있으므로 눌러 펴야 한다.

컴포넌트명	컴포넌트 네임스페이스	파일 수
→ 설문	ss.survey	5
설문 템플릿	ss.survey.templates	7

템플릿 관리와 설문 처리를 따로 다루는 개발자 관점에서는 이런 구조가 타당할지 몰라도, 설문 템플릿은 그 자체가 하나의 컴포넌트인데 설문 컴포넌트의 일부가 돼버리는 건 이상합니다. 그냥 설문 템플릿을 설문의 서브컴포넌트로 간주하고 싶은 유혹도 느껴지지만, 이 두 컴포넌트에서 서비스를 구축하려면 두 컴포넌트를 단일 설문 서비스에 둘지, 설문 템플릿 서비스와 설문 서비스를 따로따로 만들지를 고민해야 합니다.

우리는 컴포넌트를 네임스페이스나 디렉터리 구조의 마지막 노드(즉, 리프 노드)로 정의함으로써 이 딜레마를 극복했습니다. 즉, ss.survey.templates는 컴포넌트로 보고 ss.survey는 컴포넌트가 아닌 서브도메인으로 보는 것입니다. ss.survey 같은 네임스페이스는 다른 네임스페이스 노드(여기서는 .templates)로 확장되기 때문에 루트 네임스페이스로 정의합니다.

[표 5-8]에서 ss.survey 루트 네임스페이스에 있는 5개의 클래스 파일을 봅시다. 이렇게 어떤 명확한 컴포넌트에도 속하지 않는 클래스를 고아 클래스라고 합니다. 컴포넌트는 소스 코드가 포함된 리프 노드 네임스페이스로 구별한다고 했습니다. ss.survey 네임스페이스는 이제 .template을 포함하도록 확장됐기 때문에 ss.survey는 이제 더 이상 컴포넌트가 아닙니다.

따라서 이 네임스페이스에는 어떤 클래스 파일도 있어선 안 됩니다.

지금까지 소개한 컴포넌트 눌러 펴기 패턴을 적용하기 전에 여러분이 이해하고 넘어가야 할 몇 가지 중요한 용어를 정의하겠습니다.

컴포넌트

컴포넌트component는 리프 노드 네임스페이스로 그룹핑한 클래스의 집합입니다. 애플리케이션에서 특정 기능(예: 결제 처리, 고객 설문)을 수행합니다.

루트 네임스페이스

루트 네임스페이스root namespace는 다른 네임스페이스 노드에 의해 확장된 네임스페이스 노드입니다. 가령 ss.survey와 ss.survey.templates에서 ss.survey는 .templates에 의해 확장된 네임스페이스이므로 ss.survey.templates의 루트 네임스페이스입니다. 루트 네임스페이스는 다른 말로 서브도메인subdomain이라고도 합니다.

고아 클래스

고아 클래스orphaned class는 루트 네임스페이스에 속한 클래스입니다. 고아 클래스와 연관된, 명확하게 정의된 컴포넌트는 없습니다.

[그림 5-6]을 보면 이해가 빠를 것입니다. 네모 C는 해당 네임스페이스에 포함된 소스 코드입니다. 네임스페이스가 상향식으로bottom up 구축된다는 개념을 강조하고자 일부러 아래에서 위 방향으로 조금 과장해서 그렸습니다.

ss.survey와 ss.ticket은 모두 다른 네임스페이스 노드를 통해 확장되는 루트 네임스페이스입니다. 따라서 이 두 네임스페이스에 포함된 클래스는 (어떤 정의된 컴포넌트에도 속하지 않는) 고아 클래스입니다. [그림 5-6]에서 컴포넌트는 ss.survey.templates, ss.login, ss.ticket.assign, ss.ticket.route뿐입니다.

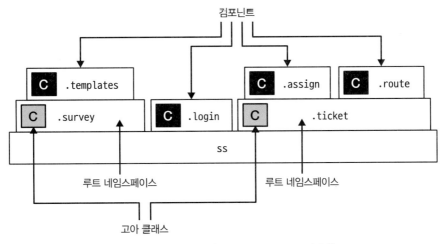

그림 5-6 컴포넌트, 루트 네임스페이스, 고아 클래스(네모 C는 소스 코드를 나타냄)

컴포넌트 눌러 펴기 패턴을 적용하면, 고아 클래스를 옮겨 디렉터리나 네임스페이스의 리프 노드로만 존재하는 잘 정의된 컴포넌트를 만들 수 있고, 결국 구조적으로 완성도 높은 서브도메인(루트 네임스페이스)을 설계할 수 있습니다. 우리는 컴포넌트 눌러 펴기가 애플리케이션에서 고아 클래스를 없애려고 네임스페이스를 분해하는(또는 쌓아올리는) 작업이라고 생각합니다. 예를 들어 [그림 5-6]에서 **ss.survey** 루트 네임스페이스를 눌러 펴서 고아 클래스를 들어내려면, [그림 5-7]처럼 **ss.survey.templates** 네임스페이스를 **ss.survey** 네임스페이스 밑으로 보내 **ss.survey**를 단일 컴포넌트로 만들면 됩니다(그 결과, **survey**는 이 네임스페이스의 리프 노드가 되겠죠).

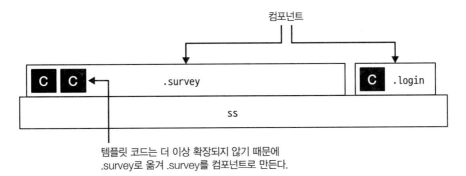

그림 5-7 템플릿 코드는 .survey 네임스페이스로 옮겨서 눌러 편다.

아니면, 루트 네임스페이스에서 개별적인 기능 영역을 식별하기 위해 ss.survey의 소스 코드를 가져다가 기능 분해 또는 도메인 주도 설계를 적용하고 각 기능 영역에 컴포넌트를 만드는 식으로 눌러 펴도 됩니다. 예를 들어 ss.survey 네임스페이스는 설문을 만들어 고객에게 보낸 뒤, 응답을 마친 설문을 고객으로부터 받아 처리하는 기능을 한다고 합시다. 그림 [그림 5-8] 처럼 설문의 생성 및 전송을 담당하는 ss.survey.create와 고객이 응답한 설문 결과를 처리하는 ss.survey.process, 이렇게 2개의 컴포넌트가 만들어질 것입니다.

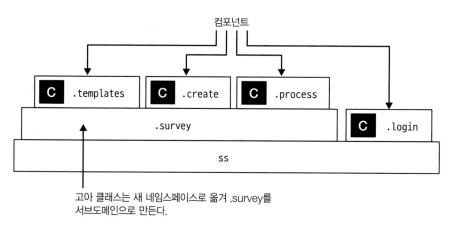

그림 5-8 고아 클래스는 새 리프 노드(컴포넌트)로 옮겨서 눌러 편다.

> **NOTE**
> 어느 방향으로 눌러 펴든 소스 코드는 항상 특정 컴포넌트에서 식별할 수 있게 소스 코드 파일을 리프 노드 네임스페이스나 디렉터리에만 두길 바랍니다.

어떤 코드를 해당 네임스페이스에 있는 다른 컴포넌트가 공유하는 것 또한 고아가 된 소스 코드가 루트 네임스페이스에 존재하게 되는 흔한 경우입니다. [그림 5-9]를 보면 고객 설문 기능은 세 컴포넌트(ss.survey.templates, ss.survey.create, ss.survey.process)에 구현돼 있지만, (인터페이스, 추상 클래스, 공통 유틸리티 등의) 공통 코드는 루트 네임스페이스 ss.survey에 있습니다.

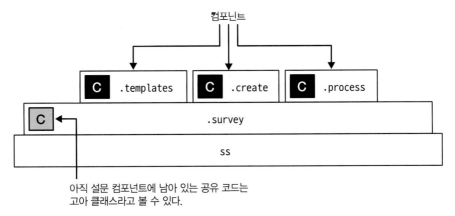

아직 설문 컴포넌트에 남아 있는 공유 코드는
고아 클래스라고 볼 수 있다.

그림 5-9 .survey에 있는 공유 코드는 고아 클래스에 해당하므로 옮긴다.

ss.survey에 있는 공통 클래스는 공통 코드지만 고아 클래스라고 봐야 합니다. 눌러 펴기 패턴을 적용해서 고아가 된 공통 클래스를 ss.survey.shared라는 새로운 컴포넌트로 옮기면 [그림 5-10]처럼 모든 고아 클래스가 ss.survey 서브도메인에서 자취를 감춥니다.

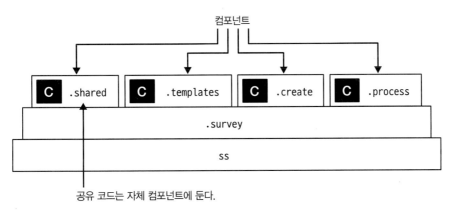

공유 코드는 자체 컴포넌트에 둔다.

그림 5-10 설문 컴포넌트의 공유 코드는 자체 컴포넌트로 옮긴다.

단, 공통 코드를 개별 컴포넌트(리프 노드 네임스페이스)로 옮길 경우, 새 컴포넌트는 .sharedcode, .commoncode처럼 기존 코드베이스에서 사용하지 않는 단어로 명명하는 것이 좋습니다. 그렇게 해야 아키텍트가 코드베이스에 있는 공통 컴포넌트의 개수와 애플리케이션에서의 공용 소스 코드의 비중을 기반으로 메트릭을 집계할 수 있고, 이 메트릭은 현실적으로 해당 모놀리식 애플리케이션이 분해 가능한지 가늠할 좋은 자료가 됩니다. 예를 들어

.sharedcode로 끝나는 모든 네임스페이스의 전체 문장 수가 전체 소스 코드에서 45%를 차지한다면, 분산 아키텍처로 옮기는 과정에서 공통 라이브러리가 너무 늘어나 라이브러리 디펜던시를 관리하느라 마치 지옥과도 같은 시간이 펼쳐질 것입니다.

.sharedcode(또는 공통 네임스페이스 노드를 나타내는 어떤 이름)로 끝나는 컴포넌트의 개수 역시 공통 코드를 분석할 때 좋은 메트릭입니다. 이로써 모놀리식 애플리케이션이 얼마나 많은 공유 라이브러리(JAR, DLL 등) 또는 공통 서비스로 분해될지 추정할 수 있습니다.

5.3.2 관리용 피트니스 함수

컴포넌트 눌러 펴기 패턴은 적용 과정에서 상당히 주관적인 판단이 작용합니다. 이를테면 리프 노드에 있는 코드를 루트 네임스페이스로 통합하는 게 좋을지, 아니면 루트 네임스페이스에 있는 코드를 리프 노드로 옮기는 게 좋을지 잘 생각해야 합니다. 다음 피트니스 함수는 컴포넌트를 리프 노드에만 평평하게 두는 거버넌스 자동화에 유용합니다.

피트니스 함수: 루트 네임스페이스에 소스 코드가 있으면 안 된다

CI/CD 파이프라인을 통해 배포 시 실행되는 이 피트니스 함수는 고아 클래스(루트 네임스페이스에 있는 클래스)를 찾습니다. 분산 아키텍처로 마이그레이션을 진행하며 모놀리식 애플리케이션을 지속적으로 유지 보수하는 동안 컴포넌트를 평평하게 유지하는 데 도움이 되는 함수입니다. [예제 5-6]은 코드베이스 어디서든 고아 클래스가 나타나면 아키텍트에게 알려주는 의사코드입니다.

예제 5-6 루트 네임스페이스에 코드가 있는지 확인하는 의사코드

```
# 디렉터리 구조를 탐색하면서 각 경로마다 네임스페이스를 생성한다.
LIST component_list = identify_components(root_directory)

# 어떤 컴포넌트의 리프 노드가 아닌 노드에 소스 파일이 있을 경우 알림을 발송한다.
FOREACH component IN component_list {
  LIST component_node_list = get_nodes(component)
  FOREACH node IN component_node_list {
    IF contains_code(node) AND NOT last_node(component_node_list) {
      send_alert(component)
    }
  }
}
```

5.3.3 한빛가이버 사가: 컴포넌트 눌러 펴기

11월 10일 수요일 11:10

성한은 5.2절 '공통 도메인 컴포넌트 수집 패턴'을 적용한 후 [표 5-7]을 분석한 결과, 설문 컴포넌트와 티켓 컴포넌트에서 고아 클래스를 발견했습니다([표 5-9], [그림 5-11]).

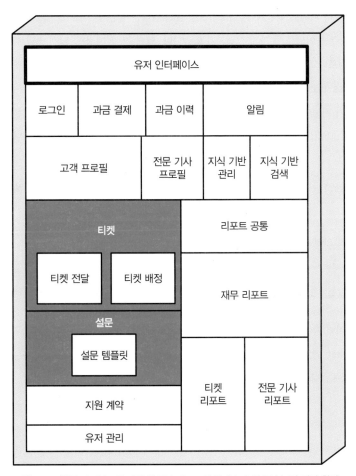

그림 5-11 설문 컴포넌트와 티켓 컴포넌트는 고아 클래스가 있으니 눌러 펴야 한다.

표 5-9 티켓 컴포넌트와 설문 컴포넌트는 눌러 펴야 한다.

컴포넌트명	컴포넌트 네임스페이스	문장 수	파일 수
티켓	ss.ticket	**7,009**	**45**
티켓 배정	ss.ticket.assign	7,845	14
티켓 전달	ss.ticket.route	1,468	4
설문	ss.survey	**2,204**	**5**
설문 템플릿	ss.survey.templates	1,672	7

성한은 먼저 티켓 컴포넌트를 눌러 펴기로 했습니다. 컴포넌트를 눌러 편다는 말은 곧 리프 노드가 아닌 노드에서 소스 코드를 제거한다는 뜻이므로 두 가지 선택지가 있습니다. 첫째, 티켓 배정 및 티켓 전달 컴포넌트의 코드를 ss.ticket 컴포넌트로 통합하는 것입니다. 둘째, ss.ticket 컴포넌트에 있는 45개 클래스를 별도 컴포넌트로 나눠 ss.ticket을 서브도메인으로 만드는 것입니다. 무열과 장시간 논의를 거듭한 그는 티켓 배정 컴포넌트가 기능이 복잡하고 변경이 잦다는 점을 고려해서 컴포넌트는 따로따로 분리하되 ss.ticket 루트 네임스페이스의 고아 코드는 다른 네임스페이스로 옮기기로, 즉 새로운 컴포넌트를 구성하기로 결정했습니다.

무열이 도와준 덕분에 성한은 ss.ticket 네임스페이스의 45개 고아 클래스가 다음과 같은 기능을 수행한다는 사실을 알게 됐습니다.

- 티켓 생성 및 관리(티켓 생성, 티켓 수정, 티켓 취소 등)
- 티켓 완료 로직
- 대부분의 티케팅 기능에 공통적인 코드

티켓 배정, 티켓 전달 기능은 이미 자체 컴포넌트(ss.ticket.assign, ss.ticket.route)에 각각 구현돼 있으므로, 성한은 ss.ticket 네임스페이스에 포함된 소스 코드를 3개의 신규 컴포넌트로 옮기자는 내용의 아키텍처 스토리를 작성했습니다(표 5-10).

표 5-10 기존 티켓 컴포넌트를 3개의 새로운 컴포넌트로 분해한다.

컴포넌트명	컴포넌트 네임스페이스	기능
티켓 공유	ss.ticket.shared	티켓 공유 코드 및 유틸리티
티켓 관리	ss.ticket.maintenance	티켓 추가/관리
티켓 완료	ss.ticket.completion	티켓 완료 및 설문 개시
티켓 배정	ss.ticket.assign	티켓을 전문 기사에게 배정
티켓 전달	ss.ticket.route	티켓을 전문 기사에게 전송

그런 다음 성한은 다시 무열과 만나 설문 코드를 훑어봤는데, 이 기능은 전혀 복잡하지 않고 바뀔 일도 거의 없었습니다. 무열은 ss.survey.templates 네임스페이스의 원개발자인 한현승을 찾아가 자세한 내용을 들어봤는데, 설문 템플릿은 굳이 별도의 네임스페이스로 분리할 이유가 전혀 없어 보였습니다. ("괜히 건드리지 말고 그냥 두는 게 좋을 거예요."라고 현승은 말했습니다) 성한은 ss.survey.templates에 있는 7개 클래스 파일을 ss.survey 네임스페이스로 옮긴 다음, ss.survey.templates 컴포넌트를 삭제하는 내용의 아키텍처 스토리를 작성했습니다(표 5-11).

표 5-11 기존 설문 컴포넌트를 단일 컴포넌트로 눌러 펴기

컴포넌트명	컴포넌트 네임스페이스	기능
설문	ss.survey	설문 송수신

컴포넌트 눌러 펴기 패턴을 적용한 결과, (컴포넌트 위에 컴포넌트가 포개어 있는) '굴곡hills'이나 고아 클래스 하나 없이 모든 컴포넌트가 온전히 자기 네임스페이스의 리프 노드에만 포함된 구조로 바뀌었습니다(그림 5-12).

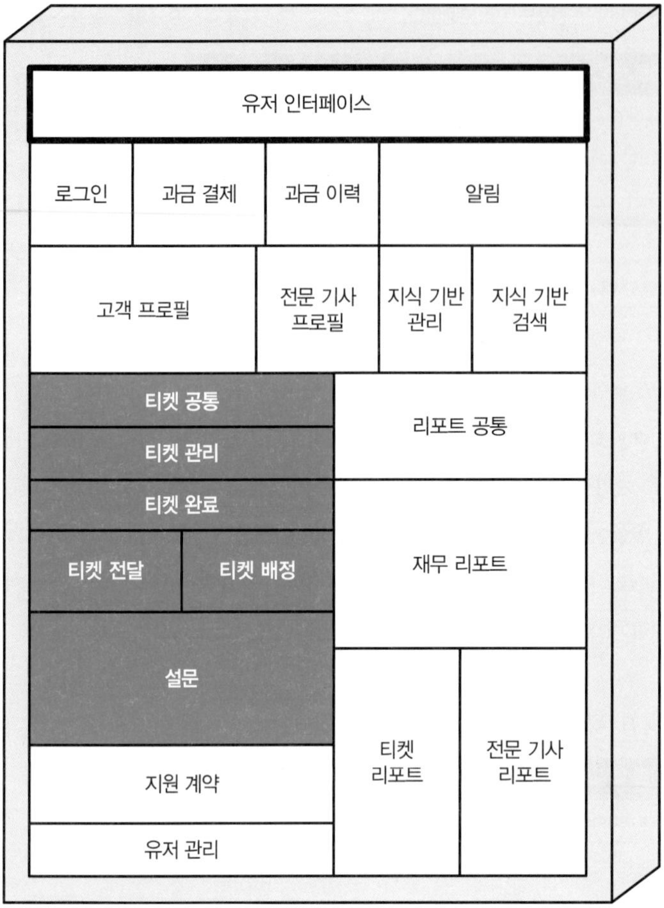

그림 5-12 설문 컴포넌트는 단일 컴포넌트로 눌러 폈고, 티켓 컴포넌트는 세 서브도메인으로 나눠 눌러 폈다.

성한은 지금까지 리팩터링한 결과를 [표 5-12]와 같이 정리했습니다.

표 5-12 컴포넌트 눌러 펴기 패턴 적용 이후의 컴포넌트 리스트

컴포넌트명	컴포넌트 네임스페이스
로그인	ss.login
과금 결제	ss.billing.payment
과금 이력	ss.billing.history
고객 프로필	ss.customer.profile
전문 기사 프로필	ss.expert.profile

지식 베이스 관리	ss.kb.maintenance
지식 베이스 검색	ss.kb.search
알림	ss.notification
리포트 공유	ss.reporting.shared
티켓 리포트	ss.reporting.tickets
전문 기사 리포트	ss.reporting.experts
재무 리포트	ss.reporting.financial
티켓 공유	ss.ticket.shared
티켓 관리	ss.ticket.maintenance
티켓 완료	ss.ticket.completion
티켓 배정	ss.ticket.assign
티켓 전달	ss.ticket.route
지원 계약	ss.supportcontract
설문	ss.survey
유저 관리	ss.users

5.4 컴포넌트 디펜던시 결정 패턴

다음은 모놀리식 애플리케이션을 분산 아키텍처로 마이그레이션하는 과정에서 가장 흔히 떠오르는 질문 세 가지를 꼽아본 것입니다.

1. 기존 모놀리식 애플리케이션을 분해하는 것이 현실적으로 가능한가?
2. 마이그레이션을 하려면 대략 어느 정도의 노력을 들여야 하는가?
3. 코드를 다시 작성해야 하는가, 아니면 코드를 리팩터링해야 하는가?

수년 전, 우리 저자 중 한 사람은 복잡한 모놀리식 애플리케이션을 마이크로서비스로 옮기는 대형 마이그레이션 프로젝트에 참여한 적이 있습니다. 프로젝트 첫날 CIO는 자신이 궁금한 것은 딱 한 가지라고 말하면서, "이번 마이그레이션 작업을 골프공, 농구공, 여객기를 옮기는 것에 비유한다면 어느 사이즈의 일이라고 할 수 있습니까?"라고 물었습니다. 해당 저자는 이런 식으로 사이즈를 비교하는 것이 좀 이상했지만, 그 CIO는 큼지막한 단위로 잡아놓고 '이 정도쯤 됩니다'라고 답하는 건 어렵지 않은 일 아니냐고 따졌습니다. 그래서 이 절에서 소개할 컴포넌트 디펜던시 패턴을 적용해본 결과, 대답은 이랬습니다. "여객기를 옮기는 작업이었지만, 불행 중 다행으로 그 여객기는 거대한 보잉 787 드림라이너^{Dreamliner}가 아니고 엠브라에르^{Embraer} 190인 것 같네요."[*]

5.4.1 패턴 설명

컴포넌트 디펜던시 결정 패턴의 목표는 컴포넌트 간의 유입/유출 디펜던시(커플링)를 분석해서 모놀리식 애플리케이션을 분해한 이후 서비스 디펜던시 그래프가 어떤 양상을 보일지 미리 확인하는 것입니다. 서비스의 적정 세분도에는 수많은 팩터가 영향을 미치지만(7장), 모놀리식 애플리케이션에 있는 컴포넌트는 각자 (어떤 분산 아키텍처 스타일을 지향하느냐에 따라) 서비스가 될 수 있는 후보에 해당합니다. 따라서 무엇보다 컴포넌트 간의 인터랙션과 디펜던시를 이해하는 것이 중요합니다.

컴포넌트 디펜던시 결정 패턴은 컴포넌트 내 개별 클래스의 디펜던시가 아니라, 컴포넌트 디펜던시에 관한 패턴입니다. 컴포넌트 디펜던시는 어느 컴포넌트(네임스페이스)의 클래스가 다른 컴포넌트(네임스페이스)의 클래스와 뭔가를 주고받는 과정에서 발생합니다. 예를 들어, ss.survey 컴포넌트의 CustomerSurvey 클래스가 고객에게 설문을 보내려면 ss.notification 컴포넌트의 CustomerNotification 클래스의 메서드를 호출해야 하는 경우가 그렇습니다(예제 5-7).

예제 5-7 설문 및 알림 컴포넌트 간의 디펜던시를 보여주는 의사코드

```
namespace ss.survey
class CustomerSurvey {
  function createSurvey {
    ...
  }

  function sendSurvey {
    ...
    ss.notification.CustomerNotification.send(customer_id, survey)
  }
}
```

----

[*] 옮긴이_여객기 자체의 중량은 보잉 787 드림라이너가 대략 120톤, 엠브라에르 190이 대략 27톤입니다.

CustomerSurvey 클래스기 호출해시 사용하는 CustomerNotification 클래스가 ss.survey 네임스페이스 외부에 있기 때문에 디펜던시가 발생한 것입니다. 좀 더 구체적으로 말하면, 설문 컴포넌트는 알림 컴포넌트에 대해 원심(유출) 디펜던시를, 알림 컴포넌트는 설문 컴포넌트에 대해 구심(유입) 디펜던시를 가집니다.

컴포넌트 내부에서 온갖 디펜던시가 복잡하게 뒤얽힌 클래스도 있겠지만, 여기서 중요한 것은 컴포넌트 간의 디펜던시이므로 이 패턴을 적용하는 데는 문제가 없습니다.

이 패턴을 적용하고 컴포넌트 디펜던시를 시각화하는 유용한 도구[2]가 많습니다. 또 최근 IDE는 대부분 코드베이스에 있는 컴포넌트나 네임스페이스의 디펜던시 다이어그램을 그려주는 플러그인도 제공합니다. 아키텍트는 이런 다이어그램을 보면서 앞서 열거한 세 가지 질문에 대한 답을 찾을 수 있습니다.

예를 들어, 디펜던시 다이어그램이 [그림 5-13]처럼 나왔다고 합시다. 여기서 사각형은 (클래스가 아닌) 컴포넌트, 실선은 컴포넌트 간의 결합점을 나타냅니다. 이 그림을 보면 컴포넌트 간 디펜던시는 하나밖에 없고 기능상 서로 독립적이므로 애플리케이션을 분해하기 좋습니다.

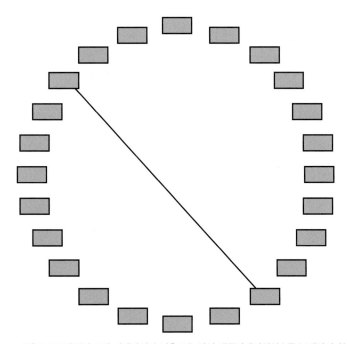

그림 5-13 컴포넌트 간 디펜던시가 적은 모놀리식 애플리케이션일수록 분해하기 쉽다(골프공 사이즈).

[그림 5-13]과 같은 디펜던시 다이어그램이라면 세 가지 질문에 각각 다음과 같이 답변할 수 있겠죠.

1. 기존 모놀리식 애플리케이션을 분해하는 것이 현실적으로 가능한가? → 그렇다.
2. 마이그레이션을 하려면 대략 어느 정도의 노력을 들여야 하는가? → 골프공(비교적 수월함) 사이즈
3. 코드를 다시 작성해야 하는가, 아니면 코드를 리팩터링해야 하는가? → 리팩터링(기존 코드를 개별 배포한 서비스로 옮김)

디펜던시 다이어그램이 [그림 5-14]와 같이 나올 수도 있습니다. 안타깝지만, 아직도 많은 비즈니스 애플리케이션의 컴포넌트 간 디펜던시는 대략 이런 모습입니다. 왼쪽이 커플링이 극심하고 오른쪽은 조금 덜한 편이니 분해 작업은 일단 오른쪽 컴포넌트를 대상으로 진행하는 게 타당해 보입니다.

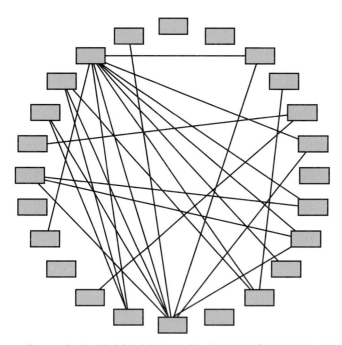

그림 5-14 컴포넌트 간 디펜던시가 큰 모놀리식 애플리케이션은 분해하기가 만만치 않다(농구공 사이즈).

컴포넌트 간 커플링이 심해서 세 가지 질문에 대한 답은 약간 절망적입니다.

1. 기존 모놀리식 애플리케이션을 분해하는 것이 현실적으로 가능한가? → 아마도…

2. 마이그레이션을 하려면 대략 어느 정도의 노력을 들여야 하는가? → 농구공(좀 더 어려움) 사이즈

3. 코드를 다시 작성해야 하는가, 아니면 코드를 리팩터링해야 하는가? → 기존 코드를 리팩터링하면서 일부 코드는 재작성해야 한다.

마지막으로, [그림 5-15]와 같은 디펜던시 다이어그램을 봅시다. 언뜻 보기에도 무성히 자란 잡초가 서로 뒤엉켜 혼잡스런 모습입니다!

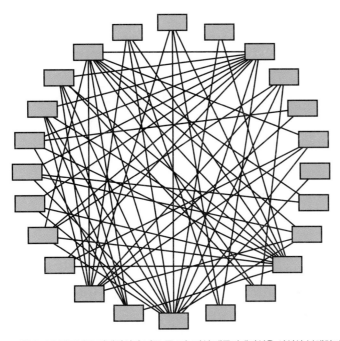

그림 5-15 컴포넌트 디펜던시가 너무 큰 모놀리식 애플리케이션은 사실상 분해하기가 어렵다(여객기 사이즈).

컴포넌트 디펜던시가 이 정도라면 세 가지 주요 질문에 다음과 같이 대답할 수 있습니다.

1. 기존 모놀리식 애플리케이션을 분해하는 것이 현실적으로 가능한가? → 그렇지 않다.

2. 마이그레이션을 하려면 대략 어느 정도의 노력을 들여야 하는가? → 여객기 사이즈

3. 코드를 다시 작성해야 하는가, 아니면 코드를 리팩터링해야 하는가? → 차라리 전체적으로 애플리케이션을 다시 코딩하는 게 낫다.

지금까지 살펴본 시각화의 중요성은 아무리 강조해도 지나치지 않습니다. 이런 다이어그램은 적(결합도가 높은 컴포넌트)의 위치를 알려주는 레이더 역할을 하며, 모놀리식 애플리케이션

을 고도의 분산 아키텍처로 분해한 이후 서비스 디펜던시 매트릭스가 어떻게 달라질지 미리 그려볼 수 있게 해줍니다.

우리 경험상, 컴포넌트 커플링은 모놀리식 마이그레이션 프로젝트 전체의 성공(그리고 실현 가능성)을 좌우하는 가장 중요한 팩터 중 하나입니다. 컴포넌트 커플링이 어느 정도 파악되면, 마이그레이션 작업의 실현 가능성이 어느 정도이고 전체 공수를 얼마나 투입해야 할지를 미리 산정할 수 있습니다. 지금까지 우리는 모놀리식 애플리케이션이 어떻게 생겼는지 제대로 분석도 안 해보고 별다른 시각화 자료도 없이 마이그레이션 작업에 뛰어드는 팀들을 종종 목격했습니다. 이런 상태로 무작정 모놀리식 애플리케이션을 분해하기 시작하면 머지않아 곤경에 처하게 될 것입니다.

이 패턴은 전체 애플리케이션의 컴포넌트 결합도가 어느 정도인지 파악하는 것뿐만 아니라 분해 작업에 들어가기에 앞서 디펜던시를 리팩터링할 기회를 모색하는 데도 유용합니다. 컴포넌트 간 결합도를 분석할 때는 구심(유입) 커플링(대부분의 도구에서 CA로 표시)과 원심(유출) 커플링(대부분의 도구에서 CE로 표시)을 모두 분석해야 한다는 사실이 중요합니다. CT, 즉 전체 커플링은 구심 커플링 + 원심 커플링입니다.

컴포넌트를 분해하면 대부분 그 컴포넌트의 결합도를 줄일 수 있습니다. 예를 들어, A 컴포넌트의 구심 결합도가 20이라고 해서(즉, 다른 20개 컴포넌트가 A 컴포넌트의 기능에 의존해도) 다른 20개 컴포넌트가 모두 A 컴포넌트의 모든 기능을 필요로 하는 건 아닙니다. 가령 14개 컴포넌트는 A 컴포넌트의 기능 중 일부만 필요할 수도 있습니다. 따라서 A 컴포넌트를 더 작지만 결합된 기능이 포함된 A1 컴포넌트와 대부분의 기능이 포함된 A2 컴포넌트로 분해하면 A2 컴포넌트의 구심 커플링은 6으로, A1 컴포넌트의 구심 커플링은 14로 줄어듭니다.

5.4.2 관리용 피트니스 함수

컴포넌트 디펜던시 거버넌스를 자동화하는 방법은 두 가지입니다. 첫째, 어떤 컴포넌트도 '너무 많은' 디펜던시를 갖지 않게 합니다. 둘째, 특정 컴포넌트가 다른 컴포넌트에 결합되는 현상을 방지하는 것입니다. 이런 식으로 디펜던시를 관리하는 두 가지 유용한 피트니스 함수를 소개합니다.

피트니스 함수: 어떤 컴포넌트도 총디펜던시의 〈어떤 수치〉를 초과해선 안 된다

CI/CD 파이프라인을 통해 배포 시 실행되는 이 피트니스 함수는 모든 컴포넌트의 결합도가 주어진 문턱값을 초과하지 못하게 합니다. 아키텍트는 애플리케이션의 전체 결합도와 컴포넌트 개수에 따라 적정한 문턱값을 계산해야 합니다. 또 이 피트니스 함수가 생성한 알림을 받은 아키텍트는 결합도가 문턱값을 초과하는 것으로 나타난 컴포넌트에 대해 개발 팀과 논의한 후 커플링을 낮추기 위해 해당 컴포넌트를 분해하는 조치를 취할 수 있습니다. 그리고 필요에 따라 이 피트니스 함수의 알림 대상을 유입 디펜던시와 유출 디펜던시 중에서 어느 한쪽만 설정하거나 (별도 피트니스 함수로 나눠) 둘 다 설정할 수 있습니다. [예제 5-8]은 전체 커플링(유입 + 유출)이 대부분의 애플리케이션에서 비교적 높은 수치인 15를 초과할 경우 알림을 전송하는 의사코드입니다.

예제 5-8 어떤 컴포넌트의 총디펜던시 수를 제한하는 의사코드

```
# 디렉터리 구조를 탐색하면서 각 경로마다 컴포넌트 및 소스 코드 파일 리스트를 수집
한다.
LIST component_list = identify_components(root_directory)
MAP component_source_file_map
FOREACH component IN component_list {
  LIST component_source_file_list = get_source_files(component)
  ADD component, component_source_file_list TO component_source_file_map
}

# 각 소스 파일에 레퍼런스가 몇 개 있는지 조사하고 총디펜던시 개수가 15를 초과하면
알림을 전송한다.
FOREACH component,component_source_file_list IN component_source_file_map {
  FOREACH source_file IN component_source_file_list {
    incoming count = used_by_other_components(source_file, component_source_file_
map) {
    outgoing_count = uses_other_components(source_file) {
    total_count = incoming count + outgoing count
  }
  IF total_count > 15 {
    send_alert(component, total_count)
  }
}
```

피트니스 함수: 〈어떤 컴포넌트〉가 〈다른 컴포넌트〉에 디펜던시를 가져선 안 된다

CI/CD 파이프라인을 통해 배포 시 실행되는 이 피트니스 함수는 특정 컴포넌트가 다른 컴포넌트에 의존하지 못하게 합니다. 대부분 각 디펜던시 제한마다 하나의 피트니스 함수가 있을 테니, 상이한 컴포넌트 제한이 10개이면 컴포넌트마다 1개씩, 총 10개의 피트니스 함수가 필요할 것입니다. [예제 5–9]는 티켓 관리 컴포넌트(ss.ticket.maintenance)가 전문 기사 프로필 컴포넌트(ss.expert.profile)에 의존하지 않도록 만드는 피트니스 함수입니다.

예제 5-9 컴포넌트 간 디펜던시 제한을 관리하는 아크유닛 코드

```java
public void ticket_maintenance_cannot_access_expert_profile() {
  noClasses().that()
  .resideInAPackage("..ss.ticket.maintenance..")
  .should().accessClassesThat()
  .resideInAPackage("..ss.expert.profile..")
  .check(myClasses);
}
```

5.4.3 한빛가이버 사가: 컴포넌트 디펜던시 식별

11월 15일 월요일 09:45

컴포넌트 디펜던시 결정 패턴을 이해한 성한은 한빛가이버 애플리케이션의 디펜던시 매트릭스는 어떤 모습이고 과연 애플리케이션을 분해하는 일이 현실적으로 가능할지 궁금해졌습니다. 그는 IDE 플러그인을 이용해 현재 애플리케이션의 컴포넌트 디펜던시 다이어그램을 [그림 5-16]과 같이 그려봤고, 처음엔 컴포넌트 간 디펜던시가 적지 않은 듯해서 다소 주눅이 들었습니다.

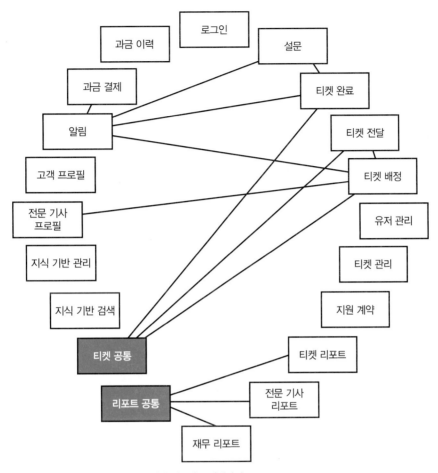

그림 5-16 한빛가이버 애플리케이션의 컴포넌트 디펜던시

좀 더 분석해보니 알림 컴포넌트의 디펜던시가 가장 컸습니다. 알림은 공유 컴포넌트이므로 전혀 이상할 것 없는 결과였지만, 가만 보면 티케팅, 리포팅 컴포넌트 역시 디펜던시가 꽤 많이 눈에 띄었습니다. 이 두 도메인에는 공통 코드(인터페이스, 헬퍼 클래스, 엔티티 클래스 등)가 구현된 컴포넌트가 들어 있습니다. 대부분의 컴파일 기반 클래스 레퍼런스는 티케팅, 리포트 공유 코드에 들어 있는데, 이런 기능은 서비스보다는 공유 라이브러리로 구현하는 편이 나을 것 같았습니다. 성한은 이들 컴포넌트만 따로 필터링해서 애플리케이션의 핵심 기능 간 디펜던시가 더 잘 드러나도록 그림을 다시 그렸습니다(그림 5-17).

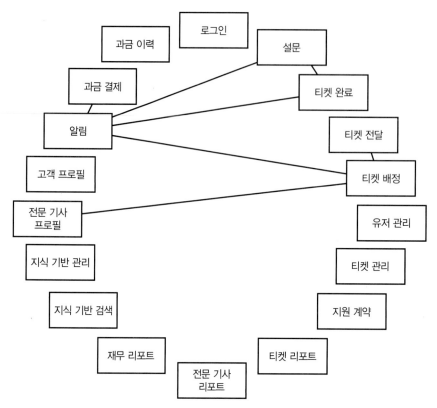

그림 5-17 한빛가이버 애플리케이션의 컴포넌트 디펜던시(공유 라이브러리 디펜던시가 없는 경우)

공유 컴포넌트를 걸러냈더니 디펜던시는 의외로 많지 않았습니다. 성한은 이 결과를 선빈과 공유했고, 두 사람은 애플리케이션에 있는 컴포넌트는 대부분 비교적 자기 완비형이므로 분산 아키텍처로 분해하기에 적합하다는 결론을 내렸습니다.

5.5 컴포넌트 도메인 생성 패턴

모놀리식 애플리케이션에서 식별된 모든 컴포넌트는 개별 서비스가 될 만한 후보들이라고 할 수 있지만, 서비스와 컴포넌트의 관계는 대부분 일대다^{one-to-many}, 즉 한 서비스가 여러 컴포넌트를 포함하는 관계입니다. 컴포넌트 도메인 생성 패턴의 목적은 애플리케이션을 분해할 때 좀 더 세분화한 도메인 서비스를 생성할 수 있도록 컴포넌트를 논리적으로 그룹핑하는 것입니다.

5.5.1 패턴 설명

(연관된 기능을 수행하는 컴포넌트들을 그룹핑한) 컴포넌트 도메인을 식별하는 일은 모놀리식 애플리케이션을 분해하는 아주 중요한 과정입니다. 우리는 4장에서 이미 이렇게 조언한 바 있습니다.

> 모놀리식 애플리케이션을 마이크로서비스로 마이그레이션할 경우, 먼저 그 중간 단계인 서비스 기반 아키텍처로 전환해보는 방안을 고려해보세요.

컴포넌트 도메인 생성 패턴은 서비스 기반 아키텍처에서 결국 도메인 서비스가 될 대상을 결정하는 효과적인 방법입니다. 컴포넌트 도메인은 애플리케이션에서 물리적인 컴포넌트 네임스페이스(또는 디렉터리) 형태로 나타납니다. 네임스페이스 노드는 원래 계층적 성격을 가지므로 기능의 도메인과 서브도메인을 표현하기에 안성맞춤입니다. [그림 5-18]에서 네임스페이스의 두 번째 노드는 도메인을, 세 번째 노드는 고객 도메인에 속한 서브도메인(.billing)을, 리프 노드(.payment)는 해당 컴포넌트를 각각 나타냅니다. 네임스페이스 맨 끝의 .MonthlyBilling은 결제 컴포넌트에 있는 클래스 파일입니다.

그림 5-18 컴포넌트 도메인은 네임스페이스 노드를 통해 식별한다.

옛 모놀리식 애플리케이션은 대부분 도메인 주도 설계[3]가 널리 보급되기 전에 개발된 까닭에 대부분 애플리케이션 내부에서 체계적으로 도메인을 식별하기 위해 네임스페이스를 리팩터링해야 합니다. 예를 들어, [표 5-13]은 한빛가이버 애플리케이션에서 고객 도메인을 구성하는 컴포넌트 목록을 정리한 것입니다.

표 5-13 리팩터링 이전 고객 도메인 관련 컴포넌트

컴포넌트명	컴포넌트 네임스페이스
과금 결제	ss.billing.payment
과금 이력	ss.billing.history
고객 프로필	ss.customer.profile
지원 계약	ss.supportcontract

[표 5-13]에 열거한 네 컴포넌트 모두 고객 기능과 관련돼 있지만, 해당 네임스페이스에는 이러한 연관성이 전혀 반영돼 있지 않습니다. 고객 도메인(ss.customer)을 정확하게 나타내려면 과금 결제, 과금 이력, 지원 계약 컴포넌트의 네임스페이스 앞에 .customer 노드를 추가해야 합니다.

표 5-14 리팩터링 이후 고객 도메인 관련 컴포넌트

컴포넌트명	컴포넌트 네임스페이스
과금 결제	ss.customer.billing.payment
과금 이력	ss.customer.billing.history
고객 프로필	ss.customer.profile
지원 계약	ss.customer.supportcontract

이런 식으로 고객과 관련된 기능(과금, 프로필, 지원 계약 관리)을 모두 .customer 하위로 묶으면 각 컴포넌트를 고객 도메인의 일부로 체계화할 수 있습니다.

5.5.2 관리용 피트니스 함수

리팩터링을 수행하고 나면, 네임스페이스 규칙이 잘 적용되고 있는지, 혹시라도 컴포넌트 도메인 또는 서브도메인의 콘텍스트를 벗어난 코드가 없는지 확인할 수 있도록 지속적으로 컴포넌트 도메인을 관리해야 합니다. 컴포넌트 도메인을 모놀리식 애플리케이션에 세팅한 후 관리하는 데 유용한 자동화 피트니스 함수를 한 가지 소개합니다.

피트니스 함수: 〈루트 네임스페이스 노드〉 이하의 모든 네임스페이스는 〈도메인 리스트〉로 제한한다

CI/CD 파이프라인을 통해 배포 시 실행되는 이 피트니스 함수는 애플리케이션에 포함된 도메인을 제한합니다. 개발자가 실수로 불필요한 도메인을 만들지 않도록 강제하고, 허용된 도메인 목록에 없는 네임스페이스(또는 디렉터리)가 생성되면 즉시 아키텍트에게 알립니다. [예제 5-10]은 애플리케이션에 티켓, 고객, 관리 도메인만 있도록 관리하는 피트니스 함수입니다.

예제 5-10 애플리케이션의 도메인을 관리하는 아크유닛 코드

```
public void restrict_domains() {
  classes()
    .should().resideInAPackage("..ss.ticket..")
    .orShould().resideInAPackage("..ss.customer..")
    .orShould().resideInAPackage("..ss.admin..")
    .check(myClasses);
}
```

5.5.3 한빛가이버 사가: 컴포넌트 도메인 생성

11월 18일 목요일 13:15

성한과 선빈은 PO인 박거성 부장의 도움을 받아 한빛가이버 애플리케이션의 주요 5개 도메인을 다음과 같이 식별했습니다.

- 티케팅 도메인(ss.ticket): 티켓 처리, 고객 설문, 지식 베이스(KB) 등의 모든 티켓 관련 기능
- 리포팅 도메인(ss.reporting): 모든 리포팅 관련 기능
- 고객 도메인(ss.customer): 고객 프로필, 과금, 지원 계약 기능
- 관리자 도메인(ss.admin): 유저 및 전문 기사 관리 기능
- 공유 도메인(ss.shared): 나머지 네 도메인에서 함께 사용하는 로그인, 알림 등의 공통 기능

성한은 각 도메인에 어떤 컴포넌트 그룹이 있는지 파악하기 위해 도메인 다이어그램을 [그림 5-19]와 같이 그려봤습니다. 누락된 컴포넌트도 없고 각 도메인 내부의 컴포넌트 간 응집도가 높아 성한은 일단 만족스러웠습니다.

컴포넌트를 도식화하고 그룹핑하는 작업은 식별된 도메인 후보를 검증하고 다른 (PO 또는 경영진 같은)

비즈니스 이해관계자와의 협업이 필요하다는 사실이 명백히 드러난다는 점에서도 중요합니다. 만약 컴포 넌트는 어떤 것들이 있는지 성한이 나열해보지 않았거나 어디에도 속하지 않은 컴포넌트를 그냥 지나쳤 다면 박거성 부장과 더 많은 협업이 필요했을 것입니다.

식별한 5개 도메인에 모든 컴포넌트가 잘 들어맞아 만족한 성한은 컴포넌트 눌러 펴기 패턴(5.3절)을 적 용한 결과 도출된 다양한 컴포넌트 네임스페이스(표 5-12)를 보면서 리팩터링이 필요한 컴포넌트 도메 인을 찾아봤습니다.

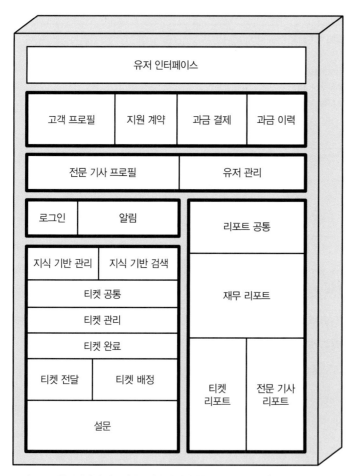

그림 5-19 한빛가이버 애플리케이션에서 식별 완료한 5개 도메인(굵은 테두리로 표시한 부분)

먼저 티켓 도메인부터 시작했는데, 코어 티켓 기능은 **ss.ticket**이라는 네임스페이스로 시작된 만큼에 설문과 지식 베이스 컴포넌트는 그렇지 않았습니다. 성한은 [표 5-15]에 나열된 컴포넌트들을 티케팅 도메인에 맞춰 리팩터링하는 아키텍처 스토리를 작성했습니다.

표 5-15 티켓 도메인 컴포넌트를 리팩터링

컴포넌트명	도메인	변경 전 네임스페이스	변경 후 네임스페이스
지식 베이스 관리	티켓	ss.kb.maintenance	ss.ticket.kb.maintenance
지식 베이스 검색	티켓	ss.kb.search	ss.ticket.kb.search
티켓 공유	티켓	ss.ticket.shared	동일함(변경 없음)
티켓 관리	티켓	ss.ticket.maintenance	동일함(변경 없음)
티켓 완료	티켓	ss.ticket.completion	동일함(변경 없음)
티켓 배정	티켓	ss.ticket.assign	동일함(변경 없음)
티켓 전달	티켓	ss.ticket.route	동일함(변경 없음)
설문	티켓	ss.survey	ss.ticket.survey

그다음에 성한은 고객 관련 컴포넌트를 조사했습니다. 과금 및 설문 컴포넌트를 리팩터링해서 고객 도메인 하위에 두는 게 나을 것 같아 과금 도메인의 서브도메인을 만들었습니다. 이번에도 [표 5-16]의 고객 도메인 기능을 리팩터링하는 아키텍처 스토리를 작성했습니다.

표 5-16 고객 도메인 컴포넌트를 리팩터링

컴포넌트명	도메인	변경 전 네임스페이스	변경 후 네임스페이스
과금 결제	고객	ss.billing.payment	ss.customer.billing.payment
과금 이력	고객	ss.billing.history	ss.customer.billing.history
고객 프로필	고객	ss.customer.profile	동일함(변경 없음)
지원 계약	고객	ss.supportcontract	ss.customer.supportcontract

이미 컴포넌트 식별 및 사이징 패턴(5.1절)을 적용한 리포팅 도메인은 자리가 잡힌 상태이므로 [표 5-17]에 나열된 리포팅 컴포넌트는 따로 조치할 필요가 없어 보입니다.

표 5-17 리포팅 컴포넌트는 이미 리포팅 도메인에 속해 있다.

컴포넌트명	도메인	변경 전 네임스페이스	변경 후 네임스페이스
리포팅 공통	리포팅	ss.reporting.shared	동일함(변경 없음)
티켓 리포트	리포팅	ss.reporting.tickets	동일함(변경 없음)
전문 기사 리포트	리포팅	ss.reporting.experts	동일함(변경 없음)
재무 리포트	리포팅	ss.reporting.financial	동일함(변경 없음)

관리자 도메인과 공유 도메인은 조정이 필요할 것 같아 성한은 [표 5–18]과 같이 리팩터링해야 한다는 내용의 아키텍처 스토리를 작성했습니다. 또 관리자 도메인 하위의 전문 기사 서브도메인은 불필요하다고 판단해서 네임스페이스 ss.expert.profile은 ss.experts로 이름을 바꿨습니다.

표 5-18 관리자 도메인, 공유 도메인 컴포넌트를 리팩터링

컴포넌트명	도메인	변경 전 네임스페이스	변경 후 네임스페이스
로그인	공통	ss.login	aa.shared.login
알림	공통	ss.notification	aa.shared.notification
전문 기사 프로필	관리자	ss.expert.profile	aa.admin.experts
유저 관리	관리자	ss.users	aa.admin.users

이제 성한은 모놀리식 애플리케이션을 구조적으로 분해할 준비를 끝냈고, (다음 절에서 설명할) 도메인 서비스 생성 패턴을 적용함으로써 분산 아키텍처로의 첫걸음을 뗄 시기가 됐다고 생각했습니다.

5.6 도메인 서비스 생성 패턴

컴포넌트를 알맞게 사이징하고 눌러 편 다음 도메인으로 그룹핑까지 마쳤다면, 이제 도메인을 개별 배포할 도메인 서비스로 옮겨 서비스 기반 아키텍처를 구축할 차례입니다(부록 A). 여기서 도메인 서비스란 (티케팅, 고객, 리포팅 등의) 특정 도메인 기능이 모두 포함된, 개별 배포 단위가 큰 소프트웨어를 말합니다.

5.6.1 패턴 설명

컴포넌트 도메인 생성 패턴(5.5절)을 적용하면 모놀리식 애플리케이션에서 잘 정의된 컴포넌트 도메인을 구성하고 컴포넌트 네임스페이스(또는 디렉터리 구조)를 통해 해당 도메인을 효과적으로 나타낼 수 있습니다. 도메인 서비스 패턴은 이렇게 잘 정의된 컴포넌트 도메인을 도메인 서비스라는 개별 배포 서비스로 추출해서 결과적으로 서비스 기반 아키텍처를 생성하는 것입니다.

가장 단순한 형태의 서비스 기반 아키텍처는 단일 모놀리식 데이터베이스를 공유하는 큼지막한 도메인 서비스가 여럿 있고 이들을 원격 액세스하는 유저 인터페이스로 구성됩니다. 서비스 기반 아키텍처는 (유저 인터페이스 분해, 데이터베이스 분해, API 게이트웨이 추가 등) 여러 가지 토폴로지가 있지만, [그림 5-20]과 같은 기본 토폴로지를 모놀리식 애플리케이션 마이그레이션의 출발점으로 삼아 진행하는 것이 좋습니다.

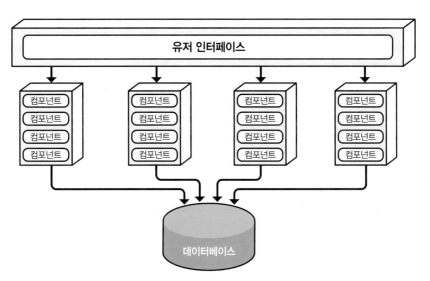

그림 5-20 서비스 기반 아키텍처의 기본 토폴로지

서비스 기반 아키텍처로 옮기면 4.2절 '컴포넌트 기반 분해'에서 언급한 장점 외에도, 아키텍트와 개발자 모두가 마이크로서비스 아키텍처에서 도메인 서비스를 더 잘게 나눠야 할지, 아니면 몸집이 더 큰 상태의 도메인 서비스로 남겨두는 게 합리적일지 결정하는 데 유용한 데이터를 확보할 수 있습니다. 실제로 처음부터 서비스를 너무 잘게 쪼개는 실수를 범하는 팀들이 참 많

은데, 결국 이렇게까지 작은 단위의 마이크로서비스가 꼭 필요하지 않은데도 마이크로서비스 특유의 (데이터 분해, 분산 워크플로, 분산 트랜잭션, 운영 자동화, 컨테이너화 등과 같은) 수많은 골치 아픈 문제를 고민해야 하는 미궁에 빠지게 됩니다.

[그림 5-21]은 도메인 서비스 생성 패턴의 작동 원리를 나타낸 것입니다. 5.5절 '컴포넌트 도메인 생성 패턴'에서 정의한 리포팅 컴포넌트 도메인을 모놀리식 애플리케이션에서 어떻게 추출해 개별 배포할 리포팅 서비스로 구성하는지 눈여겨보기 바랍니다.

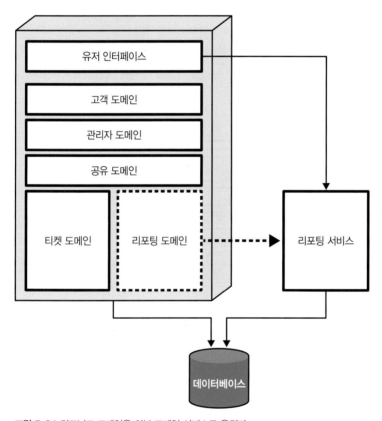

그림 5-21 컴포넌트 도메인을 외부 도메인 서비스로 옮긴다.

그러나 모든 컴포넌트 도메인을 식별하고 리팩터링을 마치기 전에는 이 패턴을 적용하지 마세요. 그래야 컴포넌트(그리고 소스 코드) 이전 시 각 도메인 서비스마다 필요한 수정 작업이 줄어들 것입니다. 가령 한빛가이버 애플리케이션에서 티케팅과 지식 베이스 기능을 모두 티켓 도메인으로 묶어 리팩터링한 다음 티켓 서비스라는 새로운 도메인 서비스로 만든다고 합시다. 그런데 어쩌다 보니 (ss.customer.survey 네임스페이스를 통해 식별된) 고객 설문 컴포넌트를 티켓 도메인의 일부로 간주하게 됐습니다. 티켓 도메인의 마이그레이션은 이미 끝났으니 고객 설문 컴포넌트를 티켓 서비스에 욱여넣는 수정 작업은 불가피하겠죠. 모든 컴포넌트를 컴포넌트 도메인에 맞게 리팩터링하고 난 이후에 해당 컴포넌트 도메인을 도메인 서비스로 마이그레이션하는 편이 낫습니다.

5.6.2 관리용 피트니스 함수

도메인 서비스를 더 작은 마이크로서비스로 나눈 다음에는 각 도메인 서비스의 컴포넌트들이 해당 도메인에 부합하도록 관리하는 일이 중요합니다. 이런 종류의 거버넌스는 도메인 서비스 자체가 비구조적인 모놀리식 서비스가 되지 않도록 관리하는 데 도움이 됩니다. 도메인 서비스에서 네임스페이스(그리고 컴포넌트)의 일관성을 유지하기 위한 피트니스 함수를 소개합니다.

피트니스 함수: 〈어떤 도메인 서비스〉의 컴포넌트는 모두 동일한 네임스페이스로 시작해야 한다

CI/CD 파이프라인을 통해 배포 시 실행되는 이 피트니스 함수는 도메인 서비스 내부 컴포넌트의 네임스페이스를 일관성 있게 유지합니다. 예를 들어, 티켓 도메인 서비스의 컴포넌트는 무조건 ss.ticket으로 시작하게 만드는 식입니다. [예제 5-11]은 이 제약 조건을 아크유닛으로 구현한 코드입니다. 각 도메인 서비스마다 이런 피트니스 함수를 하나씩 두면 될 것입니다.

예제 5-11 티켓 도메인 서비스의 내부 컴포넌트를 관리하는 아크유닛 코드

```
public void restrict_domain_within_ticket_service() {
  classes().should().resideInAPackage("..ss.ticket..")
  .check(myClasses);
}
```

5.6.3 한빛가이버 사가: 도메인 서비스 생성

11월 23일 화요일 09:04

성한과 선빈은 개발 팀과 수차례 협의한 끝에 컴포넌트 도메인을 도메인 서비스로 마이그레이션하는 계획을 수립했습니다. 이 과정에서 두 사람은 모놀리스에 있는 각 컴포넌트 도메인 코드를 추출해 새로운 프로젝트 워크스페이스로 옮기는 작업과 유저 인터페이스가 해당 도메인에 있는 기능에 원격 접근하도록 변경하는 작업이 필요하다는 사실을 인식하게 됐습니다.

[그림 5-19]에서 식별한 컴포넌트 도메인에서 컴포넌트를 한 번에 하나씩 마이그레이션한 결과, [그림 5-22]의 서비스 기반 아키텍처가 완성됐습니다. 앞서 설명한 패턴의 적용 과정에서 식별된 각 도메인 영역이 이제 개별 배포되는 서비스로 거듭난 것입니다.

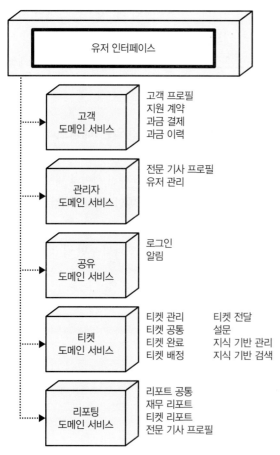

그림 5-22 개별 배포하는 여러 도메인 서비스로 나눠 분산 애플리케이션을 구축한다.

5.7 정리하기

우리는 '그냥 감으로seat-of-the-pants' 진행하는 마이그레이션은 결코 좋은 결과를 가져올 수 없다는 사실을 경험으로 깨달았습니다. 이 장에서 죽 설명한 컴포넌트 기반 분해 패턴은 구조적으로, 점진적으로, 통제 가능한 방향으로 모놀리식 아키텍처를 분해하는 핵심 요령입니다. 이 패턴들을 무사히 잘 적용했다면, 이제 모놀리식 데이터를 분해하고(6장) 도메인 서비스를 더 작은 단위의 마이크로서비스로 분해할(7장) 준비가 끝난 셈입니다.

운영 데이터 분리

10월 7일 목요일 08:55

한빛가이버 애플리케이션을 개별 배포되는 여러 도메인 서비스로 분해한 성한과 선빈은 이제 모놀리식 데이터베이스를 분해하는 방안도 고민해야 할 차례라고 생각해 곧바로 이 작업에 착수했습니다. 먼저 선빈은 CI/CD 배포 파이프라인을 정비하기 시작했고, 성한은 데이터 아키텍트인 설하나, 한빛전자의 데이터베이스를 총괄하는 DBA인 최이본을 만나 업무 협의를 진행했습니다.

손성한: "우리 데이터베이스를 어떻게 분해하는 게 좋을지, 두 분의 고견을 듣고 싶어 찾아왔습니다."

설하나: "어, 잠깐만요! 데이터베이스를 분해한다고요?"

최이본: "지난 주에 성한 씨랑 만나서 우리 데이터베이스를 분해하는 게 좋겠다고 의견을 모았습니다. 두 분도 아시다시피, 한빛가이버 애플리케이션은 지금 대대적인 개편을 진행 중이고요. 데이터를 분해하는 일도 그중 하나입니다."

설하나: "난 모놀리식 데이터베이스도 나쁘지 않다고 보는데…? 왜 멀쩡한 DB를 쪼개려고 하는 건지 모르겠군요. 뭔가 충분히 납득할 만한 명분이 없으면 전 움직이지 않을 겁니다. 다들 데이터베이스 분해라는 게 얼마나 힘든 작업인 줄은 아시죠?"

최이본: "네, 물론 어렵겠죠. 하지만 제가 알고 있는, 데이터 도메인을 활용한 5단계 분해 프로세스를 우리 데이터베이스에도 적용하면 좋은 결과가 있을 거라 생각합니다. 일단, 지식 베이스나 고객 설문 같은 파트부터 종류가 다른 데이터베이스를 적용해보면 어떨까 싶어요."

설하나: "너무 앞서가진 맙시다. 그리고 모든 데이터베이스를 책임지고 관리하는 사람은 저라는 걸 잊지 마세요!"

성한은 분위기가 슬슬 나빠지는 것 같아 몇 가지 핵심적인 협상 및 소통 기술을 발휘했습니다.

손성한: "아, 제가 처음 이 문제를 논의할 때부터 하나 씨에게 먼저 자문을 구했어야 했는데, 우선 사과드리죠. 제 생각이 짧았습니다. 한빛가이버 데이터베이스를 분해하려면 하나 씨 도움이 꼭 필요하죠. 자, 그럼 저희가 앞으로 어떻게 진행하면 좋을까요?"

설하나: "간단해요. 한빛가이버 데이터베이스를 정말 분해할 수밖에 없는 이유를 제시하시면 됩니다. 확실한 명분을 주셔야 해요. 그게 선행되고 나서 이본 씨가 말씀하신 5단계 프로세스를 다시 논의하시죠. 아니면 현 상태 그대로 가는 겁니다!"

데이터베이스는 실제로 애플리케이션 기능보다 훨씬 더 분해하기 어렵습니다. 일반적으로 어느 회사건 데이터는 가장 중요한 자산이므로 데이터를 분해하거나 구조를 바꾸면 비즈니스와 애플리케이션이 심각한 영향을 받을 가능성이 있습니다. 또 데이터는 보통 애플리케이션 기능과 밀접하게 결합돼 있어서 데이터 모델이 커질수록 명확한 경계선을 찾기가 점점 더 어려워집니다.

모놀리식 애플리케이션을 개별 배포 단위로 분해하는 것과 동일한 방법으로 모놀리식 데이터베이스를 분해하는 것이 바람직한(또는 반드시 필요한) 경우가 있습니다. 마이크로서비스처럼 서비스마다 자체 데이터를 소유하는 아키텍처 스타일에서는 데이터를 분해해야 경계 콘텍스트를 명확하게 구분할 수 있습니다. 반면, 서비스 기반 아키텍처 같은 분산 아키텍처에서는 여러 서비스가 하나의 데이터베이스를 공유하는 일도 가능합니다.

그런데 한 가지 재미있는 사실은 애플리케이션 기능을 분해하는 동일한 기술을 데이터 분해에도 적용할 수 있다는 점입니다. 예를 들어 컴포넌트는 데이터 도메인으로, 클래스 파일은 데이터베이스 테이블로, 클래스 간 결합점은 외래 키, 뷰, 트리거, 저장 프로시저 같은 데이터베이스 아티팩트들로 바꿔 생각할 수 있습니다.

이 장에서는 데이터를 분해해야 하는 이유를 설명하고, 모놀리식 데이터를 개별 데이터 도메인이나 스키마, 혹은 아예 별도의 데이터베이스로 해체하는 방법을(그리고 이런 작업을 반복적으로, 통제 가능한 방향으로, 효과적으로 수행하는 방법을) 살펴보겠습니다. 이 세상에 존재하는 모든 데이터베이스가 관계형 데이터베이스인 것은 아니므로 여러 가지 데이터베이스(그래프형, 문서형, 키-값, 길림형, NewSQL, 글라우드 네이티브, 시세얼)를 소개하고 각각의 트레이드오프를 알아보겠습니다.

6.1 데이터 분해인

모놀리식 데이터베이스 분해는 만만찮은 작업이므로 먼저 데이터베이스를 왜(그리고 언제) 분해해야 하는지 이해하는 것이 중요합니다. 아키텍트는 데이터 분해인(分解因)[data disintegrator](데이터를 분해하게 만드는 동인)과 데이터 통합인(統合因)[data integrator](데이터를 함께 보관하게 만드는 동인)을 이해하고 분석해야 데이터를 분해하느라 수고를 들여야 하는 이유를 정당화할 수 있습니다. 이 둘 간의 균형을 맞추고 각기 다른 트레이드오프를 분석하는 것이 데이터를 올바르게 분해하는 핵심입니다.

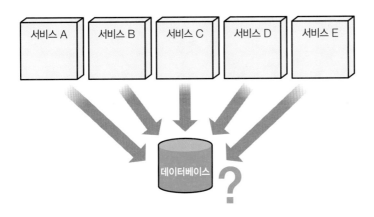

그림 6-1 모놀리식 데이터베이스는 어떤 경우에 분해해야 하는가?

이 절에서는 모놀리식 데이터를 올바르게 분해하도록 안내하는 데이터 분해인/통합인에 대해 알아보겠습니다.

6.1.1 데이터 분해인

데이터 분해인은 '데이터 분해는 어떤 경우에 고려해야 하는가?'에 대한 답변과 명분입니다. 주요 데이터 분해인을 여섯 가지로 나눠 정리하면 다음과 같습니다.

변경 관리

데이터베이스 테이블 변경 시 얼마나 많은 서비스가 영향을 받는가?

커넥션 관리

데이터베이스가 여러 분산 서비스와 커넥션을 맺을 수 있는가?

확장성

액세스하는 서비스 수요에 맞게 데이터베이스를 확장할 수 있는가?

내고장성

데이터베이스가 장애 및 수리 등의 사유로 가동 중단될 때 얼마나 많은 서비스가 영향을 받는가?

아키텍처 퀀텀

단일 공통 데이터베이스가 바람직하지 않은 단일 아키텍처 퀀텀을 유발하는가?

데이터베이스 유형 최적화

여러 종류의 데이터베이스를 사용해서 데이터를 최적화할 여지가 있는가?

이들 데이터 분해인을 하나씩 자세히 살펴보겠습니다.

변경 관리

데이터베이스 테이블 스키마의 변경 관리는 데이터를 분해하는 주요 동인 중 하나입니다. 테이블이나 컬럼을 삭제하고 이름을 바꾸고 테이블 컬럼 타입을 변경하는 작업은 그 테이블을 사용하는 SQL에 영향을 미치고 자칫 서비스 전체를 중단시킬지도 모릅니다. 이런 종류의 변경은 일반적으로 기존 쿼리나 코드에 영향을 주지 않는 변경(예: 데이터베이스에 테이블이나 컬럼을 추가)과 대비되는 개념이므로 중대 변경breaking change이라고 합니다. 변경 관리는 당연히 관계형 데이터베이스를 사용할 때 가장 큰 영향을 미치지만, 다른 종류의 데이터베이스를 사용해도 변경 관리 이슈는 언제든지 발생할 수 있습니다(6.3절 '데이터베이스 타입 선택').

데이터베이스에 중대 변경이 일어나면, 그에 따라 여러 서비스를 수정하고 테스트한 후 배포해야 합니다(그림 6-2). 그러나 동일한 데이터베이스를 공유하는 개별 배포 서비스가 많을수록 이런 조정 작업은 급격히 어려워지고 에러가 발생할 가능성도 높아집니다. 중대 변경을 한 번 적용하려고 개별 배포 서비스를 42개나 조정한다고 상상해보세요!

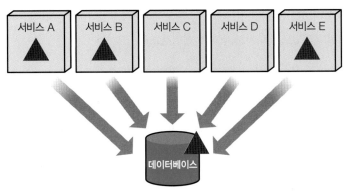

그림 6-2 데이터베이스 변경의 영향을 받는 서비스는 데이터베이스와 함께 배포해야 한다.

불행히도 여러 분산 서비스를 조정하는 작업으로만 끝나는 게 아닙니다. 분산 아키텍처에서 공유 데이터베이스를 변경할 때 정말 위험한 상황은 변경된 테이블에 접근하는 서비스의 존재 자체를 잊어버리는 경우입니다. 변경, 테스트, 재배포 후 프로덕션이 제대로 작동되지 않을 때 비로소 그 실체가 드러나죠(그림 6-3).

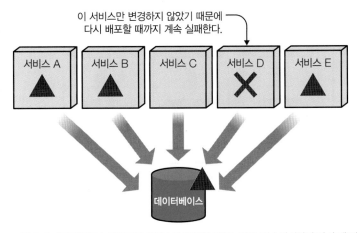

그림 6-3 데이터베이스 변경으로 서비스가 영향을 받았는데도 그냥 방치하면 다시 배포할 때까지 계속 실패한다.

이렇게 망각된 서비스의 위험성은 부지런히 영향도를 분석하고 공격적인 회귀 테스트를 진행함으로써 어느 정도 낮출 수는 있지만, 400개 이상의 마이크로서비스가 모두 동일한 고가용성 모놀리식 관계형 데이터베이스 클러스터를 바라보고 있는 상황이라면 어떨까요? 각 도메인 영역마다 담당 개발 팀에 어떤 서비스를 변경해야 하는지 물어보고 파악한 다음, 데이터베이스 변경 시점에 400개가 넘는 서비스를 모두 조정, 테스트, 배포해야 할 것입니다. 단지 상상만 해도 골치가 아프고 평범한 인내심으로는 도저히 버티기 어렵겠죠.

데이터베이스를 잘 정의된 경계 콘텍스트[1]로 분해하면 데이터베이스 변경 관리에 매우 유익합니다. 경계 콘텍스트는 에릭 에반스Eric Evans의 명저인 『도메인 주도 설계』(위키북스, 2011)에서 처음 등장한 개념으로, 소스 코드, 비즈니스 로직, 데이터 구조, 데이터를 모두 특정한 콘텍스트로 캡슐화한 것입니다. 어떤 서비스와 그에 해당하는 데이터에 관한 경계 콘텍스트를 정확하게 정의해두면, 나중에 변경이 발생하더라도 이 경계 콘텍스트 내부의 서비스만 영향을 받게 되므로 아주 큰 도움이 됩니다.

경계 콘텍스트는 대개 서비스와 그 서비스가 소유한 데이터를 중심으로 형성됩니다. 여기서 '소유한다own'는 말은 (데이터를 읽기만 할 수 있는 것의 반대 개념으로) 데이터베이스에 데이터를 쓰는 서비스라는 뜻입니다(분산 데이터 오너십distributed data ownership은 9장에서 자세히 이야기합니다).

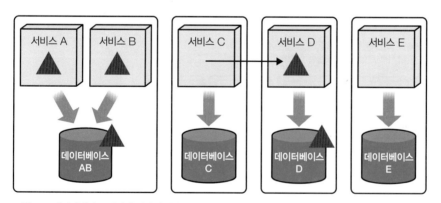

그림 6-4 데이터베이스 변경이 연관된 경계 콘텍스트의 서비스에만 영향을 미친다.

[그림 6-4]에서 서비스 C는 데이터베이스 D에 있는 데이터를 조회해야 하지만, 이 데이터는 서비스 D의 경계 콘텍스트 안쪽에 있습니다. 데이터베이스 D가 다른 경계 콘텍스트에 있기 때

문에 서비스 C는 자신이 원하는 데이터에 직접 접근할 수 없습니다. 만약 직접 접근이 가능하다면, 경계 콘텍스트 규칙에 위배될 뿐만 아니라 변경 관리 측면에서 혼란이 생길 수 있습니다. 따라서 서비스 C는 서비스 D에 데이터를 요청해야 합니다. 서비스가 경계 콘텍스트를 유지한 상태로 자신이 소유하지 않은 데이터에 접근하는 방법은 다양합니다. 자세한 내용은 10장에서 다시 설명하겠습니다.

경계 콘텍스트 관점에서 보면, 데이터를 필요로 하는 서비스 C와 해당 경계 콘텍스트에서 데이터를 실질적으로 소유한 서비스 D 사이에서 데이터베이스를 추상화하는 것이 중요합니다. [그림 6-5]를 보면, 서비스 D가 어떤 계약(예: JSON, XML, 또는 객체)을 통해 서비스 C가 요청한 데이터를 내어줍니다.

이때 서비스 C로 보낸 데이터의 계약이 데이터베이스 D에 있는 테이블 스키마와 전혀 달라도 상관없다는 점이 경계 콘텍스트의 강점입니다. 다시 말해, 데이터베이스 D의 테이블에 중대한 변경이 일어나도 그 여파는 서비스 D에만 미칠 뿐, 서비스 C로 전달된 데이터의 계약에는 전혀 영향이 없습니다. 서비스 C가 데이터베이스 D의 실제 스키마 구조로부터 추상화되는 것입니다.

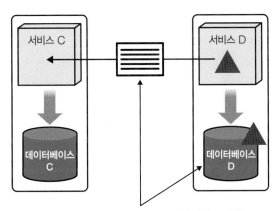

서비스 D에서 전달된 데이터에 포함된 계약 스키마는
데이터베이스 스키마와 분리돼 있기 때문에 서비스 C는
데이터베이스 변경으로부터 격리된다.

그림 6-5 서비스 호출 계약 덕분에 호출부를 하부 데이터베이스 스키마로부터 추상화할 수 있다.

이러한 경계 콘텍스트의 추상화가 분산 아키텍처에서 얼마나 강력한지 예를 들어봅시다. 데이터베이스 D에는 스키마가 다음과 같은 Wishlist 테이블이 있습니다.

```
CREATE TABLE Wishlist
(
  CUSTOMER_ID VARCHAR(10),
  ITEM_ID VARCHAR(20),
  QUANTITY INT,
  EXPIRATION_DT DATE
);
```

다음 JSON 코드는 서비스 D가 위시리스트 아이템을 요청한 서비스 C에 보내는 계약입니다.

```
{
  "$schema": "http://json-schema.org/draft-04/schema#",
  "properties": {
    "cust_id": {"type": "string"},
    "item_id": {"type": "string"},
    "qty": {"type": "number"},
    "exp_dt": {"type": "number"}
  },
}
```

이 JSON 스키마를 보면 만료일 필드명(exp_dt)과 테이블 컬럼명(EXPIRATION_DT)이 다르고, 타입도 테이블 컬럼 타입(DATE)이 다른 number(1970년 1월 1일 자정 이후 경과 시간을 밀리초 단위로 나타낸 에폭 타임^{epoch time})입니다. 이렇게 계약이 따로 분리돼 있기 때문에 데이터베이스에서 이 컬럼의 명칭이나 타입이 바뀌어도 서비스 C는 아무 영향도 받지 않습니다.

자, 그런데 어느 날 위시리스트 아이템에 만료일을 적용하지 않기로 비즈니스 규칙이 바뀌었습니다. 즉, 테이블 스키마를 다음과 같이 변경해야 합니다.

```
ALTER TABLE Wishlist
DROP COLUMN EXPIRATION_DT;
```

이렇게 테이블의 구조를 변경하면 데이터베이스와 동일한 경계 콘텍스트에 있는 서비스 D는 수정이 불가피하겠지만, 서비스 C로 내어주는 데이터의 JSON 계약까지 바꿀 필요는 없습니다. 나중에 계약을 변경할 때까지 서비스 D는 EXPIRATION_DT 필드에 아주 먼 미래의 날짜(예: 9999년 12월 31일)를 지정하거나, 0을 세팅해서 만료되지 않음을 나타내면 그만입니다.

요는 경계 콘텍스트 덕분에 데이터베이스 D에서 발생한 중대 변경으로부디 시비스 C가 추상화됐다는 것입니다.

커넥션 관리

데이터베이스 커넥션을 맺는 일은 비싼 작업이므로 보통 커넥션 풀connection pool을 둬서 성능을 향상시키고 애플리케이션의 동시 접속 수를 제한합니다. 모놀리식 애플리케이션은 대부분 데이터베이스 커넥션 풀을 애플리케이션(또는 애플리케이션 서버)이 소유하지만, 분산 아키텍처에서는 서비스(구체적으로는 각 서비스 인스턴스)마다 자체 커넥션 풀을 갖고 있습니다. 하지만 여러 서비스가 동일한 데이터베이스를 공유하는 구조에서는 서비스(또는 서비스 인스턴스)가 늘어날수록 사용 가능한 커넥션 수가 빠르게 소진됩니다(그림 6-6).

각 서비스 인스턴스마다 데이터베이스 풀이 있다.

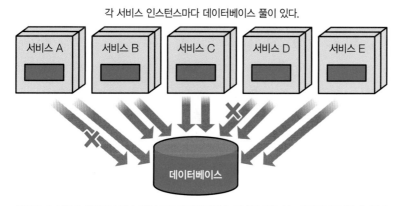

그림 6-6 서비스 인스턴스가 늘어날수록 데이터베이스 커넥션 리소스는 급격히 줄어들 수 있다.

최대 가용 데이터베이스 커넥션 수에 도달(또는 초과)했다면, 데이터베이스 분해 방안을 심각하게 고려할 필요가 있습니다. 빈번한 커넥션 대기connection wait(즉, 커넥션을 맺어 사용할 때까지 걸리는 시간) 현상은 이미 최대 데이터베이스 커넥션 수에 도달했다는 증거입니다. 요청 타임아웃이 발생하거나 회로 차단기circuit breaker(서킷 브레이커)가 트래픽을 끊어도 커넥션 대기 현상이 나타나므로, 공통 데이터베이스를 사용할 때는 무엇보다 먼저 이런 문제가 자주 발생하는지 확인하는 것이 좋습니다.

데이터베이스 커넥션과 분산 아키텍처에 관한 예를 하나 들어봅시다. 데이터베이스 커넥션을 200개 맺은 모놀리식 애플리케이션이 있는데, 데이터베이스 커넥션이 10개씩 담긴 커넥션 풀을 각자 보유한 50개의 서비스로 구성된 분산 아키텍처로 전환하려고 합니다.

원래 모놀리식 애플리케이션 커넥션	200
분산 서비스	50
서비스당 커넥션	10
최소 서비스 인스턴스	2
총서비스 커넥션	1,000

데이터베이스 커넥션은 200에서 1,000개로 5배 증가했지만 서비스는 아직 확장조차 시작하지 않았습니다! 이 상태에서 서비스의 50%를 각각 평균 5개의 인스턴스로 확장하면, 데이터베이스 커넥션은 1,750개로 급증할 것입니다.[*]

어떤 식으로든 커넥션 전략이나 관리 계획을 수립하지 않으면, 서비스는 가능한 한 많은 커넥션을 확보하기 위해 다투고 결국 더 많은 커넥션을 필요로 하는 다른 서비스는 굶주리게 될 것입니다. 그래서 분산 아키텍처는 데이터베이스 커넥션 사용량을 잘 관리하는 일이 중요합니다. 한 가지 팁을 소개하면, 여러 서비스가 사이좋게 사용할 수 있도록 서비스당 커넥션 쿼터 quota (할당량)를 정해 데이터베이스 커넥션을 최대한 고루 분산시키세요. 커넥션 쿼터는 하나의 서비스가 커넥션 풀에서 가져다 쓸 수 있는 최대 데이터베이스 커넥션 개수입니다.

커넥션 쿼터를 두면 모든 서비스는 자신에게 할당된 것보다 더 많은 데이터베이스 커넥션을 생성할 수 없습니다. 또 최대 데이터베이스 커넥션 수에 도달하면 어쩔 수 없이 다른 서비스가 사용 중인 커넥션이 반환될 때까지 기다려야 합니다. 필요에 따라 모든 서비스에 균등하게 커넥션을 할당할 수도 있고, 서비스마다 조금씩 커넥션 쿼터를 다르게 할당하는 식으로 적용할 수도 있습니다.

처음 서비스를 배포할 때는 정상/피크 상태에서 각 서비스에 필요한 커넥션 수를 알 수 없으니 보통 커넥션 쿼터를 균등하게 분배합니다. 하지만 분명 다른 서비스보다 커넥션을 훨씬 더 쓰는 서비스가 있기 마련이므로, 간단해서 좋긴 하지만 그리 효율적이지는 않습니다.

서비스별 기능 및 확장 요건에 따라 커넥션 쿼터를 다르게 분배하는 것은 다소 복잡할 수 있으나 공통 데이터베이스의 커넥션 수를 훨씬 효율적으로 관리하는 방법입니다. 커넥션이 더 많이

---

[*] 옮긴이_25개 서비스 × 10개 커넥션 × 2개 인스턴스 + 25개 서비스 × 10개 커넥션 × 5개 인스턴스 = 500 + 1,250 = 1,750개

필요한 서비스가 커넥션을 더 많이 갖다 쓰도록 허용함으로써 전체 분산 시스템에서 쓸 수 있는 데이터베이스 커넥션 리소스를 최적화할 수 있습니다. 다만, 각 서비스의 기능, 확장 요건을 미리 잘 파악해야 하는 부담은 있습니다.

우리는 일반적으로 균등 분배even distribution로 시작해서 서비스마다 동시 커넥션 사용량을 측정하는 피트니스 함수를 작성하라고 권장합니다. 또 간단한 머신 러닝 알고리즘을 통해 수동으로나 프로그래밍으로 값을 쉽게 조정할 수 있도록 외부 구성 서버(또는 서비스)에 커넥션 쿼터 정보를 보관하는 것이 좋습니다. 이렇게 해야 커넥션 고갈 위험을 줄일 수 있고, 분산 서비스 간에 데이터베이스 커넥션이 적절한 균형을 이루도록 해서 유휴 커넥션으로 낭비가 초래되는 문제점을 예방할 수 있습니다.

[표 6-1]은 최대 100개까지 동시 커넥션이 가능한 데이터베이스에 균등 분배를 적용한 결과입니다. 서비스 A는 최대 5개, 서비스 C는 15개, 서비스 E는 14개의 커넥션만 사용한 반면, 서비스 B와 D는 각각 최대 커넥션 쿼터에 도달해 커넥션 대기 상태에 빠진 적이 있습니다.

표 6-1 균등 분배한 커넥션 쿼터

	서비스	쿼터	최대 사용 수	대기 여부
	A	20	5	아니오
→	B	20	20	예
	C	20	15	아니오
→	D	20	20	예
	E	20	14	아니오

서비스 A는 실제로 사용한 커넥션 수가 쿼터보다 한참 적으므로 남는 커넥션을 다른 서비스에 재할당하는 것이 합리적입니다. [표 6-2]는 서비스 A의 쿼터 10개를 서비스 B와 D에 5개씩 추가한 결과입니다.

표 6-2 가변 분배(varying distribution)한 커넥션 쿼터

	서비스	쿼터	최대 사용 수	대기 여부
	A	10	5	아니오
→	B	25	25	예
	C	20	15	아니오
	D	25	25	아니오
	E	20	14	아니오

사정은 조금 나아졌지만 서비스 B는 여전히 커넥션 대기 현상을 보이고 있습니다. 이 서비스는 더 많은 커넥션을 할당해야 할 것 같습니다. 서비스 A와 E에서 커넥션 2개씩을 더 빼내 서비스 B에 추가 할당하면 [표 6–3]처럼 더 좋은 결과를 얻게 됩니다.

표 6-3 커넥션 쿼터를 튜닝한 결과, 커넥션 대기가 사라졌다.

서비스	쿼터	최대 사용 수	대기 여부
A	8	5	아니오
B	29	27	아니오
C	20	15	아니오
D	25	25	아니오
E	18	14	아니오

이렇게 각 서비스에서 연속적으로 메트릭을 수집하는 피트니스 함수로 분석하면, 현재 사용 중인 커넥션 수가 최대 커넥션 수에 얼마나 근접했는지, 또 각 서비스마다 쿼터 대비 여유분은 얼마나 되는지 바로바로 파악할 수 있습니다.

확장성

확장성은 서비스 응답 시간을 일정하게 유지하고 요청량에 따라 서비스 규모를 늘리는 능력을 말하며 분산 아키텍처의 중요한 장점입니다. 클라우드 및 온프렘on-prem 기반의 인프라 관련 제품은 사용량이 증가함에 따라 서비스, 컨테이너, HTTP 서버, 가상 머신을 자동 확장하는 기능을 제공합니다. 그런데 데이터베이스도 그렇게 확장이 가능할까요?

[그림 6-7]에서 알 수 있듯이, 서비스 확장성은 (앞 절에서 설명한) 커넥션뿐만 아니라 처리량throughput(스루풋)과 용량 면에서도 데이터베이스에 엄청난 부담을 줄 수 있습니다. 그러므로 분산 시스템을 확장하려면 데이터베이스를 포함한 시스템 전 부문의 확장이 필요합니다.

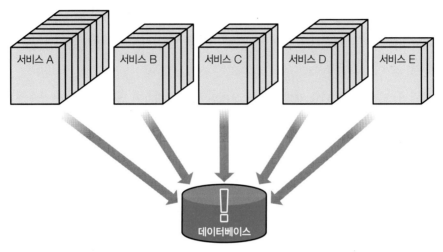

그림 6-7 데이터베이스는 서비스가 확장될 때 함께 확장돼야 한다.

데이터베이스 분해를 고려하고 있다면 확장성은 또 다른 데이터 분해인입니다. 데이터베이스 커넥션, 용량, 처리량, 성능은 분산 아키텍처에 있는 여러 서비스의 요건을 공통 데이터베이스가 충족하는지 결정짓는 팩터들입니다.

[표 6-3]에서 데이터베이스 커넥션 쿼터를 정교하게 다듬어 개선했지만, [표 6-4]와 같이 전체 데이터베이스 커넥션 수가 100개에 이를 정도로 서비스 수가 급증하면 사정은 완전히 달라집니다.

표 6-4 서비스 수가 급증하면 커넥션 사용량이 한도를 초과한다.

서비스	쿼터	최대 사용 수	인스턴스 수	총사용 수
A	8	5	2	10
B	29	27	3	81
C	20	15	3	45
D	25	25	2	50

서비스	쿼터	최대 사용 수	인스턴스 수	총사용 수
E	18	14	4	56
계	100	86	14	242

커넥션 100개를 골고루 잘 분배해도 총커넥션 수가 142개나 더 많은 242개가 될 정도로 서비스가 급증하면 문제가 심각해집니다. 커넥션 대기가 빈번하게 발생하고 전체 성능은 떨어지며 요청 타임아웃도 자주 발생하겠죠.

이럴 때 [그림 6-8]처럼 데이터를 개별 데이터 도메인 또는 서비스별 데이터베이스$^{database-per-service}$로 분해하면, 데이터베이스당 커넥션 수가 현저히 줄어들어 서비스가 확장돼도 데이터베이스 확장성과 성능을 크게 높일 수 있습니다.

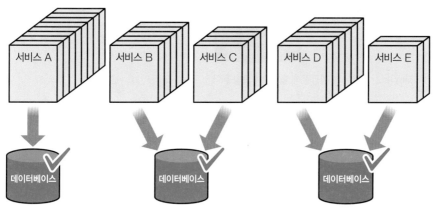

그림 6-8 데이터베이스를 분해하면 데이터베이스의 확장성이 좋아진다.

데이터베이스 커넥션 외에 데이터베이스의 부하 역시 확장성과 관련해 고민해야 할 항목입니다. 데이터베이스를 분해하면 데이터베이스별 부하는 아무래도 낮아지므로 전반적으로 성능과 확장성이 좋아집니다.

내고장성

여러 서비스가 동일한 데이터베이스를 공유하면, 결국 데이터베이스가 단일 장애점$^{single\ point\ of\ failure}$(SPF)이 돼 전체적인 시스템의 내고장성이 좋지 않습니다(그림 6-9). 내고장성은 서비스나 데이터베이스가 고장이 나도 시스템의 다른 부분은 중단 없이 가동시킬 수 있는 능력을 말합니다.

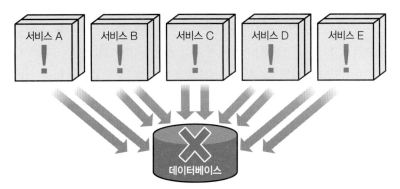

그림 6-9 데이터베이스가 실패하면 모든 서비스의 작동이 중단된다.

내고장성 역시 데이터를 분해해야 할 떳떳한 명분입니다. 시스템의 어떤 부분에 내고장성이 필요하다면, [그림 6-10]처럼 데이터를 나눠 시스템에서 단일 장애점을 제거해야 합니다. 그래야 데이터베이스가 가동을 멈춰도 나머지 시스템은 계속 서비스를 할 수 있겠죠.

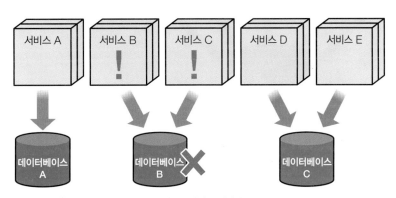

그림 6-10 데이터베이스를 분해하면 내고장성이 좋아진다.

[그림 6-10]에서 보다시피, 데이터베이스 B에 고장이 발생해도 서비스 B, C만 가동이 중지되고 다른 서비스는 무중단 운영이 가능합니다.

아키텍처 퀀텀

2장에서 아키텍처 퀀텀은 높은 기능 응집도와 정적 커플링, 동기적 동적 커플링을 가진, 독립적 배포가 가능한 아티팩트라고 했습니다. 아키텍처 퀀텀은 어떤 경우에 데이터베이스를 분해하는 게 좋을지 제시하는 훌륭한 길잡이 역할을 하며, 이것이 결국 또 다른 데이터 분해인이 됩니다.

[그림 6-11]은 5개 서비스가 단일 데이터베이스를 공유하는 구조입니다. 여기서 서비스 A, B는 다른 세 서비스(서비스 C, D, E)와 필요한 아키텍처 특성 요건이 전혀 다릅니다. 그래서 A, B 두 서비스는 한데 묶여 있지만 동일한 데이터베이스를 공유하고 있으므로 C, D, E 세 서비스와 퀀텀이 나뉘지 않습니다. 즉, 단일 데이터베이스를 바라보는 이 5개 서비스는 모두 단일 아키텍처 퀀텀입니다.

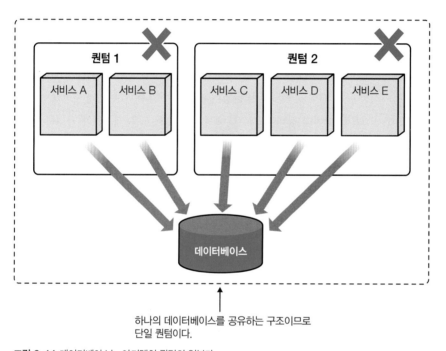

하나의 데이터베이스를 공유하는 구조이므로
단일 퀀텀이다.

그림 6-11 데이터베이스는 아키텍처 퀀텀의 일부다.

아키텍처 퀀텀의 정의에서 데이터베이스는 기능적으로 응집된 부분에 속하므로 각 파트를 독립적인 자체 퀀텀으로 분해할 필요가 있습니다. 가령 [그림 6-12]와 같이 데이터베이스를 양분하면 서비스 A, B의 아키텍처 퀀텀과 서비스 C, D, E의 아키텍처 퀀텀이 분리됩니다.

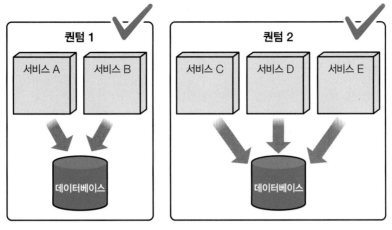

그림 6-12 데이터베이스를 분해하면 아키텍처 퀀텀이 둘로 쪼개진다.

데이터베이스 타입 최적화

모든 데이터는 그 종류에 따라 처리하는 방식이 조금씩 다릅니다. 모놀리식 데이터베이스를 사용할 경우, 모든 데이터를 해당 데이터베이스의 타입에 맞춰야 하므로 특정한 타입의 데이터는 최상의 결과를 내지 못할 가능성이 높습니다.

모놀리식 데이터를 분해하면 특정한 데이터를 그 특성에 최적화된 데이터베이스 타입으로 옮길 수 있습니다. 예를 들어, 키-값 쌍(예: 국가 코드, 제품 코드, 창고 코드 등) 형식의 기준 데이터처럼 애플리케이션에서 참조되는 트랜잭션 데이터는 그 특성상 모놀리식 관계형 데이터베이스보다 키-값 데이터베이스(6.3.2절 '키-값 데이터베이스')에 저장하는 것이 더 효과적입니다.

6.1.2 데이터 통합인

데이터 통합인은 데이터 분해인과 반대로 '어떤 경우에 데이터를 다시 합쳐야 하는가?'에 대한 답변과 명분입니다. 데이터 분해인과 더불어, 데이터 통합인은 데이터를 어떤 경우에 나누고 어떤 경우에 나누지 말지 판단하는, 트레이드오프 분석의 유용한 가늠자 역할을 합니다.

데이터를 다시 합쳐야 하는 중요한 통합인을 두 가지 정리하면 다음과 같습니다.

데이터 관계

테이블 간에 밀접한 연관 관계가 있는 외래 키, 트리거, 뷰가 있는가?

데이터베이스 트랜잭션

데이터 무결성과 일관성을 보장하기 위해 단일 트랜잭션 단위가 필요한가?

데이터 통합인을 하나씩 좀 더 자세히 살펴보겠습니다.

데이터 관계

다른 아키텍처 컴포넌트처럼 데이터베이스(특히 관계형 데이터베이스) 테이블도 커플링이 발생할 수 있습니다. 외래 키, 트리거, 뷰, 저장 프로시저 등의 아티팩트는 테이블과 엮여 데이터를 분해하기 어렵게 만드는 요인들입니다(그림 6-13).

"마이크로서비스 체계에서 경계 콘텍스트를 견고하게 설계하려면 데이터베이스를 분해해야 하며 기존 외래 키와 뷰는 모두 제거해야 합니다." 만약 여러분이 DBA나 데이터 아키텍트를 찾아가 이렇게 말하면 어떤 대답을 듣게 될까요? 당연히 선뜻 수락할 DBA는 없겠죠. 하지만 마이크로서비스 아키텍처에서 서비스별 데이터베이스 패턴database-per-service pattern을 적용하려면 반드시 거쳐야 할 관문이기도 합니다.

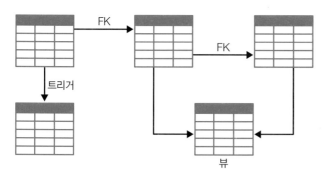

그림 6-13 외래 키(FK), 트리거, 뷰는 데이터를 서로 단단하게 결합시키는 역할을 한다.

외래 키, 트리거, 뷰는 대부분의 관계형 데이터베이스에서 데이터 일관성과 무결성을 지원하기 위해 꼭 필요한 물리적 아티팩트입니다. 그 밖에 회원 테이블과 회원 가입 이력 테이블의 관계처럼 데이터가 논리적으로 연관된 경우도 많습니다. 그러나 데이터를 다른 스키마나 데이터베이스로 이전해 경계 콘텍스트를 구성하려면 이처럼 데이터베이스에 특정한 아티팩트는 모두 들어내야 합니다(그림 6-14).

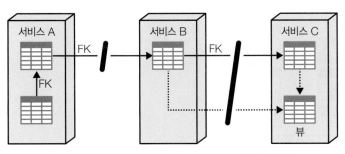

그림 6-14 데이터를 분해할 때 데이터 아티팩트는 반드시 제거해야 한다.

[그림 6-14]를 보면, 서비스 A에 속한 테이블들은 그 데이터가 동일한 경계 콘텍스트, 동일한 스키마, 동일한 데이터베이스에 있으므로 외래 키 관계가 그대로 유지되지만, 서비스 B와 C에 있는 테이블 사이의 외래 키는 다른 데이터베이스 또는 스키마와 연결돼 있으므로 (서비스 C 가 사용하는 뷰를 포함해) 모두 삭제해야 합니다.

데이터 간의 관계는 논리적이든, 물리적이든 데이터 통합인입니다. 여기서 데이터 분해인이냐, 데이터 통합인이냐를 두고 트레이드오프를 저울질하게 됩니다. 테이블 간 외래 키 관계를 유지하는 것(데이터 통합인)보다 변경 관리를 잘하는 것(데이터 분해인)이 더 중요한가? 내고 장성(데이터 분해인)을 높이는 것과 테이블 간의 구체화 뷰^{materialized view}를 유지하는 것(데이터 통합인) 중 어느 쪽이 더 가치 있는가? 뭐가 더 중요한지 잘 따져보면 데이터를 정말 분해해야 하는지, 분해한다면 어느 정도로 스키마를 잘게 나눌지 판단하는 데 결정적인 힌트가 될 것입니다.

데이터베이스 트랜잭션

데이터베이스 트랜잭션 역시 데이터 통합인입니다(자세한 내용은 9.7절 '분산 트랜잭션' 참고). 어느 한 서비스가 데이터베이스 테이블에 여러 번 데이터 쓰기를 할 때, 모든 업데이트는 ACID(원자성^{Atomicity}, 일관성^{Consistency}, 격리성^{Isolation}, 지속성^{Durability}) 트랜잭션 내에서 일어나며, 모든 작업은 단일한 작업 단위로서 커밋되거나 롤백됩니다(그림 6-15).

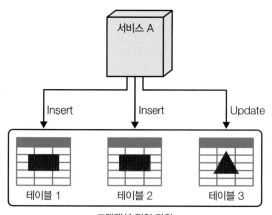

그림 6-15 데이터가 한데 모여 있으면 단일 트랜잭션 작업 단위로 묶을 수 있다.

하지만 데이터가 개별 스키마나 데이터베이스로 흩어지면 서비스 간 원격 호출이 발생하므로 단일 트랜잭션 단위는 더 이상 존재하지 않습니다. 즉, 한 테이블에서 일어난 쓰기 작업은 커밋이 가능하지만 다른 테이블에서 발생한 에러는 같은 트랜잭션으로 묶을 수 없기 때문에 반드시 데이터 일관성, 무결성 이슈가 발생합니다(그림 6-16).

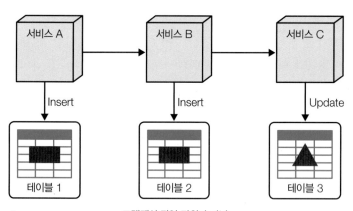

그림 6-16 데이터를 분해하면 단일 트랜잭션 작업 단위로 묶을 수 없다.

분산 트랜잭션 관리와 트랜잭셔널 사가는 12장에서 자세히 다룹니다. 지금은 데이터베이스 트랜잭션이 데이터 통합인으로서 데이터베이스 분해 시 반드시 고려해야 할 항목이라는 사실 하나만 기억하세요.

6.1.3 한빛가이버 사가: 데이터베이스 분해 정당화

11월 15일 월요일 15:55

성한과 이본은 데이터베이스를 분해할 확실한 명분을 정리한 뒤 다시 하나를 만났습니다.

손성한: "안녕하세요, 하나 씨. 지난번에 저희가 한빛가이버 데이터베이스를 분해해야 한다고 말씀드렸잖아요? 이제 그 필요성에 대해 설명을 드리고 도움을 받고 싶습니다."

설하나: (속으로는 현 체제 유지를 고집해야겠다고 마음먹으며) "네, 어디 한번 들어보죠."

손성한: "시작하겠습니다. 자, 이 로그 자료를 보시면 운영 리포트가 실행될 때마다 티케팅 기능이 계속 프리징되는 현상이 발생하고 있습니다."

설하나: "네, 사실 저도 그게 좀 이상해요. 리포팅이 아니라 티케팅 쪽에서 데이터베이스 액세스하는 방식이 뭔가 잘못된 것 같은데…"

손성한: "그런데 그게 티케팅과 리포팅이 조합돼 나타난 현상이더군요. 여길 보세요."

성한은 '일부 쿼리가 스레드 내부에 래핑돼 있고 리포팅 쿼리 실행 시 대기 상태에 빠져 티케팅 쿼리가 타임아웃됐다'는 사실을 나타내는 메트릭과 로그를 하나에게 보여줬습니다. 또한 그는 리포팅 쪽에서 꽤 복잡한 쿼리를 병렬 스레드에 담아 동시 실행한 결과 실제로 데이터베이스 커넥션이 모두 고갈됐다고 설명했습니다.

설하나: "그러네요. 데이터베이스 커넥션 관점에서는 리포팅 데이터베이스를 분리하면 문제 해결에 도움은 되겠네요. 하지만 그렇다 쳐도 리포팅이 아닌 다른 데이터베이스까지 분해할 필요는 없지 않나요?"

최이본: "데이터베이스 커넥션 얘기가 나왔으니 말인데, 우리가 만약 도메인 서비스를 분해하면 커넥션 풀이 어떻게 바뀔지 평가한 자료가 있어요."

이본은 애플리케이션 확장에 따른 서비스별 인스턴스 수 등 한빛가이버 분산 애플리케이션의 최종 추진 계획에 포함된 서비스 개수 자료를 하나에게 제시했습니다. 하나는 이본에게 애플리케이션 서버가 커넥션 풀을 소유하는 현재 마이그레이션 단계와 달리 커넥션 풀은 각 개별 서비스 인스턴스 안에 포함돼 있다고 설명했습니다.

최이본: "하나 씨, 저희는 이 수치를 근거로 티켓 부하 처리에 필요한 만큼 인프라를 확장할 경우 2,000개의 데이터베이스 커넥션이 더 필요할 거라 예상합니다. 그런데 아시다시피 단일 데이터베이스로는 이렇게 많은 커넥션을 제공할 수가 없어요."

설하나: (잠시 수치를 뚫어지게 바라보더니) "성한 씨도 이 수치가 맞다고 생각하시는 거죠?"

손성한: "네, 맞습니다. 이본 씨랑 저는 박거성 부장님이 알려주신 예상 성장률과 HTTP 트래픽 증가량을 기반으로 분석했습니다."

설하나: "네, 두 분이 고생해서 준비하신 자료라는 점은 인정하지 않을 수 없네요. 특히, 서비스들이 여러 데이터베이스나 스키마에 커넥션을 맺지 않게 하는 방안을 연구하신 점이 마음에 드네요. 제가 봐도 그건 좀 잘못된 거죠."

손성한: "그리고 하나 더 말씀드릴 내용이 있어요. 하나 씨도 알고 계시겠지만, 전에도 우린 고객들이 시스템을 사용하지 못해 성화라고 들었어요. 서비스를 분해하면 내고장성은 어느 수준 이상으로 끌어올릴 수 있겠지만, 모놀리식 데이터베이스가 (유지 보수나 서버 장애 등의 이유로) 가동을 멈추면 결국 모든 서비스가 작동되지 않을 겁니다."

최이본: "제가 말씀을 거들자면, 도메인마다 데이터베이스를 찢어서 일종의 데이터 사일로를 구축하면 내고장성은 확실히 개선할 수 있습니다. 가령, 설문 데이터베이스가 다운돼도 티케팅은 계속 가동시키는 식으로요."

손성한: "이걸 아키텍처 퀀텀이라고 하죠. 시스템에서 데이터베이스는 정적 커플링의 일부니까, 데이터베이스를 분해해서 코어 티케팅 기능을 스탠드얼론standalone하게 추출하고 시스템의 다른 파트에 동기적으로 의존하지 않도록 만드는 게 좋겠습니다."

설하나: "아, 잠깐만요! 두 분은 지금 데이터베이스를 분해할 그럴싸한 이유를 들어 절 설득하시는 것 같은데요. 그럼 데이터베이스 분해를 어떻게 하면 좋을지 설명해주시겠어요? 다들 아시겠지만 데이터베이스에 외래 키나 뷰만 해도 얼마나 많은지… 이 모든 걸 다 지우는 건 불가능해요."

최이본: "모두 제거할 필요는 없습니다. 그래서 5단계 프로세스가 필요한 거죠. 자, 하나씩 설명해드릴게요."

6.2 모놀리식 데이터 분해

모놀리식 데이터베이스를 분해하는 작업은 결코 만만치 않습니다. 데이터를 안전하고 효과적으로 분해하려면 데이터베이스 팀과 긴밀한 협력을 지속해야 합니다. 지금부터 소개할 5단계 프로세스five-step process는 데이터를 분해하는 좋은 체계입니다. 이 프로세스는 데이터 도메인 개념을 적극 활용해 데이터를 개별 스키마(즉, 결국 물리적으로 상이한 데이터베이스)로 옮기는 미이그레이션을 점진적으로, 반복적으로, 체계적으로 진행합니다(그림 6-17).

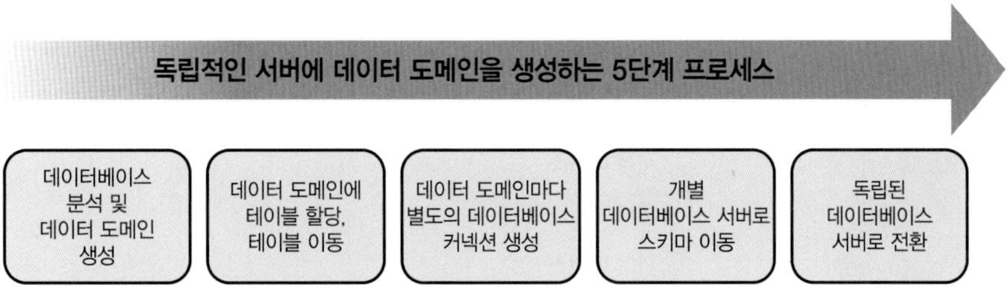

그림 6-17 모놀리식 데이터베이스를 분해하는 5단계 프로세스

데이터 도메인은 테이블, 뷰, 외래 키, 트리거 등과 같은 연관된 데이터베이스 아티팩트들의 집합입니다. 이런 아티팩트는 모두 특정 도메인과 관련이 있고 제한된 기능 범위 내에서 함께 사용되는 경우가 많습니다. [표 1-2]의 테이블 리스트와 여기에 대응되는 [표 6-5]의 데이터 도메인을 하나씩 살펴보면서 데이터 도메인의 개념을 설명하겠습니다.

표 6-5 현재 데이터 도메인에 할당된 데이터베이스 테이블

테이블	권장 데이터 도메인
Customer	고객
Customer_Notification	고객
Survey	설문
Question	설문
Survey_Question	설문
Survey_Administered	설문
Survey_Response	설문
Billing	결제
Contract	결제
Payment_Method	결제
Payment	결제
HbGyver_User	프로필
Profile	프로필
Expert_Profile	프로필

테이블	권장 데이터 도메인
Expertise	프로필
Location	프로필
Article	지식 베이스
Tag	지식 베이스
Keyword	지식 베이스
Article_Tag	지식 베이스
Article_Keyword	지식 베이스
Ticket	티케팅
Ticket_Type	티케팅
Ticket_History	티케팅

[표 6-5]는 한빛가이버 애플리케이션의 6개 주요 데이터 도메인(고객, 설문, 결제, 프로필, 지식 베이스, 티케팅)에 속한 테이블 리스트입니다. 즉, Billing은 결제 데이터 도메인에, Ticket과 Ticket_type은 티케팅 데이터 도메인에 각각 속한 테이블입니다.

데이터베이스를 축구공이라고 생각하면 데이터 도메인의 개념을 이해하기 쉽습니다. [그림 6-18]에서 축구공의 흰색 육각형은 각각의 데이터 도메인을 나타내며, 이 도메인에 관련된 테이블과 그와 결합된 모든 아티팩트(예: 외래 키, 뷰, 저장 프로시저 등)는 이 육각형 안에 들어 있습니다.

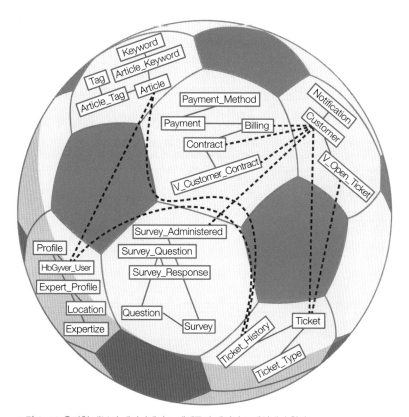

그림 6-18 육각형 내부의 데이터베이스 개체들이 데이터 도메인에 속한다.

이렇게 데이터베이스를 시각화하면 아키텍트와 데이터베이스 팀이 어떤 데이터 도메인의 경계와 교차 도메인 디펜던시cross-domain dependency (예: 외래 키, 뷰, 저장 프로시저 등)를 분해해야 하는지 좀 더 명확하게 드러납니다. 각 흰색 육각형 내부에서는 테이블 디펜던시 및 관계가 보존되지만, 그 경계를 벗어나 육각형들 상호 간에는 보존되지 않습니다. 그림에서 실선은 데이터 도메인 내부에 구성된 디펜던시를, 점선은 교차 데이터 도메인 디펜던시를 각각 나타냅니다.

점선으로 표시한 교차 도메인 디펜던시는 데이터 도메인을 개별 스키마로 추출하면서 반드시 제거해야 할 대상입니다. 즉, 데이터 도메인 간의 외래 키 제약 조건, 뷰, 트리거, 함수, 저장 프로시저는 없애야 합니다. 스콧 앰블러Scott Ambler와 프라모드 세달라지Pramod Sadalage가 쓴 『Refactoring Databases: Evolutionary Database Design』(Addision-Wesley, 2006)에 있는 다양한 리팩터링 패턴을 활용하면 이런 데이터 디펜던시를 안전하고 반복적으로 제거할 수 있습니다.

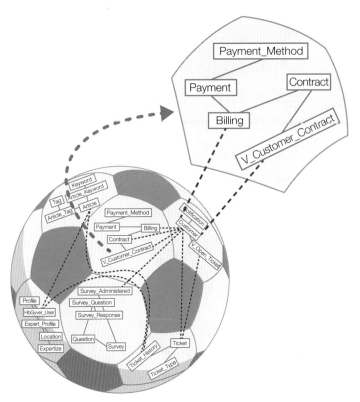

그림 6-19 데이터 도메인에 속한 테이블을 추출하고 어떤 연결을 끊을지 확인한다.

[그림 6-19]를 보면서 데이터 도메인을 정의하고 교차 도메인 디펜던시를 제거하는 과정을 알아봅시다. 여기서는 결제Payment를 나타내는 데이터 도메인을 만들었습니다. Customer 테이블은 V_Customer_Contract와 데이터 도메인이 다르기 때문에 이 뷰는 마땅히 결제 도메인에서 도려내야 합니다. [예제 6-1]은 이 작업을 진행하기 전의 원래 V_Customer_Contract 코드입니다.

예제 6-1 교차 도메인 조인으로 오픈 티켓 정보를 조회하는 데이터베이스 뷰

```
CREATE VIEW [Payment].[V_Customer_Contract]
  AS
SELECT
    customer.customer_id,
    customer.customer_name,
    contract.contract_start_date,
    contract.contract_duration,
```

```
    billing.billing_date,
    billing.billing_amount
FROM Payment.Contract AS contract
INNER JOIN Customer.Customer AS customer
    ON ( contract.customer_id = customer.customer_id )
INNER JOIN Payment.Billing AS billing
    ON ( contract.contract_id = billing.contract_id )
WHERE contract.auto_renewal = 0
```

[예제 6-2]는 고객명(customer.customer_name) 컬럼처럼 Customer와 Payment 테이블
간의 조인을 제거한 코드입니다.

예제 6-2 티켓 도메인의 고객별 오픈 티켓을 조회하는 데이터베이스 뷰

```
CREATE VIEW [Payment].[V_Customer_Contract]
  AS
SELECT
    billing.customer_id,
    contract.contract_start_date,
    contract.contract_duration,
    billing.billing_date,
    billing.billing_amount
FROM Payment.Contract AS contract
INNER JOIN Payment.Billing AS billing
    ON ( contract.contract_id = billing.contract_id )
WHERE contract.auto_renewal = 0
```

데이터 도메인에도 테이블과 동일한 경계 콘텍스트 규칙이 적용되므로 서비스는 여러 데이터
도메인과 직접 통신할 수가 없습니다. 따라서 뷰에서 이 테이블을 삭제하면, 앞으로 결제 서
비스는 원래 뷰에서 가져오던 고객명(customer_name)을 고객 서비스를 호출해 가져와야 합
니다.

여기까지 데이터 도메인의 개념을 이해했다면 이제 5단계 프로세스를 통해 모놀리식 데이터베
이스를 분해할 차례입니다. 한 단계씩 자세히 살펴보겠습니다.

1단계 데이터베이스 분석과 데이터 도메인 생성

현재 모든 서비스는 데이터베이스의 모든 데이터에 접근할 수 있습니다(그림 6-20). 이는 공유 데이터베이스 통합 스타일shared database integration style[*]이라는 프랙티스에 따라 설계, 구축, 배포한 결과로, 데이터와 데이터에 접근하는 서비스가 서로 단단히 결합됩니다. 6.1절 '데이터 분해인'에서도 설명했듯이, 이렇게 데이터와 서비스가 긴밀히 엮이면 데이터베이스 변경 관리가 아주 힘들어집니다.

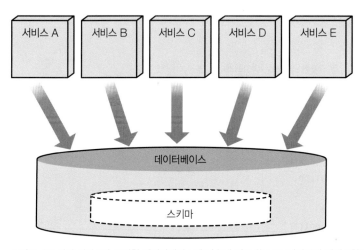

그림 6-20 여러 서비스가 동일한 데이터베이스에 접속해 읽고 쓸 모든 테이블에 액세스한다.

데이터베이스를 분해하는 첫 단계는 데이터베이스 내에서 구체적으로 도메인 그룹을 식별하는 일입니다. [표 6-5]처럼 연관된 테이블을 그룹핑하면 데이터 도메인 후보를 추려낼 수 있습니다.

2단계 데이터 도메인에 테이블 할당

2단계는 테이블들을 특정 경계 콘텍스트로 묶고 특정 데이터 도메인에 속하는 테이블을 해당 스키마에 할당합니다. 스키마는 데이터베이스 서버의 논리적 구조물로, 테이블, 뷰, 함수 등의 개체가 여기에 포함됩니다. 스키마와 유저가 동일한 데이터베이스 서버(예: 오라클)도 있고,

---

* *https://oreil.ly/EFqtc*, 그레고르 호페(Gregor Hohpe)와 바비 울프(Bobby Woolf)의 『기업 통합 패턴』(2014년, 에이콘출판사)

유저가 접근 가능한 데이터베이스 객체를 기리기는 논리적 공간이 스키마인 데이터베이스 서버(예: SQL 서버^{SQL Server})도 있습니다.

이제 데이터 도메인마다 스키마를 만들고 테이블들을 각자 속한 스키마로 옮깁니다(그림 6-21).

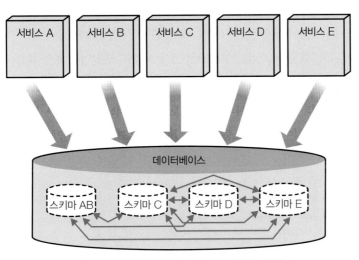

그림 6-21 서비스는 데이터 도메인의 니즈에 따라 주 스키마를 사용한다.

만약 서로 다른 데이터 도메인에 속한 테이블 간에 밀접한 연관성과 커플링이 존재한다면, 해당 데이터 도메인들은 반드시 통합해야 합니다. 그 결과 여러 서비스가 특정 데이터 도메인을 소유하는 더 넓은 경계 콘텍스트가 형성됩니다. 데이터 도메인 통합은 9장에서 더 자세히 설명합니다.

데이터 도메인 대 데이터베이스 스키마

데이터 도메인이 아키텍처적 개념이라면, 스키마는 어떤 데이터 도메인에 속한 데이터베이스 객체들이 포함된 데이터베이스 구조입니다. 데이터 도메인과 스키마는 보통 1:1 관계이지만, 데이터 도메인은 하나 이상의 스키마에 매핑될 수 있습니다. 특히, 데이터가 단단하게 결합된 관계라서 데이터 도메인을 통합하는 경우가 그렇습니다. 이 책에서는 데이터 도메인과 스키마를 같은 의미로 혼용합니다.

예를 들어, 다음과 같이 Billing 테이블을 원래 스키마(Other)에서 결제(Payment)라는 다

른 데이터 도메인의 스키마로 변경할 수 있습니다.

```
ALTER SCHEMA Payment TRANSFER Other.Billing;
```

자기 스키마에 속하지 않은 테이블에 시노님^{synonym}(동의어)을 만들어 쓰는 방법도 있습니다. 시노님은 심볼릭 링크^{symbolic link}와 비슷한 일종의 별칭으로, 동일한(또는 상이한) 스키마나 서버에 존재할 수 있는 다른 데이터베이스 객체를 가리키는 또 다른 이름입니다. 요는, 교차 스키마 쿼리를 제거하자는 것입니다. 물론 시노님도 액세스하려면 읽기/쓰기 권한이 필요합니다.

예를 들어 다음과 같은 교차 도메인 쿼리가 있다고 합시다.

```
SELECT
    history.ticket_id,
    history.notes,
    agent.name
FROM Ticketing.ticket_history AS history
INNER JOIN Profile.hbgyver_user AS agent
    ON ( history.assigned_to_hbgyver_user_id = agent.hbgyver_user_id )
```

Ticketing 스키마에 Profile.hngyver_user 테이블의 시노님을 생성합니다.

```
CREATE SYNONYM Ticketing.hbgyver_user
FOR Profile.hbgyver_user;
GO
```

그리고 교차 도메인 테이블 대신에 hbgyver_user 시노님으로 쿼리하면 됩니다.

```
SELECT
    history.ticket_id,
    history.notes,
    agent.name
FROM Ticketing.ticket_history AS history
INNER JOIN Ticketing.hbgyver_user AS agent
    ON ( history.assigned_to_hbgyver_user_id = agent.hbgyver_user_id )
```

하지만 이런 시으로 다른 스키마에 있는 테이블을 시노님으로 참조하면 애플리케이션 관점에서 또 다른 커플링이 됩니다. 데이터 도메인을 올바르게 구성하려면 어차피 이런 결합점을 분해해야 하므로 통합점을 데이터베이스 레이어에서 애플리케이션 레이어로 옮기는 게 좋습니다.

시노님은 실제로 교차 스키마 쿼리를 없애는 건 아니지만, 디펜던시 체크와 코드 분석이 용이해져 결국 나중에 교차 스키마 쿼리를 분해하는 작업도 쉬워집니다.

3단계 데이터 도메인에 접속하는 데이터베이스 커넥션 분리

3단계는 각 서비스가 특정 스키마에 확실히 연결돼 자기 데이터 도메인에 속한 테이블에 읽기/쓰기 액세스가 가능하도록 데이터베이스 커넥션 로직을 리팩터링합니다. 모든 교차 스키마 액세스를 서비스 수준에서 제거해야 하므로 이 전환 작업이 가장 어렵습니다.

[그림 6-22]는 모든 데이터 액세스가 서비스와 그 서비스에 연결된 스키마를 통해서만 이뤄지도록 데이터베이스 구성을 변경한 모습입니다. 앞으로 서비스 C는 교차 스키마 액세스가 불가하므로 스키마 D가 아니라 서비스 D와 통신할 것입니다. 2단계 '데이터 도메인에 테이블 할당'에서 생성한 시노님은 모두 삭제합니다.

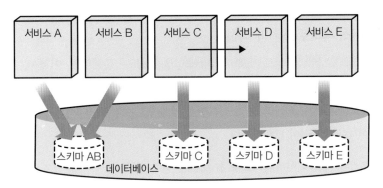

그림 6-22 교차 스키마 객체 액세스는 서비스로 옮겨 직접적인 교차 스키마 액세스를 제거한다.

이 단계를 미치면 데이티베이스는 각 서비스마다 자신의 데이터를 소유하는 서비스별 데이터 주권^{data sovereignty per service} 체제로 전환됩니다. 그야말로 분산 아키텍처에서 '열반의 경지'에 다다른 것입니다. 단, 모든 아키텍처 프랙티스가 그렇듯이 여기에도 일장일단이 있습니다.

장점

- 다른 도메인에 영향을 끼치지 않고도 데이터베이스 스키마를 변경할 수 있습니다.
- 서비스마다 용도에 가장 적합한 종류의 데이터베이스와 기술을 사용할 수 있습니다.

단점

- 대량의 데이터를 처리할 때 성능 이슈가 발생할 수 있습니다.
- 데이터 참조 무결성이 지켜지지 않아 데이터 품질이 저하될 수 있습니다.
- 다른 도메인에 속한 테이블에 접근하는 데이터베이스 코드(저장 프로시저, 함수)는 모두 서비스 레이어로 옮겨야 합니다.

4단계 개별 데이터베이스 서버로 스키마 이전

데이터 도메인을 나눠 생성하고 서비스별로 자기 데이터에만 접근하도록 분해하면, 이제 데이터 도메인을 별도의 물리적인 데이터베이스로 옮길 수 있습니다. 서비스가 자신이 소유한 스키마에 접근해도 단일 데이터베이스 구조는 확장성, 내고장성, 성능 등 운영 측면에서 좋지 않기 때문에 대부분의 경우 이 4단계 작업이 필요합니다.

스키마를 물리적으로 분리된 다른 데이터베이스로 옮길 때는 백업 및 복원^{backup and restore}, 복제^{replication}라는 두 가지 옵션이 있습니다.

백업 및 복원

먼저 팀마다 데이터 도메인에 있는 각 스키마를 백업한 다음, 데이터 도메인별로 데이터베이스 서버를 구성합니다. 그러고 나서, 스키마를 복원한 후 새 데이터베이스 서버에 있는 스키마에 서비스를 연결합니다. 원래 데이터베이스 서버에서 스키마를 제거하면 모든 작업이 끝납니다. 마이그레이션 과정에서 다운타임은 불가피합니다.

복제

먼저 데이터 도메인별로 데이터베이스 서버를 구성한 다음, 스키마를 복제하고 새 데이터베이스 서버로 커넥션을 전환합니다. 마지막으로, 원래 데이터베이스 서버에서 스키마를 제거합니다. 이 방식은 다운타임이 없지만, 복제 작업 설정과 세부적인 조정 작업에 신경을 써야 합니다.

[그림 6-23]은 데이터 도메인당 하나의 데이터베이스 서버가 있도록 여러 데이터베이스 서버를 복제 방식으로 구성한 예입니다.

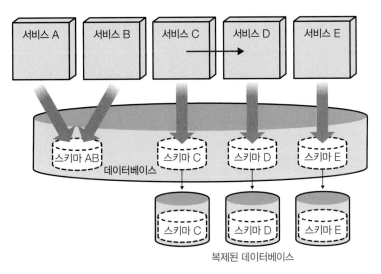

그림 6-23 스키마(데이터 도메인)를 자체 데이터베이스 서버로 복제한다.

5단계 독립적 데이터베이스 서버로 전환

스키마를 완전히 복제했다면 이제 서비스 커넥션을 전환할 수 있습니다. 데이터 도메인과 서비스를 고유한 독립적 배포 단위로 작동시키는 최종 단계는 옛 데이터베이스에 있는 스키마를 삭제하고 이 서버에 접속했던 모든 커넥션을 삭제하는 것입니다(그림 6-24).

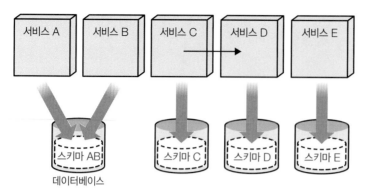

그림 6-24 데이터 도메인마다 독립된 데이터베이스 서버로 전환한다.

데이터 도메인과 데이터베이스 커넥션을 분리하고 데이터 도메인을 자체 데이터베이스 서버로 옮기고 나면, 데이터베이스 팀은 필요시 데이터베이스 서버를 최적화해서 가용성과 확장성을 개선할 수 있습니다. 또 데이터를 분석해 어떤 종류의 데이터베이스가 가장 적합한지 결정함으로써 전사적으로 폴리글랏polyglot 데이터베이스 체계를 도입할 수 있습니다.

6.3 데이터베이스 타입 선택

2005년경, 데이터베이스 업계에 기술 혁명이 휘몰아쳤습니다. 그런데 너무나 많은 제품이 한꺼번에 등장한 까닭에 선택의 역설The Paradox of Choice[2]이라는 문제가 생겼습니다. 수많은 제품과 선택지를 두고 결정하는 만큼 고려해야 할 트레이드오프가 너무 많아진 거죠. 제품마다 최적화 포인트가 제각각이므로 소프트웨어 아키텍트, 데이터 아키텍트는 자신의 문제 영역에서 어떤 제품이 가장 적합한지 머리를 맞대고 고민하게 됐습니다.

이 절에서는 다음과 같은 측면에서 다양한 데이터베이스 제품을 분석한 결과를 별점 등급으로 나타내보겠습니다.

학습 용이성

신규 개발자, 데이터 아키텍트, 데이터 모델러, 운영 DBA와 그 밖의 데이터베이스 유저가 얼마나 쉽게 배우고 적응할 수 있는지를 나타냅니다. 예를 들어 SQL을 전혀 모르는 소프트웨어 개발자는 거의 없겠지만, 그렘린Gremlin(그래프 쿼리 언어) 같은 최신 기술은 모르는 사람이 태반이겠죠. 별점이 낮을수록 학습하기 어려운 것입니다.

데이터 모델링 용이성

데이터 모델러가 얼마나 쉽게 도메인을 표현할 수 있는지를 나타냅니다. 별점이 높을수록 더 많은 유스 케이스에 데이터 모델링이 잘 맞고 모델링 이후에도 변경하거나 적용하기가 용이함을 의미합니다.

확장성/처리량

증가된 처리량을 위해 데이터베이스를 어느 정도까지, 얼마나 쉽게 확장할 수 있는지를 나타냅니다. 데이터베이스를 확장하기 쉬운지, 데이터베이스를 수평적으로나 수직적으로(또는 두 가지 형태 모두로) 확장할 수 있는지 살펴보는 것입니다. 별점이 높을수록 확장이 쉽고 높은 처리량을 얻을 수 있다는 뜻입니다.

가용성/내분할성

데이터베이스가 (몽고DB의 레플리카 세트$^{replica set}$* 또는 아파치 카산드라$^{Apache Cassandra}$[3]의 조정 가능한 일관성$^{tunable consistency}$† 같은) 고가용성(HA) 구성을 지원하는지, 네트워크 파티션을 처리하는 기능을 갖고 있는지를 나타냅니다. 별점이 높을수록 더 높은 가용성 및(또는) 더 나은 내분할성을 가진 데이터베이스라는 뜻입니다.

일관성

'항상 일관된$^{always consistent}$' 패러다임을 지원하는 데이터베이스인지를 나타냅니다. 데이터베이스가 ACID 트랜잭션을 지원하는가, 아니면 최종 일관성 기반의 BASE 트랜잭션을 지원하는가? 다양한 쓰기 작업에 맞게 조정 가능한 일관성 모델을 제공하는가? 별점이 높을수록 데이터베이스가 지원하는 일관성이 높다는 뜻입니다.

프로그래밍 언어 지원, 제품 성숙도, SQL 지원, 커뮤니티

데이터베이스가 어떤(또 얼마나 다양한) 프로그래밍 언어를 지원하는지, 데이터베이스가 얼마나 성숙했고 관련 커뮤니티의 규모는 어느 정도인지를 나타냅니다. 회사에서 해당 데이터베이스에 숙

---

* 옮긴이_동일한 데이터 세트를 갖고 있는 다수의 mongod 프로세스 그룹을 말합니다. 자세한 내용이 궁금한 독자는 『몽고DB 완벽 가이드』(한빛미디어, 2021)를 참고하기 바랍니다.
† 옮긴이_카산드라는 가용성을 높이기 위해 일관성을 희생하는 전략으로 풀 스케일의 ACID 트랜잭션을 대체합니다(https://cassandra.apache.org 참고).

련된 인력을 쉽게 채용할 수 있는가? 별점이 높을수록 지원이 더 잘되는 성숙한 제품이고 인재를 구하기도 쉽다는 뜻입니다.

읽기/쓰기 우선순위

데이터베이스가 쓰기보다 읽기를 우선하는지, 반대로 읽기보다 쓰기를 우선하는지, 아니면 읽기와 쓰기를 모두 균형 있게 잘 지원하는지를 나타냅니다. 이것 아니면 저것 식의 선택이 아니라 데이터베이스가 최적화되는 방향에 대한 척도입니다.

6.3.1 관계형 데이터베이스

관계형 데이터베이스(RDBMS)는 30년이 넘는 세월 동안 사실상 데이터베이스의 표준이었습니다. 특히 관계형 데이터베이스가 제공하는 사용성과 안정성은 비즈니스 관련 애플리케이션에서 그 가치가 뚜렷하며, 거의 '만국 공통어'라 할 수 있는 구조화 쿼리 언어Structured Query Language(SQL)와 ACID 속성은 널리 잘 알려져 있습니다. 관계형 데이터베이스 특유의 SQL 인터페이스는 동일한 쓰기 모델 위에서 상이한 읽기 모델을 구현할 때도 많이 사용됩니다.

평가 항목	관계형 데이터베이스 (오라클, SQL 서버, 포스트그레스큐엘 등)
학습 용이성	★★★★
데이터 모델링 용이성	★★★
확장성/처리량	★★
가용성/내분할성	★
일관성	★★★★★
프로그래밍 언어 지원, 제품 성숙도, SQL 지원, 커뮤니티	★★★★
읽기/쓰기 우선순위	읽기 ▲ 쓰기

그림 6-25 관계형 데이터베이스의 별점 등급표

학습 용이성

관계형 데이터베이스는 아주 오랫동안 사용돼 왔습니다. 학교에서도 꾸준히 교육이 이뤄져왔고 문서와 튜토리얼 등 읽을거리도 풍성합니다. 덕분에 다른 종류의 데이터베이스보다 배우기가 훨씬 수월합니다.

데이터 모델링 용이성

관계형 데이터베이스를 사용하면 데이터를 유연하게 모델링할 수 있습니다. 키-값, 문서, 그래프와 유사한 구조도 모델링할 수 있고, 인덱스를 새로 추가해서 읽기 패턴을 변경하는 일도 가능합니다. 하지만 깊이가 랜덤한 그래프 구조처럼 관계형 데이터베이스로 모델링하기 어려운 모델도 있습니다. 데이터베이스 모델러라면 대부분 익숙한 (스프레드시트와 비슷한) 테이블, 로우 형태로 데이터를 구축합니다.

확장성/처리량

관계형 데이터베이스는 일반적으로 아주 큰 머신을 사용하며 수직 확장합니다. 그러나 복제 및 자동 전환 설정은 아주 복잡하고 고도의 조정 작업이 필요합니다.

가용성/내분할성

관계형 데이터베이스는 가용성, 내분할성보다 일관성을 더 중시합니다(9.4.1절 '테이블 분할 기법').

일관성

관계형 데이터베이스는 강력한 ACID 속성 덕분에 오랜 세월 업계를 지배했습니다. ACID는 데이터베이스가 동시성을 처리하는 원리와 같은 동시성에 관한 저수준의 디테일을 개발자가 신경 쓰지 않고 개발할 수 있게 하며 동시성 시스템의 많은 난제를 도맡아온 고마운 기능입니다.

프로그래밍 언어 지원, 제품 성숙도, SQL 지원, 커뮤니티

관계형 데이터베이스는 연륜에 걸맞게 잘 알려진 갖가지 설계, 구현, 운영 패턴을 적용할 수 있어 아키텍처 내부에서 적용, 개발, 통합하기가 쉬운 편입니다. 그러나 많은 관계형 데이터베이스 제품은 리액티브 스트림 API 및 그와 유사한 새로운 개념에 대한 기술 지원이 부족하며, 기존 체계가 잘 굳혀져 있는 만큼 새로운 아키텍처 개념을 구현하는 데도 시간이 오래 걸립니다. 관계형 데이터베이스는 다양한 프로그래밍 언어 인터페이스로 연동되며, (벤더vendor마다 쪼개져 있긴 하지만)

유저 커뮤니티가 아직도 건재합니다.

읽기/쓰기 우선순위

관계형 데이터베이스는 읽기, 쓰기 중 한쪽이 더 효율적인 방향으로 데이터를 모델링할 수 있습니다. 이렇게 똑같은 데이터베이스로 다양한 부류의 워크로드를 처리할 수 있어 읽기/쓰기 우선순위는 균형이 잘 맞는 편입니다. 예를 들어, 대용량 데이터 및 트래픽을 처리하는 경우처럼 ACID 기능이 모든 유스 케이스에 필수인 것은 아닙니다. 설문 관리처럼 스키마를 아주 유연하게 설계해야 할 때는 다른 종류의 데이터베이스가 더 나은 선택이겠죠.

현재 가장 많이 쓰이는 관계형 데이터베이스는 MySQL[4], 오라클Oracle[5], 마이크로소프트 SQL 서버Microsoft SQL Server[6], 포스트그레스큐엘PostgreSQL[7]입니다. 이 제품들은 스탠드얼론standalone 모드로 설치하거나, 주요 클라우드 플랫폼에서 서비스형 데이터베이스Database as a Service* 형태로 사용할 수도 있습니다.

애그리거트 지향

애그리거트(aggregate)는 상호 연관돼 있고 구조가 복잡한 데이터를 다룰 때 많이 사용되는 개념으로, 에릭 에반스(Erik Evans)의 『도메인 주도 설계』(위키북스, 2011)에서 처음 나온 용어입니다. 예를 들어 한빛가이버 애플리케이션에서 Ticket, Customer 테이블과 여기에 종속된 테이블을 보면, 티켓 또는 고객이 바로 애그리거트에 해당됩니다. 물론 아키텍처의 만사가 다 그렇듯, 애그리거트를 지향하는 것도 일장일단이 있습니다.

장점

- 전체 애그리거트를 여러 다른 서버에 복사할 수 있어 데이터를 서버 클러스터에 배포하기 쉽습니다.
- 데이터베이스에서 조인 사용이 줄어 읽기/쓰기 성능이 향상됩니다.
- 애플리케이션 모델과 스토리지 모델 간의 임피던스 불일치(impedence mismatch)†가 감소합니다.

단점

- 적절한 애그리거트를 설정하기가 쉽지 않고 그 경계를 바꾸기도 어렵습니다.
- 여러 애그리거트에 걸쳐 데이터를 분석하기가 어렵습니다.

....

* 옮긴이_관리형 데이터베이스 서비스(managed database service) 또는 IaaS, PaaS, SaaS처럼 줄여서 DBaaS라고도 합니다. 유저가 직접 물리 머신을 설치하거나 소프트웨어 설치/구성을 하지 않아도 일정 비용만 내면 곧바로 데이터베이스를 설정, 운영, 확장하도록 지원하는 소프트웨어와 서비스입니다.

† 옮긴이_임피던스 불일치는 전기 공학에서 쓰이는 용어로, 전기 부하의 입력 임피던스가 신호 소스의 출력 임피던스와 일치하지 않는 상태를 가리킵니다. 여기서는 관계형 데이터베이스에서 객체와 관계의 불일치, 즉 관계형 모델과 메모리 내 데이터 구조의 차이를 의미합니다.

6.3.2 키-값 데이터베이스

키-값 데이터베이스key-value database는 키는 ID 컬럼, 값은 BLOB 컬럼인 RDBMS 테이블과 유사한 해시 테이블[8] 데이터 구조를 갖고 있어서 어떤 종류의 데이터라도 저장할 수 있습니다. NoSQL 데이터베이스가 부상하게 된 계기와 사용법, 그리고 사용할 때 어떤 장단점이 있는지는 프라모드 세달라지Pramod Sadalage와 마틴 파울러Martin Fowler가 함께 쓴 『NoSQL』(인사이트, 2013)에 종류별로 자세히 소개돼 있으니 참고하기 바랍니다.

키-값 데이터베이스는 NoSQL 데이터베이스 중에서 가장 이해하기 쉽습니다. 애플리케이션 클라이언트는 키와 값을 삽입하거나, 주어진 키에 매핑된 값을 조회/삭제할 수 있습니다. 이 데이터베이스는 값 부분에 어떤 데이터가 있는지 모르고 관심도 없습니다. 오직 키만 이용해서 쿼리하는 데이터베이스입니다.

관계형 데이터베이스와 달리 키-값 데이터베이스는 니즈에 따라 선택하는 게 좋습니다. 똑같은 키-값 데이터베이스라도 아마존 다이나모DBAmazon DynamoDB나 리악 KVRiak KV와 같은 영구 저장형persistent 키-값 데이터베이스가 있고, 멤캐시DBMemcacheDB와 같은 비영구 저장형 nonpersistent 키-값 데이터베이스도 있으며, 레디스Redis처럼 저장 방식을 영구/비영구 모두 설정 가능한 데이터베이스도 있습니다. JOIN, WHERE, ORDER BY 같은 일반적인 관계형 데이터베이스에서 지원되는 구문은 사용할 수 없지만, get, put, delete 작업은 가능합니다.

평가 항목	키-값 데이터베이스 (레디스, 다이나모DB, 리악 등)
학습 용이성	★★★
데이터 모델링 용이성	★
확장성/처리량	★★★★
가용성/내분활성	★★★★
일관성	★★
프로그래밍 언어 지원, 제품 성숙도, SQL 지원, 커뮤니티	★★★
읽기/쓰기 우선순위	읽기 ▲　　　　쓰기

그림 6-26 키-값 데이터베이스의 별점 등급표

학습 용이성

키-값 데이터베이스는 배우기 쉽습니다. 6.3.1절에서 설명한 '애그리거트 지향' 개념에 충실하므로 애그리거트가 어떤 식으로든 변경되면 모든 데이터를 다시 구축해야 하므로 애그리거트를 제대로 정확하게 설계하는 것이 중요합니다. 단, 관계형 데이터베이스에서 NoSQL 데이터베이스로 이전을 꾀한다면 그동안 익숙했던 관행과 지식에서 벗어날 필요가 있습니다. 예를 들어, 키-값 데이터베이스에서 개발자가 그냥 '모든 키를 가져다다오'라는 식으로 쿼리하는 건 불가능합니다.

데이터 모델링 용이성

키-값 데이터베이스는 애그리거트 지향적이므로 배열, 맵, 기타 BLOB 등과 같은 다른 데이터 타입의 메모리 구조를 사용할 수 있습니다. 그러나 데이터는 항상 키 또는 ID로만 쿼리할 수 있으므로, 클라이언트는 데이터베이스 외부에서 키를 가져올 수 있어야 합니다(예: `session_id`, `user_id`, `order_id`).

확장성/처리량

키-값 데이터베이스는 키나 ID로 인덱싱indexing(색인화)하며 `JOIN`, `ORDER BY` 같은 작업이 없으므로 키 검색이 상당히 빠릅니다. 값을 가져와 클라이언트에 돌려주는 단순한 구조이므로 확장하기도 쉽고 처리량도 높은 편입니다.

가용성/내분할성

키-값 데이터베이스는 종류가 많고 설정하는 프로퍼티도 조금씩 다르기 때문에 같은 데이터베이스라도 저마다 다른 형태로 설치 또는 읽기 방식을 구성할 수 있습니다. 예를 들어 리악 KV 유저는 `all`, `one`, `quorum`, `default` 같은 쿼럼quorum(정족수)* 프로퍼티를 설정할 수 있는데, `one`으로 설정하면 어느 하나의 노드가 응답할 때 쿼리는 성공을 반환하고, `all`로 설정하면 모든 노드가 응답해야만 쿼리가 성공을 반환합니다. 각 쿼리마다 가용성과 내분할성을 조정하는 일도 가능합니다. 이렇듯 모든 키-값 저장소가 동일하다고 섣불리 판단해선 안 됩니다.

일관성

쓰기 작업을 하면서도 읽기 작업 도중 쿼럼을 적용하는 것과 유사한 설정을 할 수 있습니다(전문용어로는 조정 가능한 일관성tunable consistency이라고 합니다). 레이턴시를 양보하면 높은 일관성을 얼

---

* 옮긴이_분산 시스템에서 작업을 수행하기 위해 분산 트랜잭션이 획득해야 하는 최소 투표 수입니다. 쿼럼 기반 기술은 분산 시스템에서 일관된 작업을 수행하기 위해 구현합니다(출처: 위키백과).

을 수 있습니다. 쓰기 작업의 일관성을 높이려면 모든 노드가 응답해야 하므로 내분할싱이 떨어집니다. 과반수 쿼럼majority quorum을 사용*하는 것도 괜찮은 방법입니다.

프로그래밍 언어 지원, 제품 성숙도, SQL 지원, 커뮤니티

키-값 데이터베이스는 프로그래밍 언어 지원 체계가 잘 갖춰져 있고, 오픈 소스 데이터베이스 위주로 학습에 도움을 주는 커뮤니티가 활성화돼 있습니다. 또 대부분의 데이터베이스가 HTTP REST API를 제공하기에 인터페이스도 훨씬 간편합니다.

읽기/쓰기 우선순위

키-값 데이터베이스는 애그리거트 지향적이므로 키나 ID를 통한 데이터 액세스는 읽기에 좀 더 치우쳐 있습니다. 이 데이터베이스는 세션 저장소로 사용할 수도 있고, 유저 속성이나 프리퍼런스를 캐시하는 용도로도 쓰일 수 있습니다.

> **데이터베이스 샤딩**
>
> 파티셔닝(partitioning)은 관계형 데이터베이스에서 많이 알려진 개념입니다. 보통 대용량 테이블 데이터는 데이터베이스 서버의 스키마에 따라 여러 작은 단위로 파티셔닝(분할)합니다. 샤딩(sharding)은 개념상 파티셔닝과 비슷하지만, 데이터가 다른 서버나 노드에 있다는 차이점이 있습니다. 노드들은 샤딩 키(sharding key)에 따라 데이터가 어디에 있고 어디에 저장해야 할지를 서로 협력해 알아냅니다. 샤드(shard)는 수평 파티션(horizontal partition)[9]을 의미하는 데이터베이스 분야의 전문 용어입니다.

6.3.3 문서형 데이터베이스

문서형 데이터베이스는 JSON, XML 등의 문서에 기반한 NoSQL 데이터베이스입니다. 문서는 사람이 읽을 수 있고, 자기 기술적이며self-describing, 계층적인 트리 구조를 가진 데이터입니다. 문서형 데이터베이스는 데이터의 구조를 알고 있고 여러 종류의 문서 속성을 인덱싱할 수 있으므로 쿼리 유연성이 좋습니다.

---

* 옮긴이_이를테면, 리악 레플리카를 5개로 구성했을 경우 그중 과반수인 3개 이상의 레플리카가 응답할 때 쓰기 작업이 처리된 것으로 간주하는 방법

평가 항목	문서형 데이터베이스 (몽고DB, 카우치DB, 마크로직 등)
학습 용이성	★★★
데이터 모델링 용이성	★★★
확장성/처리량	★★
가용성/내분할성	★★★
일관성	★★
프로그래밍 언어 지원, 제품 성숙도, SQL 지원, 커뮤니티	★★★
읽기/쓰기 우선순위	읽기 ▲　　　　쓰기

그림 6-27 문서형 데이터베이스의 별점 등급표

학습 용이성

문서형 데이터베이스는 사람이 값을 읽을 수 있는 키-값 데이터베이스입니다. API 페이로드와 자바스크립트 프런트엔드 등에서 다양한 맥락의 XML, JSON 문서를 다루는 것은 많은 개발자에게 익숙한 일이므로 배우기도 쉽습니다.

데이터 모델링 용이성

키-값 데이터베이스처럼 문서형 데이터베이스도 주문, 티켓, 기타 도메인 객체 등의 애그리거트 형태로 데이터를 모델링합니다. 다만, 이 데이터베이스는 애그리거트의 각 파트를 쿼리, 인덱싱할 수 있으므로 애그리거트 설계 측면에서는 관대한 편입니다.

확장성/처리량

문서형 데이터베이스는 애그리거트 지향적이고 확장하기 쉽습니다. 인덱싱이 복잡하면 확장성이 떨어지고, 데이터 사이즈가 커지면 파티셔닝 또는 샤딩이 필요해집니다. 샤딩을 적용하면 복잡도가 증가하며 샤딩 키를 선택할 수밖에 없습니다.

가용성/내분할성

키-값 데이터베이스처럼 문서형 데이터베이스도 고가용성 구성이 가능합니다. 단, 샤딩된 컬렉션에 복제 클러스터가 있는 경우 설정이 복잡해지는데, 보통 클라우드 서비스 업체는 이런 설정을 좀 더 손쉽게 할 수 있는 방법을 제공합니다.

일관성

컬렉션 내부에서 ACID 트랜잭션을 지원하기 시작한 문서형 데이터베이스도 있지만, 아직 그렇지 않은 경우가 더 많습니다. 문서형 데이터베이스도 키-값 데이터베이스처럼 쿼럼 메커니즘을 이용해서 읽기/쓰기 작업을 조정할 수 있습니다.

프로그래밍 언어 지원, 제품 성숙도, SQL 지원, 커뮤니티

문서형 데이터베이스는 NoSQL 데이터베이스 중 가장 인기가 높습니다. 유저 커뮤니티가 잘 형성돼 있고 온라인 학습 튜토리얼도 풍부하며, 많은 프로그래밍 언어 드라이버를 지원하므로 도입하기 쉽습니다.

읽기/쓰기 우선순위

문서형 데이터베이스는 애그리거트 지향적이고 보조 인덱스$^{secondary\ index}$로 쿼리할 수 있습니다. 이 데이터베이스는 읽기 우선순위가 높습니다.

> **스키마리스 데이터베이스**
>
> NoSQL 데이터베이스에서 가장 일반적인 현상 중 하나는 데이터와 스키마 애트리뷰트명(schema attribute name)의 중복입니다. 즉, 두 엔트리의 스키마 또는 애트리뷰트명이 같아야 할 필요가 없으므로 동적인 변경 관리가 가능하고 구조적으로도 아주 유연한 편입니다. 이처럼 데이터베이스의 스키마리스(schema-less, 스키마가 없는) 특성은 강력하지만, 스키마가 암묵적이거나(implicit) 다른 곳에 정의돼 있는 경우에도 데이터는 항상 스키마를 갖고 있다는 사실을 놓쳐선 안 됩니다. 실제로 애플리케이션은 데이터베이스가 반환한 여러 버전의 스키마를 처리해야 합니다. NoSQL 데이터베이스가 완전히 스키마리스하다는 주장은 잘못된 것입니다.

6.3.4 컬럼형 데이터베이스

와이드 컬럼형 데이터베이스$^{wide\ column\ database}$, 빅 테이블 데이터베이스$^{big\ table\ database}$라고도 알려진 컬럼형 데이터베이스는 각 컬럼이 이름-값 쌍이고 로우마다 컬럼 수가 가변적입니다. 이름은 컬럼-키$^{column-key}$, 값은 컬럼-값$^{column-value}$, 로우의 기본 키$^{Primary\ Key}$(PK)는 로우 키$^{row\ key}$라고 합니다. 컬럼형 데이터베이스 역시 NoSQL 데이터베이스의 일종으로, 동시에 접근하는 연관 데이터를 그룹핑한 데이터베이스입니다.

평가 항목	컬럼형 데이터베이스 (카산드라, 스킬라, 드루이드 등)
학습 용이성	★★
데이터 모델링 용이성	★
확장성/처리량	★★★★
가용성/내분활성	★★★★
일관성	★
프로그래밍 언어 지원, 제품 성숙도, SQL 지원, 커뮤니티	★★
읽기/쓰기 우선순위	읽기 ▲ 쓰기

그림 6-28 컬럼형 데이터베이스의 별점 등급표

학습 용이성

컬럼형 데이터베이스는 이해하기 어렵습니다. 이름–값 쌍의 컬렉션은 한 로우에 속하며, 각각의 로우는 서로 다른 이름–값 쌍을 가질 수 있습니다. 일부 이름–값 쌍에는 컬럼들의 맵을 포함하는 수퍼 컬럼super column이라는 것이 있는데, 이런 개념을 완벽하게 이해하고 사용하려면 적잖은 연습과 시간이 필요합니다.

데이터 모델링 용이성

컬럼형 데이터베이스로 데이터를 모델링하는 데 익숙해지려면 어느 정도 시간이 필요합니다. 데이터는 단일 로우 식별자가 있는 이름–값 쌍의 그룹으로 정렬돼야 하고, 이런 로우 키를 설계하려면 이터레이션을 여러 번 거쳐야 합니다. 이런 이유로, 아파치 카산드라 같은 컬럼형 데이터베이스는 카산드라 쿼리 언어Cassandra Query Language(CQL)라는 유사 SQL 쿼리 언어SQL–like query language를 지원하며, 좀 더 간편하게 데이터 모델링을 할 수 있습니다.

확장성/처리량

컬럼형 데이터베이스는 대체로 확장성이 뛰어나며 쓰기/읽기 처리량이 많은 유스 케이스에 잘 맞

습니다. 컬럼형 데이터베이스는 읽기/쓰기 작업을 수평 확장합니다.

가용성/내분할성

컬럼형 데이터베이스는 클러스터 환경에서 더 자연스럽게 작동되며, 클러스터 노드 중 일부가 중단되더라도 클라이언트에 영향을 미치지는 않습니다. 복제 팩터replication factor는 3이 기본값이므로 (즉, 최소한 3개의 데이터 사본이 생성되므로) 가용성과 내분할성이 좋습니다. 키-값 데이터베이스, 문서형 데이터베이스처럼 컬럼형 데이터베이스도 쿼럼 요건에 따라 읽기/쓰기를 조정할 수 있습니다.

일관성

다른 NoSQL 데이터베이스처럼 컬럼형 데이터베이스도 조정 가능한 일관성 개념을 따르므로 요건에 따라 작업별로 필요한 만큼 일관성을 조정할 수 있습니다. 예를 들어 쓰기 작업량이 아주 많고 일부 데이터가 손실돼도 상관없다면, 쓰기 일관성 레벨을 ANY로 맞춰 놓고 쓰면 됩니다. ANY는 적어도 하나의 노드가 쓰기를 완료했음을, ALL은 모든 노드가 다 쓰고 나면 성공 응답을 반환함을 의미합니다. 읽기 작업에도 이와 비슷한 일관성 레벨을 적용할 수 있습니다. 단, 일관성 레벨을 높이면 가용성과 내분할성이 저하되는 트레이드오프가 있습니다.

프로그래밍 언어 지원, 제품 성숙도, SQL 지원, 커뮤니티

카산드라, 실라Scylla 등의 컬럼형 데이터베이스는 커뮤니티가 잘 갖춰져 있고, 유사 SQL 인터페이스가 개발돼 있어서 쉽게 도입할 수 있습니다.

읽기/쓰기 우선순위

컬럼형 데이터베이스는 SSTableSorted String Table, 커밋 로그Commit Log, MemTable이라는 개념을 사용하므로*, 데이터가 존재할 때마다 이름-값 쌍이 채워지며 그 덕분에 관계형 데이터베이스보다 희소 데이터†를 훨씬 잘 처리합니다. 대용량 데이터를 기록하는 환경에서 아주 이상적이죠.

---

* 옮긴이_카산드라의 경우 저장할 데이터가 입력되면 일단 커밋 로그에 해당 내용이 기록되며, 실제로 데이터가 저장되는 파일인 SSTable에 바로 저장하면 성능이 저하되므로 메모리에 있는 MemTable을 버퍼 삼아 기록합니다. 커밋 로그와 MemTable이 꽉 차면 그때마다 SSTable로 플러시(flush)됩니다.
† 옮긴이_희소 데이터(sparse data)는 전체 공간에 비해 데이터가 존재하는 영역이 협소한 데이터를 말하고, 밀집(조밀) 데이터(dense data)는 그 반대의 경우를 말합니다. 알기 쉽게 관계형 데이터베이스를 예로 들면, 널 허용(nullable) 컬럼이 100개인 테이블에 100,000개 로우의 데이터가 적재돼 있지만 그중 대부분의 로우가 한두 개 컬럼을 제외하고 NULL인 경우가 희소 데이터라고 할 수 있습니다.

모든 NoSQL 데이터베이스는 애그리거트를 지향하도록 설계돼 있습니다. 애그리거트를 사용하면 읽기/쓰기 성능이 향상되고 데이터베이스를 클러스터로 묶어 실행할 경우 가용성과 내분할성이 좋아집니다. CAP 정리는 9.4.1절 '테이블 분할 기법'에서 자세히 설명합니다.

6.3.5 그래프 데이터베이스

관계형 데이터베이스는 참조를 기반으로 관계가 정해지지만, 그래프 데이터베이스는 노드를 이용해서 엔티티와 그 속성을 저장합니다. 이 노드는 엣지^{edge}(즉, 관계)라는 명시적인 객체에 연결됩니다. 노드는 관계에 따라 구성되며, 엣지를 순회하면 연결된 데이터를 분석할 수 있습니다.

그림 6-29 그래프 데이터베이스는 쿼리 시 엣지 방향이 중요하다.

그래프 데이터베이스에서 엣지는 방향이 중요합니다. [그림 6-29]는 ID가 4235143인 티켓 노드를 ID가 Neal인 고객 노드에 연결하는 `TICKET_CREATED` 타입의 엣지입니다. 나가는 방향의 `TICKET_CREATED` 엣지를 통해 티켓 노드부터 순회할 수 있고, 들어오는 방향의 `TICKET_CREATED` 엣지를 통해 고객 노드부터 순회할 수 있습니다. 방향이 뒤섞이면 그래프를 쿼리하기가 진짜 어려워집니다.

평가 항목	그래프 데이터베이스 (네오4j, 인피니트그래프, 타이거그래프 등)
학습 용이성	★
데이터 모델링 용이성	★★
확장성/처리량	★★★
가용성/내분활성	★★★
일관성	★★★
프로그래밍 언어 지원, 제품 성숙도, SQL 지원, 커뮤니티	★★
읽기/쓰기 우선순위	읽기 ▲ 쓰기

그림 6-30 그래프 데이터베이스의 별점 등급표

학습 용이성

그래프 데이터베이스는 학습 곡선이 가파른 편입니다. 노드, 관계, 관계 타입, 속성 등의 사용법을 익히려면 시간이 필요합니다.

데이터 모델링 용이성

그래프 데이터베이스를 기반으로 도메인을 모델링하고 도메인을 노드와 관계로 전환하는 방법은 이해하기가 어렵습니다. 모델링 지식이 쌓일수록 노드와 관계를 점점 더 많이 사용하게 되고 일부 관계 속성을 추가 관계 타입을 지닌 노드로 변환함으로써 그래프 순회가 개선됩니다.

확장성/처리량

복제 노드 덕분에 읽기 확장성이 좋고, 읽기 부하에 따라 처리량을 조정할 수 있습니다. 그래프를 분할하거나 샤딩하기는 어려우므로 쓰기 처리량은 그래프 데이터베이스의 타입에 크게 좌우됩니다. 관계 순회는 스토리지에 저장되고 인덱싱이 이뤄지고 쿼리할 때 계산되는 것이 아니므로 매우 빠릅니다.

가용성/내분활성

가용성/내분활성이 높은 일부 그래프 데이터베이스는 클러스터로 구성 시 현재 리더를 사용할 수

없을 때 다른 노드를 리더로 승격시켜 사용할 수 있습니다.

일관성

많은 그래프 데이터베이스가 ACID 트랜잭션을 지원합니다. Neo4j[10] 같은 그래프 데이터베이스는 트랜잭션을 지원하므로 항상 데이터는 일관된 상태로 유지됩니다.

프로그래밍 언어 지원, 제품 성숙도, SQL 지원, 커뮤니티

그래프 데이터베이스는 커뮤니티 지원이 활발합니다. 데이크스트라 알고리즘$^{Dijkstra's\ algorithm}$[11], 노드 유사성$^{node\ similarity}$ 같은 알고리즘이 이미 데이터베이스에 구현돼 있어서 여러분이 처음부터 작성해야 하는 부담이 없습니다. 그렘린이라는 언어 프레임워크는 다른 많은 데이터베이스에서도 작동되므로 사용이 간편합니다. Neo4j[12]는 개발자가 데이터베이스를 쉽게 쿼리할 수 있도록 해주는 사이퍼^{Cypher}라는 쿼리 언어를 제공합니다.

읽기/쓰기 우선순위

그래프 데이터베이스의 데이터 스토리지는 관계 순회에 최적화돼 있어서 읽기를 아주 많이 하는 유스 케이스에 잘 맞습니다. 관계를 질의해서 추론해야 하는 관계형 데이터베이스와는 정반대입니다.

그래프 데이터베이스에서는 동일한 노드가 여러 타입의 관계를 가질 수 있습니다. 한빛가이버 애플리케이션을 만약 그래프 데이터베이스로 모델링한다면 아마 이런 식으로 그래프가 만들어지겠죠. 'knowledge_base는 hbgyver_user 유저에 의해 생성됐고(created_by), knowledge_base는 hbgyver_user 유저에 의해 사용됐다(used_by).' 이렇게 같은 두 노드를 created_by와 used_by라는 상이한 타입의 관계로 조인하는 것입니다.

> **관계 타입의 변경**
>
> 관계 타입의 변경은 관계 타입을 다시 생성해야 하므로 비싼 작업입니다. 또 그렇게 변경이 일어나면 엣지로 연결된 두 노드를 다시 방문해서 새 엣지를 만들고 옛 엣지를 제거해야 합니다. 따라서 엣지 타입, 관계 타입은 처음부터 신중하게 잘 결정하는 것이 좋습니다.

6.3.6 NewSQL 데이터베이스

NewSQL은 매튜 애슬렛^{Matthew Aslett}이 NoSQL 데이터베이스 특유의 확장성과 ACID 같은 관계형 데이터베이스의 장점을 겸비한 새로운 개념의 데이터베이스를 정의하려고 사용한 용어입니다. NewSQL 데이터베이스는 모두 SQL을 지원하며, 여러 가지 스토리지 메커니즘을 사용합니다.

[그림 6-31]의 등급표에서 보다시피, NewSQL 데이터베이스는 자동화 데이터 파티셔닝 또는 샤딩을 제공합니다. 덕분에 관계형 데이터베이스를 능가하는 수평 확장 및 향상된 가용성을 제공하며, 개발자는 SQL과 ACID처럼 잘 알려진 패러다임으로 쉽게 전환할 수 있습니다.

평가 항목	NewSQL 데이터베이스 (볼트DB, 누오DB, 클러스트릭스DB 등)
학습 용이성	★★★
데이터 모델링 용이성	★★★
확장성/처리량	★★★
가용성/내분할성	★★★
일관성	★★
프로그래밍 언어 지원, 제품 성숙도, SQL 지원, 커뮤니티	★★
읽기/쓰기 우선순위	 읽기　▲　쓰기

그림 6-31 NewSQL 데이터베이스의 별점 등급표

학습 용이성

NewSQL 데이터베이스는 (SQL 인터페이스, 부가적인 수평 확장 기능, ACID 호환 등) 관계형 데이터베이스와 거의 비슷해서 학습하기 쉬운 편입니다. 단, 서비스형 데이터베이스(DBaaS) 형태로 제공되는 일부 데이터베이스는 배우기가 조금 어렵습니다.

데이터 모델링 용이성

관계형 데이터베이스와 비슷한 NewSQL 데이터베이스의 데이터 모델링 방식은 많은 사람들에

게 익숙합니다. 다만, 샤딩 설계 때문에 샤딩된 데이터가 지리적으로 다른 위치에 배치될 수 있습니다.

확장성/처리량

NewSQL 데이터베이스는 분산 시스템의 수평 확장을 지원하도록 설계돼 있으므로 다수의 액티브 노드를 실행시킬 수 있습니다. 딱 하나의 액티브 리더만 있고 나머지는 팔로워 노드인 관계형 데이터베이스와는 다릅니다. 다수의 액티브 노드 덕분에 NewSQL 데이터베이스는 확장성과 처리량 면에서 확실히 우수합니다.

가용성/내분할성

다수의 액티브 노드를 운용할 수 있어서 가용성/내분할성이 크게 개선됩니다. 코크로치 DB^{CockroachDB}는 디스크, 머신, 데이터 센터가 실패해도 무중단 운용이 가능한 인기 있는 NewSQL 데이터베이스입니다.

일관성

NewSQL 데이터베이스는 매우 일관된 ACID 트랜잭션을 지원합니다. 데이터가 항상 일관되게 유지되므로 관계형 데이터베이스에서 NewSQL 데이터베이스로 마이그레이션하기가 용이합니다.

프로그래밍 언어 지원, 제품 성숙도, SQL 지원, 커뮤니티

NewSQL 데이터베이스는 오픈 소스가 풍부해서 학습 접근성이 좋습니다. 그중 일부는 기존 관계형 데이터베이스와 커넥션이 호환되는 프로토콜을 지원하므로 별다른 호환성 문제 없이 관계형 데이터베이스를 교체할 수 있습니다.

읽기/쓰기 우선순위

NewSQL 데이터베이스는 관계형 데이터베이스처럼 사용할 수 있고, 인덱싱과 지리적 분산이 가능한 부가적인 장점 덕분에 읽기/쓰기 성능을 높일 수 있습니다.

6.3.7 클라우드 네이티브 데이터베이스

사람들이 클라우드를 점점 더 찾게 되면서 스노우플레이크^{Snowflake}[13], 아마존 레드시프트$^{Amazon\ Redshift}$[14], 애저 코스모스DB$^{Azure\ CosmosDB}$[15] 같은 클라우드 데이터베이스의 인기도 높아지고 있습니다. 이런 데이터베이스를 사용하면 운영 부담을 덜 수 있고 비용 투명성cost transparency* 덕분에 초기 투자 없이도 당장 실험을 해볼 수 있습니다.

평가 항목	클라우드 데이터베이스 (스노우플레이크, 아마존 레드시프트 등)
학습 용이성	★★
데이터 모델링 용이성	★★
확장성/처리량	★★★★
가용성/내분할성	★★★
일관성	★★★
프로그래밍 언어 지원, 제품 성숙도, SQL 지원, 커뮤니티	★★
읽기/쓰기 우선순위	읽기 ▲ 쓰기

그림 6-32 클라우드 네이티브 데이터베이스의 특성별 별점 등급표

학습 용이성

AWS 레드시프트 같은 클라우드 데이터베이스는 관계형 데이터베이스와 비슷해서 이해하기 쉽습니다. 하지만 SQL 인터페이스는 있으나 스토리지와 컴퓨팅 메커니즘은 상이한, 스노우플레이크 같은 데이터베이스는 다소 숙련이 필요합니다. 데이토믹Datomic은 모델 자체가 완전히 다르고 불변의 원자적 팩트immutable atomic fact라는 개념을 사용합니다.[16] 이렇듯 데이터베이스마다 학습 곡선이 다양한 편입니다.

데이터 모델링 용이성

데이토믹은 테이블의 개념이 없고 미리 애트리뷰트를 정의할 필요도 없습니다. 각 애트리뷰트의 속성은 정의해야 하며 엔티티는 모든 애트리뷰트를 소유할 수 있습니다. 스노우플레이크, 레드시프트는 데이터 웨어하우스data warehouse† 타입의 워크로드에 더 많이 사용됩니다. 따라서 알맞은 데이

---

* 옮긴이_데이터베이스뿐만 아니라 클라우드 업체가 제공하는 각종 관리형 서비스(managed service)는 사용한 만큼만 지불하는 방식이므로 인프라, 인건비 등 투명성이 제한된, 즉 잘 드러나지 않고 감춰진 비용이 없어 이해관계자들이 식별하기 쉽습니다.

† 옮긴이_유저의 의사 결정에 도움을 주기 위해 기간 시스템의 데이터베이스에 축적된 데이터를 공통의 형식으로 변환해서 관리하는 데이터베이스. 현장에서는 흔히 DW라고 줄여서 부릅니다(출처: 위키백과).

터베이스를 선택하려면 각 데이터베이스가 제공하는 모델링 방식을 정확하게 파악해야 합니다.

확장성/처리량

지금까지 언급한 데이터베이스는 모두 클라우드 전용이므로 비용을 부담한 만큼 리소스를 자동 할당할 수 있고 비교적 확장이 간편합니다. 따라서 모든 트레이드오프는 비용과 연관돼 있습니다.

가용성/내분할성

이 범주에 속한 데이터베이스를 프로덕션 토폴로지^{Production Topology}를 사용해 배포하면, 고가용성을 확보하고 단일 장애점이 사라지며 캐싱을 폭넓게 활용할 수 있습니다. 예를 들어, 스노우플레이크는 여러 리전^{region}과 계정^{account}을 대상으로 데이터베이스를 복제합니다. 다른 데이터베이스도 다양한 옵션으로 고가용성을 지원하도록 구성할 수 있습니다. 가령 레드시프트는 단일 가용 영역^{availability zone}에서 실행되는데, 다수의 클러스터에서 실행하면 고가용성을 얻을 수 있습니다.

일관성

데이토믹은 블록 스토리지에 블록을 저장하기 위해 스토리지 엔진을 사용하는 ACID 트랜잭션을 지원합니다. 스노우플레이크, 레드시프트 등의 다른 데이터베이스 역시 ACID 트랜잭션을 지원합니다.

프로그래밍 언어 지원, 제품 성숙도, SQL 지원, 커뮤니티

생소한 개념의 데이터베이스가 대부분인 까닭에 숙련된 전문가의 도움을 받기는 어려울 수 있습니다. 클라우드 계정이 있어야 데이터베이스를 테스트할 수 있는 부분도 또 다른 장벽처럼 느껴질 수 있습니다. 클라우드 네이티브 데이터베이스를 사용하면 운영 DBA는 업무 부담을 덜겠지만, 개발자는 더 많은 학습 시간을 바쳐야 할 수도 있습니다. 데이토믹은 모든 예제가 클로저^{Clojure}[17] 언어를 사용하고 저장 프로시저도 클로저로 코딩돼 있어서 클로저를 모르면 사용하기 곤란합니다.

읽기/쓰기 우선순위

읽기가 많은 부하, 쓰기가 많은 부하에 모두 사용할 수 있습니다. 스노우플레이크와 레드시프트는 데이터 웨어하우스 타입의 부하에 더 잘 맞고 읽기 우선순위에 적합합니다. 반면, 데이토믹은 'EAVT(엔티티^{Entity}, 애트리뷰트^{Attribute}, 밸류^{Value}, 트랜잭션^{Transaction}) 우선'과 같이 인덱스가 다른 두 가지 부하를 모두 지원 가능합니다.

6.3.8 시계열 데이터베이스

사물 인터넷(IoT), 마이크로서비스, 자율 운전 자동차, 관측 가능성observability은 점점 더 사용량이 많아지는 추세인데, 이 모든 것이 시계열 분석time-series analytics 분야의 괄목할 만한 성장을 이끌었습니다. 그러므로 정해진 시간대time window에 수집된 일련의 데이터 포인트data point*를 보관하는 일에 특화된, 그래서 유저가 일정 시간 동안의 변경을 추적하는 데 유용한 데이터베이스의 수요도 크게 늘었습니다.

평가 항목	시계열 데이터베이스 (인플럭스DB, 타임스케일DB 등)
학습 용이성	★
데이터 모델링 용이성	★★
확장성/처리량	★★★★
가용성/내분활성	★★
일관성	★★★
프로그래밍 언어 지원, 제품 성숙도, SQL 지원, 커뮤니티	★★
읽기/쓰기 우선순위	읽기 ▲ 쓰기

그림 6-33 시계열 데이터베이스의 별점 등급표

학습 용이성

시계열 데이터는 이해하기 쉬운 편입니다. 데이터 포인트마다 타임스탬프가 달려 있고, 대부분의 데이터는 삽입만 하고 수정/삭제는 안 합니다. 데이터 오류를 업데이트해서 정정하는 다른 데이터베이스와 달리 오직 추가만 가능합니다append-only. 인플럭스DBInfluxDB, Kx, 타임스케일TimeScale 등이 시계열 데이터베이스로 널리 사용됩니다.

데이터 모델링 용이성

시계열 데이터베이스의 기본 개념은 시간에 따른 데이터 변화를 분석하는 것입니다. 한빛가이버

---

* 옮긴이_그래프 등의 그래픽 좌표에서 하나의 점을 표시하는 정보

애플리케이션에서 티켓 객체에 일어난 변경을 시계열 데이터베이스에 저장한다면, 변경이 발생한 타임스탬프와 `ticket_id`가 태깅될 것입니다. 한 태그에 하나의 정보를 추가하는 것은 별로 바람직하지 않습니다. 예컨대, `ticket_info=Open.374737`보다는 `ticket_status=Open`, `ticket_id=374737`이 더 좋습니다.

확장성/처리량

타임스케일은 포스트그레스큐엘 기반으로 작동되는 시계열 데이터베이스로, 표준 확장성/처리량 개선 패턴을 적용할 수 있습니다. 인플럭스DB는 클러스터 모드로 실행할 경우, 메타데이터를 관리하는 메타 노드와 실제 데이터를 저장하는 데이터 노드를 사용함으로써 확장성, 처리량을 개선할 수 있습니다.

가용성/내분할성

인플럭스DB 같은 데이터베이스는 복제 팩터와 더불어 메타 노드 및 데이터 노드 설정을 조정할 수 있으므로 가용성/내분할성이 우수합니다.

일관성

관계형 데이터베이스를 스토리지 엔진으로 사용하는 시계열 데이터베이스는 ACID 속성을 실현해 일관성을 도모하지만, any, one, 쿼럼 등으로 일관성을 조정하는 데이터베이스도 있습니다. 이러한 조정 가능한 일관성 개념을 적용하면 일관성은 높아지는 반면 가용성은 저하되므로 트레이드오프를 잘 따져보는 게 좋습니다.

프로그래밍 언어 지원, 제품 성숙도, SQL 지원, 커뮤니티

최근 들어 인기를 끌고 있는 시계열 데이터베이스는 학습 리소스가 풍부합니다. 인플럭스DB는 인플럭스QL^{InfluxQL}이라는 유사 SQL 쿼리 언어를 제공합니다.

읽기/쓰기 우선순위

시계열 데이터베이스는 추가 전용이므로 읽기가 많은 워크로드에 더 적합합니다.

시계열 데이터베이스를 사용하면 생성된 모든 데이터에 타임스탬프가 자동으로 부착되며, 정보의 태그나 애트리뷰트가 데이터에 포함됩니다. 데이터는 주어진 시간대에서 어떤 팩트를 기준으로 쿼리합니다. 이런 점에서 결코 범용 데이터베이스^{general-purpose database}라고 볼 수는 없습니다.

[표 6-6]은 이 절에서 설명한 모든 데이터베이스 타입과 각 타입에 해당하는 유명 데이터베이스 제품을 정리한 것입니다.

표 6-6 데이터베이스 타입 및 주요 제품 리스트

데이터베이스 타입	주요 제품
관계형	포스트그레스큐엘(PostgreSQL), 오라클(Oracle), 마이크로소프트 SQL(Microsoft SQL)
키-값	리악 KV(Riak KV), 아마존 다이나모DB(Amazon Dynamo DB), 레디스(Redis)
문서형	몽고DB(MongoDB), 카우치베이스(Couchbase), AWS 다큐먼트DB(AWS DocumentDB)
컬럼형	카산드라(Cassandra), 실라(Scylla), 아마존 심플DB(Amazon SimpleDB)
그래프	네오4j(Neo4j), 인피니트 그래프(Infinite Graph), 타이거 그래프(Tiger Graph)
NewSQL	볼트DB(VoltDB), 클러스트릭스DB(ClustrixDB), 심플스토어(SimpleStore)(MemSQL)
클라우드 네이티브	스노우플레이크(Snowflake), 데이토믹(Datomic), 레드시프트(Redshift)
시계열	인플럭스DB(InfluxDB), kdb+, 아마존 타임스트림(Amazon Timestream)

6.4 한빛가이버 사가: 폴리글랏 데이터베이스

12월 16일 목요일 16:05

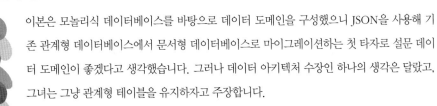

이본은 모놀리식 데이터베이스를 바탕으로 데이터 도메인을 구성했으니 JSON을 사용해 기존 관계형 데이터베이스에서 문서형 데이터베이스로 마이그레이션하는 첫 타자로 설문 데이터 도메인이 좋겠다고 생각했습니다. 그러나 데이터 아키텍처 수장인 하나의 생각은 달랐고, 그녀는 그냥 관계형 테이블을 유지하자고 주장합니다.

설하나: "음, 전 아무래도 내키지 않아요. Survey 테이블은 예전부터 항상 관계형 테이블로 써왔는데, 이걸 갑자기 바꿔야 할 이유는 전혀 없다고 봅니다."

한현승: "하나 씨가 처음 이 시스템을 개발할 때부터 이 문제를 함께 논의했었다면 UI 관점에서 아마 충분히 납득하셨으리라 생각합니다. 설문 같은 데이터는 관계형 테이블로 다루기가 정말 어렵거든요. UI 개발자 입장에서 설문 정보를 관계형 데이터로 처리하는 일은 고통스럽습니다."

최이본: "네, 바로 그거예요. 그래서 문서형 데이터베이스로 바꿔야 한다는 겁니다."

설하나: "두 분은 제가 우리 회사의 데이터 아키텍트로서 모든 데이터베이스를 관리하는 최종 책임자라는 사실을 잊으신 모양이네요. 이 시스템에 다른 종류의 데이터베이스를 추가할 수는 없습니다!"

최이본: "그래도 그렇게 하면 많은 개선이 이뤄질 텐데요?"

설하나: "전 UI 관리를 좀 더 편하게 하자는 이유로 데이터베이스 팀에 파문을 일으킬 생각이 조금도 없어요. 그런 식으로 업무를 하시면 안 되죠."

한현승: "근데요, 개발 팀과 데이터베이스 팀이 협업이 잘 안되고 있는 부분이 현재 모놀리식 한빛가이버 애플리케이션의 문제 중 하나라는 사실에 우리 모두 동의하지 않았었나요?"

설하나: "네, 그랬죠."

한현승: "그럼 그렇게 한번 해봅시다. 다 함께 노력해서 문제를 해결해보자고요."

설하나: "좋습니다. 하지만 그 전에 두 분은 다른 종류의 데이터베이스를 혼용해야 할 확실한 명분을 주셔야 해요."

최이본: "알겠습니다. 준비해서 다시 말씀드리죠."

이본과 현승은 고객 설문 데이터에 문서형 데이터베이스가 훨씬 더 나을 거란 점은 공감했지만, 하나가 선뜻 데이터 마이그레이션에 동의할 만한 근거를 어떻게 마련해야 할지 난감했습니다. 그들은 이 일이 어쨌든 어느 정도 아키텍처와 관련된 문제이니 성한의 조언을 구하는 게 좋겠다고 생각했습니다. 현승은 성한에게 도움을 요청했고 성한은 흔쾌히 응했습니다. 박거성 부장도 함께 참석해 Survey 테이블을 문서형 데이터베이스로 마이그레이션하는 것이 비즈니스 측면에서 정당한지 따져보기로 했습니다.

손성한: "바쁘신데 시간 내주셔서 감사합니다. 박 부장님, 전에도 말씀드렸지만, 저희가 고객 설문 데이터를 저장하는 방식을 변경하려고 고민 중인데요. 몇 가지 질문이 있습니다."

박거성: "네, 저도 그래서 이 회의에 참석한 겁니다. 여러분도 다들 아시겠지만, 우리 회사 고객 설문 팀은 저나 마케팅 팀에게 항상 큰 골칫덩이였거든요."

한현승: "네? 무슨 말씀이신지…?"

박거성: "고객 설문 데이터에 아주 사소한 변경이라도 생기면 프로덕션 반영까지 얼마나 걸리죠?"

최이본: "글쎄요, 데이터베이스 쪽은 그리 나쁘지 않아요. 음, 문항이 늘어나거나 응답 유형이 바뀌면 컬럼 하나 추가되는 정도가…"

한현승: (이본의 말을 끊으며) "잠시만요. 말씀 중에 죄송한데, 그게 저희 쪽에서는 큰 변경입니다. 설문 문항 하나 더 추가하는 것인데 말이죠. 모든 관계형 데이터를 쿼리하고 UI에 고객 설문 화면을 렌더링하

는 작업이 얼마나 어려운지 다들 모르실 거예요. 바 부장님 질문에 대한 제 대답은 '아주 오래 걸린다'입니다."

박거성: "네, 제 말씀 좀 들어보세요. 비즈니스 관점에서 보자면 아주 간단한 변경조차 며칠이나 걸린다는 게 정말 개탄스러운 겁니다. 도저히 용납이 안 되는 일이죠."

손성한: "박 부장님, 이 문제는 제가 도움을 드릴 수 있겠네요. 고객 설문은 자주 변경되는데 그 변경을 시스템에 반영하는 시간이 너무 길다는 말씀이죠?"

박거성: "네, 맞습니다. 마케팅 팀 사람들은 고객 설문 기능이 좀 더 유연했으면 하고, 또 IT 팀 분들도 좀 더 빠릿빠릿하게 움직여줬으면 좋겠어요. 그런데 그쪽 분들 말이, 웬만하면 변경 요청을 하고 싶지 않대요. 어차피 요청해봐야 계획에 없던 추가 비용이 들고 자꾸 혼선만 빚으니까요."

손성한: "마케팅 팀 변경 요청에 유연하고 재빠르게 대응하지 못하는 모든 원인이 고객 설문 데이터를 저장하는 기술과 관련돼 있고, 만약 우리가 그 저장 방식을 변경하면 마케팅 팀의 변경 요청에 대한 응답 시간은 물론이고 유연성도 크게 개선할 수 있다고 말씀드리면 구미가 좀 당기실까요?"

박거성: "그렇게만 된다면 더할 나위 없이 행복하겠죠. 마케팅 팀 사람들도 좋아라 할 테고요."

손성한: (이본과 현승을 돌아보며) "제가 조금 전에 말씀드린 내용으로 비즈니스 정당성을 제시하면 어떨까요?"

비즈니스 정당성을 확보한 이본, 현승, 성한 세 사람은 다시 하나를 찾아가 문서형 데이터베이스를 사용해야 하는 이유를 납득시키는 데 성공했습니다. 이제 고객 설문 데이터에 최적인 구조를 밝혀낼 차례입니다. [그림 6-34]는 현재 관계형 데이터베이스의 테이블 구조입니다. 고객 설문은 Survey, Question이라는 두 메인 테이블로 구성되며, 이 두 테이블은 일대다 관계입니다.

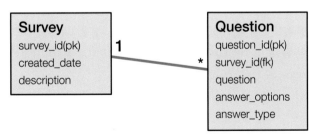

그림 6-34 고객 설문 데이터 도메인의 ERD

[그림 6-35]는 두 테이블의 실제 데이터를 발췌한 것입니다. Question 테이블에는 설문 문항 (question), 응답 보기(answer_options), 응답 유형(answer_type) 데이터가 있습니다.

Survey

survey_id	created_date	description
19998	May 20 2022	Expert performance survey.
19999	May 20 2022	Service satisfaction survey.

Question

question_id	survey_id	question	answer_options	answer_type
50000	19999	Did the..	{Yes,No}	Boolean
50001	19999	Rate..	{1,2,3,4,5}	Option

그림 6-35 Survey, Question 테이블의 실제 관계형 데이터

최이본: "설문 데이터를 문서형 데이터베이스로 모델링하는 방법은 크게 단일 애그리거트 문서와 분할된 애그리거트 문서, 두 가지입니다."

한현승: (마침내 개발 팀이 데이터베이스 팀과 같은 방향을 바라보고 달리게 된 사실에 안도하며) "어떤 방법을 사용하는 게 좋을까요?"

손성한: "각 접근 방식의 트레이드오프가 부각되도록 한번 모델링을 해봅시다."

이본은 먼저 단일 애그리거트 방식을 적용해봤습니다(그림 6-36). 이에 해당되는 JSON 문서(예제 6-3)를 살펴보니 설문 데이터와 여기에 속한 전체 문항 데이터가 하나의 문서로 저장돼 있었습니다. 따라서 한 번만 get 해도 온전한 고객 설문 데이터를 데이터베이스에서 가져올 수 있으므로 현승을 비롯한 다른 개발 팀 사람들도 데이터를 쉽게 사용할 수 있는 구조였습니다.

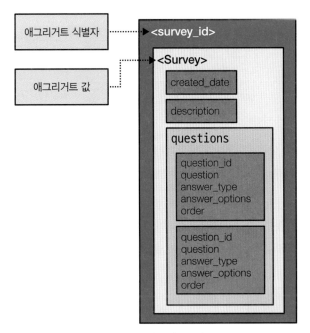

그림 6-36 단일 애그리거트로 구성한 설문 모델

예제 6-3 하위 데이터까지 단일 애그리거트에 함께 넣어 설계한 JSON 문서

```
# 설문 문항까지 포함된 설문 애그리거트
{
    "survey_id": "19999",
    "created_date": "Dec 28 2021",
    "description": "Survey to gauge customer...",
    "questions": [
        {
            "question_id": "50001",
            "question": "Rate the expert",
            "answer_type": "Option",
            "answer_options": "1,2,3,4,5",
            "order": "2"
        },
        {
            "question_id": "50000",
            "question": "Did the expert fix the problem?",
            "answer_type": "Boolean",
            "answer_options": "Yes,No",
            "order": "1"
```

```
            }
        ]
    }
```

한현승: "아, 전 이 방식이 맘에 드네요. UI 단에서 데이터를 취합하는 건 별일 아닙니다. 가져온 문서 데이터를 파싱해서 웹 페이지에 예쁘게 보여주면 되니까요."

최이븐: "네, 하지만 각 설문 문서마다 문항이 중복되기 때문에 데이터베이스 쪽에서는 추가 작업이 필요합니다. 이 방식은 한마디로 모든 걸 재사용하자는 거죠. 그럼 두 번째 접근 방식도 한번 적용해볼까요?"

현승은 이번엔 여러 애그리거트로 분리했습니다(그림 6-37). 설문 문항이 독립적으로 작동되게끔 만든 것입니다. [예제 6-4]는 이 모델에 따라 생성된 JSON 문서입니다. 이제 동일한 문항을 여러 설문에서 사용할 수 있는 반면, 화면 렌더링 및 데이터 검색은 단일 애그리거트보다 힘들어질 것입니다.

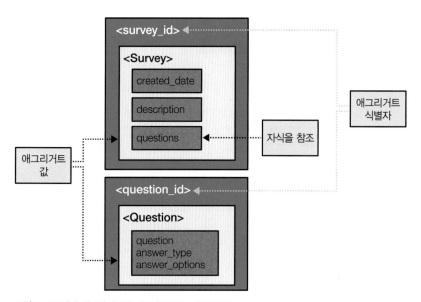

그림 6-37 여러 애그리거트가 서로 참조하는 설문 모델

예제 6-4 애그리거트를 나눠 상위 문서가 하위 데이터를 참조하는 방식으로 설계한 JSON 문서

```
# 설문 문항을 참조하도록 구성한 설문 애그리거트
{
    "survey_id": "19999",
    "created_date": "Dec 28",
    "description": "Survey to gauge customer...",
```

```
    "questions": [
        {"question_id": "50001", "order": "2"},
        {"question_id": "50000", "order": "1"}
    ]
}
# 설문 문항 애그리거트
{
    "question_id": "50001",
    "question": "Rate the expert",
    "answer_type": "Option",
    "answer_options": "1,2,3,4,5"
}
{
    "question_id": "50000",
    "question": "Did the expert fix the problem?",
    "answer_type": "Boolean",
    "answer_options": "Yes,No"
}
```

현승은 대부분의 복잡도와 변경 이슈는 UI에서 발생하고 있으니 단일 애그리거트 모델이 더 낫다고 생각했고, 이본은 각 설문 레코드별로 문항 데이터의 중복을 방지할 수 있는 다중 애그리거트 모델을 선호했습니다. 그러나 성한은 설문 유형은 기껏해야 (각 제품 카테고리별로 하나씩) 5개밖에 되지 않고 대부분의 변경은 문항을 추가/삭제하면서 발생한다고 말했습니다. 모두들 트레이드오프를 신중히 따져본 결과, 문항 데이터가 중복되더라도 UI 단에서 변경과 렌더링이 쉬운 방향으로 설계하는 게 낫다고 의견을 모았습니다. 정말 까다롭고 오랜 토론 끝에 어렵게 결론에 도달한 데이터 구조 변경 방안에 대해 성한은 ADR을 작성해 근거를 남겼습니다.

ADR: 고객 설문은 문서형 데이터베이스를 사용

콘텍스트

고객은 수리 완료 후 웹 페이지에 접속해서 설문 응답을 할 수 있다. 수리 또는 설치된 전자 제품의 종류에 따라 설문은 다섯 가지 종류로 나뉜다. 현재 설문 데이터는 관계형 데이터베이스에 넣고 관리하지만, 개발 팀은 JSON을 사용하는 문서형 데이터베이스로 마이그레이션길 원한다.

결정

고객 설문은 문서형 데이터베이스를 사용한다.

마케팅 부서에서 고객 설문을 변경하는 작업은 더 큰 유연성과 적시성을 요한다. 문서형 데이터베이스로 바꾸면 더 유연하게 변경할 수 있고 적시에 반영할 수 있을 것이다.

또 문서형 데이터베이스를 사용하면 고객 설문 UI를 단순화하고 설문을 더 쉽게 변경할 수 있다.

결과

단일 애그리거트 형태로 사용할 예정이므로 공통 설문 문항이 수정, 추가, 삭제될 때마다 여러 문서를 변경해야 한다. 관계형 데이터베이스에서 문서형 데이터베이스로 데이터를 마이그레이션하는 중에는 설문 기능이 잠시 중단될 것이다.

## CHAPTER 7

서비스 세분도

10월 14일 목요일 13:33

본격적으로 마이그레이션 작업을 시작한 성한과 선빈은 앞서 식별한 도메인 서비스를 분해하는 문제에 관한 갖가지 의사 결정을 하느라 점점 지치기 시작했습니다. 개발 팀마다 의견이 천차만별이라서 서비스를 얼마나 세분화할지 결정하기가 더욱 곤란했습니다.

손성한: "코어 티케팅 기능은 어떻게 해야 좋을지 모르겠네… 티켓 생성, 티켓 완료, 전문 기사 배정, 티켓 전달… 이런 기능을 몇 개 서비스로 나눠야 할지 결정하기가 참 어렵네요. 개발 팀 태예림 팀장님은 모든 걸 아주 잘게 쪼개야 한다고 주장하시는데, 그렇게 하는 게 능사인지 정말 모르겠습니다."

오선빈: "네, 저도요. 고객 등록, 프로필 관리, 과금 기능도 분해해야 하는 건지 도통 모르겠네요. 오늘 오후에도 회의가 잡혀 있는데…"

손성한: "뭐, 회의야 항상 하는 거고… 아 참, 고객 기능 얘기가 나왔으니 말인데, 로그인 기능을 별도 서비스로 빼낼지 생각 좀 해보셨나요?"

오선빈: "아뇨, 아직 검토 중입니다. 현승 씨는 분리하는 게 맞다고 하는데, 아무리 봐도 로그인을 별도 기능으로 만들 이유가 없어요."

손성한: "아, 진짜 어렵네요. 노건우 팀장님한테 힌트 좀 달라고 할까요?"

오선빈: "좋은 생각입니다. 감으로만 분석을 하니 뭐 하나 진행하기가 쉽지 않네요."

두 사람은 개발 팀과 아키텍트 팀을 각각 이끌고 있는 태예림, 노건우 팀장을 회의에 초대해 자신들이 맞닥뜨린 서비스 세분도 문제에 대해 조언을 구하기로 했습니다.

태예림: "도메인 서비스는 가능한 한 잘게 나누는 것이 좋다고 봐요. 지금 우리 서비스는 하나같이 마이크로서비스로 구현하기엔 단위가 너무 커요. '마이크로micro'라는 말 자체가 원래 작다는 뜻 아닙니까? 결국 언젠가는 마이크로서비스 아키텍처로 바꿔야 할 텐데, 성한 씨, 선빈 씨 두 분이 제안하신 설계는 마이크로서비스 모델과 잘 안 맞는 것 같습니다."

노건우: "태 팀장님, 애플리케이션의 모든 파트를 다 마이크로서비스로 만들어야 하는 것은 아닙니다. 보통 그렇게들 오해하시는데, 그게 바로 마이크로서비스 아키텍처 스타일의 가장 큰 함정이거든요."

태예림: "그럼 어떤 서비스를 나눌지, 나누지 않을지는 어떻게 결정하나요?"

노건우: "팀장님, 먼저 한 가지 질문을 드리죠. 모든 서비스를 그렇게 작게 만들려는 의도가 따로 있으신가요?"

태예림: "단일 책임 원칙single-responsibility principle이죠. 찾아보면 아시겠지만, 이게 바로 마이크로서비스의 근간입니다."

노건우: "네, 저도 단일 책임 원칙이 뭔지는 압니다." (잠시 뜸들이며) "그리고 이 원칙이 얼마나 주관적일 수 있는지도 잘 알고 있죠. 가령 고객에게 SMS, 이메일, 우편물을 보내서 어떤 사실을 알리는 고객 알림 서비스가 있다면, 알림을 전체 고객에게 발송하는 기능을 서비스 하나로 구현하는 게 맞을까요, 아니면 3개의 서비스로 나눠 따로따로 구현하는 게 맞을까요?"

태예림: (노건우 팀장의 말이 끝나기 무섭게) "당연히 후자죠. 알림을 보내는 수단별로 하나씩 서비스를 구현해야죠. 그게 바로 마이크로서비스가 추구하는 바이기도 하고요."

손성한: "저는 단일 서비스가 맞다고 생각합니다. 알림 그 자체는 단일 책임이 맞으니까요."

오선빈: "전 잘 모르겠네요. 두 방법 다 가능할 것 같은데…" (웃으며) "동전 던지기로 결정해야 하나요?"

손성한: "에효, 이래서 저희가 두 분을 모신 겁니다."

노건우: "서비스를 올바르게 세분화하려면 먼저 개인적인 느낌이나 기분 같은 건 배제할 필요가 있어. 그리고 세분도 분해인과 통합인을 모두 고려해서 객관적으로 트레이드오프를 분석하고 서비스를 나눌지 말지 판단하는 탄탄한 기준을 만들어 적용하는 게 중요하다고 봐."

오선빈: "노건우 팀장님, 그런데 세분도 분해인, 통합인이라는 게 뭐죠?"

노건우: "마침 태 팀장님도 함께 계시니 하나씩 자세히 설명해줄게."

모듈화modularity와 세분도granularity라는 용어를 혼동하고 오해하는 아키텍트, 개발사가 의외로 낳습니다. 심지어 같은 의미로 알고 사용하는 이들도 있지요. 사전을 찾아보면 다음과 같이 정의돼 있습니다.

모듈화

사용상의 유연성과 다양성을 위해 표준화된 단위 또는 치수로 만듦

세분도

더 큰 단위를 형성하는 많은 입자 중 하나로 구성하거나, 그렇게 보임

사전의 풀이만으로는 비슷해서 혼동하기 쉽지만, 소프트웨어 아키텍처 관점에서 이 두 용어는 전혀 의미가 다르기 때문에 구분할 필요가 있습니다. 모듈화는 시스템을 별도의 파트로 분해하는 것과 관련이 있는 반면(3장 참고), 세분도는 그렇게 나뉘어진 개별 파트의 사이즈에 관한 것입니다. 그런데 막상 분산 시스템의 이슈와 난제를 들여다보면 모듈화보다는 세분도와 연관된 경우가 대부분입니다.

적당한 세분도(즉, 서비스 사이즈)를 정하는 일은 거의 항상 아키텍트, 개발자를 번민에 빠지게 만드는 소프트웨어 아키텍처의 하드 파트 중 하나입니다. 서비스 세분도는 서비스에 구현된 클래스나 코드 라인 수가 아니라 서비스가 무엇을 하느냐에 따라 달라지므로 올바른 세분도를 결정하기가 매우 어렵습니다.

아키텍트는 다양한 메트릭을 통해 서비스의 여러 측면을 모니터링하고 분석해서 적정한 서비스 세분도를 결정합니다. 서비스 사이즈를 객관적으로 측정하기 위한 메트릭 중 하나로, 일단 서비스 문장 수를 세어보는 방법을 생각해볼 수 있습니다. 그러나 코딩 스타일 및 테크닉은 개발자마다 다르므로 코드 라인 수나 클래스 수는 세분도를 가늠하기에 적절한 메트릭이 아닙니다. 문장 수는 적어도 서비스가 무슨 일을 하는지 객관적으로 확인하는 데 도움이 됩니다. 4장에서도 언급했듯이 문장은 소스 코드에서 수행되는 하나의 완전한 액션으로, 대개 특수 문자(예: 자바, C, C++, C#, Go, 자바스크립트, F#은 세미콜론을 사용하고 파이썬, 루비는 개행 문자를 사용함)로 끝납니다.

서비스가 표출한 퍼블릭 인터페이스나 기능 수 역시 서비스 세분도 측정에 유용한 메트릭입니다. 물론 이 두 메트릭에는 어느 정도의 주관성과 가변성이 개입되지만, 지금까지 우리가 발견

한, 가장 객관적으로 서비스 세분도를 측정/평가할 수 있는 방법입니다.

서비스 세분도의 양극단에는 세분도 분해인과 세분도 통합인이라는 두 힘이 있습니다(그림 7-1). 세분도 분해인은 '어떤 경우에 서비스를 더 잘게 나눠야 하는가?', 세분도 통합인은 '어떤 경우에 서비스를 다시 합쳐야 하는가?'라는 질문에 각각 해법을 제시합니다. 지금도 많은 개발 팀이 세분도 통합인을 무시하면서 무턱대고 세분도 분해인에만 집중하는 실수를 저지르고 있습니다. 서비스를 적절하게 세분화하는 비결은 대칭적인 이 두 힘 사이에서 균형점을 찾아내는 것입니다.

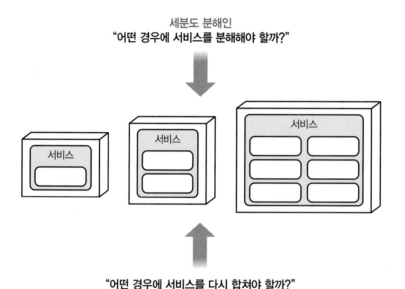

그림 7-1 서비스 세분도는 분해인과 통합인의 균형에 따라 결정된다.

7.1 세분도 분해인

세분도 분해인은 어떤 경우에 서비스를 더 잘게 나눠야 하는지에 관한 지침과 정당성을 제시합니다. 서비스를 나눠야 할 명분은 어느 한 가지만 해당될 때도 있겠지만, 대부분 여러 가지 동인이 복합적으로 작용합니다. 주요 세분도 분해인을 여섯 가지로 정리하면 다음과 같습니다.

서비스의 범위와 기능

서비스가 자신과 무관한 일을 너무 많이 하고 있는가?

코드 변동성

변경이 서비스의 어느 한 부분에만 국한돼 있는가?

확장성/처리량

서비스 파트마다 확장을 달리해야 하는가?

내고장성

중대한 기능 실패를 유발하는 에러가 서비스에 존재하는가?

보안

서비스의 어떤 파트가 다른 파트보다 높은 보안 수준을 필요로 하는가?

신장성

서비스가 항상 새로운 콘텍스트를 추가하기 위해 확장하고 있는가?

지금부터 이 여섯 가지 세분도 분해인을 하나씩 자세히 살펴보겠습니다.

7.1.1 서비스의 범위와 기능

서비스의 범위와 기능은 (특히 마이크로서비스 아키텍처일 경우) 한 서비스를 더 작은 여러 서비스로 분해하게 만드는 최초이자 가장 일반적인 동인입니다. 서비스의 범위와 기능을 분석할 때는 두 가지 차원을 함께 고려해야 합니다. 첫째, 서비스가 하는 일이 얼마나, 어떻게 서로 연관돼 있는지를 나타내는 응집도입니다. 둘째, 컴포넌트의 전체 사이즈입니다. 어떤 서비스를 구성하는 클래스에 구현된 총문장 수나 서비스 진입점 수, 또는 이 둘을 모두 계산해서 측정합니다.

고객들에게 SMS[1], 이메일, 우편물을 보내는 일반적인 알림 서비스가 있다고 합시다. 언뜻 보면 [그림 7-2]처럼 알림 매체별로 3개의 단일 목적single-purpose 서비스로 구분한 구조가 합리적일 것 같지만, 이 세 서비스는 고객 알림이라는 강력한 연관성을 갖고 응집돼 있으므로 서비스를 분해할 명분으로는 불충분합니다. '단일 목적'이라는 말에 대해 사람마다 의견과 해석이 분분하겠지만, 이것만으로 이 서비스를 분해하는 게 옳은지 판단하기는 어렵습니다.

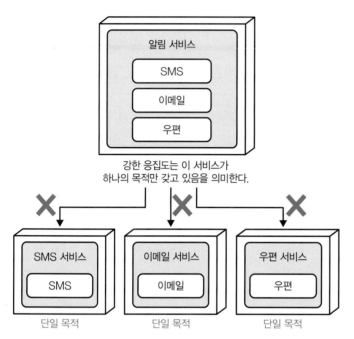

그림 7-2 응집도가 강한 서비스는 기능만으로 분해하기에 적합한 후보가 아니다.

이번에는 고객 프로필 정보, 고객 프리퍼런스, 고객 의견을 관리하는 단일 서비스를 설계하려고 합니다. 조금 전 알림 서비스와 달리 이 서비스는 세 가지 기능이 고객이라는, 범위가 더 넓은 개념과 밀접하게 연관돼 있기 때문에 응집도는 비교적 약합니다. 그리고 이 서비스는 분명하는 일이 아주 많을 테니 [그림 7-3]처럼 3개의 서비스로 각각 나누는 편이 좋습니다.

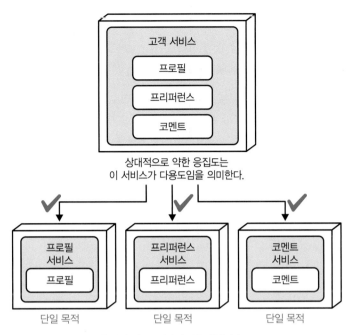

그림 7-3 응집도가 약한 서비스는 분해하기 좋은 대상이다.

로버트 C 마틴[Robert C. Martin]은 SOLID 원칙[2]의 하나로서 '모든 클래스는 각자 어떤 프로그램 기능의 한 파트를 담당하는데, 이것을 캡슐화해야 한다. 모듈, 클래스, 함수가 제공하는 모든 서비스는 바로 이렇게 자신이 맡은 책임만 져야 한다'는 단일 책임 원칙[single-responsibility principle][3]을 주장했습니다. 지금까지 예를 들어 설명한 세분도 분해인도 이와 연관돼 있습니다. 단일 책임 원칙은 원래 그 범위가 클래스 내부에 한정됐지만, 이후에는 컴포넌트, 서비스까지 개념이 확장됐습니다.

마이크로서비스 아키텍처에서 마이크로서비스는 한 가지 일을 아주 잘하는 개별 배포된 전용 소프트웨어 단위로 정의합니다. 따라서 개발자 스스로 이런저런 이유를 묻거나 따지지 않고 가능한 한 서비스를 잘게 나누려고 하는 것도 당연합니다! 하지만 무엇이 단일 책임인지 아닌지는 매우 주관적인 문제이므로 많은 개발자가 서비스 세분도 문제에 어려움을 느낍니다. LCOM[4]처럼 응집도를 측정하는 몇 가지 메트릭이 있지만, 서비스는 아무래도 바라보는 사람의 시각에 따라 크게 달라질 수밖에 없습니다(예: 고객에게 한 가지를 알리는 것인가, 아니면 이메일을 보낼 때 한 가지를 알리는 것인가?). 이런 이유로, 얼마나 잘게 나누는 것이 좋을지를 결정하려면 반드시 다른 세분도 분해인도 함께 고려해야 합니다.

7.1.2 코드 변동성

코드 변동성은 서비스를 분해해야 하는 또 다른 주요 동인으로, 소스 코드를 변경하는 빈도를 말합니다(이를 변동성 기반의 분해volatility-based decomposition라고도 합니다). 서비스 코드가 얼마나 자주 바뀌는지를 객관적으로 측정(거의 모든 소스 코드 버전 관리 시스템의 기본 기능만으로도 쉽게 측정할 수 있음)하면 서비스를 분해해야 하는 타당한 명분을 얻게 될 때가 많습니다. 앞서 언급했던 알림 서비스를 다시 예로 들면, 서비스 범위(응집도)만으로는 서비스 분해의 충분한 정당성을 확보할 수 없지만, 변경 빈도를 객관적으로 수집하고 분석해보면 다음과 같은 결과를 얻을 수 있습니다.

- SMS 알림 기능: (평균) 6개월마다 한 번
- 이메일 알림 기능: (평균) 6개월마다 한 번
- 우편물 알림 기능: (평균) 매주 한 번

우편물 알림 기능은 (거의) 매주 변경되는 반면, SMS와 이메일 기능은 좀처럼 변경되지 않습니다. 우편물 알림 기능의 변경 빈도가 높은 까닭은 우편 번호가 자주 바뀌기 때문인데, 지금은 단일 서비스로 묶여 있는 구조이므로 개발자가 SMS, 이메일 기능까지 모두 테스트한 다음 함께 재배포해야 합니다. 배포 환경에 따라 변경된 우편물 알림 기능이 배포되는 동안, SMS와 이메일 기능을 사용하지 못할 수도 있으므로 지금처럼 그냥 단일 서비스로 놔두면 테스트 범위가 넓어지고 배포 리스크가 증가할 것입니다. [그림 7-4]처럼 두 서비스(전자 알림Electronic Notification + 우편물 알림Postal Letter Notification*)로 나누면, 우편 번호의 잦은 변경에 따른 영향도를 하나의 더 작은 서비스에 묶어둘 수 있습니다. 그 결과, 변경된 우편물 알림 기능 배포 시 이전과 달리 테스트 범위 및 배포 리스크가 상당히 줄고, 우편 번호 변경과 무관한 SMS와 이메일 알림 기능은 무중단 운영이 가능합니다.

---

* 옮긴이_원서에서는 이렇게 표현했지만, 온라인 알림(Online Notification) + 오프라인 알림(Offline Notification)이라고 보면 이해하기 쉽습니다.

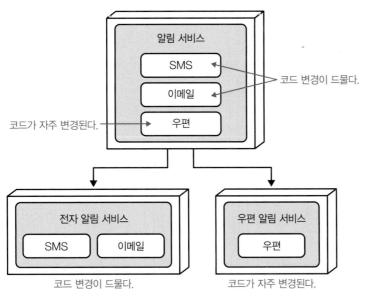

코드 변경이 드물다.

코드가 자주 변경된다.

전자 알림 서비스

SMS 이메일

코드 변경이 드물다.

우편 알림 서비스

우편

코드가 자주 변경된다.

그림 7-4 서비스에서 코드가 매우 자주 변경되는 곳도 분해하기 적절한 후보다.

7.1.3 확장성/처리량

확장성과 처리량 역시 서비스를 잘게 나누도록 만드는 동인입니다. 하나의 서비스에서도 기능마다 확장성 요건이 다를 수 있는데, 이를 객관적으로 측정해 분석해보면 서비스를 분리하는게 좋을지 판단하는 데 유용합니다. 알림 서비스라는 한 서비스의 확장성 요건을 객관적인 수치로 나타내면 이렇습니다.

- SMS 알림 기능: 220,000회/분
- 이메일 알림 기능: 500회/분
- 우편물 알림 기능: 1회/분

자료에서 보다시피, SMS 알림 기능과 우편물 알림 기능의 확장성 요건은 사뭇 다릅니다. 지금처럼 단일 서비스 체제라면 SMS 알림 기능의 요건에 따라 이메일, 우편물 기능까지 불필요하게 확장해야 합니다. 또 비용, MTTS 등 탄력성 역시 영향을 받습니다. [그림 7-5]처럼 세 서비스(SMS, 이메일, 우편물)로 쪼개면 서비스별로 다양한 처리량 목표를 달성하도록 독립적으로 확장할 수 있습니다.

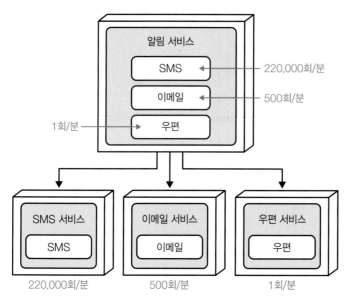

그림 7-5 확장성 및 처리량 요건이 다양하다는 것은 그 자체로 훌륭한 분해인이다.

7.1.4 내고장성

내고장성은 OOM^{Out-of-Memory}(메모리 부족) 같은 중대한 장애가 발생해도 특정 도메인에 있는 애플리케이션 또는 기능을 중단 없이 가동시키는 능력입니다. 그런데 내고장성 또한 서비스를 잘게 나눠야 할 좋은 동인입니다.

지금까지 예로 든 알림 서비스에서 이메일을 보내던 중 서버의 가용 메모리가 고갈된다면 어떻게 될까요? 이메일 기능은 물론이고 SMS, 우편물 기능까지 모든 서비스가 중단될 것입니다(그림 7-6).

이 단일 통합 알림 서비스를 3개의 서비스로 분리하면 고객 알림 도메인에서 일정 수준의 내고장성이 보장됩니다. 즉, 이메일 알림 서비스에 치명적인 오류가 발생해도 SMS 알림 서비스, 우편물 알림 서비스는 아무 영향도 받지 않겠죠.

그런데 세 알림 서비스(SMS, 이메일, 우편물)에서 자주 문제를 일으키는 주범은 이메일 서비스 하나뿐이고 SMS와 우편물 서비스는 비교적 안정적으로 작동되는 점을 감안해서 이 둘을 하나의 서비스로 합하는 건 어떨까요?

여기서 잠시 앞서 살펴봤던 코드 변동성을 다시 검도해봅시다. 우편물 알림 기능은 우편 번호 때문에 자주 변경되지만 나머지 두 알림 기능(SMS, 이메일)은 거의 바뀔 일이 없습니다. 문제를 일으키는 것은 우편물 알림 기능이지만, 이메일과 SMS는 모두 고객에게 디지털 알림을 보낸다는 공통점이 있으므로 알림 서비스는 이렇게 두 서비스로 나누는 게 합리적입니다. 이제 다시 내고장성 문제로 넘어갑시다. SMS와 우편물은 고객에게 어떤 정보를 전달하는 매체라는 것 이외에 또 다른 공통점이 없을까요? 결합된 서비스를 가장 잘 나타내려면 어떻게 명명하는 것이 가장 좋을까요?

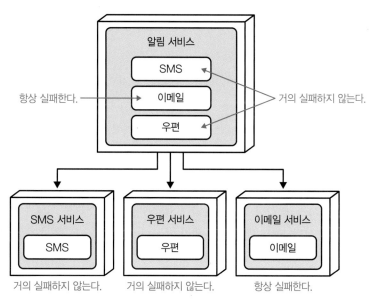

그림 7-6 내고장성과 서비스 가용성 역시 좋은 분해인이다.

이메일 알림 기능을 별도 서비스로 빼내면 SMS, 우편물 알림 두 기능의 응집도가 약해져서 전체 도메인의 응집도 역시 저하됩니다. 서비스 이름을 어떻게 정하면 좋을까요? 이메일 서비스와 기타 알림 서비스? 이메일 서비스와 SMS-우편물 알림 서비스? 이메일 서비스와 비이메일 Non-Email 서비스? 이런 네이밍 문제를 고민하다 보면 서비스 범위와 기능 세분도 분해인을 다시 돌아보게 됩니다. 서비스가 하는 일이 너무 많아서 명명하기 어렵다면 서비스를 더 나누는 방안을 검토해볼 만합니다. 한번 이렇게 나눠 생각해보죠.

- 알림 서비스 → 이메일 서비스, 기타 알림 서비스 (좋지 않아!)

- 알림 서비스 → 이메일 서비스, 비이메일 서비스 (좋지 않아!)

- 알림 서비스 → 이메일 서비스, SMS-우편 서비스 (좋지 않아!)

- 알림 서비스 → 이메일 서비스, SMS 서비스, 우편물 서비스 (좋아!)

나중에 다른 소셜 미디어 알림 기능까지 고려하면 마지막 네이밍이 가장 적절합니다. 분해인과 무관하게 서비스를 분해할 때는 '남아 있는^{leftover}' 기능 간에 강한 응집도가 형성되는지 항상 확인하세요.

7.1.5 보안

민감 데이터를 보호할 때 흔히 저지르는 실수는 데이터를 저장하는 관점으로만 생각하는 것입니다. 예를 들어, PCI(지불 카드 산업$^{Payment\ Card\ Industry}$)* 데이터를 비PCI 데이터로부터 보호하는 문제는 별도의 스키마로 분리하거나 데이터베이스를 다른 보안 영역에 둠으로써 해결할 수 있지만, 이런 데이터에 접근하는 방법까지 보호해야 한다는 사실을 놓치는 경우가 의외로 많습니다.

[그림 7-7]의 고객 프로필 서비스는 두 가지 핵심 기능을 수행합니다. 첫째는 기본 프로필 정보(이름, 주소 등)를 추가/수정/삭제하는 고객 프로필 관리 기능, 둘째는 신용카드를 추가/수정/삭제하는 고객 카드 관리 기능입니다.

신용카드 데이터가 제대로 보호되고 있는지는 모르겠지만, 카드 관리 기능이 고객 프로필 관리 기능과 결합된 구조에서는 데이터를 액세스하는 자체가 위험합니다. 통합된 고객 프로필 서비스 API의 진입점은 달라도 고객 정보를 조회하려고 들어온 누군가가 신용카드 정보에 접근할 가능성이 있겠죠. 두 서비스로 분리해서 카드 관리 기능을 단일 목적의 서비스로 구현하면 신용카드 정보의 보안성은 한층 개선될 것입니다.

---

* `https://oreil.ly/Z5QRV`. 옮긴이_지불 카드 산업 데이터 보안 표준(Payment Card Industry Data Security Standard, PCI DSS)은 신용카드 데이터 보안을 위한 국제 표준입니다(출처: 위키백과).

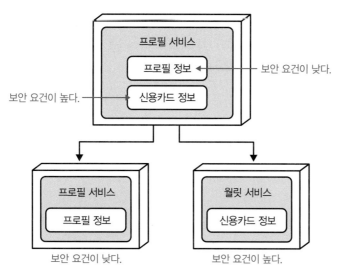

그림 7-7 보안과 데이터 액세스는 좋은 분해인이다.

7.1.6 신장성

끝으로, 신장성extensibility 역시 분해를 촉진하는 동인입니다. 서비스 영역이 확장될수록 기능을 부가할 수 있는 능력은 꼭 필요합니다. 신용카드, 기프트 카드, 페이팔 등 다양한 결제 수단을 제공하는 PG사가 있다고 합시다. 이 회사는 리워드 포인트reward point나 애플페이ApplePay, 삼성페이SamsungPay 같은 서드파티 결제 서비스로도 고객 크레딧을 관리하고자 합니다. 그런데 고객에게 이런 추가 결제 수단을 제공하기 위해 현재 결제 서비스의 기능을 신장하기가 얼마나 쉬운가요?

그냥 통합 결제 서비스에 결제 수단을 추가하면 되겠지만, 그러면 앞으로 새로운 결제 수단이 추가될 때마다 (다른 결제 수단까지 함께) 전체 결제 서비스를 전부 테스트해야 하고 기존 결제 수단의 코드까지 불필요하게 프로덕션에 재배포해야 합니다. 따라서 이런 통합 결제 서비스 체제하에서는 테스트 범위가 점점 늘어나고 그만큼 배포 리스크가 증가해서 결제 수단을 추가하기가 갈수록 힘들어집니다.

[그림 7-8]처럼 통합 결제 서비스를 세 서비스(신용카드 처리, 기프트 카드 처리, 페이팔 거래 처리)로 분해해봅시다.

이렇게 결제 수단별로 기존 통합 결제 서비스를 나누면, 나중에 새로운 결제 수단(예: 리워드

포인트)이 추가돼도 다른 서비스와 독립적인 하나의 서비스를 개발, 테스트, 배포하는 작업만 거치면 됩니다. 당연히 개발 속도가 빨라지고 테스트 범위와 배포 리스크는 줄어들겠죠.

앞으로 어떤 통합된 기능이 필요해서 추가/신설할 계획이 있거나 그런 기능이 일반 도메인의 일부라는 사실을 미리 알고 있는 경우에만 세분도 분해인을 적용하기 바랍니다. 예를 들어 알림 서비스는 SMS, 이메일, 우편물 이외의 전달 수단이 더 있을지 의문이지만, 결제 수단은 앞으로도 계속 추가될 가능성이 매우 높기 때문에 결제 수단별로 서비스를 나누는 것이 타당합니다. 비즈니스 맥락상 (추가 결제 수단 같은) 기능이 확장될 가능성이 있는지(있다면 언제쯤이 될지) '추측'하기는 대체로 어렵습니다. 우리가 하려는 말은, 어떤 패턴이 확실히 드러나거나 지속적으로 확장될 거라는 확신이 생기기 전에는 무작정 분해하는 것이 능사라고만 생각하지 말고 가만히 지켜보라는 것입니다.

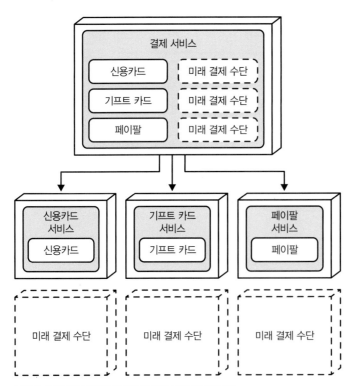

그림 7-8 확장할 계획이 있으면 이 또한 좋은 분해인이다.

7.2 세분도 통합인

세분도 분해인이 어떤 경우에 서비스를 더 잘게 나눠야 하는지에 대한 적절한 지침과 정당성을 제공한다면, 세분도 통합인은 정반대로 어떤 경우에 서비스를 다시 합쳐야 하는지(또는 애당초 서비스를 분리하지 말아야 하는지)에 대한 가이드라인과 명분을 제공합니다. 이 두 가지 요소 간의 트레이드오프를 냉철하게 분석하는 것이 서비스 세분도를 올바르게 결정하는 비결입니다. 주요 세분도 분해인을 네 가지로 정리하면 다음과 같습니다.

데이터베이스 트랜잭션

각 서비스 간에 ACID 트랜잭션이 필수인가?

워크플로와 코레오그래피

서비스들이 서로 소통해야 하는가?

공유 코드

서비스들이 서로 코드를 공유해야 하는가?

데이터 관계

서비스가 분해되면 그 서비스가 사용하는 데이터도 함께 나눠야 하는가?

네 가지 세분도 통합인을 하나씩 자세히 살펴봅시다.

7.2.1 데이터베이스 트랜잭션

관계형 데이터베이스를 사용하는 모놀리식 시스템과 단위가 큼지막한 도메인 서비스는 일반적으로 단일 작업 단위의$^{single-unit-of-work}$ 데이터베이스 트랜잭션에 의존해서 데이터 무결성 및 일관성을 처리합니다(ACID 트랜잭션(데이터베이스)에 관한 자세한 내용과 BASE 트랜잭션(분산)과의 차이점은 9.7절 '분산 트랜잭션' 참고). 그럼 데이터베이스 트랜잭션은 서비스 세분도에 어떤 영향을 미칠까요? [그림 7-9]와 같은 시나리오를 예로 들어봅시다. 여기서 고객 기능은 고객 프로필 정보를 관리하는 고객 프로필 서비스와 패스워드 등의 보안 관련 정보 및 기능을 관리하는 패스워드 서비스로 나뉘어져 있습니다.

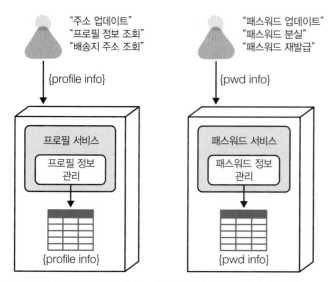

그림 7-9 서비스를 나눠 원자적으로 처리하면 보안 접근 통제가 강화된다.

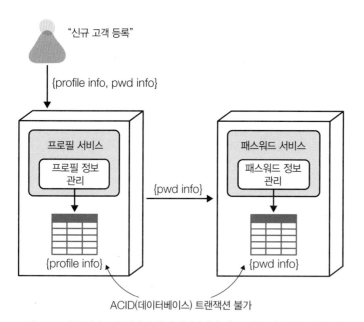

그림 7-10 개별 서비스 간 복합 처리 시 데이터베이스(ACID) 트랜잭션은 지원되지 않는다.

이렇게 두 서비스로 분리돼 있으면 액세스 권한을 요청 수준이 아니라 서비스 수준으로 부여할 수 있으므로 어느 정도 안전하게 패스워드 정보를 보호할 수 있습니다. 패스워드를 변경하고 초기화하는 기능과 로그인을 위해 고객 패스워드에 접근하는 기능을 모두 하나의 서비스로 제한할 수 있는(그래서 이 하나의 서비스로 모든 액세스를 제한할 수 있는) 것입니다. 이런 점에서는 마땅히 서비스를 분해해야 할 것처럼 보이지만, [그림 7-10]에 표시한 신규 고객의 등록 프로세스를 생각해봅시다.

신규 고객을 등록할 때 유저 인터페이스 화면에서는 프로필과 암호화된 패스워드 정보가 프로필 서비스로 전달됩니다. 프로필 서비스는 화면에서 수신한 프로필 정보를 해당 데이터베이스 테이블에 삽입하고 커밋한 다음, 암호화된 패스워드 정보를 패스워드 서비스에 전달합니다. 패스워드 서비스 역시 지정된 테이블에 패스워드 정보를 삽입하고 커밋하겠죠.

서비스를 분리함으로써 패스워드 정보는 더 안전하게 보호할 수 있겠지만, 신규 고객을 시스템에 등록하거나 삭제(등록 취소)하는 기능에 ACID 트랜잭션을 적용할 수 없다는 것이 문제입니다. 만약 패스워드 서비스가 작업 도중 실패하면, 데이터 무결성이 깨지고 원래 프로필을 다시 삽입하는 등의 복잡한 복원 처리(이 자체도 에러가 발생할 가능성이 높음)가 불가피하겠죠(최종 일관성과 오류 처리에 관한 자세한 내용은 12.1절 '트랜잭셔널 사가 패턴' 참고). 따라서 비즈니스 관점에서 단일 작업 단위의 ACID 트랜잭션이 필요한 프로세스는 [그림 7-11]처럼 한 서비스로 통합해야 합니다.

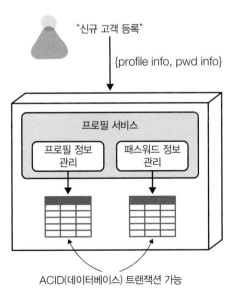

그림 7-11 단일 서비스로 만들어야 데이터베이스(ACID) 트랜잭션을 적용할 수 있다.

7.2.2 워크플로와 코레오그래피

서비스들이 저마다 서로 통신(인터서비스 통신^{interservice communication} 또는 이스트웨스트 통신
^{eastwest communication}이라고도 함)하는 코레오그래피와 워크플로 역시 또 다른 일반적인 세분도 통
합인입니다. 서비스 간 통신은 상당히 흔하고 마이크로서비스처럼 고도로 분산된 아키텍처에
서는 반드시 필요한 기능이지만, 앞서 설명했던 분해인에 따라 서비스를 잘게 나누다 보면 언
젠가 서비스 간 통신이 점점 늘어나 부정적인 영향을 끼치기 시작하는 지점에 이르게 됩니다.

서비스 간 통신이 과도해지면 무엇보다 내고장성 이슈가 생깁니다. [그림 7–12]에서 서비스 A
는 서비스 B, C와, 서비스 B는 서비스 C와, 서비스 D는 서비스 E와, 끝으로 서비스 E는 서비
스 C와 각각 통신합니다. 이때 만약 서비스 C가 실패하면 서비스 C와의 전이적 디펜던시 때문
에 나머지 서비스들이 모두 멈추게 됩니다. 따라서 전체 내고장성, 가용성, 신뢰성이 큰 타격을
받겠죠.

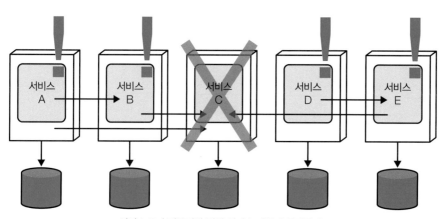

서비스 C가 잘못되면 전체 서비스 가동이 중단된다.

그림 7-12 과도한 워크플로는 내고장성에 좋지 않다.

여기서 흥미로운 것은, 앞 절에서 내고장성은 세분도 분해인 중 하나였지만 그렇게 나뉘어진
서비스들이 서로 통신해야 할 경우에는 내고장성 측면에서 얻은 게 아무것도 없다는 사실입니
다. 그래서 서비스를 분해할 때는 일단 기능들이 서로 단단히 결합돼 있는지 확인해보고, 만약
그렇다면 비즈니스 요건상 전체 내고장성이 보장되지 않기 때문에 서비스를 그냥 놔두는 것이
최선일 수도 있습니다.

전체 성능과 응답성 역시 (서비스를 다시 합해야 하는) 세분도 통합인에 해당합니다. [그림 7-13]에 표시한 대규모 고객 서비스는 5개의 서비스(서비스 A~E)로 나눠져 있습니다. 이들 서비스는 각자 응집된 원자적 요청을 받아 처리하지만, 코레오그래피 방식으로 하나의 UI 화면에서 일일이 API 요청을 전송해 모든 고객 정보를 죽 검색하려면 5 홉^hop이 소요됩니다(이 문제는 오케스트레이션 방식으로 해결할 수도 있습니다. 자세한 내용은 11장 참고). 요청 1회당 네트워크 및 보안 레이턴시^security latency가 300ms라고 가정하면 UI 요청 한 번에만 1,500ms 라는 추가 레이턴시가 발생합니다! 5개 서비스를 단일 서비스로 통합하면 이런 레이턴시가 사라질 테니 성능과 응답성은 전반적으로 개선될 것입니다.

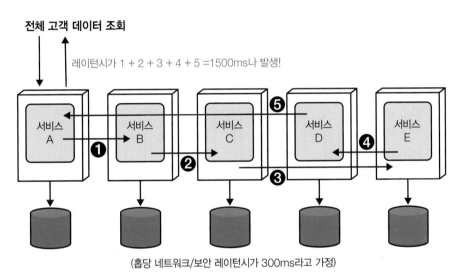

그림 7-13 과도한 워크플로는 전체 성능과 응답성 측면에서도 좋지 않다.

결국 전반적인 성능 관점에서 보자면, 서비스들이 각자 알아서 서로 통신하는 성능 손실을 감수하더라도 서비스를 반드시 분리해야 하는 게 옳은지 고민이 필요합니다. 우리의 경험 법칙에 따르면, 다수의 서비스가 서로 통신하게 만드는 요청 수와 이러한 서비스 간 통신을 필요로 하는 요청의 중요성을 고려하는 것이 최선입니다. 예를 들어, 요청의 30%만 서비스 간 워크플로가 필요하고 나머지 70%는 순수하게 원자적인 처리가 가능하다면(즉, 다른 서비스와 통신하지 않아도 자체 해결이 가능하다면) 서비스를 분리한 상태 그대로 두는 게 합리적입니다. 하지만 이 비율이 반대라면 서비스를 다시 합하는 방안을 진지하게 생각해보는 게 좋습니다. 물론 이 말은 전체 성능이 문제가 되는 상황을 전제한 것입니다. 가령, 엔드 유저가 직접적으로 요청 처리가 완료되기를 기다리지 않아도 되는 백엔드 기능은 이보다 훨씬 여유가 있겠죠.

워크플로에 필요한 요청의 중요도 역시 잘 따져봐야 합니다. 조금 전 예에서 워크플로에 필요한 30%의 요청이 매우 빠른 응답이 필요한 중요한 요청이라면, 나머지 70%가 순수하게 원자적으로 처리 가능한 요청이라 해도 서비스를 다시 합하는 것이 타당할 수도 있습니다.

신뢰성과 데이터 무결성도 서비스 통신이 증가할수록 영향을 받는 특성들입니다. [그림 7-14] 처럼 5개의 개별 고객 서비스로 나뉘어진 구조에서 신규 고객을 등록하려면 이들 서비스를 모두 조정하는 작업이 필요합니다. 앞서 설명했듯이 이 5개 서비스는 모두 각자 데이터베이스 트랜잭션을 수행하는데, 문제는 신규 고객 데이터를 처리하는 과정에서 서비스 D가 실패해도 서비스 A, B, C가 처리한 데이터는 모두 커밋된다는 사실입니다.

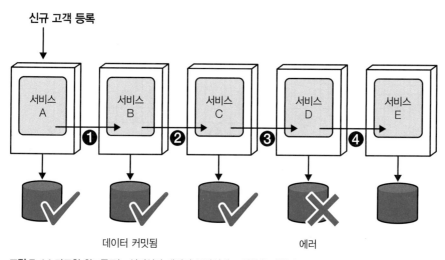

그림 7-14 과도한 워크플로는 신뢰성과 데이터 무결성에도 영향을 끼친다.

선행 서비스가 처리한 데이터를 후행 서비스가 가져와 사용하거나 다른 서비스에 브로드캐스팅된 메시지를 받아 어떤 액션을 취한 서비스가 있을지도 모르기 때문에 데이터 일관성, 무결성 관점에서 심각한 문제가 생길 수 있습니다. 따라서 한번 더럽혀진 데이터는 보상 트랜잭션을 걸어 롤백하거나 차후 재시작을 위해 트랜잭션이 어느 지점에서 중단됐는지 상태 표시를 해야 합니다(이게 정말 지저분한 상황인데, 자세한 내용은 12.1절 '트랜잭셔널 사가 패턴'에서 설명합니다). 즉, 운영 측면에서 데이터 일관성과 무결성이 그 무엇보다 중요한 경우에는 서비스를 다시 통합하는 방법을 생각해보는 것이 좋습니다.

7.2.3 공유 코드

소스 코드를 공유해 쓰는 것은 소프트웨어 개발 세계에서 일상적인(그리고 필요한) 프랙티스입니다. 로깅, 보안, 유틸리티, 포매터, 변환기, 추출기 등이 공유 코드로 구현하는 대표적인 기능입니다. 그러나 분산 아키텍처에서는 공유 코드를 다루기가 훨씬 복잡해질 수 있고 때로는 서비스 세분도에 영향을 미치기도 합니다.

공유 코드는 자바 JAR 파일, 루비 GEM 파일, 닷넷 DLL 등의 공유 라이브러리 형태로 존재하며, 대부분 컴파일 타임에 서비스에 바인딩됩니다. 코드 재사용 패턴은 8장에서 다시 이야기하기로 하고, 여기서는 공유 코드가 어떻게 서비스 세분도에 영향을 미쳐 서비스 통합인이 될 수 있는지 살펴보겠습니다.

[그림 7-15]를 보면 5개 서비스가 있습니다. 이들 서비스는 각자 어떤 합리적인 분해인에 따라 나눠졌겠지만, 모두 (공통 유틸리티 또는 인프라 기능과 상반된) 도메인 기능의 공통된 코드베이스를 공유합니다. 따라서 공유 라이브러리를 변경할 일이 생기면 결과적으로 이 라이브러리를 사용하는 서비스도 함께 찾아 변경해야 하죠. 여기서 '결과적으로eventually'라고 표현한 까닭은, 공유 라이브러리를 잘 버저닝하면 민첩성과 하위 호환성backward compatibility이 보장된다고 할 수 있기 때문입니다(8장 참고). 따라서 개별 배포된 이 5개 서비스는 모두 함께 변경하고, 테스트하고, 배포돼야 합니다. 사정이 이렇다면 5개 서비스를 단일 서비스로 합쳐서 여러 번 배포하지 말고, 버전이 다른 공유 라이브러리를 사용해도 버전을 동기화하지 않은 채 놔두는 것이 더 현명한 선택일 수도 있습니다.

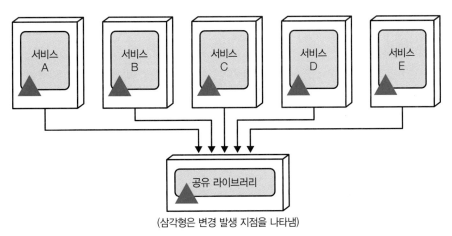

그림 7-15 공유 코드가 변경되면 그에 따라 모든 서비스를 변경해야 한다.

물론 공유 코드의 모든 유스 케이스가 서비스 통합인이 되는 것은 아닙니다. 예를 들어, 전체 서비스가 사용하는 로깅, 감사, 인증, 인가, 모니터링 같은 인프라 관련 횡단 기능cross-cutting functionality은 서비스를 다시 합쳐 모놀리식 아키텍처로 돌아가야 할 동인으로는 어울리지 않습니다. 이에 공유 코드를 세분도 통합인으로 고려하는 문제에 대해 몇 가지 가이드라인을 제시하겠습니다.

특정한 공유 도메인 기능

공유 도메인 기능은 (인프라 관련 횡단 기능과 반대로) 비즈니스 로직이 구현된 공유 코드입니다. 만약 이런 공유 도메인 코드의 비중이 상대적으로 높다면 세분도 통합인으로 바라보는 것이 좋습니다. 예를 들어, 고객 관련 기능(프로필 관리, 프리퍼런스 관리, 댓글 추가/삭제)을 구현한 공통 (공유) 코드가 전체 코드베이스에서 40% 이상을 차지한다고 합시다. 만약 고객 관련 기능을 모두 개별 서비스로 나눈다면, 거의 절반에 달하는 소스 코드가 이 세 서비스만 사용하는 공유 라이브러리에 있게 될 것입니다. 그러므로 이럴 때는 고객 관련 기능을 (특히 공유 코드가 자주 변경되는 경우라면) 공유 코드와 함께 하나의 통합된 서비스에 두는 편이 더 나을지도 모릅니다.

공유 코드의 잦은 변경

공유 라이브러리의 사이즈와 무관하게 공유 도메인이 자주 변경되면 공유 기능을 사용하는 서비스들도 잦은 조정 작업이 수반됩니다. 버저닝을 하면 변경 조정 작업량을 조금 줄일 순 있겠지만, 공유 기능을 사용하는 전체 서비스에 언젠가는 최신 버전을 탑재해야 할 것입니다. 공유 코드가 자주 변경될 수밖에 없다면, 여러 배포 단위에 걸친 조정 작업의 복잡도를 낮추기 위해서라도 공유 코드를 사용하는 서비스들을 통합하는 모습이 바람직합니다.

결함은 버저닝이 안 된다

버저닝은 변경 조정 작업의 부담을 줄이고 옛 버전과의 호환성, 민첩성(변화에 빠르게 대응하는 능력) 측면에서 도움이 되지만, 어떤 비즈니스 기능(예: 결함 조치나 비즈니스 규칙의 변경)을 모든 서비스에 동시에 반영해야 할 때도 많습니다. 만약 그런 경우가 잦은 편이라면, 변경을 단순화하기 위해 서비스를 다시 합치는 방안을 고민할 좋은 타이밍입니다.

7.2.4 데이터 관계

개별 서비스가 사용하는 데이터와 하나로 통합된 서비스가 사용하는 데이터 간의 관계 역시 세분도 분해인과 세분도 통합인 사이에서 고민해야 할 또 다른 트레이드오프입니다. 서비스를 분해해 나뉘어진 데이터는 공유되지 않으며, 변경 관리를 용이하게 하고 전반적인 가용성 및 신뢰성을 뒷받침하기 위해 데이터는 각 서비스 내부에서 엄격한 경계 콘텍스트 형태로 나타난다고 보는 것입니다.

[그림 7-16]에서 통합 서비스는 세 가지 기능(A, B, C)과 해당 데이터 테이블 관계를 가집니다. 테이블을 가리키는 실선은 테이블 쓰기(즉, 데이터 오너십)를, 테이블에서 나가는 방향의 점선은 읽기 전용 액세스를 각각 나타냅니다. [표 7-1]은 기능과 테이블 간의 작업을 매핑한 것으로, 오너는 쓰기(그리고 그에 따른 읽기)를, 액세스는 해당 기능이 소유하지 않은 테이블에 읽기만 하는 것을 의미합니다.

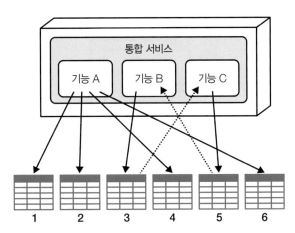

그림 7-16 통합 서비스의 데이터베이스 테이블 관계

표 7-1 기능-테이블 매핑

기능	테이블 1	테이블 2	테이블 3	테이블 4	테이블 5	테이블 6
A	오너	오너		오너		오너
B			오너		액세스	
C			액세스		오너	

이 서비스를 앞서 배운 분해인에 따라 [그림 7-17]처럼 세 서비스로(통합 서비스에 있는 기능별로) 나눴다고 합시다. 그런데 하나의 통합된 서비스를 이렇게 3개의 개별 서비스로 분해하려면 그에 맞게 데이터 테이블을 경계 콘텍스트에 있는 각 서비스에 연결해야 합니다.

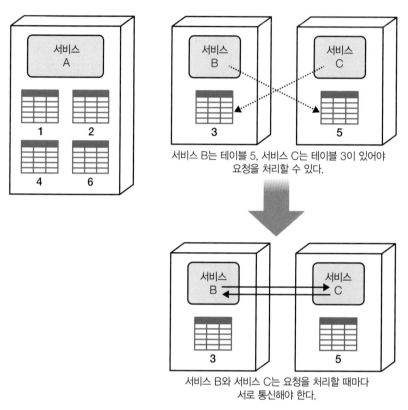

그림 7-17 데이터베이스 테이블 관계는 서비스 세분도에 영향을 미친다.

[그림 7-17] 상단의 서비스 A는 테이블 1, 2, 4, 6을 자신의 경계 콘텍스트 일부로 소유합니다. 마찬가지로 서비스 B는 테이블 3을, 서비스 C는 테이블 5를 각각 소유합니다. 그리고 비즈니스 로직상 서비스 B의 모든 작업은 (서비스 C가 소유한) 테이블 5의 데이터를, 서비스 C의 모든 작업은 (서비스 B가 소유한) 테이블 3의 데이터를 가져와야 합니다. 경계 콘텍스트 때문에 서비스 B는 바로 테이블 5를 직접 쿼리할 수 없고, 서비스 C 역시 테이블 3을 직접 쿼리할 수 없습니다.

경계 콘텍스트가 뭐길래 서비스 C는 테이블 3 데이터에 바로 접근할 수 없을까요? 자, 어느 날 갑자기 (테이블 3을 소유한) 서비스 B의 비즈니스 규칙이 변경돼서 테이블 3에서 특정 컬럼을 제거해야 하는 상황이 벌어졌다고 합시다. 테이블 3에서 이 컬럼을 삭제하면 이 테이블을 사용하는 서비스 C는 물론이고 다른 서비스들도 모두 중단됩니다. 이것이 바로 마이크로서비스처럼 고도로 분산된 아키텍처에서 경계 콘텍스트 개념이 중요한 이유입니다. 이 문제를 해결하려면 서비스 B는 서비스 C에 데이터를 요청하고 서비스 C는 서비스 B에 데이터를 요청해야 하는데, [그림 7-17] 하단에서 보다시피 서비스 간 통신이 불가피합니다.

이러한 서비스 B와 C 사이의 데이터 디펜던시에 따라 두 서비스를 한 서비스로 통합해서 서비스 간 통신으로 인한 레이턴시, 내고장성, 확장성 문제를 해결하면 테이블 간 관계가 서비스 세분도에 얼마나 큰 영향을 미치는지 여러분도 실감할 수 있을 것입니다. 우리가 이 세분도 통합인을 가장 마지막까지 아껴뒀던 이유는 이것이 트레이드오프를 가장 적게 가진 통합인이기 때문입니다. 모놀리식 시스템을 분산 시스템으로 바꿀 때는 종종 데이터가 구성되는 방식을 리팩터링해야 하지만, 서비스를 분리하자고 데이터베이스 테이블의 엔티티 관계를 구조 조정하기란 현실적으로 어려울 때가 많습니다(데이터를 분해하는 주제는 6장에서 좀 더 자세히 다룹니다).

7.3 적정 균형점 찾기

적정한 서비스 세분도를 찾는 일은 참 어렵습니다. 서비스를 적당하게 분해하려면 분해인(어떤 경우에 서비스를 분리해야 하는가?)과 통합인(어떤 경우에 다시 합쳐야 하는가?)을 모두 올바르게 이해하고 둘 사이의 트레이드오프를 냉정하게 분석해야 합니다. 그러려면 아키텍트가 트레이드오프를 정확히 식별하는 것은 물론이요, 비즈니스 이해관계자들과 함께 트레이드오프를 분석해서 적정한 서비스 세분도를 결정하는 것이 중요합니다.

[표 7-2]와 [표 7-3]은 분해인과 통합인을 각각 정리해 보여줍니다.

표 7-2 세분도 분해인(서비스를 분리해야 하는 이유)

분해인	적용해야 하는 이유
서비스 범위	응집도가 강한 단일 목적의 서비스
코드 변동성	민첩성(테스트 범위와 배포 리스크가 줄어든다)
확장성	비용 절감, 빠른 응답성
내고장성	전체 가동 시간 개선
보안 액세스	어떤 기능의 보안 액세스 강화
신장성	민첩성(새로운 기능을 추가하기 쉽다)

표 7-3 통합인(서비스를 다시 합쳐야 하는 이유)

통합인	적용해야 하는 이유
데이터베이스 트랜잭션	데이터 무결성 및 일관성
워크플로	내고장성, 성능, 신뢰성
공유 코드	유지 보수성
데이터 관계	데이터 무결성 및 정확성

아키텍트는 이 두 표에 정리한 내용을 바탕으로 트레이드오프 문장을 작성하고 프로덕트 오너 또는 프로젝트 스폰서와 함께 의논해 결론을 내릴 수 있습니다.

예제 시나리오 1

아키텍트: "빈도가 높은 코드 변경을 격리하려면 서비스를 분리하는 게 맞지만, 그렇게 하면 데이터베이스 트랜잭션을 걸 수가 없습니다. 민첩성(유지 보수성, 시험성, 배포성)을 개선해야 하는 비즈니스 요구 사항 측면에서 출시 시간을 단축시키는 것과 데이터 무결성 및 일관성을 강화하는 것 중 어느 쪽이 더 중요한가요?"

프로젝트 스폰서: "비즈니스 측면에서는 아무래도 데이터 무결성이나 일관성이 반드시 보장돼야 하니 출시 시간은 조금 늦어져도 괜찮을 것 같습니다. 당분간은 단일 서비스로 놔두시죠."

예제 시나리오 2

아키텍트: "두 작업 간의 데이터 일관성을 보장하려면 서비스를 하나로 묶어 데이터베이스 트랜잭션을 걸어야 하지만, 그러면 그중 민감 데이터를 다루는 서비스의 보안 문제가 불거질 가능성이 있습니다. 데이터 일관성과 보안성 중에서 하나를 선택하라면 어느 쪽을 택하시겠습니까?"

프로젝트 스폰서: "우리 CIO가 과거에 보안, 개인정보 보호 문제로 너무 골치 아픈 일을 많이 겪으신 터라 무조건 보안이 최우선입니다. 예외는 없습니다. 민감 데이터를 보호하는 것이 무엇보다 중요하니 일단 서비스는 나눠 놓고 데이터 일관성 문제는 해결 방안을 한번 찾아봅시다."

예제 시나리오 3

아키텍트: "나중에 새로운 결제 수단을 매끄럽게 추가하려면 지금 결제 서비스를 분리해서 확장성을 높여놔야 합니다. 그런데 그렇게 하면 워크플로가 늘어나 결국 응답성도 영향을 받을 것으로 예상됩니다. 결제 처리를 할 때 확장성을 높여 시장 출시를 민첩하게 하는 게 더 중요한가요, 아니면 결제 처리 응답성을 개선하는 게 더 시급한가요?"

프로젝트 스폰서: "신규 결제 수단이라고 해봐야 앞으로 2, 3년 동안은 많아야 두세 가지 정도일 테니, 제 생각에는 고객이 결제 처리 후 주문 ID가 발급되기 전까지의 대기 시간을 최소화하는 방향으로, 전체적인 응답성을 높이는 방향으로 갔으면 합니다."

7.4 한빛가이버 사가: 티켓 배정 세분도

10월 25일 월요일 11:08

고객이 작성한 고장 티켓이 시스템에 접수되면 스킬 세트, 위치, 가용성 등 조건이 가장 잘 맞는 전문 기사가 배정됩니다. 티켓 배정 프로세스는 크게 두 가지 컴포넌트로 구성됩니다. 하나는 어느 전문 기사를 배정할지 결정하는 티켓 배정 컴포넌트이고, 다른 하나는 배정된 전문 기사의 위치를 찾아 (전용 모바일 앱을 통해) 티켓을 전달하고 그 사실을 SMS 문자 메시지로 알려주는 티켓 전달 컴포넌트입니다.

개발 팀은 이 두 컴포넌트(티켓 배정 및 전달)를 단일 통합 서비스로 만들지, 개별 서비스 2개로 나눠 구현할지 고민하면서 갈팡질팡하고 있습니다(그림 7-18). 태예림 팀장은 아키텍트인 성한에게 도움을 청했습니다.

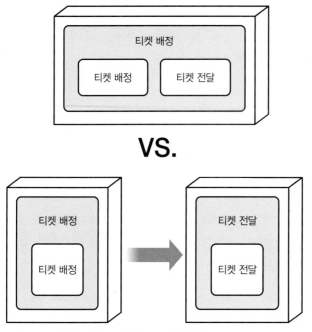

그림 7-18 티켓을 배정하고 전달하는 두 가지 방법

태예림: "성한 씨도 잘 알고 계시겠지만, 티켓 배정 알고리즘은 진짜 복잡해서 티켓 전달 기능과 떼어놓는 게 좋겠어요. 그래야 나중에 알고리즘이 바뀌어도 전달 기능은 신경 쓸 필요가 없으니까요."

손성한: "팀장님, 그런데 배정 알고리즘은 얼마나 자주 바뀌나요? 앞으로도 계속 변경되는 거죠?"

태예림: "보통 적어도 매달 두세 번 정도는 변경된 알고리즘을 적용합니다. 코드 변동성에 기반한 서비스 분해를 주제로 다룬 글을 읽은 적이 있는데, 지금 우리 상황이 여기에 딱 맞네!"

한현승: "하지만 배정, 전달 두 기능을 개별 서비스로 나누면 두 서비스가 서로 계속 통신해야 합니다. 그리고 어찌 보면 배정과 전달은 별개 기능이 아니라 하나의 기능인 것 같고요."

태예림: "아냐, 현승 씨. 그건 별개의 기능이야."

손성한: "잠시만요, 현승 씨가 하신 말씀 알겠어요. 한번 생각해봅시다. 어떤 시점에 적합한 전문 기사가 발견되면 티켓은 해당 기사에게 바로 전달되고, 만약 그렇지 못하면 티켓은 적합한 기사가 나타날 때까지 큐에 쌓여 있는다, 맞죠?"

태예림: "네, 맞아요."

한현승: "그런데 기사한테 티켓을 전달하지 않고는 배정도 할 수 없는 거니까 두 기능은 하나라는 거죠!"

태예림: "아니, 아니라니깐! 현승 씨 침 밀귀 못 알아듣네. 어느 시점에 가용한 전문 기사가 있으면 그 사람한테 티켓이 배정되는 거야. 이게 끝! 그리고 전달은 단지 티켓을 보내는 일인 게지."

손성한: "만약 티켓을 전문 기사에게 전달할 수 없을 때는요?"

태예림: "그럼 다른 전문 기사가 선택되겠죠."

손성한: "자, 태 팀장님. 잠깐 짚어볼게요. 팀장님 말씀대로 배정과 전달을 독립적인 두 서비스로 나눈다면, 전달 서비스가 기사에게 티켓을 전달할 수 없을 때 다른 기사를 배정해야 한다고 배정 서비스에 다시 알려줘야 하는 거네요? 두 서비스 간 통신량이 적지 않겠는데요?"

태예림: "네, 그래도 그 둘은 서로 별개의 기능이에요. 현승 씨 말처럼 하나가 아니고요."

손성한: "그럼, 배정과 전달은 서로 별개의 활동이지만 서로 밀접하게 결합돼 있다는 사실에는 두 분 다 동의하시죠? 즉, 어느 한 기능이 다른 기능 없이는 존재할 수 없다, 이 말씀이죠?"

태예림, 한현승: (일제히) "맞습니다!"

손성한: "그럼 트레이드오프를 한번 따져볼까요? 배정과 전달 기능을 분리해서 변경 관리를 효율적으로 할 것이냐, 아니면 두 기능을 단일 서비스로 묶어 성능, 에러 처리, 워크플로 관리를 개선할 것이냐, 이 두 가지인데… 어느 쪽이 더 중요할까요?"

태예림: "음, 그렇게 말씀하시면 단일 서비스겠죠. 하지만 배정 코드는 따로 빼내고 싶은데요?"

손성한: "좋습니다. 그럼 하나의 서비스에 각기 다른 3개의 아키텍처 컴포넌트를 만드는 건 어떨까요? 배정, 전달, 그리고 이 두 기능이 공유하는 코드를 별도의 네임스페이스로 나눠 구현하는 것입니다. 이러면 좀 나아질까요?"

태예림: "알았어요, 그렇게 가시죠. 내가 졌네, 졌어. 단일 서비스로 갑시다!"

손성한: "태 팀장님, 누가 이기고 지고의 문제는 아니고요. 가장 적합한 솔루션에 도달하기 위해 트레이드오프를 분석한 것입니다. 오해하지 마시길!"

참석자 모두 배정과 전달 기능을 단일 서비스로 묶기로 합의했고, 성한은 다음과 같이 ADR로 기록을 남겼습니다.

ADR: 티켓 배정 및 전달 서비스를 통합

콘텍스트

티켓이 생성되고 접수되면 전문 기사가 배정되며, 해당 기사의 모바일 앱으로 티켓을 전달해야 한다. 이 두 기능을 각각 별도의 서비스로 나눠 구현하거나, 티켓 배정 및 전달을 모두 처리하는 단일 통합 티켓 배정 서비스를 구현해야 한다.

결정

티켓 배정 및 전달 기능이 모두 포함된 단일 통합 티켓 배정 서비스를 구현한다.

티켓은 배정과 동시에 전문 기사에게 전달되므로 본질적으로 배정과 전달 두 기능은 서로 단단히 결합돼 있으며 상호 의존적이라 할 수 있다. 또 이 두 기능은 똑같이 확장을 해야 하므로 두 서비스 간에 처리량 차이가 없으며 배압back pressure[5] 역시 필요 없다.

두 기능은 서로에게 완전히 의존하는 관계여서 내고장성 또한 두 기능을 분리하는 동인이 아니다. 두 기능을 개별 서비스로 만들면 두 서비스 간의 워크플로가 필요한데, 이는 나중에 성능, 내고장성, 신뢰성 측면에서 문제가 될 것이다.

결과

(정기적으로 발생하는) 전문 기사 배정 알고리즘 변경과 (가끔 한 번 발생하는) 전달 메커니즘 변경이 일어나면, 두 기능 모두 테스트와 배포 작업이 필요하고 그에 따른 리스크는 불가피하다.

7.5 한빛가이버 사가: 고객 등록 세분도

1월 14일 금요일 13:15

한빛전자 지원 플랜에 가입하길 원하는 고객은 먼저 시스템에 등록해야 합니다. 이 과정에서 본인의 프로필 정보(이름, 주소, 업체명(사업자인 경우)), (매월 과금될) 신용카드 정보, 패스워드 및 보안 질문과 지원 플랜의 대상인 구매 제품 리스트를 제공해야 합니다.

개발 팀 내부에서는 모든 고객 정보가 포함된 단일 통합 고객 서비스가 낫다고 주장하는 팀원들도 있고, 반대로 각 기능별 서비스(프로필 서비스, 신용카드 서비스, 패스워드 서비스, 지원 대상 제품 서비스)로 나눠야 한다고 얘기하는 팀원들도 있습니다. 전에 PCI와 PII 데이터를 취급한 경험이 있는 현승은 신용카드, 패스워드는 나머지 정보와 별도로 관리해야 한다는 믿음을 갖고 있기 때문에 프로필, 대상 제품 정보를 관리하는 프로필 서비스와 신용카드, 패스워드를 관리하는 보안 서비스, 이렇게 2개의 서비스만 두는 방안을 생각했습니다. [그림 7-19]는 이상의 세 가지 방안을 모두 나타낸 것입니다.

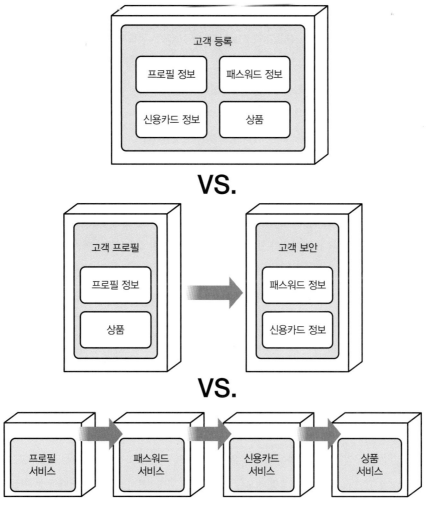

그림 7-19 고객 등록을 처리하는 세 가지 방법

성한은 코어 티케팅 기능 문제로 경황이 없어서 개발 팀은 선빈에게 도움을 청해 세분도 문제를 해결하기로 했습니다. 선빈은 쉽지 않은 결정이고 보안과도 연관된 문제이므로 박거성 부장과 함께 보안 전문가인 강세민도 회의에 참석시켰습니다.

박거성: "오늘 회의 주제는 뭔가요?"

오선빈: "네, 저희가 지금 고객을 등록하고 관련 고객 정보를 관리하는 서비스를 몇 개나 만들어야 할지 검토 중입니다. 다들 아시다시피, 우리가 취급하는 데이터는 크게 프로필 정보, 신용카드 정보, 패스워드 정

보, 구입한 제품 정보, 이렇게 네 가지 종류로 구분…"

강세민: (선빈의 말을 가로막으며) "어, 잠깐만요. 신용카드, 패스워드는 반드시 보안을 적용해야 하는 데이터인 것 아시죠?"

오선빈: (웃으며) "물론이죠. 민감한 정보니까 안전하게 처리해야죠. 문제는, 백엔드로 향하는 고객 등록 API는 하나밖에 없기 때문에 개별 서비스로 분해할 경우 다수의 서비스가 서로 긴밀히 조정을 하면서 고객 등록을 처리해야 하고 그에 따라 분산 트랜잭션이 필요하다는 것입니다."

박거성: "그게 무슨 말씀이신지…?"

오선빈: "모든 데이터를 하나의 원자적인 작업 단위로 동기화할 수 없다는 뜻입니다."

박거성: "음, 그건 하고 말고를 선택할 문제가 아닌데요? 고객 정보는 어떤 것이라도 DB에 저장되거나, 아니면 아예 저장되지 않거나 둘 중 하나여야 합니다. 다시 말해, 유효한 신용카드나 패스워드 정보를 제공하지 않은 고객 레코드는 절대로 저장돼선 안 돼요."

강세민: "신용카드와 패스워드에 보안을 적용하는 문제는요? 서비스를 분리하면 이런 민감한 정보에 접근할 때 보안이 강화될 것 같긴 한데…"

오선빈: "좋은 생각이 떠올랐어요. 세민 씨, 신용카드 정보는 데이터베이스에 토큰화돼 있죠?"

강세민: "토큰화, 암호화 다 돼 있죠."

오선빈: "패스워드는요?"

강세민: "패스워드도 마찬가집니다."

오선빈: "좋아요, 여기서 우리가 잘 살펴봐야 할 부분은… 패스워드, 신용카드 정보에 접근하는 요청을 기타 고객 관련 정보에 관한 요청, 가령 프로필 정보를 조회하거나 업데이트하는 작업과는 따로 분리해서 다뤄야 한다는 사실입니다."

박거성: "무슨 말씀인지 이제 조금 이해되네요. 모든 기능을 개별 서비스로 빼내면 민감 데이터의 보안은 좀 더 강화되겠지만, 좀 전에 제가 언급한 '모 아니면 도' 식의 요건은 보장되지 않는다, 이거죠?"

오선빈: "네, 바로 그게 트레이드오프죠."

강세민: "근데, 선빈 씨. 우리가 지금 API 호출 보안에 토토이즈^Tortoise 라이브러리를 사용하나요?"

오선빈: "네, API 레이어뿐만 아니라 각 서비스도 이 라이브러리를 써서 서비스 메시를 통해 접근 통제를 하고 있어요. 말하자면 더블 체크인 셈이죠."

강세민: "흠… 토토이즈 보안 프레임워크를 적용 중이라면 단일 서비스도 괜찮을 것 같습니다."

박거성: "'모 아니면 도' 식으로 고개 등록 정보가 처리된다면 저도 불만 없습니다."

오선빈: "자, 그럼 여기 계신 분들 모두 고객 등록 시 '모 아니면 도' 요건은 반드시 지켜져야 하고 토토이즈 라이브러리를 사용하면 보안 관리에 문제가 없다는 사실에 동의하시죠?"

박거성: "동의합니다."

강세민: "저도요."

박거성 부장은 회의를 통제하기보다는 대화를 통해 상대방의 동의를 이끌어내는 선빈의 매너에 탄복했습니다. 그런 태도는 트레이드오프를 식별하고, 이해하고, 협상하는 아키텍트에게 필수적인 자질입니다. 또한 그는 보안을 (기능을 개별 배포 단위로 나누는) 아키텍처가 아닌 (암호화 라이브러리를 적용한) 설계로 관리할 수도 있다는 점을 깨달으며 설계와 아키텍처의 차이점을 분명히 이해했습니다.

선빈은 박거성 부장, 세민과 나눈 대화를 바탕으로 고객 관련 기능을 (개별 서비스가 아닌) 단일 통합 도메인 서비스로 운용하기로 결정한 기록을 ADR로 정리했습니다.

ADR: 고객 관련 기능을 통합 서비스로 구현

콘텍스트

고객이 한빛가이버 지원 플랜을 조회하려면 먼저 시스템에 고객 등록을 해야 하며, 그 과정에서 고객은 프로필 정보, 신용카드 정보, 패스워드 정보, 구입한 제품 목록을 전달해야 한다. 이 요구 사항은 단일 통합 고객 서비스로 구현할 수도 있고, 기능별로 서비스를 나눠 구현할 수도 있으며, 민감 데이터와 비민감 데이터 두 가지로 구분해 2개 서비스로 구현할 수도 있다.

결정

프로필, 신용카드, 패스워드, 구입 제품 정보를 모두 처리하는 단일 통합 고객 서비스를 구축한다.
고객 등록과 가입 해지는 하나의 원자적 작업 단위로 처리해야 한다.
단일 서비스로 구현하면 ACID 트랜잭션을 걸 수 있어 문제가 없지만, 개별 서비스로 분리하면 하나의 원자적 작업 단위로는 처리할 수 없다.
API 레이어와 서비스 메시에서 토토이즈 보안 라이브러리를 사용하면 민감 정보에 대한 보안 리스크를 줄일 수 있다.

결과

API 게이트웨이와 서비스 메시 양쪽에 토토이즈 보안 라이브러리를 이용해서 보안 액세스를 적용한다.

프로필 정보, 신용카드, 패스워드, 구입 제품 정보를 관리하는 소스 코드가 변경될 경우, 단일 서비스이므로 테스트 항목이 많고 배포 리스크가 커진다.

결합된 기능(프로필, 신용카드, 패스워드, 구입 제품)은 한 단위로 확장돼야 한다.

프로덕트 오너, 보안 전문가와 만나 논의해보니 트랜잭션이 먼저냐 혹은 보안이 먼저냐 하는 이야기가 오갔다. 고객 기능을 개별 서비스로 분리하면 보안은 강화되나 고객 등록, 가입 해지 시 필수적인 '모 아니면 도' 성격의 데이터베이스 트랜잭션은 지원되지 않는다. 그러나 토토이즈라는 커스텀 보안 라이브러리를 사용하면 보안에 대한 우려를 어느 정도 불식시킬 수 있다.

Part **II**

다시 합치기

Part II

다시 합치기

응집된 모듈을 나누려고 하면 커플링이 증가하고 가독성이 떨어진다.

래리 콘스탄틴Larry Constantine

시스템을 분해하고 나서 얼마 지나지 않아 아키텍트는 시스템을 다시 합쳐 하나의 응집된 단위로 작동시켜야 할 필요성을 깨닫습니다. 래리 콘스탄틴도 앞서 강변했듯이, 뭔가 분해한다는 건 수많은 트레이드오프가 따르기 때문에 생각보다 쉬운 일이 아닙니다.

2부에서는 서비스 통신, 계약, 분산 워크플로, 분산 트랜잭션, 데이터 오너십, 데이터 액세스, 분석 데이터 관리 등 분산 아키텍처에서 '하드한 난제'를 극복하는 데 필요한 다양한 기술을 설명합니다.

1부의 주제가 구조(structure)라면 2부의 주제는 통신(communication)입니다. 아키텍처 구조와 그러한 구조를 결정하게 된 배경을 이해했으니 이제 구조적인 요소들이 어떻게 서로 작용하는지 살펴볼 차례입니다.

## CHAPTER 8

재사용 패턴

2월 2일 수요일 15:15

도메인 서비스를 분해하면서 기존의 공통 코드나 기능은 어떻게 처리하면 좋을지 개발자 간에 의견이 엇갈리기 시작했습니다. 현승이 해오던 공유 코드 관련 작업이 내내 못마땅했던 태예림 팀장이 그의 자리로 걸어옵니다.

태예림: "현승 씨, 지금 대체 뭐하고 있는 거야?"

한현승: "공유 코드를 새 워크스페이스로 모두 옮겨서 단일 공유 DLL을 만들고 있는데요?"

태예림: "단일 공유 DLL?"

한현승: "네, 팀장님. 전부터 하기로 했던 일입니다. 공통 기능은 대부분의 서비스에 필요할 테니 모든 서비스가 함께 사용할 수 있는 단일 DLL 파일을 만드는 거예요."

태예림: "내가 들어본 중 최악의 아이디어군! 분산 아키텍처라면 공유 라이브러리도 여러 개 있어야 한다는 것쯤은 초보자도 다 알 텐데?"

한현승: "제 생각은 다릅니다. 공유 라이브러리 DLL을 수십 개 만들어 관리하는 것보다 하나만 만들어 관리하는 게 훨씬 쉽지 않을까요?"

태예림: "현승 씨, 내가 애플리케이션 개발 팀장인 건 알지? 공통 기능은 각각 개별 공유 라이브러리로 분할해주기 바랍니다."

한현승: "네, 네, 알겠습니다. 그렇게 해야 속이 후련하시면 인증 코드는 모두 개별 DLL들로 옮길게요."

태예림: (화들짝 놀라며) "뭐시라? 인증 코드는 공유 라이브러리가 아니라 공유 서비스로 만들어야지!"

한현승: (목청을 높이며) "아뇨, 인증 코드는 공유 DLL에 있어야 합니다!"

손성한: (뒤돌아보며) "저, 지금 두 분 무슨 일로 티격태격이신가요?"

한현승: "태 팀장님이 인증 코드는 공유 서비스로 만들어야 한다고 하시네요. 말도 안 돼요. 당연히 하나의 공유 DLL 파일로 구현해야 한다고 생각합니다."

태예림: "절대 안 돼! 완전히 별도의 공유 서비스로 만들어야지!"

한현승: "그리고 팀장님은 공유 기능을 단일 공유 라이브러리가 아니라 여러 공유 라이브러리로 분리해서 구현해야 한다고 주장하십니다."

손성한: "자자, 두 분 진정들 하시고… 일단 공유 라이브러리를 세분화하는 문제에 관한 트레이드오프를 분석해보고 좀 더 합리적으로 신중하게 해결할 수 있는 방안을 한번 찾아볼까요?"

코드 재사용code reuse은 소프트웨어 개발에서 상식입니다. 포매터, 계산기, 검증기, 감사 같은 공통 비즈니스 도메인 기능은 보안, 로깅, 메트릭 수집 같은 공통 인프라 기능처럼 다수의 컴포넌트가 함께 사용합니다. 사실, 대부분의 모놀리식 아키텍처는 공통 클래스 파일을 그냥 임포트하거나 자동 주입하면 간단히 해결되기 때문에 코드 재사용을 별로 신경 쓰지 않습니다. 하지만 분산 아키텍처에서 공유 기능을 다룰 때는 여러 요소를 두루 살펴야 하므로 신경 쓸 일이 많습니다(그림 8-1).

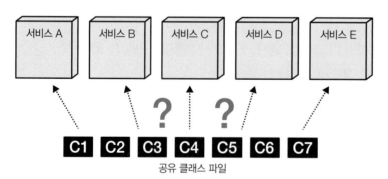

그림 8-1 코드 재사용은 분산 아키텍처의 하드 파트다.

많은 아키텍트가 마이크로서비스, 서버리스serverless 환경처럼 고도로 분산된 아키텍처에서 "재사용은 남용이다!", "아무것도 공유하지 말라!"라고 하면서 공유 코드양을 줄이라고 권고합니다. 그들은 심지어 그 유명한 DRY 원칙[1]('반복하지 말라')의 반대말 격인 WET('매번 작성하거나, 아니면 뭐든지 두 번 작성하라Write every time or Write everything twice')을 내세우는 역소언노 서슴지 않습니다.

개발자는 분산 아키텍처에서 코드 재사용을 줄여야 하지만, 소프트웨어 개발에서 코드 재사용은 엄연한 현실이므로 (특히, 분산 아키텍처에서는) 반드시 짚고 넘어가야 할 주제입니다. 이장에서는 코드 복제, 공유 라이브러리, 공유 서비스, 서비스 메시의 사이드카 등 분산 아키텍처에서 코드 재사용을 관리하는 몇 가지 기법을 소개합니다. 또 이들 기법의 찬반론을 다루고 트레이드오프를 분석해보겠습니다.

8.1 코드 복제

[그림 8-2]처럼 공유 코드를 각 서비스(구체적으로는 각 서비스의 소스 코드 리포지터리)에 복사하면 코드 공유를 방지할 수 있습니다. 약간 정신 나간 소리처럼 들릴지 몰라도, 경계 콘텍스트 개념에 무수한 오해와 혼란이 뒤따랐던 마이크로서비스 초창기에는 이런 기법을 옹호하는 사람이 많았습니다. 심지어 '아무것도 공유하지 않는 아키텍처share nothing architecture'를 추진하는 움직임도 있었습니다. 이론적으로는 코드 복제가 코드 공유를 줄이는 기발한 발상처럼 보였으나, 실제로는 그렇지 않아 급속히 와해되고 말았습니다.

그림 8-2 코드를 복제함으로써 공유할 기능을 각 서비스에 복사한다.

요즘은 코드 복제code replication를 많이 쓰지 않지만, 이 방법은 아직도 분산된 여러 서비스 간의 코드 재사용 문제를 해결하기 위해 쓰입니다. 그러나 코드 복제 기법은 코드에서 버그가 발견되거나 코드에 중요한 변경이 필요한 경우처럼 뭔가 확실한 이유가 있을 때만 조심해서 사용하는 게 좋습니다. 복제된 코드가 담긴 전체 서비스를 업데이트하는 작업은 그 자체로 매우 어렵고 시간도 많이 걸리기 때문입니다.

대부분의(또는 모든) 서비스에서 필요한 극히 정적인 일회성 코드는 복제하는 것이 외려 유용할 수도 있습니다. 가령 [예제 8-1]의 자바 코드, [예제 8-2]의 C# 코드는 서비스 진입점(보통 서비스의 REST API 클래스)에 해당하는 클래스입니다.

예제 8-1 서비스 진입점을 정의한 애너테이션(자바)

```java
@Retention(RetentionPolicy.RUNTIME)
@Target(ElementType.TYPE)
public @interface ServiceEntrypoint {}

/* 사용법:
@ServiceEntrypoint
public class PaymentServiceAPI {
    ...
}
*/
```

예제 8-2 서비스 진입점을 정의한 애트리뷰트(C#)

```csharp
[AttributeUsage(AttributeTargets.Class)]
class ServiceEntrypoint : Attribute {}

/* 사용법:
[ServiceEntrypoint]
class PaymentServiceAPI {
    ...
}
*/
```

[예제 8-1]은 실제로 아무 기능도 안 하는 코드입니다. 애너테이션은 서비스 진입점을 나타내기 위해 클래스 선언부에 붙이는 마커marker(또는 태그tag)입니다. 그러나 이 간단한 애너테이션만으로 서비스 타입, 도메인, 경계 콘텍스트 등 서비스의 갖가지 메타데이터 애너테이션을 쉽게 정의할 수 있습니다(메타데이터 커스텀 애너테이션에 관한 자세한 내용은 케블린 헨니Kevlin Henney, 트리샤 지Trisha Gee의 『자바 개발자를 위한 97가지 제안』(제이펍, 2020) 참고).

이런 종류의 소스 코드는 정적이고 버그가 전혀 없기 때문에(그리고 앞으로도 그럴 가능성이 높기 때문에) 복제하기에 안성맞춤입니다. 독자적인 일회성 클래스one-off class라면 공유 라이브러리를 만드는 것보다 각 서비스의 코드 리포지터리에 복사하는 편이 더 낫겠죠. 따라서 우리는 코드 복제 기법을 최종 결정하기 전에 이 장의 나머지 부분에서 설명하는 다른 코드 공유 기법을 먼저 검토해볼 것을 권장합니다.

코드를 복제하면 경계 콘텍스트는 보존할 수 있겠지만, 코드 수정이 필요할 때 수정된 코드를 적용하기가 어렵습니다. [표 8-1]은 코드 복제 기법의 트레이드오프를 정리한 것입니다.

트레이드오프

표 8-1 코드 복제 기법의 트레이드오프

장점	단점
경계 콘텍스트가 지켜진다.	변경한 코드를 반영하기 어렵다.
코드 공유가 안 된다.	서비스 간 코드 불일치
	서비스 간 버저닝이 지원되지 않는다.

8.1.1 어떤 경우에 사용하는가?

코드 복제는 결함이나 기능 변경 때문에 변경될 일이 거의 없는 일회성 클래스 또는 단순 정적 코드(애너테이션, 애트리뷰트, 단순 공통 유틸리티 등)에 적합합니다. 그리고 이미 언급했듯이, 이 기법을 채택하기 전에 다른 코드 재사용 옵션을 먼저 고려하는 것이 좋습니다.

모놀리식 아키텍처에서 분산 아키텍처로 전환할 때 코드 복제 기법은 정적 공통 유틸리티 클래스를 대상으로 적용하는 게 좋습니다. 예를 들어 Utility.cs라는 C# 클래스를 모든 서비스에 복제하고 각 서비스마다 해당 요건에 맞게 이 클래스를 삭제(또는 보강enhance)하면, 불필요한 코드를 정리하고 유틸리티 클래스를 용도에 맞게 발전시킬 수 있습니다(4장에서 설명한 전술적 분기와 비슷함). 그러나 이 기법은 서비스마다 코드가 중복되므로 결함을 조치하거나 코드를 바꿀 일이 생기면 전체 서비스에 반영해야 하는 어려움이 따르며 그만큼 리스크가 있습니다.

8.2 공유 라이브러리

공유 라이브러리shared library는 코드를 공유하는 가장 일반적인 방법 중 하나입니다. 컴파일 타임
에 서비스에 바인딩되는 공유 라이브러리는 다른 여러 서비스가 사용하는 소스 코드가 담긴 외
부 아티팩트(예: JAR, DLL 파일 등)입니다. 단순하고 직관적이지만 나름대로 복잡도와 트레
이드오프가 있고, 무엇보다 이 방법의 관건은 공유 라이브러리의 세분도와 버저닝입니다(그림
8-3).

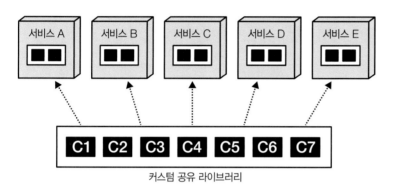

그림 8-3 공유 라이브러리 기법을 적용하면 컴파일 타임에 공통 코드가 통합/공유된다.

8.2.1 디펜던시 관리와 변경 관리

7장에서 설명한 서비스 세분도처럼 공유 라이브러리의 세분도에도 트레이드오프가 존재하는
데, 디펜던시 관리dependency management와 변경 관리change control라는 서로 상반된 두 힘이 작용합
니다.

[그림 8-4]를 보면 큼지막한 단위의 공유 라이브러리들이 있습니다. 서비스 A에서 E까지는 각
자 단일 공유 라이브러리를 사용하므로 디펜던시 관리가 비교적 간단하지만 변경 관리는 그렇
지 않습니다. 단위가 큰 이 공유 라이브러리 안에 있는 클래스 파일을 변경해야 할 경우, 옛 버
전의 공유 라이브러리는 결국 언젠가 구식화deprecation(데프리케이션)해 변경할 수밖에 없습니
다. 따라서 이 공유 라이브러리를 사용하는 모든 서비스를 다시 테스트 + 배포해야 하며, 공유
라이브러리 변경으로 인해 전체 테스트 범위가 크게 증가합니다.

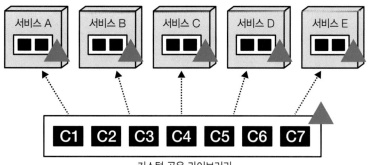

그림 8-4 단위가 큰 공유 라이브러리가 변경될 경우 여러 서비스가 영향을 받겠지만 디펜던시는 줄어든다.

그럼 공유 라이브러리를 기능별로 더 작은 단위의 라이브러리(예: 보안, 포매터, 애너테이션, 계산 등)로 세분화하면 어떨까요? 전반적인 변경 관리와 유지 보수성은 조금 나아지겠지만, 안타깝게도 이번에는 디펜던시 관리가 지저분해지기 쉽습니다. [그림 8-5]를 보세요. 공통 라이브러리 C7을 변경하면 서비스 D, E만 영향을 받지만, 공유 라이브러리와 이를 사용하는 서비스 간의 디펜던시 매트릭스를 관리하는 일은 이내 곧 분산 진흙잡탕(분산 모놀리스^{distributed monolith}라고도 함)이 돼버릴 것입니다.

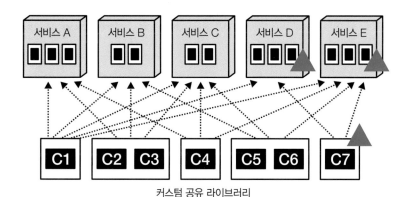

그림 8-5 단위가 작은 공유 라이브러리가 변경될 경우 영향을 받는 서비스는 많지 않겠지만 디펜던시는 늘어난다.

공유 라이브러리의 세분도와 별 상관이 없는 서비스도 있겠지만, 어쨌든 서비스 수가 늘어날수록 변경 관리, 디펜던시 관리 이슈는 점점 커질 공산이 큽니다. 서비스가 200개, 공유 라이브러리가 40개에 달하는 시스템을 상상해보세요. 이렇게 복잡한 시스템이 잘 관리될 리 없습니다.

이처럼 변경 관리와 디펜던시 관리의 트레이드오프가 있으므로 우리는 단위가 큰 공유 라이브러리는 삼가하라고 권고합니다. 가능한 한 작은 단위, 즉 기능별로 분리된 공유 라이브러리를 만들어 디펜던시 관리보다 변경 관리에 더 신경을 쓰는 편이 낫습니다. 예를 들어, 포매터, 보안(인증, 인가)처럼 비교적 정적인 성격의 기능을 자체 공유 라이브러리로 떼어내면 정적 코드를 분리할 수 있기 때문에 테스트 범위도 줄어들고 다른 공유 기능에서 불필요한 버전 구식화, 배포 작업도 절약할 수 있습니다.

8.2.2 버저닝 전략

공유 라이브러리는 무조건 버저닝을 하는 것이 상책입니다! 버저닝만 철저하게 잘해도 하위 호환성이 보장되며, 높은 수준의 민첩성을 달성해 신속한 변화 대응이 가능합니다.

예를 들어, 10개 서비스 모두 공통 필드 유효성 검사 규칙이 구현된 Validation.jar이라는 공유 라이브러리를 사용한다고 합시다. 어느 날, 서비스 중 하나가 검증 규칙 한 가지를 바로 변경해야 할 요건이 발생했습니다. 평소 착실히 버저닝해왔다면, 새 버전의 Validation.jar을 이 파일이 필요한 서비스에 즉시 배포해도 다른 9개 서비스는 아무런 영향을 받지 않겠죠. 하지만 버저닝을 제대로 안 했으면, 새 버전의 Validation.jar을 반영하기 위해 10개 서비스 모두 다시 테스트하고 재배포하는 과정이 불가피합니다. 당연히 그만큼 변경을 적용하는 데 많은 시간과 노력이 들고 민첩성은 떨어질 것입니다.

물론, 말은 이렇게 쉽지만 버저닝에도 숨겨진 트레이드오프와 복잡한 구석이 있습니다. 버저닝이 생각보다 훨씬 복잡하기에 우리 저자들은 버저닝을 분산 컴퓨팅의 아홉 번째 오류('버저닝은 간단하다')라고도 생각합니다.[2]

우선 공유 라이브러리의 버전 변경을 통신하는 일부터가 복잡합니다. 분산 아키텍처 프로젝트는 보통 여러 팀으로 나뉘어지는데, 버전 변경을 공유 라이브러리에 전달하기 어려울 때가 많습니다. 가령, Validation.jar 파일의 버전이 1.5로 업데이트됐다는 사실을 다른 팀들이 어떻게 인지하는가? 어떤 코드가 변경됐는가? 어떤 서비스들이 영향을 받는가? 우리 팀은 어떤 영향을 받는가? 공유 라이브러리, 버전, 변경 문서 (예: 제이프로그 아티팩토리[JFrog Artifactory][3])를 관리하는 도구는 많지만, 어쨌든 버전이 변경됐다는 사실은 해당 담당자에게 적시에 통보돼서 사전 조율을 거칠 필요가 있습니다.

옛 버전의 공유 라이브러리를 구식화하는, 즉 특정 날짜가 지나면 해당 버전을 지원하지 않도록 제거하는 문제 또한 복잡합니다. 버전 구식화는 개별 공유 라이브러리만 구식화하는 커스텀 전략을 구사할 수도 있고, 모든 공유 라이브러리를 구식화해버리는 전역 전략을 사용할 수도 있습니다. 당연히 이 두 가지 접근 방식에 따라 트레이드오프가 있습니다.

공유 라이브러리의 변경 빈도는 각자 다르기 때문에 보통 개별 라이브러리에 적용하는 커스텀 버전 구식화 전략을 많이 씁니다. 예를 들어, 좀처럼 변경될 일이 없는 Security.jar이라는 공유 라이브러리는 두세 버전만 관리하고, 거의 매주 어김없이 변경되는 Calculators.jar이라는 공유 라이브러리는 10가지 버전으로 관리하는 것이 합리적입니다. Calculators.jar을 두세 가지 버전만으로 관리하면, 이 라이브러리를 사용하는 모든 서비스에 매월(또는 매주) 새 버전을 반영해야 하므로 불필요한 테스트와 재배포 작업이 수시로 발생하겠죠. 물론 각 공유 라이브러리의 버전 구식화를 추적/관리하는 부담은 누군가 짊어져야 합니다. 그런데 이 작업이 생각보다 만만치 않아 한 사람의 영혼이 황폐해질지도 모릅니다.

전역 버전 구식화 전략은 변경 빈도에 상관없이 모든 공유 라이브러리가 정해진 개수(예: 4개) 이상의 옛 버전은 지원하지 않는 방법입니다. 적용하기는 더 간단하지만 공유 라이브러리마다 변경 빈도가 제각각이므로 그다지 효율적인 방법은 아닙니다. 당연히 관리/통제하기는 훨씬 간편하겠지만, 자주 변경되는 공유 라이브러리는 최신 버전과 호환성을 맞추기 위해 서비스를 계속 재테스트/재배포해야 하므로 상당한 '삽질'이 불가피할 것입니다. 팀원들이 거의 멘붕에 빠져 팀의 생산성과 작업 속도가 전반적으로 크게 저하될 우려도 있습니다.

심각한 결함이나 공유 코드에 중대 변경이 발생하면, 어떤 버전 구식화 전략을 택하든 한 번에 (또는 아주 짧은 시간 이내에) 최신 버전의 공유 라이브러리를 모든 서비스에 반영해야 합니다. 이런 이유로 우리는 공유 라이브러리는 가능한 한 세분화해 관리하되, 전체 시스템 공유 기능이 구현된, 단위가 큰 라이브러리(예: SharedStuff.jar)는 지양하라고 조언합니다.

버저닝에 대해 한마디 더 보탠다면, 서비스에 필요한 라이브러리 버전을 LATEST로 지정하지 마세요. 우리 경험상 LATEST 버전을 사용하는 서비스는 프로덕션에 신속한 조치 또는 긴급 배포hot deployment를 할 때 문제가 생깁니다. LATEST 버전에 포함된 특정 코드가 이 라이브러리를 사용하는 서비스와 궁합이 맞지 않아 개발 팀이 다시 추가 개발/테스트를 한 뒤에야 프로덕션으로 릴리스 가능해진 사례가 종종 있었습니다.

공유 라이브러리 기법은 변경된 부분을 버저닝해 관리할 수 있지만(그래서 공유 코드 변경에 관한 한 높은 수준의 민첩성을 달성할 수 있지만), 디펜던시 관리가 어렵고 지저분해질 수 있습니다. [표 8-2]는 이 기법의 트레이드오프를 정리한 것입니다.

트레이드오프

표 8-2 공유 라이브러리 기법의 트레이드오프

장점	단점
버전 변경이 가능하다.	디펜던시 관리가 어려울 수 있다.
공유 코드가 컴파일 기반이므로 런타임 에러가 적다.	잡다한 코드베이스가 뒤엉켜 코드가 중복된다.
공유 코드 변경에 민첩하게 대응할 수 있다.	버전 구식화가 어려울 수 있다.
	버전 통신이 어려울 수 있다.

8.2.3 어떤 경우에 사용하는가?

공유 라이브러리 기법은 공유 코드의 변경 빈도가 비교적 낮은 안정된 환경에 적합합니다. 버저닝은 (종종 복잡할 때도 있지만) 공유 코드 변경 시 높은 수준의 민첩성을 제공합니다. 공유 라이브러리는 보통 컴파일 타임에 서비스에 바인딩되므로 성능, 확장성, 내고장성 등의 운영 특성에 영향을 끼치지 않습니다. 또 버저닝 덕분에 공통 코드를 변경해도 그 코드를 사용하는 서비스가 이슈가 될 리스크는 감소합니다.

8.3 공유 서비스

공유 라이브러리 대신 공통 기능을 구현하는 대안으로는 공유 서비스^{shared service}가 일반적입니다. 공유 서비스를 사용하면 개별 배포된 서비스에 공통 기능을 둬서 재사용을 방지할 수 있습니다(그림 8-6).

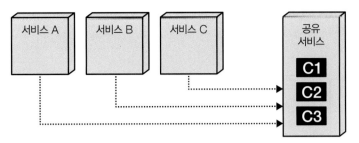

그림 8-6 공유 서비스 기법을 적용하면 각 서비스는 런타임에 공통 기능을 사용할 수 있다.

이 기법의 한 가지 두드러진 특징은 공유 코드가 상속inheritance이 아니라 조합composition의 형태여야 한다는 점입니다. 소스 코드 설계 관점에서 상속 대신 조합을 사용하는 문제는 아직도 논쟁거리지만(쏘우트웍스의 'Composition vs. Inheritance: How to Choose'[4], 마틴 파울러의 'Designed Inheritance'[5] 참고), 아키텍처 관점에서 코드 재사용 기법을 선택할 때 '조합이냐 상속이냐'의 문제는 특별히 공유 서비스 기법에서 의미가 있습니다.

지난날에 공유 서비스는 분산 아키텍처 내부에서 공유 기능을 구현하는 흔한 접근 방식이었습니다. 별도로 배포된 서비스 한 곳만 고치면 되니 공유 기능을 필요로 하는 다른 서비스들을 다시 배포하지 않아도 간편하게 변경된 코드를 반영할 수가 있었죠. 그러나 소프트웨어 아키텍처의 만사가 그렇듯이 공유 서비스 역시 변경 리스크, 성능, 확장성, 내고장성 등 다양한 트레이드오프가 뒤따릅니다.

8.3.1 변경 리스크

공유 서비스 기법으로 공유 기능을 변경하는 일은 '양날의 검'과 같습니다. [그림 8-7]을 보면, 각 서비스(예: 할인 계산기)에 포함된 공유 코드를 수정해서 서비스를 재배포하면 공유 기능을 변경하는 작업이 끝납니다. 공유 기능이 필요한 다른 서비스를 다시 테스트한 후 배포하지 않아도 한 번에 변경된 코드를 반영할 수 있기 때문에 간편하죠(그림 8-7).

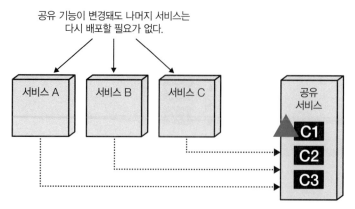

그림 8-7 공유 기능이 변경돼도 그 여파는 공유 서비스 한 곳에만 국한된다.

인생이 이렇게 간단하게만 흘러가면 얼마나 좋겠습니까! 공유 라이브러리 기법에서 컴파일 기반으로 변경했던 것과는 정반대로, 공유 서비스는 런타임 변경이 이뤄진다는 점이 가장 큰 문제입니다. 결과적으로, 공유 서비스의 '사소한' 변경만으로도 전체 시스템이 멎을 가능성이 존재하는 것입니다(그림 8-8).

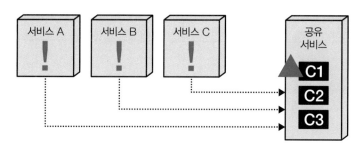

그림 8-8 공유 서비스가 변경되면 다른 서비스가 런타임에 잘못될 가능성이 있다.

그래서 공유 서비스는 버저닝이 가장 중요한 과제입니다. 공유 라이브러리는 컴파일 타임의 바인딩을 통해 버전이 관리되므로 공유 라이브러리 자체의 변경 리스크는 크지 않습니다. 하지만 공유 서비스는 버전이 변경되면 어떻게 될까요?

아마도 [예제 8-3]처럼 API 엔드포인트를 버저닝하는 방법을 먼저 떠올리는 독자들도 있겠죠. 각각의 변경된 공유 서비스 버전이 반영된 엔드포인트를 하나씩 생성하는 방법입니다.

예제 8-3 공유 서비스 엔드포인트를 버저닝해 상이한 할인 계산기 로직을 적용한다.

```
app/1.0/discountcalc?orderid=123
app/1.1/discountcalc?orderid=123
app/1.2/discountcalc?orderid=123
app/1.3/discountcalc?orderid=123
latest change -> app/1.4/discountcalc?orderid=123
```

공유 서비스가 변경되면 그때마다 이런 식으로 새 버전의 URI가 포함된 API 엔드포인트를 만들어 배포하는 것입니다. 이쯤 되면 어떤 문제가 생길지 어렵잖게 짐작할 수 있습니다. 첫째, 할인 계산기 서비스(또는 각 서비스별 설정)를 사용하는 서비스가 정확한 버전을 가리키도록 바꿔야 합니다. 둘째, 새 API 엔드포인트는 언제 만들어야 할까요? 에러 메시지를 변경하는 사소한 경우에도? 새로운 계산 방법을 적용하는 경우에만? 여기서부터 버저닝은 상당히 주관적인 작업으로 여겨집니다. 어쨌든, 공유 서비스를 사용하는 서비스는 올바른 엔드포인트를 가리키도록 바꿔야 합니다.

또 API 엔드포인트를 버저닝하는 방법이 공유 서비스 액세스가 모두 게이트웨이를 통과하는 REST API 호출 또는 점대점 통신$^{point-to-point\ communication}$이라고 가정하는 것도 문제입니다. 실제로 (REST API 호출 외에도) 메시징이나 gRPC[6] 등 전혀 다른 종류의 프로토콜을 이용해 공유 서비스를 액세스하는 경우도 있습니다. 따라서 변경 관리를 제대로 하려면 버저닝 전략이 점점 더 복잡해지는데, 다수의 프로토콜에 대해 버전을 일일이 조정하기란 어렵습니다.

한마디로, 공유 서비스는 런타임에 변경이 반영되므로 공유 라이브러리보다 훨씬 더 리스크가 큰 편입니다. 버저닝을 하면 리스크를 어느 정도 완화할 수는 있지만, 공유 라이브러리보다 버저닝을 적용/관리하기가 훨씬 복잡해지는 또 다른 리스크가 있습니다.

8.3.2 성능

공유 기능이 필요한 서비스는 공유 서비스를 호출해야 하므로 네트워크 레이턴시$^{network\ latency}$(그리고 공유 서비스가 표출한 엔드포인트가 안전하다면 보안 레이턴시)가 발생하고, 그로 인해 성능이 떨어집니다. 공유 라이브러리로 공유 기능을 꺼내 쓸 때는 없던 단점이죠(그림 8-9).

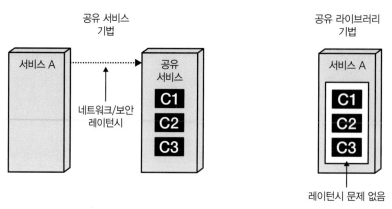

그림 8-9 공유 서비스는 네트워크/보안 레이턴시를 수반한다.

gRPC를 사용하면 네트워크 레이턴시를 크게 줄일 수 있어 성능 문제를 해결하는 데 약간 도움이 됩니다. 메시징으로 통신하는 경우라면, 공유 기능이 필요한 서비스가 요청 큐[request queue]에 요청을 발행한 후 다른 작업을 수행하다가 응답 큐[response queue]에서 상관관계 ID[correlation ID]를 이용해 원하는 결과를 가져오는 방법도 있습니다(메시징 기법에 관한 자세한 내용은 마크 리처즈[Mark Richards] 등이 공저한 『Java Message Service 2nd Edition』(O'Reilly, 2009) 참고).

8.3.3 확장성

공유 서비스 기법의 또 다른 단점은 공유 서비스를 사용하는 서비스의 사이즈에 맞게 공유 서비스도 사이징해야 한다는 점입니다. 특히, 여러 서비스가 동일한 공유 서비스에 동시에 접속하는 경우에는 관리하기가 제법 번거로워질 수 있습니다. 그러나 공유 라이브러리를 사용하면 공유 기능이 이미 컴파일 타임에 포함돼 있으니 이런 문제가 발생할 일은 없겠죠(그림 8-10).

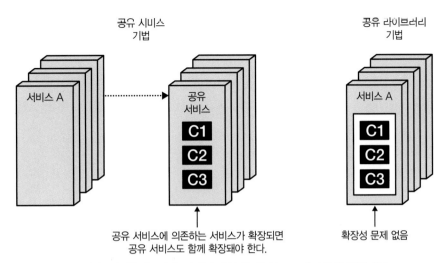

공유 시비스
기법

공유 라이브러리
기법

서비스 A

공유
서비스

C1
C2
C3

서비스 A

C1
C2
C3

공유 서비스에 의존하는 서비스가 확장되면
공유 서비스도 함께 확장돼야 한다.

확장성 문제 없음

그림 8-10 공유 서비스에 의존하는 서비스가 확장되면 공유 서비스도 그에 따라 확장돼야 한다.

8.3.4 내고장성

내고장성 이슈는 대개 다수의 서비스 인스턴스를 띄우는 방식으로 해결하지만, 공유 서비스 기법에서는 한 가지 고려해야 할 트레이드오프가 있습니다. [그림 8–11]을 보면, 공유 서비스가 잘못돼 다운되는 경우 공유 기능을 필요로 하는 서비스들은 공유 서비스가 재가동될 때까지 작동을 멈추게 됩니다. 컴파일 타임에 서비스에 공유 기능이 실리는 공유 라이브러리 기법을 적용하면, 표준 메서드 또는 함수 호출을 통해 공유 기능을 액세스하므로 이런 문제가 생기지 않습니다.

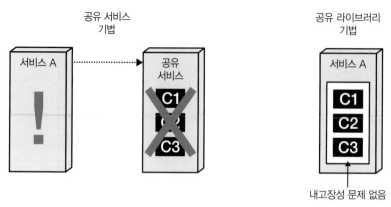

그림 8-11 공유 서비스는 내고장성 문제를 일으킨다.

지금까지 살펴본 것처럼 공유 서비스 기법은 경계 콘텍스트를 유지하면서 자주 변경되는 공유 코드에는 적합하지만 성능, 확장성, 가용성 등의 운영 특성 측면에서는 다소 부정적입니다. [표 8-3]은 이 기법의 트레이드오프를 정리한 것입니다.

트레이드오프

표 8-3 공유 서비스 기법의 트레이드오프

장점	단점
코드 변동성이 높을 때 유리하다.	변경 버저닝이 어려울 수 있다.
다양한 코드베이스에서 코드 중복이 없다.	레이턴시 때문에 성능에 영향을 받는다.
경계 콘텍스트가 지켜진다.	서비스 디펜던시로 인해 내고장성, 가용성 이슈가 생길 수 있다.
정적 코드 공유가 없다.	서비스 디펜던시로 인해 확장성, 처리량 이슈가 생길 수 있다.
	런타임 변경 때문에 리스크가 증가한다.

8.3.5 어떤 경우에 사용하는가?

공유 서비스 기법은 고도의 폴리글랏 환경(다양한 프로그래밍 언어와 플랫폼이 공존하는 환경)에서 사용하기에 적합하며 공유 기능의 변경 빈도가 높은 경우에 유용합니다. 변경된 공유 서비스는 대체로 변경된 공유 라이브러리보다는 좀 더 민첩하게 반영할 수 있지만, 공유 기능을 필요로 하는 서비스의 런타임 부수 효과와 리스크는 신중하게 따져볼 필요가 있습니다.

8.4 사이드카와 서비스 메시

"경우에 따라 달라요It depends!" 아키텍트가 어떤 질문을 받든 아마 가장 흔히 대답하는 말이겠죠. 분산 아키텍처에서 운영 커플링보다 이러한 모호함을 가장 잘 드러내는 문제는 없을 것입니다.

마이크로서비스 아키텍처의 주요 설계 사상 중 하나가 고도의 디커플링입니다. '커플링보다는 차라리 중복이 낫다Duplication is preferable to coupling'고 조언하는 사람들도 있습니다. 가령 한빛가이버 애플리케이션의 두 서비스가 고객 정보를 전달해야 하는데, 도메인 주도 설계 측면에서 상세 구현은 서비스에 프라이빗하게 두기로 했다고 합시다. 이런 경우, 일반적인 해법은 각 서비스를 Customer 같은 엔티티의 내부 표현형representation으로 삼아 JSON 포맷의 이름-값 쌍 같은 느슨하게 결합된 방식으로 정보를 전달하는 것입니다. 이로써 각 서비스는 전체 구조를 깨뜨리지 않고도 기술 스택을 비롯한 내부적인 표현 방식을 원하는 대로 바꿀 수 있습니다.

동기화 이슈, 의미 변화semantic drift, 기타 갖가지 문제 때문에 보통 아키텍트는 코드 중복을 못마땅하게 생각합니다. 하지만 경우에 따라 중복이 초래하는 문제보다 더 나쁜 영향을 끼치는 요소가 있는데, 마이크로서비스에서는 커플링이 바로 그 주범입니다. 따라서 마이크로서비스 아키텍처에서는 '어떤 기능을 중복시킬까, 아니면 결합시킬까?'라는 질문을 던지면, 그 정답은 중복일 가능성이 높습니다. 반면, 서비스 기반 아키텍처 같은 다른 아키텍처 스타일에서는 결합이 정답이 될 가능성이 큽니다. 물론 이조차도 경우에 따라 다르겠죠!

마이크로서비스를 설계하는 아키텍트들은 디커플링 상태를 유지하기 위해 구현부가 어느 정도 중복되는 모습을 수용했습니다. 하지만 커플링 수준이 높아서 이로운 기능도 있겠죠? 모니터링, 로깅, 인증/인가, 회로 차단기 등 모든 서비스가 갖고 있어야 할 기능들이 그렇습니다. 이런 디펜던시까지 팀마다 알아서 관리하도록 하는 건 무질서를 방치하는 꼴입니다. 예를 들어, 한빛전자 같은 회사에서 다양한 서비스를 더 쉽게 운영하기 위해 공통 모니터링 솔루션을 표준화하기로 했다고 합시다. 그런데 서비스를 모니터링하는 기능을 각 팀이 자체 구현하도록 하면, 운영 팀에서는 그들이 정말 알아서 잘 구현하리라 어떻게 확신할 수 있을까요? 통합 업그레이드 같은 이슈가 생기면요? 전사 차원에서 모니터링 도구를 업그레이드해야 할 일이 생기면 어떻게 교통 정리를 해야 할까요?

지난 수년간 마이크로서비스 생태계에서는 이 문제를 우아하게 처리하기 위해 사이드카 패턴

sidecar pattern이라는 공통 해법을 제시했습니다. 이 패턴은 일찌기 알리스테어 콕크번Alistair Cockburn[*]이 육각형 아키텍처hexagonal architecture (그림 8-12)라고 명명한 아키텍처 패턴에 기반한 것입니다.

육각형 패턴에서는 우리가 보통 도메인 로직domain logic이라고 부르는 것이 육각형 중앙에 있고, 그 주위를 다른 파트와 맞물리는 포트와 어댑터가 감싸고 있습니다(그래서 이 패턴을 포트와 어댑터 패턴Port and Adaptors Pattern이라고 부르는 사람들도 있습니다). 사실, 이 패턴은 마이크로서비스 훨씬 이전에 등장했지만 현대 마이크로서비스와 여러모로 비슷한 부분이 많습니다. 단, 데이터 충실도data fidelity[†]라는 중요한 차이점이 있습니다. 육각형 아키텍처에서 데이터베이스는 그저 플러그인 가능한 어댑터의 하나에 불과하지만, 도메인 주도 설계 사상에 따라 데이터 스키마와 트랜잭션성은 내부에 있어야 합니다. 바로 마이크로서비스처럼 말이죠.

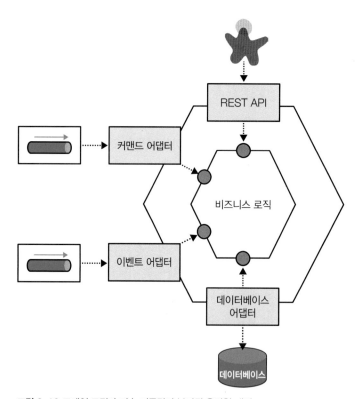

그림 8-12 도메인 로직과 기술 커플링이 분리된 육각형 패턴

----

[*] 옮긴이_소프트웨어 개발에서 애자일 운동의 창시자로 알려진 미국의 컴퓨터 과학자(출처: 위키백과)
[†] 옮긴이_데이터가 원래 나타내려고 하는 의미가 데이터 모델 또는 스키마에 얼마나 잘 반영돼 있는지를 나타내는 데이터 모델 품질의 척도

사이드카 패턴은 기술(인프라) 로직과 도메인 로직을 분리한다는, 육각형 아키텍저와 농일한 개념을 응용한 것입니다. 예를 들어, [그림 8-13]처럼 두 마이크로서비스가 있다고 합시다.

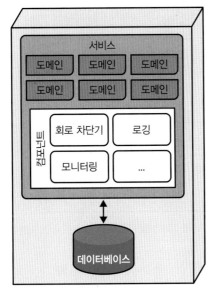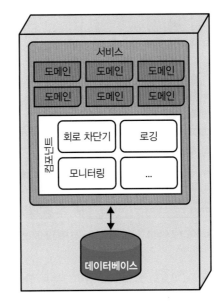

그림 8-13 운영 기능이 동일한 두 마이크로서비스

두 서비스 모두 운영 관심사(서비스 아랫 부분의 규모가 더 큰 컴포넌트)와 도메인 관심사('도메인'이라고 표시된 서비스 윗쪽의 박스들)가 서로 분리돼 있습니다. 운영 기능의 일관성을 중시하는 아키텍트라면 분리 가능한 파트를 사이드카 컴포넌트에 집어넣을 것입니다. 사이드카는 오토바이 옆에 나란히 붙어 있는 사이드카sidecar[7]를 비유적으로 표현한 명칭입니다. 사이드카의 구현부는 팀별로 알아서 공유하거나 별도의 인프라 팀이 관리합니다. 아키텍트가 모든 서비스에 사이드카를 두기로 했다면, 서비스 플레인service plane을 통해 부착된 사이드카가 모든 서비스를 통틀어 일관된 운영 인터페이스 역할을 합니다(그림 8-14).

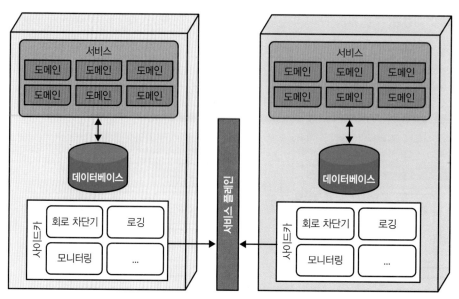

그림 8-14 두 마이크로서비스에서 공통된 컴포넌트를 서로 연결하는 링크를 만들어 일관되게 관리한다.

모든 서비스가 (피트니스 함수로 관리되는) 사이드카 컴포넌트를 갖고 있다는 전제하에 전체적으로는 [그림 8-15]와 같은 서비스 메시^service mesh 구조가 됩니다. 각 서비스 우측에 있는 사이드카 박스에 서로 맞물려 말 그대로 '메시^mesh (그물, 망(網))'가 형성되는 것입니다.

아키텍트와 데브옵스 담당자는 이러한 메시를 이용해 대시보드를 만들거나 확장성 같은 운영 특성을 제어하는 등 여러 가지 일을 할 수 있습니다.

사이드카 패턴을 잘 활용하면 관리자 그룹(예: 엔터프라이즈 아키텍트)이 폴리글랏 환경이 과도하게 발생하지 않도록 제약을 가할 수 있습니다. 마이크로서비스의 장점 중 하나는 공통 플랫폼 대신 통합을 하는 방법으로 팀들이 서비스마다 복잡도와 기능의 수준을 적절하게 선택할 수 있다는 점입니다. 그러나 플랫폼 수가 급격히 늘어날수록 통합해 관리하기가 점점 더 어려워지므로 서비스 메시의 일관성을 이용해 여러 종류의 플랫폼에 대해 인프라 및 각종 횡단 관심사를 지원하는 경우가 많습니다. 예를 들어 서비스 메시가 없는 상태에서 엔터프라이즈 아키텍트가 공통 모니터링 솔루션 위주로 통합하기로 했다면, 이 솔루션을 지원하는 사이드카를 플랫폼당 하나씩 구축하면 됩니다.

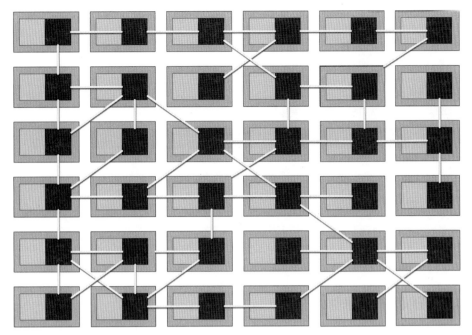

그림 8-15 서비스 메시는 수많은 서비스 사이의 기능을 연결한 망이다.

사이드카 패턴은 도메인에서 운영 기능을 디커플링하는 좋은 방법일 뿐만 아니라, 특정한 종류
의 커플링을 해소할 수 있는 직교적 재사용 패턴^{orthogonal reuse pattern}입니다(아래의 '직교 커플링'
설명 참고). 아키텍처적인 솔루션은 조금 전 예시에서 봤던 '도메인이냐 운영 커플링이냐'의 문
제처럼 다양한 커플링을 요하는데, 직교 재사용 패턴은 어떤 기능을 아키텍처의 여러 접합부
^{seam}에 재사용하는 방법을 제시합니다. 예를 들어 마이크로서비스 아키텍처는 도메인 중심으로
구성되지만 운영 커플링은 모든 도메인에 두루 적용되므로, 사이드카 패턴을 이용하면 이렇게
아키텍처 레이어를 넘나드는 횡단 관심사를 따로 일관되게 격리할 수 있습니다.

직교 커플링

수학에서 두 직선이 서로 수직으로 만나면 직교한다고(orthogonal) 하는데, 이는 독립성(independence)을
의미합니다. 소프트웨어 아키텍처에서도 아키텍처의 두 파트는 서로 직교해 맞물릴 수 있습니다. 즉, 전혀 다
른 2개의 목적이 서로 교차해서 완벽한 솔루션이 되는 것입니다. 이 장에서 살펴봤던 모니터링 같은 운영 관
심사가 대표적인 예로, 꼭 필요하지만 카탈로그 체크아웃 같은 도메인 동작과는 독립적으로 작동됩니다. 직교
커플링을 명확하게 인식해야 여러 관심사가 최대한 얽히지 않도록 만드는 교차점을 발견할 수 있습니다.

사이드카 패턴은 멋진 추상화이지만, 다른 아키텍처 접근 방식들처럼 여기에도 트레이드오프가 있습니다(표 8-4).

트레이드오프

표 8-4 사이드카 패턴/서비스 메시 기법의 트레이드오프

장점	단점
커플링을 일관된 방법으로 분리할 수 있다.	플랫폼당 하나의 사이드카를 구현해야 한다.
일관된 인프라 조정이 가능하다.	사이드카 컴포넌트가 커지면 복잡해질 수 있다.
팀별 오너십, 중앙 집중식, 또는 이 둘을 적절히 조합해서 쓸 수 있다.	

8.4.1 어떤 경우에 사용하는가?

사이드카 패턴과 서비스 메시는 분산 아키텍처에서 횡단 관심사를 고루 퍼뜨리는 깔끔한 방법으로, 『GoF의 디자인 패턴』(프로텍미디어, 2015)에 나오는 데코레이터 패턴Decorator Pattern[8]과 아키텍처 개념은 동일합니다(14장). 즉, 일반적인 연결normal connectivity과 독립적으로 분산 아키텍처 전체에 적용되는 동작을 '장식decorate'하는 것입니다.

8.5 한빛가이버 사가: 공통 인프라 로직

2월 10일 목요일 10:34

안개가 자욱한 어느 날 아침, 무열은 태예림 팀장의 방문을 두드립니다.

김무열: "팀장님, 안녕하세요? 우리 메시지 발송 공유 라이브러리, 사용하는 건가요?"

태예림: "메시지를 일관되게 해석하려면 라이브러리를 통합하긴 해야 하는데…"

김무열: "네, 그런데 지금 보니 중복 로그 메시지가 남던데요? 라이브러리도 로그를 남기고 서비스도 로그를 남기는 것 같습니다. 이게 원래 의도한 건가요?"

태예림: "아니지, 중복 로그는 절대로 쌓이면 안 돼. 모든 게 뒤엉킬 테니까. 성한 씨한테 같이 가서 한번

물어봅시다."

두 사람은 성한의 방문을 노크했습니다. "성한 씨, 잠깐 시간 좀 내줄 수 있어요?"

손성한: "네, 물론입니다. 무슨 일이시죠?"

김무열: "저희가 지금 다수의 중복 코드를 공유 라이브러리로 통합하는 작업을 진행하고 있어요. 지금까지 별문제 없이 잘 진행되고 있고, 거의 변경될 일 없는 부분을 찾아내는 일도 익숙해졌고요. 그런데 한 가지 난관에 봉착하게 됐습니다. 라이브러리와 서비스 중에서 (아니면 다른 것들 중에서) 어느 쪽이 로그를 남기는 주체가 되는 게 맞을까요? 그리고 이런 부분을 일관되게 처리하려면 어떻게 하면 좋을지 궁금합니다."

손성한: "운영 공유 기능을 말씀하시는 것 같네요. 모니터링, 서비스 디스커버리, 회로 차단기, JSON을 XML로 변환하는 유틸리티 함수 등등… 로깅도 그중 하나죠. 이런 일들을 문제없이 처리할 수 있는 좋은 방법이 필요하기 때문에 저희가 지금 공통 기능을 사이드카 컴포넌트에 넣은 서비스 메시를 구현하고 있어요."

김무열: "사이드카, 서비스 메시는 저도 어디서 들어본 적 있어요. 여러 마이크로서비스가 뭔가 공유하는 방법이죠?"

손성한: "네, 모든 걸 다 공유하는 건 아니지만 맞아요. 서비스 메시, 사이드카의 목표는 도메인 커플링이 아니라 운영 커플링을 통합하는 겁니다. 가령, 무열 씨 바람처럼 모든 서비스에서 일관된 로깅, 일관된 모니터링 기능을 구현하길 원하는데 각 팀이 그것에 대해 신경 쓰는 것은 원치 않는 거죠. 이런 로깅 코드를 모든 서비스가 구현하는 공통 사이드카에 통합시키면 일관성을 강화할 수 있습니다."

태예림: "그럼 그 공유 라이브러리는 누가 소유하나요? 모든 팀이 연대 책임을 진다…?"

손성한: "네, 사이드카 컴포넌트를 관리하는 공유 인프라 팀이 따로 있어요. 그분들이 이미 피트니스 함수들이 포함된 서비스 내부에 사이드카를 바인딩시키면 자동으로 사이드카 테스트가 실행되는 배포 파이프라인을 구축해놨습니다."

김무열: "그럼, 서비스끼리 라이브러리를 공유해야 할 때는 사이드카에 넣어달라고 그 팀에 요청하는 건가요?"

손성한: "근데 주의하셔야 할 점이 있어요. 다른 용도로는 안 되고 사이드카는 오직 운영 커플링 목적으로만 사용하셔야 합니다."

태예림: "난 아직도 그 두 가지 용도가 뭐가 다른지 잘 모르겠네요."

손성한: "운영 커플링은 방금 말씀드렸던 로깅, 모니터링, 서비스 디스커버리, 인증/인가 등을 말합니다.

기본적으로 도메인과 무관한 일을 하는 모든 인프라 배관부가 여기에 해당된다고 보시면 됩니다. 따라서 Address나 Customer 클래스처럼 도메인 공유 컴포넌트를 사이드카에 넣으면 안 돼요."

김무열: "왜 안 되죠? 그럼 동일한 클래스를 두 서비스에서 사용해야 하는 경우는요? 사이드카에 넣어두면 둘 다 편하게 쓸 수 있지 않나요?"

손성한: "하지만 그렇게 하면 우리가 마이크로서비스에서 지양하려는 바로 그런 식으로 커플링이 증가하고 말겠죠. 대부분의 아키텍처는 어느 한 서비스의 구현부를, 그것을 필요로 하는 다른 서비스가 공유해서 쓰도록 허용하는데요… 하지만 분산 아키텍처에서 이렇게 바람직하지 않은 방법으로 여러 마이크로서비스가 서로 엮이게 되면, 나중에 어느 팀이 공유 코드를 변경할 일이 생길 때 그 즉시 나머지 모든 팀이 조정 작업을 해야 합니다. 공유 라이브러리를 사이드카에 탑재하는 것도 가능하긴 하지만, 어쨌든 그건 아키텍트 자신의 기술 역량에 따라 결정할 일이죠. 뭐가 맞다, 틀리다 논할 수 있는 문제는 아니고, 아키텍트가 트레이드오프 분석을 충분히 수행한 다음 결정할 문제입니다. 예컨대, Address 클래스가 변경됐는데 2개 서비스가 이 클래스에 의존한다면 이 두 서비스는 반드시 변경해야 합니다(이것이 바로 커플링의 정의입니다). 우리는 이 문제를 계약으로 해결합니다. 또 다른 문제는 사이즈예요. 아키텍처에서 사이드카의 몸집이 커지는 건 결코 바람직하지 않죠. 지난번에 우리가 논의했던 JSON을 XML로 바꾸는 라이브러리라면… 태 팀장님, 이 라이브러리를 쓰는 팀이 얼마나 되나요?"

태예림: "음, 메인프레임^mainframe 시스템과 통합해야 하는 팀은 전체 16~17개 팀 중에 5개 정도?"

손성한: "네, 그럼 사이드카에 JSON을 XML로 바꾸는 라이브러리를 장착하면 어떤 트레이드오프가 있을까요?"

김무열: "모든 팀이 자동으로 라이브러리를 얻게 되고 따로 디펜던시를 통해 연결하지 않아도 되겠네요."

손성한: "반면에 단점은…?"

김무열: "사이드카에 추가하면 물론 사이드카는 더 커지겠지만… 라이브러리가 워낙 작으니까 그렇게 커지진 않겠네요."

손성한: "바로 이런 부분이 공유 유틸리티 코드의 핵심 트레이드오프입니다. '공유 코드를 얼마나 많은 팀이 필요로 하는가, 그런 코드가 필요 없는 서비스까지 포함해서 모든 서비스에 코드를 추가하는 오버헤드는 얼마나 될까'의 문제죠."

김무열: "성한 씨 말씀대로라면 절반도 안 되는 팀들이 사용하는데 그만한 오버헤드를 감수할 가치는 없겠네요."

손성한: "네, 그렇습니다! 당분간 그런 코드는 사이드카에서 배제하고 추후 다시 검토하시죠."

ADR* 운영 커플링에 대해 사이드카 패턴 적용

콘텍스트

우리 마이크로서비스 아키텍처의 각 서비스는 공통의 일관된 운영 기능을 필요로 한다. 하지만 그렇다고 각 팀에 책임을 떠넘기면 비일관성 및 조정 이슈가 생길 것이다.

결정

서비스 메시 형태의 사이드카 컴포넌트를 사용해서 공통적인 운영 커플링을 통합한다.

공유 인프라 팀은 서비스 팀에 제공할 사이드카를 소유/관리한다. 즉, 서비스 팀은 공유 인프라 팀의 고객인 셈이다. 사이드카는 다음과 같은 서비스를 제공한다.

- 모니터링
- 로깅
- 서비스 디스커버리
- 인증
- 인가

결과

각 팀은 부적절한 커플링을 일으키지 않도록 도메인 클래스를 사이드카에 추가하지 않는다.

서비스 팀은 각자 공유 인프라 팀에 요청해 공통 운영 라이브러리를 사이드카에 배포한다.

8.6 코드 재사용: 어떤 경우에 가치 있는가?

많은 아키텍트가 어떤 상황에 직면해 트레이드오프를 제대로 평가하지 못하는데, 그들의 능력이 부족해서가 아니라 많은 트레이드오프가 사후에 그 모습을 드러내기 때문입니다.

재사용은 가장 남용되는 추상화 중 하나입니다. 많은 회사에서 일반적으로 재사용을 적극 권장하고 있지만, 재사용에 수반된 트레이드오프를 정확히 분석해보지 않은 채로 무턱대고 재사용하면 심각한 아키텍처 문제가 일어날 수 있습니다.

21세기 초반, 서비스 지향 아키텍처라는 트렌드에 휘말려 지나친 재사용이 얼마나 위험한지 절절이 깨닫게 된 아키텍트가 많습니다. 당시에도 많은 회사에서 재사용의 극대화는 주요 목표

중 하나였습니다.

[그림 8-16]처럼 조직이 구성된 대형 보험 회사를 생각해봅시다.

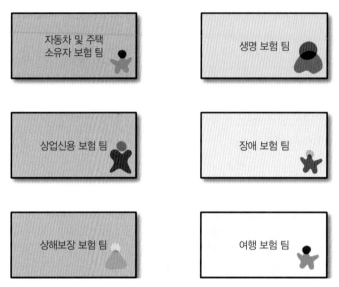

그림 8-16 같은 보험 회사라도 부서마다 고객을 바라보는 관점이 다르다.

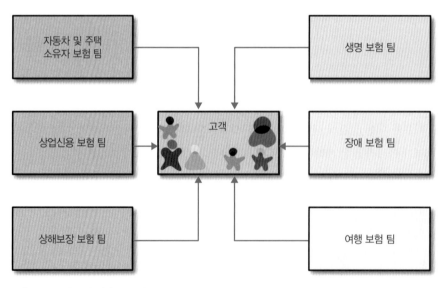

그림 8-17 중앙 고객 서비스로 통합

이 회사는 각 부서마다 관심 있는 고객 정보가 나뉩니다. 하지만 수년 전, 사내 아키텍트 팀은 어떤 고객 정보가 공통적인지 주의 깊게 지켜보다가 [그림 8-17]처럼 전사 고객 정보를 한 서비스로 통합했습니다.

[그림 8-17]과 같은 구조는 언뜻 보면 합리적인 것 같지만, 아키텍처적으로는 두 가지 이유에서 완벽한 실패입니다. 첫째, Customer 같은 핵심 엔티티에 관한 모든 사내 정보를 한 곳에 두면, 이 엔티티는 모든 도메인과 시나리오를 처리하게 돼 그만큼 복잡해지고 결과적으로 아주 단순한 기능조차 사용하기가 어려워질 것입니다.

둘째, 아키텍처가 취약해집니다. 고객 정보를 원하는 모든 도메인이 어느 한 곳에서 정보를 가져오는 구조에서는 그 '어느 한 곳'이 변경될 경우 올 스톱 상태가 됩니다. 좀 전의 예에서 어느 한 도메인에 필요한 새로운 기능을 CustomerService에 추가해야 한다면 어떻게 될까요? 이 변경은 나머지 모든 도메인에 영향을 줄 수 있으므로 전체 아키텍처에 파문을 일으키지 않도록 신중한 조정과 테스트가 필요할 것입니다.

재사용에는 두 가지 중요한 측면이 있다는 사실을 기억하세요. 첫 번째는 추상화입니다. 아키텍트와 개발자는 주로 추상화를 통해 재사용하기에 알맞은 후보를 물색합니다. 두 번째는 변경 빈도입니다. 얼마나 자주 바뀌는지에 따라 재사용의 효용과 가치가 결정됩니다.

취약점을 일으키는 재사용을 잘 살펴보면, 그와 반대로 분명히 이로운 재사용과는 어떤 점이 다른지 의문이 듭니다. 이를테면 운영체제, 오픈 소스 프레임워크, 라이브러리처럼 성공적인 재사용도 있는데, 이런 것들은 프로젝트 팀이 개발한 아티팩트와 어떤 차이점이 있는 걸까요? 정답은 '낮은 변경 빈도'입니다. 많은 사람이 운영체제, 외부 프레임워크 같은 기술적 커플링의 혜택을 누리고 있는 이유는 그 변경 빈도와 업데이트 속도를 이미 그들이 잘 알고 있기 때문입니다. 반면, 내부 도메인 기능이나 너무 빨리 변경되는 기술 프레임워크는 커플링 타깃으로는 최악입니다.

> **NOTE**
> 재사용은 추상화를 통해 발생하지만, 변경 빈도가 낮을 때 가치가 있습니다.

8.6.1 플랫폼 기반의 재사용

많은 언론이 사내 플랫폼을 찬양하며 시맨틱 확산[semantic diffusion][9]이라고까지 얘기합니다. 대부분의 사람들은 플랫폼이 사내의 재사용 타깃이라는 점에 동의합니다. 즉, 명확하게 구분된 도메인 기능별로 상세 구현을 숨기기 위해 잘 정의된 API를 지닌 플랫폼을 구축하는 것을 말합니다.

이 역시 낮은 변경 빈도가 아니면 타당하지 않습니다. API는 호출부와 아주 느슨하게 결합하도록 설계할 수 있기 때문에 API를 깨뜨리지 않고도 내부적으로 상세 구현을 엄청나게 자주 바꿀 수 있습니다(13장). 물론 도메인 간에 전달해야 할 정보의 시맨틱 자체가 바뀌는 것까지 API가 보호해주진 않겠지만, 아키텍트는 정교한 캡슐화 및 계약 설계를 통해 통합 아키텍처의 중대 변경과 취약점을 최소화할 수 있습니다.

8.7 한빛가이버 사가: 공유 도메인 기능

2월 8일 화요일 12:50

성한의 가이드에 따라 개발 팀은 코어 티케팅 기능을 티켓 생성, 티켓 배정, 티켓 완료라는 3개의 개별 서비스로 나누기로 했습니다. 그런데 이 세 서비스 모두 공통 데이터베이스 로직(조회 및 업데이트)을 사용하며 티케팅 데이터 도메인의 DB 테이블을 공유합니다.

태예림 팀장은 공통 데이터베이스 로직을 하나의 공유 데이터 서비스에 담아 일종의 데이터베이스 추상화 레이어를 구축하길 원합니다(그림 8-18).

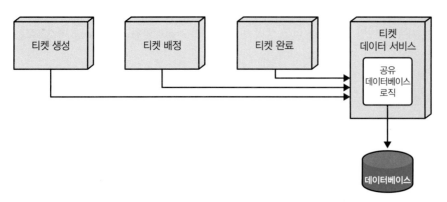

그림 8-18 티켓 서비스의 공통 데이터베이스 로직을 공유 티켓 데이터 서비스에 구현하는 방안

현승은 태예림 팀장의 방법이 마음에 들지 않았습니다. 그는 가 서비스가 공유 라이브러리(DLL)를 빌드/배포 과정의 일부로 포함하는 방식을 선호합니다(그림 8-19).

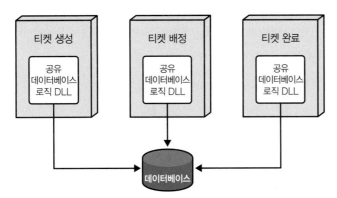

그림 8-19 티켓 서비스의 공통 데이터베이스 로직을 공유 라이브러리로 구현하는 방안

태예림 팀장과 현승은 생각의 차이를 좁히기 위해 성한과 만났습니다.

태예림: "성한 씨 의견은 어때요? 공유 데이터베이스 로직을 공유 데이터 서비스에 두는 게 좋을까요, 아니면 공유 라이브러리에 두는 게 좋을까요?"

손성한: "이 문제는 제 의견이 중요한 게 아닙니다. 트레이드오프를 잘 분석해서 코어 공유 티케팅 데이터베이스 기능에 가장 적합한 방안을 찾는 게 순서죠. 먼저, 공유 데이터 서비스가 가장 적합한 방법이라는 가정을 기반으로 접근해볼까요hypothesis-based approach?"

한현승: "잠시만요. 공유 데이터 서비스는 그냥 이 문제에 적합한 아키텍처 해법이 아닙니다."

손성한: "왜 그렇게 생각하시죠?"

성한은 현승이 다시금 트레이드오프 관점에서 사고하도록 유도했습니다.

한현승: (잠시 멈칫하며) "음, 일단⋯ 세 서비스 모두 DB를 조회하거나 업데이트할 때마다 공유 데이터 서비스를 호출할 테니까요. 그러면 벌써 성능상 안 좋아지겠죠. 만에 하나 공유 데이터 서비스가 잘못되기라도 하면 세 서비스 모두 작동을 멈출 겁니다."

태예림: "그래서? 어차피 다 백엔드 기능인데 무슨 상관이죠? 백엔드가 그렇게 빠를 필요도 없고, 설령 서비스가 실패해도 금세 다시 가동되지 않나?"

손성한: "팀장님, 전부 다 백엔드 기능은 아니죠. 티켓 생성 서비스는 고객 대면 서비스라는 사실을 잊으시면 안 됩니다! 그리고 백엔드 티케팅 기능과 동일한 공유 데이터 서비스를 사용하게 될 거고요."

태예림: (좀 전과는 달리 약간 자신감을 잃은 목소리로) "뭐, 그래도… 대부분은 백엔드 기능이잖아?"

손성한: "지금까지 두 분 말씀을 들어보니, 공유 데이터 서비스를 사용하면 티켓 서비스의 성능과 내고장성은 어느 정도 희생할 수밖에 없겠네요."

한현승: "공유 데이터 서비스 변경은 런타임 변경이라는 사실도 놓치면 안 됩니다. 즉, 나중에 공유 데이터 서비스를 변경해서 재배포할 일이 생기면 어딘가 잘못될 가능성이 있어요."

태예림: "그래서 테스트를 하는 거 아닌가?"

한현승: "네, 그건 맞지만… 리스크를 줄이겠다고 공유 데이터 서비스를 조금이라도 고칠 때마다 티켓 서비스 전체를 테스트해야 하면 테스트 시간이 엄청 길어질 겁니다. 공유 DLL 파일을 사용하면 라이브러리를 버저닝해서 하위 호환성을 보장할 수 있어요."

손성한: "그러네요. 변경 리스크가 증가하고 테스트 노력을 더 들여야 하는 트레이드오프가 있군요. 확장성 측면에서도 부가적인 조정이 필요할 수도 있고요. 티켓 생성 서비스 인스턴스를 더 많이 생성하면 그때마다 공유 데이터 서비스 인스턴스도 그만큼 늘려야 하겠죠."

태예림: "다들 너무 네거티브하게만 생각하지는 말죠. 공유 데이터 서비스를 사용하면 긍정적인 측면도 있어요."

손성한: "네, 그럼 이번엔 공유 데이터 서비스를 사용하면 어떤 장점이 있는지 들어 봅시다."

태예림: "우선, 데이터 추상화를 꼽을 수 있겠죠. 서비스는 데이터베이스 로직을 전혀 신경 쓸 필요 없이 그냥 공유 데이터 서비스를 원격 호출하면 됩니다."

손성한: "다른 장점은요?"

태예림: "네, 그리고 커넥션 풀링을 중앙화할 수 있는 장점도 있는데, 고객 티켓 생성 서비스를 지원하려면 인스턴스는 어쨌든 여러 개 있어야 할 테니… 뭐, 조금 나아지긴 하겠지만 서비스 인스턴스가 달랑 3개뿐이니 게임 체인저라고 할 수는 없겠군요. 그래도 공유 데이터 서비스를 사용하면 변경 관리는 쉽겠죠. 데이터베이스 로직이 변경돼도 티켓 서비스를 재배포할 필요가 없으니까."

손성한: "리포지터리에 커밋된 공유 클래스 파일을 보면서 예전에 코드를 얼마나 많이 고쳤는지 확인해볼까요?"

세 사람은 공유 데이터 로직이 구현된 클래스 파일의 리포지터리 기록을 살펴봤습니다.

태예림: "흠… 이것보단 훨씬 더 코드 변경을 많이 했을 거라고 생각했는데… 기록을 보니 그렇진 않네요. 좋아요, 공유 데이터베이스 로직은 거의 변경되지 않는다고 보면 되겠습니다."

대예림 팀징은 트레이드오프를 파익해보니 공유 서비스가 득보다 실이 너 많나는 점을 깨닫기 시삭했습니다. 이제는 공유 데이터베이스 로직을 공유 서비스에 욱여넣어야 한다고 주장할 근거가 빈약해졌습니다. 결국 그녀는 공유 데이터베이스 로직을 공유 DLL 파일 형태로 배포하는 방안에 찬성했고, 성한은 이 결정을 다음과 같은 ADR로 기록했습니다.

ADR: 공통 티케팅 데이터베이스 로직은 공유 라이브러리로 구현

콘텍스트

티케팅 기능은 티켓 생성, 티켓 배정, 티켓 완료라는 세 서비스로 나눌 수 있는데, 이들 모두 데이터베이스 조회/수정 로직을 대부분 공통 코드로 처리한다. 이는 공유 라이브러리와 공유 데이터 서비스, 두 가지 방법으로 구현할 수 있다.

결정

공통 티케팅 데이터베이스 로직은 공유 라이브러리를 사용해 구현한다.

공유 라이브러리를 쓰면 고객 대면 서비스인 티켓 생성 및 배정 서비스의 성능, 확장성, 내고장성을 높일 수 있다.

우리가 확인한 결과, 공통 데이터베이스 로직이 구현된 코드는 변경 빈도가 비교적 낮은 상당히 안정된 코드이고, 서비스는 어차피 테스트와 재배포가 필요하므로 일반적인 데이터베이스 로직은 변경 리스크가 낮은 편이다. 공통 데이터베이스 로직의 변경이 필요할 경우, 모든 서비스를 재배포할 필요가 없도록 라이브러리를 적절히 버저닝하면 된다.

공유 라이브러리를 사용하면 서비스 커플링과 디펜던시를 낮추고 HTTP 트래픽과 전체 대역폭을 절약할 수 있다.

결과

공유 DLL 파일에 구현된 공통 데이터베이스 로직이 변경되면 티켓 서비스의 테스트 및 재배포가 불가피하므로 티케팅 기능의 민첩성은 전반적으로 떨어질 것이다.

각 서비스 인스턴스는 알아서 데이터베이스 커넥션 풀을 관리해야 할 것이다.

## CHAPTER 9

데이터 오너십과 분산 트랜잭션

12월 10일 금요일 09:12

데이터베이스 팀에서 모놀리식 한빛가이버 데이터베이스를 분해하는 동안, 개발 팀에서는 아키텍트인 성한의 가이드에 따라 서비스와 데이터 간 경계 콘텍스트를 구성하고 테이블 오너십을 서비스에 할당하는 작업에 착수했습니다.

손성한: (무열에게 다가와) "Expert_Profile 테이블은 왜 티켓 배정 서비스의 경계 콘텍스트에 추가하신 거죠?"

김무열: "티켓 배정 알고리즘을 실행하려면 그 테이블이 필요하니까요. 전문 기사 위치와 스킬 정보를 이 테이블에서 계속 쿼리해서 갖고 오거든요."

손성한: "하지만 티켓 배정 서비스는 Expert_Profile 테이블을 쿼리만 하는 서비스이고, 스킬 정보를 계속 업데이트하면서 관리하는 주체는 유저 관리 서비스네요. 이 테이블은 마땅히 유저 관리 서비스가 소유하는 게 맞고 그 경계 콘텍스트 안에 두는 게 좋겠습니다."

김무열: "하지만 배정 서비스가 필요할 때마다 유저 관리 서비스를 원격 호출해서 데이터를 가져오는 건 낭비 아닌가요? 그건 좀 아닌 것 같은데…"

손성한: "그럼, 전문 기사가 새로운 스킬을 습득하거나 자기 서비스 위치를 변경할 때 Expert_Profile 테이블에서 업데이트가 일어났는지 어떻게 알 수 있죠? 전문 기사를 신규 채용할 때는요?"

김무열: "간단합니다. 유저 관리 서비스가 그냥 다른 데이터베이스에 접속해서 Expert_Profile 테이블에 액세스하면 되죠. 별일 아닌 것 같은데…?"

손성한: "이전에 하나 씨가 하신 말씀 기억하시죠? 여러 서비스가 동일한 데이터베이스 스키마에 접속하는 건 괜찮지만, 한 서비스가 여러 데이터베이스나 스키마에 접속하는 것은 좋지 않고… 그렇게 하는 건 금지돼 있고 절대로 허용 불가라고 하셨습니다."

김무열: "아, 맞다. 그런 규칙이 있었네요. 그럼 어쩌죠? 수시로 업데이트가 일어나는 서비스가 있고, 테이블 데이터를 계속 읽어들이는 완전히 다른 도메인에 있는 다른 서비스가 있는데…"

손성한: "저도 정답은 모릅니다. 하지만 이 문제를 해결하려면 데이터베이스 팀과 더욱 긴밀한 협의가 필요하겠네요. 하나 씨가 도와줄 수 있는지 알아볼게요."

시스템이 정상적으로 돌아가려면 분리된 데이터를 다시 붙여봐야 할 때도 있습니다. 어떤 서비스가 무슨 데이터를 소유하는지, 분산 트랜잭션은 어떻게 관리할지, 서비스가 필요로 하는(하지만 더 이상 소유하지는 않는) 데이터를 어떻게 가져올지를 잘 생각해봐야 합니다. 이 장에서는 분산된 데이터를 다시 통합하기 위한 오너십과 트랜잭션 문제를 살펴보겠습니다.

9.1 데이터 오너십 할당

아키텍트는 분산 아키텍처에서 데이터를 분해한 뒤, 어느 서비스가 무슨 데이터를 소유할지 결정해야 합니다. 그러나 서비스에 데이터 오너십을 할당하는 작업은 보기보다 쉽지 않은, 또 다른 소프트웨어 아키텍처의 하드 파트 중 하나입니다.

일반적인 테이블 오너십 할당 정책은 테이블에 데이터를 쓰는 서비스가 테이블을 소유하는 것입니다. 그런데 우리 경험에 따르면 단독 오너십(오직 한 서비스만 테이블에 쓰기 가능)은 별 문제 없지만, 팀이 공동 오너십을 갖거나(여러 서비스가 동일한 테이블에 쓰기 가능) 설상가상으로 공통 오너십(대부분 또는 모든 서비스가 테이블에 쓰기 가능) 체제인 경우에는 문제가 복잡해집니다.*

----

* 옮긴이_'공동'과 '공통'은 발음이 비슷해서 헷갈릴 수 있으나, 공동(joint)은 일부 다수가 동일한 한 가지 대상을 소유하는 것을 말하고 공통(common)은 (거의) 전체가 다수의 대상을 소유하는 것을 말합니다.

데이터 오너십의 복잡성을 예를 들어 설명하겠습니다. [그림 9-1]에는 전체 고객 위시리스트를 관리하는 위시리스트 서비스, 제품 카탈로그를 관리하는 카탈로그 서비스, 카탈로그에 있는 모든 제품의 재고 및 재입고 상태를 관리하는 재고 서비스가 있습니다.

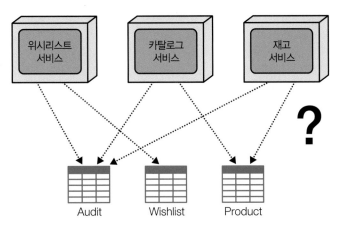

그림 9-1 데이터를 분해한 뒤, 테이블을 소유한 서비스에 테이블을 할당한다.

위시리스트 서비스는 Audit, Wishlist 테이블에, 카탈로그 서비스는 Audit, Product 테이블에, 재고 서비스는 Audit, Product 테이블에 각각 데이터를 씁니다. 이렇게 단순한 예제만 봐도 데이터 오너십을 할당하는 일이 복잡하다는 느낌이 듭니다.

이 장에서는 데이터 오너십을 서비스에 할당하는 세 가지 시나리오(단독 오너십, 공동 오너십, 공동 오너십)를 살펴보고, [그림 9-1]을 기준점으로 삼아 각 시나리오의 문제점을 해결할 수 있는 기법을 설명하겠습니다.

9.2 단독 오너십

단독 오너십single ownership은 오직 한 서비스만 테이블에 데이터를 쓰는 것이며, 다른 오너십에 비해 간단하고 가장 직관적인 형태입니다. [그림 9-1]을 다시 보면, Wishlist 테이블은 위시리스트 서비스 하나만 쓰기를 수행합니다.

사실, 누가 봐도 Wishlist 테이블의 오너는 (이 테이블의 읽기 전용 액세스 권한이 필요한 다른 서비스들과 상관없이) 위시리스트 서비스인 것이 당연합니다. 따라서 [그림 9-2] 우측에 표시한 것처럼, Wishlist 테이블은 위시리스트 서비스의 경계 콘텍스트 내부로 편입됩니다. 이러한 도시화 기법을 잘 활용하면 서비스와 해당 데이터 간에 형성된 테이블 오너십과 경계 콘텍스트를 효과적으로 나타낼 수 있습니다.

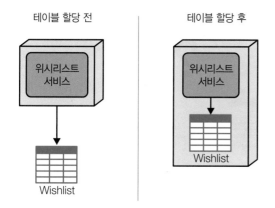

그림 9-2 단독 오너십: 테이블에 쓰기 권한을 가진 서비스가 그 테이블의 오너가 된다.

단독 오너십은 가장 단순한 구조이므로 좀 더 복잡한 공통 오너십, 공동 오너십을 결정하기 전에 먼저 단독 오너십 관계부터 명확히 정의하는 게 좋습니다.

9.3 공통 오너십

공통 오너십common ownership은 대부분의(또는 모든) 서비스가 동일한 테이블에 데이터를 쓰는 것입니다. [그림 9-1]의 세 서비스(위시리스트, 카탈로그, 재고)는 모두 유저가 수행한 액션을

Audit 테이블에 기록하는 공동 오너십을 갖고 있는데, 실제로 셋 중 어느 서비스가 Audit 테이블을 소유한 것인지는 분간하기 어렵습니다. 이 예제는 서비스가 겨우 3개뿐이지만, 수백에서 수천 개의 서비스가 동일한 Audit 테이블에 기록하는 실사례를 한번 상상해보세요.

Audit 테이블을 모든 서비스가 사용하는 공유 데이터베이스나 공유 스키마에 두면, 변경 관리, 커넥션 고갈, 확장성, 내고장성 등 6장 도입부에서 열거했던 데이터 공유 문제가 다시 불거질 것입니다. 따라서 공통 오너십 시나리오는 다른 솔루션으로 해결해야 할 필요가 있습니다.

가장 널리 쓰이는 공통 오너십 솔루션은 하나의 전용 서비스를 해당 데이터의 주된(그리고 유일한) 오너로 지정하는 것입니다. 오직 한 서비스에만 그 테이블에 데이터를 쓰는 역할을 전담시키는 거죠. 그러면 데이터를 써야 하는 다른 서비스들은 이 전용 서비스에 데이터를 전달해서 요청하고, 전용 서비스는 실제로 테이블에 쓰는 작업을 대신 수행합니다.

데이터를 전달한 서비스가 전용 서비스로부터 어떤 정보나 확인 응답을 받을 필요가 없다면, 저장형 큐persisted queue*를 이용해 비동기 파이어 앤드 포겟 메시징asynchronous fire-and-forget messaging을 할 수도 있습니다. 데이터를 쓸 때마다 확인 번호나 데이터베이스 키 같은 정보를 호출부에 넘겨줘야 한다면, REST, gRPC, (의사 동기식pseudosynchronous) 요청-응답 메시징의 기법을 이용해서 서비스 간에 동기 호출을 하면 됩니다.

다시 Audit 테이블 예제로 돌아갑시다. [그림 9-3]에서 보다시피, 아키텍트는 감사 서비스라는 전용 서비스를 만들고 Audit 테이블의 오너십을 이 서비스에 할당합니다. 이제 감사 서비스는 Audit 테이블을 읽기/쓰기할 수 있는 유일한 서비스가 됐습니다. 반환 정보는 따로 없기 때문에 위시리스트 서비스, 카탈로그 서비스, 재고 서비스는 저장형 큐와 비동기 파이어 앤드 포겟 메시징을 사용했고, 따라서 이 테이블에 데이터가 기록될 때까지 대기할 필요가 없습니다. 이처럼 브로커가 메시지를 디스크에 저장하는 저장형 큐를 활용하면, 서비스나 브로커가 혹여 잘못되더라도 메시지가 소실되지 않고 전송이 보장됩니다.

---

* 옮긴이_카프카(Kafka)의 토픽(topic)이 대표적인 저장형 큐입니다. 프로듀서(producer)가 토픽에 발행한 메시지는 일정 기간 데이터에 저장되므로 컨슈머(consumer)가 바로 메시지를 구독하지 않고 나중에 꺼내가도 됩니다. 심지어, 오프셋(offset)을 조정해서 동일한 메시지를 여러 번 구독하는 일도 가능합니다.

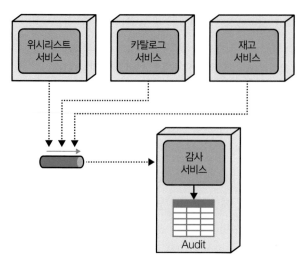

그림 9-3 공통 오너십: 전담 서비스 오너를 하나만 둔다.

경우에 따라 자신이 소유하지 않은 공통 데이터를 다른 서비스에서 읽어와야 할 때도 있겠죠. 이러한 읽기 전용 액세스는 10장에서 자세히 설명합니다.

9.4 공동 오너십

공동 오너십joint ownership은 데이터 오너십을 다루는 좀 더 일반적인(그리고 복잡한) 방법으로, 여러 서비스가 동일한 테이블에 데이터를 쓰는 시나리오입니다. 공통 오너십은 대부분의(또는 모든) 서비스가 동일한 테이블에 쓰기를 수행하는 반면, 공동 오너십은 동일한 도메인에 속한 두세 서비스만 동일한 테이블에 쓰기를 하는 차이점이 있습니다. [그림 9-1]을 다시 보면, Audit 테이블은 모든 서비스가 데이터를 쓰지만(공통 오너십), Product 테이블은 카탈로그와 재고, 두 서비스만 쓰기 작업을 수행합니다.

[그림 9-4]는 [그림 9-1]에서 공동 오너십 부분만 잘라낸 그림입니다. 카탈로그 서비스는 신제품을 Product 테이블에 삽입하고, 더 이상 취급하지 않는 제품은 삭제하며, 제품 정보가 변경되면 해당 데이터를 수정합니다. 재고 서비스는 제품이 조회, 판매, 반품되는 시점에 제품별 현재 재고를 읽고 업데이트합니다.

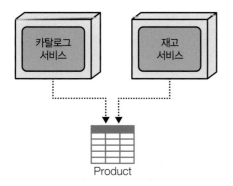

Product

그림 9-4 공동 오너십: 같은 도메인의 두 서비스가 같은 테이블에 데이터를 쓴다.

지금까지 살펴본 세 가지 오너십은 테이블 분할 기법, 데이터 도메인 기법, 대리자 기법, 서비스 통합 기법 등의 다양한 방법으로 해결할 수 있습니다. 다음 절부터 하나씩 자세히 살펴보겠습니다.

9.4.1 테이블 분할 기법

테이블 분할 기법table split technique은 한 테이블을 여러 테이블로 나누고 각 서비스가 자신이 담당하는 데이터 파트를 소유하는 방식입니다. 『리팩토링 데이터베이스』(위키북스, 2007)와 웹 사이트[1]에도 자세히 설명돼 있으니 참고하기 바랍니다.

이 기법을 [그림 9-4]의 Product 테이블에 적용해봅시다. 먼저 제품 ID(키)와 재고 수(판매 가능한 제품 수량) 정보가 포함된 Inventory 테이블을 생성하고, 데이터를 기존 Product 테이블에서 Inventory 테이블로 미리 옮겨 담습니다. 끝으로 Product 테이블에서 재고 수 컬럼(inv_cnt)을 삭제합니다. [예제 9-1]은 일반적인 관계형 데이터베이스에서 데이터 정의 언어(DDL)로 구현한 소스 코드입니다.

예제 9-1 Product 테이블을 분할해서 inv_cnt 컬럼을 새 Inventory 테이블로 옮기는 DDL 소스 코드

```
CREATE TABLE Inventory
(
    product_id VARCHAR(10),
    inv_cnt INT
);
```

```
INSERT INTO Inventory VALUES (product_id, inv_cnt)
AS SELECT product_id, inv_cnt FROM Product;

COMMIT;

ALTER TABLE Product DROP COLUMN inv_cnt;
```

데이터베이스 테이블을 분할하면 공동 오너십이 단독 오너십으로 전환됩니다. 이제 카탈로그 서비스는 Product 테이블의 데이터를, 재고 서비스는 Inventory 테이블의 데이터를 각자 소유하는 구조로 바뀌었습니다. 단, 제품 정보 생성/삭제 시 두 테이블의 테이터 일관성을 맞추려면 카탈로그 서비스와 재고 서비스 간의 통신이 필요합니다(그림 9-5).

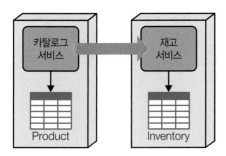

그림 9-5 공동 오너십은 공유하는 테이블을 분리해 해소한다.

예를 들어, 신제품이 추가되면 카탈로그 서비스는 제품 ID를 채번해서 Product 테이블에 삽입한 다음, 새로 채번된 제품 ID(그리고 필요시 초기 재고 수)를 재고 서비스에 전달해야 합니다. 제품이 삭제되는 경우에도 먼저 카탈로그 서비스가 Product 테이블에서 해당 제품 정보를 삭제한 뒤, 재고 서비스도 해당 제품의 재고 정보를 삭제하도록 알려야 합니다.

분할된 테이블 간의 데이터 동기화는 그리 간단한 문제가 아닙니다. 카탈로그 서비스와 재고 서비스는 서로 동기 통신을 해야 하는가, 아니면 비동기 통신을 해야 하는가? 제품 정보를 추가/삭제할 때, 그리고 재고 서비스를 사용할 수 없는 경우, 카탈로그 서비스는 무슨 일을 해야 하는가? 이런 질문은 대답하기 어려울 뿐 아니라, 분산 아키텍처에서 일반적인 일관성이 중요한지 아니면 전통적인 가용성이 더 중요한지에 따라서도 결정이 달라집니다. 만약 가용성을 택한다면, Inventory 테이블에 재고 레코드가 생기지 않아도 카탈로그 서비스가 언제나 제품을 추가/삭제할 수 있도록 만드는 일이 더 중요하겠죠. 반대로 일관성을 더 중시한다면 두 테이블 간의 데이터 동기화가 항상 우선이니, 새고 서비스가 실패할 경우 제품 정보 추가/삭제 기능은 마비될 것입니다. 분산 아키텍처에서는 네트워크 분할이 필수이므로 CAP 정리*에 따라 둘(일관성, 가용성) 중 하나만 선택할 수 있습니다.

테이블을 나눌 때는 통신 프로토콜 타입(동기인지 비동기인지)도 중요합니다. 카탈로그 서비스는 제품 정보를 새로 만들 때 해당 재고 레코드도 추가됐다는 사실을 확인해야 할까요? 만약 확인이 필요하다면 성능을 희생하더라도 데이터 일관성이 우수한 동기 통신이 낫고, 그렇지 않다면 데이터 일관성은 보장되지 않더라도 성능이 우수한 비동기 파이어 앤드 포겟 통신이 유리합니다. 따져봐야 할 트레이드오프가 참 많지요?

트레이드오프

표 9-1 공동 오너십 시나리오의 테이블 분할 기법에 관한 트레이드오프

장점	단점
경계 콘텍스트가 지켜진다.	테이블을 변경하고 구조 조정해야 한다.
단독 데이터 오너십	데이터 일관성 이슈가 생길 수 있다.
	테이블 업데이트 간 ACID 트랜잭션이 적용되지 않는다.
	데이터 동기화가 어렵다.
	테이블 간에 데이터가 중복될 수 있다.

9.4.2 데이터 도메인 기법

공유 데이터 도메인shared data domain을 생성하는 방법도 생각해볼 수 있습니다. 여러 서비스가 데이터 오너십을 공유하면 자연스럽게 다수의 오너가 해당 테이블을 소유하게 됩니다. 이 기법을 적용하면, 여러 서비스가 공유한 테이블들을 동일한 스키마 또는 데이터베이스에 넣어 서비스와 데이터 간의 경계 콘텍스트 폭이 더 넓어집니다.

[그림 9-6]을 원본인 [그림 9-4]와 비교하면 뚜렷한 차이점이 있습니다. 두 서비스 모두 자신의 콘텍스트 외부에 있는 박스의 Product 테이블을 소유합니다. 이 두 서비스의 경계 콘텍스트가 Product 테이블을 소유하는 구조가 아니라, 더 넓은 경계 콘텍스트 안에서 이 테이블을

---

* *https://oreil.ly/R1fXW*. 옮긴이_데이터 일관성, 가용성, 내분할성을 동시에 모두 충족하는 분산 시스템은 설계할 수 없다는 정리입니다.

공유하는 구조입니다.

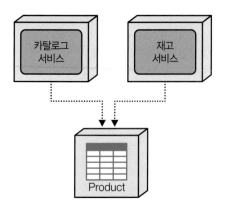

그림 9-6 데이터 도메인 기법(공유 스키마)을 이용하면 공동 오너십을 가진 서비스들이 데이터를 공유할 수 있다.

데이터 공유는 분산 아키텍처(특히 마이크로서비스)에서 대개 지양하는 편이지만, 다른 공동 테이블 소유 기법에서 발견되는 성능, 가용성, 데이터 일관성 문제가 일부 해소됩니다. 서비스 끼리 더 이상 서로 의존하지 않기 때문에 카탈로그 서비스는 재고 서비스와 따로 조정할 필요 없이 제품 정보를 추가하거나 삭제할 수 있고, 같은 이유로 재고 서비스도 카탈로그 서비스와 무관하게 재고 정보를 변경할 수 있습니다. 두 서비스가 서로 완전히 독립한 셈입니다.

> **NOTE**
>
> 데이터 도메인 기법을 선정할 때는 데이터가 각 서비스에 공통적이므로 별도의 서비스가 필요한 이유를 항상 다시 평가해보세요. 확장성과 처리량의 차이, 내고장성 요건, 코드 변동성 격리(7장 참조) 등이 좋은 명분이 될 것입니다.

그러나 분산 아키텍처에서 데이터 공유는 여러 가지 문제를 일으키는데, 무엇보다 데이터 구조(예: 테이블 스키마)를 변경하는 데 더 많은 노력이 듭니다. 서비스와 데이터 간의 경계 콘텍스트가 더 넓게 형성되기 때문에 공유 테이블의 구조를 변경하려면 사전에 여러 서비스 간의 조정이 꼭 필요합니다. 그만큼 개발 공수, 테스트 범위, 배포 리스크가 늘어나겠죠.

어느 서비스가 어떤 데이터의 쓰기를 담당하는지 관리하는 것도 데이터 도메인 기법의 또 다른 골칫거리입니다. 물론 이런 관리가 별로 중요하지 않은 경우도 있겠지만, 어떤 데이터에 대한 쓰기 작업을 통제하는 일이 중요한 환경에서는 특성한 거버넌스 규칙을 적용해 테이블이나 컬럼의 쓰기 오너십을 잘 관리해야 합니다.

트레이드오프

표 9-2 공동 오너십 시나리오의 데이터 도메인 기법에 관한 트레이드오프

장점	단점
데이터 액세스 성능이 좋다.	데이터 스키마 변경 시 서비스 간 조정이 필요하다.
확장성/처리량 이슈가 없다.	데이터 스키마 변경 시 테스트 범위가 늘어난다.
데이터가 일관되게 유지된다.	데이터 오너십(쓰기 책임)을 관리해야 한다.
서비스 디펜던시가 없다.	데이터 스키마 변경 시 배포 리스크가 증가한다.

9.4.3 대리자 기법

대리자 기법delegate technique은 공동 오너십 상황을 해결하는 또 다른 대안입니다. 어느 한 서비스에 테이블의 독점권을 주고 대리자로 만든 다음, 다른 서비스(또는 서비스들)는 이 대리자와 통신해서 업데이트를 해달라고 요청하는 것입니다.

대리자 기법의 관건은 대리자(테이블의 유일한 오너)로 배정할 서비스를 결정하는 일입니다. 첫째, '주 도메인 우선primary domain priority'이라는 방법입니다. 해당 데이터의 주 도메인을 가장 잘 나타낸 서비스, 다시 말해 그 도메인의 특정 엔티티에 대한 대부분의 CRUD를 수행하는 서비스를 대리자로 임명하는 것입니다. 둘째, '운영 특성 우선operational characteristics priority'이라는 방법으로, 성능, 확장성, 가용성, 처리량 등과 같은 운영 아키텍처 특성이 더 많이 필요한 서비스에 테이블 오너십을 부여하는 방식입니다.

[그림 9-4]의 카탈로그 서비스와 재고 서비스의 공동 오너십 시나리오를 보면서 두 방법의 차이점을 생각해봅시다. 이 그림에서 카탈로그 서비스는 제품 정보를 생성/수정/삭제하는 역할을 하고, 재고 서비스는 제품 재고 수를 각각 조회/수정한 후 재고가 부족하면 재입고 시기를 파악하는 역할을 합니다.

주 도메인 우선 방법을 적용하면 메인 엔티티에 대해 대부분의 CRUD를 수행하는 서비스가 테이블의 오너가 됩니다. 카탈로그 서비스는 대부분의 제품 정보 CRUD를 처리하므로 Product

테이블의 유일한 오너가 될 자격이 충분합니다. 재고 서비스는 이 테이블의 오너십이 없으므로 재고 수를 조회/수정하려면 반드시 카탈로그 서비스에 부탁해야 합니다(그림 9-7).

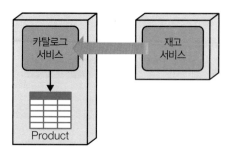

그림 9-7 도메인 우선권을 지닌 카탈로그 서비스에 테이블 오너십이 부여된다.

앞서 설명한 공동 오너십 시나리오처럼 대리자 기법 역시 데이터 수정을 필요로 하는 서비스라 면 반드시 서로 통신을 해야 합니다. [그림 9-7]의 재고 서비스는 카탈로그 서비스를 통해서만 재고 정보를 업데이트할 수 있기 때문에 정해진 원격 프로토콜을 이용해 카탈로그 서비스를 호출해야 합니다. 통신은 동기든 비동기든 둘 다 가능하지만, 소프트웨어 아키텍처가 늘 그렇듯이 여기서도 트레이드오프를 따져볼 필요가 있습니다.

동기 통신을 한다면 재고 서비스는 카탈로그 서비스가 재고 정보를 업데이트할 때까지 기다려야 하므로 성능은 다소 떨어지지만 데이터 일관성은 보장됩니다. 비동기 통신을 하면 재고 서비스는 훨씬 빨리 작동되지만 데이터는 최종 일관성만 보장되며, 만약 카탈로그 서비스가 재고 정보를 업데이트하다 에러가 발생하면 재고 서비스는 재고 수가 업데이트됐는지 알 길이 없으므로 데이터 무결성이 문제가 될 수 있습니다.

운영 특성 우선 방법을 적용하면, 재고 정보는 이것보다 정적인 제품 정보에 비해 훨씬 자주 업데이트되기 때문에 오너십 역할은 반대가 될 것입니다. 즉, Product 테이블의 오너십은 재고 서비스가 차지하게 될 텐데, 제품 정보를 추가/삭제할 일이 어쩌다 한 번 일어나는 것과 반대로 재고 업데이트는 제품 판매 과정에서 아주 빈번하게 일어난다는 점에서 보면 상식적으로 매우 타당합니다(그림 9-8).

재고 서비스가 Product 테이블의 오너십을 갖게 되면 업데이트가 잦은 재고 정보를 원격으로 호출하지 않고 직접 데이터베이스를 호출함으로써 훨씬 더 빨리, 그리고 안정적으로 업데이트할 수 있습니다. 자주 바뀌는 대부분의 데이터(재고 수)를 매우 일관된 상태로 유지하게 될 것입니다.

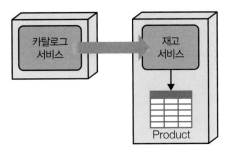

그림 9-8 운영 특성상 테이블 오너십은 재고 서비스에 할당한다.

하지만 [그림 9-8]의 가장 큰 문제점은 도메인 관리 책임입니다. 재고 서비스는 원래 제품 재고를 관리하는 역할을 담당하는 서비스이지, 정적인 제품 정보를 추가/수정/삭제하는 데이터베이스 작업(그리고 그와 연관된 에러 처리)을 담당하는 서비스가 아닙니다. 이런 이유로 우리는 보통 주 도메인 우선 방법을 권장하며, 성능 및 내고장성 이슈는 복제된 인메모리 캐시나 분산 캐시 같은 기술로 해결하도록 권고합니다.

어느 서비스를 대리자로 지정하든 이 기법은 몇 가지 단점이 있습니다. 무엇보다 서비스 커플링이 발생하며 서비스 간 통신이 반드시 필요합니다. 따라서 쓰기 작업에 트랜잭션을 걸 수 없고 네트워크 및 처리 레이턴시가 발생해 성능/내고장성이 저하되는 등 대리자가 아닌 일반 서비스에서도 갖가지 문제가 생깁니다. 대리자 기법은 트랜잭션이 필요하지 않거나 비동기 통신으로 최종 일관성을 보장해도 충분한 데이터베이스 쓰기 시나리오에 더 어울립니다.

트레이드오프

표 9-3 공동 오너십 시나리오의 대리자 기법에 관한 트레이드오프

장점	단점
단독 오너십 형태다.	서비스 결합도가 높다.
데이터 스키마 변경 관리가 우수하다.	비오너(nonowner) 서비스의 데이터 쓰기 성능이 좋지 않다.
데이터 구조를 다른 서비스로부터 추상화할 수 있다.	비오너 서비스가 데이터를 쓰면 원자적 트랜잭션을 걸 수 없다.
	비오너 서비스의 내고장성이 낮은 편이다.

9.5 서비스 통합 기법

앞 절의 대리자 기법은 공동 오너십의 주된 이슈인 서비스 디펜던시를 주로 다룹니다. 서비스 통합 기법service consolidation technique은 여러 테이블 오너(서비스)를 하나의 서비스로 통합하고 공동 오너십을 단독 오너십으로 전환하는 방식으로 이러한 서비스 디펜던시 문제에 접근합니다 (그림 9-9).

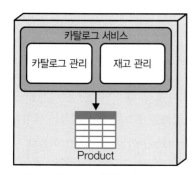

그림 9-9 서비스를 통합해 테이블 오너십 문제를 해결한다.

이 기법은 데이터 도메인 기법처럼 서비스 디펜던시, 성능 관련 문제를 해결하는 동시에 공동 오너십 문제도 해결할 수 있습니다. 물론 다른 기법들과 마찬가지로 트레이드오프는 있습니다.

서비스를 결합하면 서비스가 더 큰 단위로 묶이므로 전체 테스트 범위가 넓어지고 배포 리스크 (새로운 기능을 추가하거나 버그를 조치할 때 다른 파트에 문제가 생길 가능성)가 커집니다. 서비스의 모든 파트가 동반 실패하면 전체적인 내고장성에도 영향을 끼칠 것입니다.

서비스 통합 기법을 적용하면 전체 확장성도 영향을 받습니다. 서비스의 모든 파트가 똑같이 확장돼야 하는 건 아니므로, 나머지 다른 기능들과 동일한 수준으로 확장시킬 필요가 없는 기능도 있을 것입니다. 예를 들어, [그림 9-9]에서 (원래 별도의 카탈로그 서비스에 있었던) 카탈로그 관리는 재고 조회/업데이트처럼 높은 수준의 확장 요건을 군이 충족시키지 않아도 되는 기능입니다.

표 9-4 공동 오너십 시나리오의 서비스 통합 기법에 관한 트레이드오프

장점	단점
원자적 트랜잭션이 지켜진다.	확장 단위가 더 커진다.
전반적인 성능이 우수하다.	내고장성이 떨어진다.
	배포 리스크가 증가한다.
	테스트 범위가 늘어난다.

9.6 데이터 오너십 요약

[그림 9-10]은 지금까지 소개한 기법들을 [그림 9-1]에 적용한 결과 변경된 테이블 오너십입니다. Wishlist 테이블은 위시리스트 서비스에 오너십을 주고, 서비스와 테이블 간의 엄격한 경계 콘텍스트를 설정했습니다. Audit 테이블에는 공동 오너십을 적용해 감사 서비스를 새로 만들고 나머지 서비스는 비동기 메시지를 저장형 큐에 보내도록 했습니다. 마지막으로, 카탈로그 서비스, 재고 서비스가 관여하는 Product 테이블은 좀 더 복잡한 공동 오너십 형태로, 이 테이블의 단독 오너십은 카탈로그 서비스에 주고 재고 서비스는 카탈로그 서비스에 요청을 보내 업데이트를 하는 식으로 대리자 기법을 적용했습니다.

아키텍트는 각 서비스에 테이블 오너십을 부여하고 비즈니스 워크플로와 트랜잭션 요건을 면밀히 분석해 테이블 오너십에 문제가 없는지 확인해야 합니다.

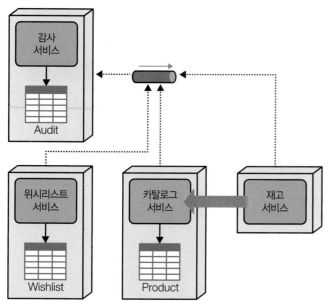

그림 9-10 공동 오너십에 대리자 기법을 적용한 전체 데이터 오너십

9.7 분산 트랜잭션

아키텍트와 개발자는 보통 트랜잭션이라 하면, 에러 발생 시 여러 데이터베이스 업데이트가 함께 커밋되거나 모두 롤백되는 하나의 원자적 작업 단위를 떠올립니다. 이런 종류의 원자적 트랜잭션을 흔히 ACID 트랜잭션이라고 합니다. 6장에서도 언급했듯이, ACID는 원자적인 단일 작업 단위의 데이터베이스 트랜잭션 기본 속성인 원자성, 일관성, 격리성, 내구성을 나타낸 약어입니다.

분산 트랜잭션의 작동 원리와 트레이드오프를 이해하려면 ACID 트랜잭션의 네 가지 속성을 완벽하게 이해할 필요가 있습니다. ACID 트랜잭션을 제대로 이해하지 못한 아키텍트는 어떤 경우에 분산 트랜잭션을 사용하는 게 좋을지, 트레이드오프를 충분히 분석할 능력이 없다고 생각합니다. 따라서 일단 ACID 트랜잭션을 자세히 살펴본 다음, 분산 트랜잭션과는 어떤 차이점이 있는지 알아보겠습니다.

원자성atomicity이란, 트랜잭션이 걸려 있는 동안 몇 번의 업데이트를 하더라도 단일한 작업 단위로시 모든 업데이트를 커밋하거나 롤백해야 한다는 뜻입니다. 즉, 모든 업데이트는 한 덩이로 취급되기 때문에 변경한 데이터는 전부 다 커밋되거나 전부 다 롤백돼야 합니다. 예를 들어 신규 고객 등록 과정에서 Profile 테이블에 고객 프로필 정보를, Wallet 테이블에 신용카드 정보를, Security 테이블에 보안 관련 정보를 각각 삽입하는데, 어떤 사유로 인해 프로필과 신용카드 정보는 정상 처리됐지만 보안 정보가 삽입될 때 에러가 발생했다고 합시다. 원자성이 있다면, 프로필과 신용카드 정보까지 모두 롤백돼 데이터베이스 테이블이 이전 상태로 동기화될 것입니다.

일관성consistency은 트랜잭션 도중 데이터베이스가 일관되지 않은 상태가 되거나 데이터베이스에 명시된 무결성 제약 조건을 위반하는 일이 없다는 뜻입니다. 예를 들어, ACID 트랜잭션 도중에는 주문 상세 정보 레코드를 추가하기 전에 반드시 요약 정보 레코드를 먼저 추가해야 한다고 합시다. 일부 데이터베이스에서는 실제로 커밋이 일어날 때까지 이러한 선후 관계 체크를 미루는defer 경우도 있지만, 일반 프로그래밍에서는 트랜잭션 도중 외래 키와 같은 일관성 제약 조건을 위반하는 것이 불가능합니다.

격리성isolation은 개별 트랜잭션이 서로 작용하는 정도를 말합니다. 커밋되지 않은 트랜잭션 데이터는 비즈니스 요청을 처리하는 과정에서 다른 트랜잭션이 볼 수 없도록 격리해 보호돼야 합니다. 예를 들어, ACID 트랜잭션 도중 Profile 테이블에 고객 프로필 정보가 삽입돼도 이 트랜잭션 외부에 있는 다른 서비스는 커밋이 완료되기 전까지 새로 삽입된 정보에 접근할 수 없습니다.

내구성durability은 트랜잭션을 커밋하고 성공 응답이 반환되면 이후 어떠한 시스템 장애가 발생해도 업데이트된 데이터가 모두 영구 보존돼야 함을 의미합니다.

한빛가이버 애플리케이션에 접속한 고객이 화면에서 자신의 프로필 정보, 지원 플랜 대상 제품 정보, 과금 정보를 입력한다고 합시다. 고객이 입력한 정보는 모두 고객 서비스 한 곳으로 전달되고, 이 서비스는 고객 등록을 비롯한 비즈니스 업무와 관련된 모든 데이터베이스 로직을 처리합니다(그림 9-11).

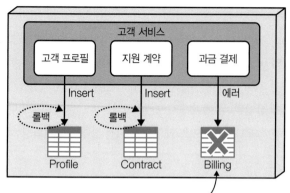

Billing 테이블 삽입 시 에러가 발생하면 다른 테이블 삽입이 모두 롤백된다.

그림 9-11 ACID 트랜잭션 수행 중 Billing 테이블에 데이터를 삽입하다 에러가 발생하면 이전에 다른 테이블에서 성공한(삽입된) 데이터는 모두 롤백된다.

ACID 트랜잭션이 적용된 상태에서 과금 정보 삽입 도중 에러가 발생하면 그 이전에 삽입한 프로필, 지원 플랜 대상 제품 정보까지 모두 롤백됩니다(ACID 원자성과 일관성). [그림 9-11]에는 없지만, 트랜잭션 도중 각 테이블에 삽입된 데이터는 다른 요청을 처리하는 스레드가 볼 수 없습니다(ACID 격리성).

분산 아키텍처에서 ACID 트랜잭션은 각 서비스의 콘텍스트 내부에 존재할 수 있지만, 사용하는 데이터베이스가 ACID 속성을 지원하는 경우에만 가능한 얘기입니다. 각 서비스는 원자적 비즈니스 트랜잭션의 범위에서 자신이 소유한 테이블에 대해서는 커밋/롤백이 가능하지만, 여러 서비스에 걸쳐 비즈니스 요청을 처리하는 경우에는 비즈니스 요청 자신이 ACID 트랜잭션이 될 수는 없으므로 분산 트랜잭션이 됩니다.

분산 트랜잭션은 여러 데이터베이스를 업데이트하는 원자적 비즈니스 요청을 개별 배포된 원격지 서비스가 수행할 때 일어납니다. [그림 9-12]를 잘 보면, 동일한 고객 등록 요청(요청을 하는 고객을 노트북 이미지로 표시함)이 개별 배포된 세 서비스(고객 프로필 서비스, 지원 계약 서비스, 과금 결제 서비스)로 분산됩니다.

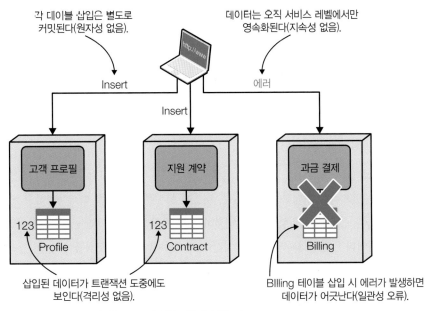

각 데이블 삽입은 별도로
커밋된다(원자성 없음).

데이터는 오직 서비스 레벨에서만
영속화된다(지속성 없음).

Insert

에러

Insert

고객 프로필

지원 계약

과금 결제

123
Profile

123
Contract

Billing

삽입된 데이터가 트랜잭션 도중에도
보인다(격리성 없음).

Billing 테이블 삽입 시 에러가 발생하면
데이터가 어긋난다(일관성 오류).

그림 9-12 분산 트랜잭션은 ACID 속성을 지원하지 않는다.

여러분도 알다시피, 분산 트랜잭션은 ACID 속성을 지원하지 않습니다. 개별 배포된 서비스는 각자 데이터를 커밋하고 전체 비즈니스 요청의 일부만 수행하므로 기본적으로 원자성이 없습니다. 분산 트랜잭션에서는 원자성이 (고객 등록 같은) 비즈니스 요청이 아니라 서비스에 바인딩됩니다.

어느 한 서비스가 처리 도중 실패하면 비즈니스 요청과 연관된 테이블 사이에서 데이터가 틀어질 수밖에 없으므로 일관성은 지원되지 않습니다. [그림 9-12]에서도 과금 결제 서비스가 데이터를 삽입하다 실패해 Profile, Contract 테이블의 데이터가 Billing 테이블의 데이터와 어긋나 버렸습니다(이 문제를 해결하는 방법은 이 절 뒷부분에서 설명합니다). 전통적인 관계형 데이터베이스의 제약 조건(예: 외래 키는 반드시 기본 키와 일치해야 한다)도 각각의 서비스가 커밋하는 도중에는 적용할 수 없기 때문에 일관성도 영향을 받습니다.

안타깝게도 격리성 역시 지원되지 않습니다. 고객 프로필 서비스가 고객을 등록하는 분산 트랜잭션 중에 프로필 데이터를 삽입하면, 아직 고객 등록 프로세스(현재 트랜잭션)가 완료되지 않은 상태이지만 다른 서비스나 요청에서 이 프로필 데이터를 사용할 수 있습니다.

내구성은 각 개별 서비스에서만 지켜질 뿐, 비즈니스 요청에 대해서는 지원되지 않습니다. 다시 말해, 개별적인 데이터 커밋이 전체 비즈니스 트랜잭션 범위 내의 모든 데이터가 영구 보존됨을 보장하지는 않습니다.

분산 트랜잭션은 ACID 대신 BASE라는 것을 지원합니다. 화학에서 산성 물질acid substance과 염기성 물질base substance은 정반대의 성질을 갖고 있습니다. 원자적 트랜잭션(ACID)과 분산 트랜잭션(BASE)도 마찬가지입니다. BASE는 분산 트랜잭션 특유의 속성(기본 가용성, 소프트 상태, 최종 일관성)을 잘 나타낸 용어입니다.

기본 가용성Basic Availabiltiy(BASE의 'BA')은 분산 트랜잭션의 모든 서비스 또는 시스템이 분산 트랜잭션에 참여할 수 있으리라 기대하는 것입니다. 비동기 통신은 서비스를 디커플링하고 분산 트랜잭션 참여자들과 연관된 가용성 이슈를 해결하는 데 유용하지만, 그만큼 원자적 비즈니스 트랜잭션에서 데이터 일관성까지 맞추려면 시간이 소요됩니다(아래의 '최종 일관성' 설명 참고).

소프트 상태Soft sate(BASE의 'S')는 분산 트랜잭션이 진행 중이고 원자적 비즈니스 요청이 미완료된(또는 경우에 따라 완료 여부조차 알 수 없는unknown) 상태를 가리킵니다. 가령 [그림 9-12]의 고객 등록 과정에서 고객 프로필 정보는 Profile 테이블에 삽입(그리고 커밋)됐지만 지원 계약 및 과금 정보는 아직 삽입되지 않은 시점이 바로 소프트(소프트한) 상태입니다. 여기서 소프트 상태의 알 수 없는 부분은 세 서비스가 모두 자신의 해당 데이터를 병렬 삽입하는 경우 일어날 수 있습니다. 즉, 세 서비스가 모두 성공적으로 데이터를 처리했다고 통보해주기 전에는 원자적 비즈니스 요청의 정확한 상태를 알 수 없는 것입니다. 비동기 통신하는 워크플로(11장 참고)는 대부분 분산 트랜잭션이 지금 진행 중인지, 아니면 최종 상태인지 판단하기가 어렵습니다.

최종 일관성Eventual consistency(BASE의 'E')은 충분한 시간이 지나면 '언젠가는 결국eventually' 분산 트랜잭션의 모든 부분이 무사히 완료되고 모든 데이터가 서로 동기화된다는 뜻입니다. 분산 트랜잭션과 관련된 모든 데이터 소스가 일관된 상태가 되기까지의 소요 시간은 최종 일관성 패턴의 유형과 오류 처리 방법에 따라 달라집니다.

다음 절에서는 최종 일관성을 구현하는 세 가지 패턴과 각각의 트레이드오프를 알아보겠습니다.

9.8 최종 일관성 패턴

분산 아키텍처는 성능, 확장성, 탄력성, 내고장성, 가용성 등의 운영 아키텍처 특성을 개선하기 위해 최종 일관성에 크게 의존합니다. 데이터 소스와 시스템 간의 최종 일관성은 다양한 방법으로 구현할 수 있지만, 요즘 많이 쓰이는 패턴은 백그라운드 동기화 패턴, 오케스트레이티드 요청 기반 패턴, 이벤트 기반 패턴 등 세 가지입니다.

앞서 예시한 한빛가이버 애플리케이션의 고객 등록 프로세스로 돌아갑시다. 이 프로세스에는 고객 프로필 정보를 관리하는 고객 프로필 서비스, 지원 플랜 대상 제품을 관리하는 지원 계약 서비스, 지원 플랜 비용을 고객에게 과금하는 과금 결제 서비스, 이렇게 세 서비스가 참여합니다. [그림 9-13]에서 한빛가이버 애플리케이션에 가입한 고객 123의 데이터는 세 서비스가 소유한 테이블에 각각 저장돼 있습니다.

그림 9-13 고객 123은 한빛가이버 애플리케이션의 세 테이블에 저장돼 있다.

어느 날, 고객 123은 한빛가이버의 지원 플랜에 더 이상 관심이 없어 서비스 가입을 해지하려고 합니다. 화면을 통해 고객 123의 가입 해지 요청을 접수한 고객 프로필 서비스는 Profile 테이블에서 고객 프로필 데이터를 삭제한 뒤, 가입 해지가 정상 처리됐고 이후로 비용은 더 이상 과금되지 않을 거라고 고객 123에게 응답합니다. 그러나 아직 지원 계약 서비스 소유의 Contract 테이블과 과금 결제 서비스가 소유한 Billing 테이블에는 고객 123 데이터가 남아 있습니다.

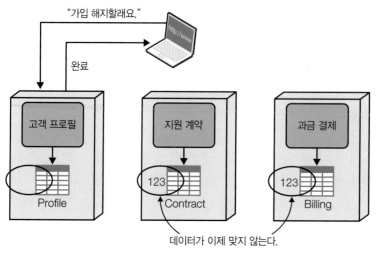

그림 9-14 고객 123이 지원 플랜을 가입 해지한 이후 데이터가 어긋난다.

원자적 비즈니스 요청을 처리하는 과정에서 최종 일관성을 적용해 모든 데이터를 동기화하는 방법을 패턴별로 자세히 설명하겠습니다.

9.8.1 백그라운드 동기화 패턴

백그라운드 동기화 패턴background synchronization pattern은 별도의 외부 서비스나 프로세스가 데이터 소스를 주기적으로 체크해서 데이터 소스를 서로 동기화하는 방법입니다. 테이터 소스가 최종적으로 일관된 상태가 될 때까지 걸리는 시간은 백그라운드 프로세스를 한밤중에 실행되는 배치 잡 형태로 구현할지, 아니면 주기적으로(예: 매시간 1회) 깨어나 데이터 소스의 일관성을 체크하는 서비스로 구현할지에 따라 달라집니다.

백그라운드 프로세스를 어떻게 구현하든(즉, 야간 배치든 스케줄 배치든), 이 패턴은 데이터 소스의 일관성을 맞추는 시간이 가장 긴 편입니다. 하지만 데이터 소스는 즉시 동기화할 필요가 없는 경우가 많습니다. [그림 9-14]의 고객 가입 해지 프로세스 역시 고객이 가입을 해지한 시점에 그 고객의 지원 계약, 결제 정보가 아직 남아 있다고 해서 큰일 나는 건 아닙니다. 야간 배치를 돌려 최종 일관성을 맞춰도 충분하겠죠.

이 패턴에서 가장 난해한 부분은 모든 데이터를 항시 동기화하는 백그라운드 프로세스가 어떤 데이터가 변경됐는지를 알아야 한다는 점입니다. 변경된 데이터는 이벤트 스트림, 데이터베이스 트리거를 통해 파악하거나, 원본 테이블에서 데이터를 읽어 타깃 테이블과 비교하는 방법으로도 알아낼 수 있습니다. 변경된 데이터를 어떻게 찾아내든, 백그라운드 프로세스는 트랜잭션에 포함된 모든 테이블과 데이터 소스를 알고 있어야 합니다.

[그림 9-15]는 한빛가이버 애플리케이션의 고객 가입 해지 프로세스에 백그라운드 동기화 패턴을 적용한 것입니다. 고객 123은 11:23에 지원 플랜 가입 해지를 요청합니다. 이 요청을 받은 고객 프로필 서비스는 데이터를 삭제하고 1초 뒤(11:23:01) 가입 해지가 정상 처리됐다고 고객에게 알립니다. 그런 다음, 23:00에 백그라운드 배치 동기화 프로세스가 시작됩니다. 이 프로세스는 이벤트 스트리밍을 통해, 아니면 주 테이블$^{primary\ table}$과 보조 테이블$^{secondary\ table}$을 비교하는 방법으로 변경된 데이터가 있는지 조사하고 고객 123의 정보가 삭제된 사실을 발견합니다. 그리고 Contract, Billing 두 테이블에서 해당 데이터를 삭제합니다.

이 패턴은 전체 비즈니스 트랜잭션(고객의 지원 플랜을 가입 해지하는 처리)이 완료될 때까지 엔드 유저가 기다릴 필요가 없으므로 대체로 응답성이 좋습니다. 그러나 이 최종 일관성 패턴에는 심각한 트레이드오프가 몇 가지 도사리고 있습니다.

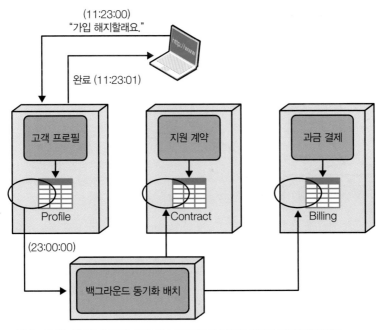

그림 9-15 백그라운드 동기화 패턴: 외부 프로세스를 이용해 데이터 일관성을 맞춘다.

무엇보다 모든 데이터 소스가 결합돼 데이터와 서비스 간의 경계 콘텍스트가 모두 무너진다는 점이 가장 쓰라립니다. [그림 9-16]에서 백그라운드 배치 동기화 프로세스는 각 서비스가 소유한 모든 테이블에 쓰기 권한을 갖고 있어야 하는데, 이는 결국 백그라운드 동기화 프로세스가 전체 테이블의 소유권을 공유하게 되는 구조입니다.

이처럼 백그라운드 동기화 프로세스와 다른 일반 서비스 사이에 오너십을 공유하는 체제는 다양한 문제를 일으킬 가능성이 높고 분산 아키텍처 내부에서 엄격한 경계 콘텍스트가 반드시 필요해지는 구조를 초래합니다. 각 서비스가 소유한 테이블의 구조를 변경할 일(예: 컬럼명 변경, 컬럼 삭제 등)이 생기면, 외부 백그라운드 프로세스와 반드시 조정을 해야 하므로 변경 자체가 쉽지 않고 시간도 많이 걸립니다.

변경 관리의 어려움도 어려움이지만, 비즈니스 로직이 중복되는 것도 문제입니다. [그림 9-15]에서 백그라운드 프로세스가 고객 123의 정보가 들어 있는 Contract, Billing 테이블의 모든 로우를 삭제하는 작업이 대수롭지 않게 느껴질 수도 있지만, 이런 작업을 할 때 어떤 서비스에 어떤 비즈니스 규칙이 숨어 있을지 어떻게 다 알 수 있을까요?

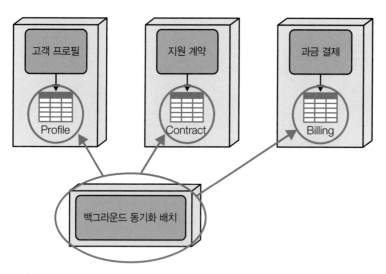

그림 9-16 백그라운드 동기화 패턴: 데이터 소스와 커플링이 발생해 경계 콘텍스트와 데이터 오너십이 깨진다.

예를 들어, 가입 해지를 마친 고객이 지원 플랜에 재가입하는 경우를 대비해서 기존 지원 계약과 과금 내역 정보는 3개월간 보존해야 한다는 규칙이 있다고 합시다. 이를테면 Contract,

Billing 테이블의 로우를 물리직으로 삭제하는 게 아니라, `remove_date`라는 컬럼에 삭제할 날짜를 long 값으로 업데이트하는 방식으로 처리하는 것입니다(값이 0이면 가입 중인 고객을 의미함). 두 서비스(지원 계약, 과금 결제)는 매일 `remove_date` 컬럼값을 체크해 자신이 소유한 테이블에서 어떤 로우를 삭제할지 결정합니다. 자, 그럼 여기서 질문 한 가지! 비즈니스 로직은 어디에 있을까요? 네, 지원 계약 서비스, 과금 결제 서비스, 그리고 백그라운드 배치 프로세스겠죠!

데이터 오너십과 기능 간의 커플링은 아키텍처에서 아주 중요한 요소이므로 백그라운드 동기화 패턴은 (마이크로서비스처럼) 경계 콘텍스트를 엄격하게 적용해야 하는 분산 아키텍처에는 적합하지 않습니다. 이 패턴은 서로 아무 통신도 하지 않고 데이터도 공유하지 않는 폐쇄적인 (자기 완비형) 시스템에 알맞습니다.

예를 들어, 건축 자재 주문을 받는 주문 접수 시스템이 있고 송장^{invoice}은 (플랫폼이 전혀 다른) 또 다른 송장 처리 시스템이 담당한다고 합시다. 고객(건축업자)이 자재를 주문하면, 백그라운드 동기화 프로세스는 주문 데이터를 송장 처리 시스템으로 보내 송장을 작성합니다. 주문이 변경/취소되는 경우에도 백그라운드 동기화 프로세스가 변경 사항을 송장 처리 시스템으로 전송해서 송장 정보를 계속 업데이트합니다. 백그라운드 동기화 패턴을 활용해 고객의 주문 정보를 상이한 두 시스템 간에 항상 동기화함으로써 최종 일관성을 유지하는 좋은 사례입니다.

트레이드오프

표 9-5 백그라운드 동기화 패턴의 트레이드오프

장점	단점
서비스가 디커플링된다.	데이터 소스가 결합된다.
응답성이 좋다.	복잡한 구현부
	경계 콘텍스트가 무너진다.
	비즈니스 로직이 중복될 수 있다.
	최종 일관성을 맞추려면 시간이 걸린다.

9.8.2 오케스트레이티드 요청 기반 패턴

분산 트랜잭션을 관리하는 가장 흔한 방법은 비즈니스 요청을 처리하는 도중에(바꿔 말하면,

엔드 유저가 기다리는 동안에) 모든 데이터 소스를 동기화하는 것입니다. 오케스트레이티드 (조정된) 요청 기반 패턴orchestrated request-based pattern은 바로 이것을 구현한 기법입니다.

오케스트레이티드 요청 기반 패턴은 다른 두 패턴과 달리, 비즈니스 요청을 처리할 때 오케스트레이터orchestrator(조정자)가 전체 분산 트랜잭션을 관리합니다. 오케스트레이터는 현재 서비스 중 하나를 지정할 수 있고 새로운 별도 서비스를 만들 수도 있습니다. 어쨌든 오케스트레이터는 비즈니스 프로세스와 트랜잭션 참여자, 멀티캐스팅 로직, 에러 처리, 계약 오너십 등 요청 처리에 필요한 모든 부분을 관장합니다.

먼저, 서비스 중 하나를 분산 트랜잭션의 관리자 격인 오케스트레이터로 지정하는 방법입니다. [그림 9-17]에서 고객 프로필 서비스는 본연의 업무 외에 오케스트레이터 역할을 겸합니다.

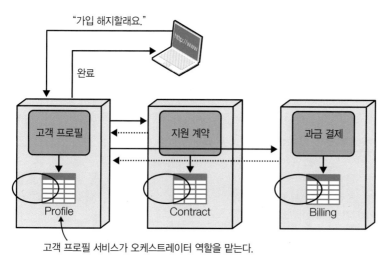

그림 9-17 고객 프로필 서비스는 분산 트랜잭션의 오케스트레이터 역할을 한다.

오케스트레이터를 별도로 지정할 필요는 없지만, 기존 서비스가 분산 트랜잭션 관리까지 떠맡게 된 모습입니다. 오케스트레이터로 지정된 서비스는 원래 해야 할 일 외에 오케스트레이터 역할까지 함께 수행해야 합니다. 따라서 자칫 이 서비스에 과부하가 걸릴 수도 있고 서비스 간 커플링이 고착화되며 동기적 디펜던시가 발생하는 문제점이 있습니다.

따라서 우리는 전용 오케스트레이터 서비스를 두는 방법을 권장합니다. [그림 9-18]은 고객 프로필 서비스를 다시 일반 서비스로 돌려놓고 별도의 오케스트레이터 서비스를 만들어 분산 트랜잭션 관리를 전담시긴 모습입니다(그림 9-18).

그럼 이렇게 오케스트레이터 전담 서비스를 두고 오케스트레이티드 요청 기반 패턴을 적용하면 최종 일관성은 어떻게 맞추는 걸까요? 그리고 어떤 트레이드오프가 있을까요?

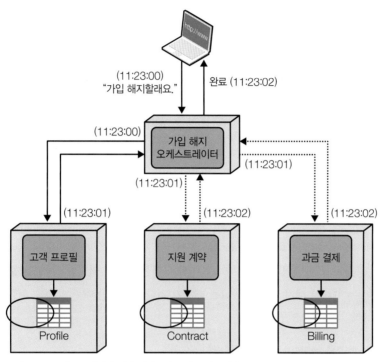

그림 9-18 오케스트레이션 전담 서비스가 분산 트랜잭션의 오케스트레이터 역할을 한다.

고객 123은 11:23:00에 한빛가이버 애플리케이션에 지원 플랜 가입 해지를 요청합니다. 이 요청을 받은 가입 해지 오케스트레이터 서비스는 고객 프로필 서비스와 동기 통신해 Profile 테이블에서 해당 고객 정보를 삭제합니다. 그리고 1초 후에 고객 프로필 서비스는 가입 해지 오케스트레이터 서비스에 확인 응답을 합니다. 그러면 오케스트레이터 서비스는 (스레드 또는 비동기 프로토콜을 통해) 지원 계약 서비스, 과금 결제 서비스 등 두 서비스에 요청을 병렬 전송합니다. 이 두 서비스는 모두 가입 해지 처리를 하고 1초 후 가입 해지 오케스트레이터 서비스에 확인 응답을 보내 모든 처리가 완료됐음을 알립니다. 이제 모든 데이터가 동기화됐으니 가입 해지 오케스트레이터 서비스는 11:23:02(최초 요청 접수 후 2초가 지난 뒤)에 모든 해지 처리가 완료됐다고 고객에게 알립니다.

그림을 잘 보면 알 수 있듯이 패턴은 응답성보다 데이터 일관성을 더 추구합니다. 전용 오케스트레이터 서비스를 추가하면 네트워크 홉과 서비스 호출이 늘어나는 것은 물론이고 오케스트레이터가 순차 호출을 하는지, 병렬 호출을 하는지에 따라 오케스트레이터와 호출받는 서비스 간에 데이터를 주고받으면서 추가 시간이 소요됩니다.

다른 서비스와 거의 동시에 고객 프로필 요청을 처리한 덕분에 응답 시간은 조금 줄었지만, 우리는 이 예제에서 에러 처리와 일관성 때문에 이 작업을 동기적으로 처리하기로 결정했습니다. 즉, 미결제 과금 건이 존재해 Profile 테이블에서 고객 정보를 삭제할 수 없을 때도 지원 계약, 과금 결제 서비스는 이미 처리한 작업을 따로 되돌릴 필요가 없습니다. 즉, 응답성보다 일관성을 더 중시한 셈입니다.

오케스트레이티드 요청 기반 패턴은 응답성 외에 에러 처리가 복잡해지는 문제점도 있습니다. 이 패턴은 언뜻 보기에 매우 직관적인 것 같지만, Profile, Contract 테이블에서 가입 해지한 고객 정보를 삭제할 때 벌어질 수 있는 여러 가지 경우의 수도 고려해야 합니다. 가령 [그림 9-19]처럼 Billing 테이블에서 해당 고객의 레코드를 삭제할 때 에러가 발생하면 어떻게 처리할까요? 이 시점에서 고객 프로필, 지원 계약 서비스는 각자 수행한 작업을 커밋한 상태이므로 오케스트레이터 서비스는 고객이 해지 처리가 완료될 때까지 기다리는 동안 어떤 액션을 취할지 잘 판단해야 합니다.

1. 요청을 과금 결제 서비스로 돌려보내 재시도를 요청해야 하는가?
2. 보상 트랜잭션을 수행하고 고객 프로필, 지원 계약 서비스가 자신들이 수행한 업데이트 작업을 되돌리게 해야 하는가?
3. 일단 고객에게 에러가 발생했다고 응답하고 잠시 후 다시 시도해보라고 알려줘야 하는가?
4. 다른 프로세스가 알아서 에러를 잘 처리하리라 보고 에러는 무시한 다음, 고객에게는 가입 해지가 잘 됐다고 응답해야 하는가?

실제로 오케스트레이터 입장에서 여러 가지 난처한 상황이 펼쳐질 수 있습니다. 최종 일관성에 의존하는 패턴이므로 데이터를 정정하고 모든 걸 다시 딱 맞게 되돌려 놓을 방법이 마땅치 않습니다(이런 점에서 3, 4번 방안은 쓸 수 없습니다). 오케스트레이터로서는 분산 트랜잭션을 되돌리는 것 하나뿐입니다. 보상 업데이트를 작동시켜 가입 해지한 고객 프로필 정보를 Profile 테이블에 다시 삽입하고 Contract 테이블의 remove_date 컬럼값을 다시 0으로 복귀시키는 것입니다. 그런데 이렇게 하려면 오케스트레이터는 고객 데이터를 재삽입하는 데 필요한 모든 정보를 갖고 있어야 하며, (결제 정보 또는 지원 계약 초기화 등의 사유로) 새로운 고객 데이터를 생성할 때 어떠한 부수 효과도 없어야 합니다.

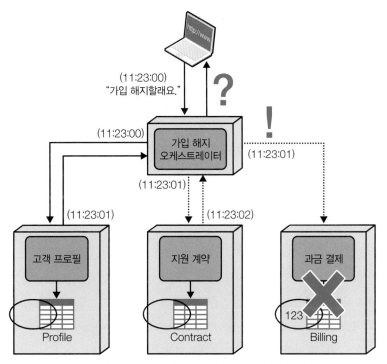

그림 9-19 오케스트레이티드 요청 기반 패턴: 에러를 처리하기가 매우 어렵다.

분산 아키텍처의 보상 트랜잭션에서 또 한 가지 골치 아픈 문제는 그 보상 처리를 하는 도중에도 에러가 발생할 수 있다는 점입니다. 예를 들어, 보상 트랜잭션이 시작되고 고객 프로필 서비스는 고객 데이터를 다시 삽입하려고 했지만 어떤 이유 때문에 이 작업마저 실패했다고 합시다. 그럼 이제 어떻게 해야 할까요? 데이터는 이미 어긋나버렸고 이 문제를 바로잡을 서비스나 프로세스는 없습니다. 이럴 때는 어쩔 수 없이 사람이 개입해서 데이터 소스를 복구하고 다시 맞춰놔야 합니다. 보상 트랜잭션과 트랜잭셔널 사가에 관한 내용은 12.1절 '트랜잭셔널 사가 패턴'에서 자세히 다룹니다.

표 9-6 오케스트레이티드 요청 기반 패턴의 트레이드오프

장점	단점
서비스가 디커플링된다.	느린 응답
데이터를 적시에 동기화할 수 있다.	복잡한 에러 처리
원자적 비즈니스 요청	대부분 보상 트랜잭션이 필요하다.

9.8.3 이벤트 기반 패턴

이벤트 기반 패턴event-based pattern은 마이크로서비스와 이벤트 기반 아키텍처 등 요즘 각광받는 대부분의 분산 아키텍처에서 가장 인기 있고 믿음직한 최종 일관성 패턴입니다. 어떤 이벤트 (예: 고객 가입 해지)나 커맨드 메시지(예: 가입 해지 처리)를 이벤트 형태로 비동기 발행/구독publish/subscribe (줄여서, 펍섭pub/sub이라고 함) 메시징 모델에 따라 토픽이나 이벤트 스트림에 게시하면, 분산 트랜잭션에 참여한 (이 이벤트를 구독하는) 다른 서비스가 이벤트를 받아 적절히 응답하는 패턴입니다.

비동기 메시지는 병렬로 분리돼 처리되므로 최종 일관성이 맞춰지는 시간은 보통 짧습니다. 서비스는 서로 완전히 디커플링돼 있고 최종 일관성 이벤트를 트리거하는 서비스가 데이터가 동기화될 때까지 기다렸다가 정보를 반환할 필요가 없으므로 응답성도 좋습니다.

[그림 9-20]은 이벤트 기반 패턴에서 최종 일관성이 달성되는 흐름을 나타낸 것입니다. 고객은 11:23:00에 한빛가이버 애플리케이션에 지원 플랜 가입 해지를 요청합니다. 이 요청을 접수한 고객 프로필 서비스는 Profile 테이블에서 고객 프로필 정보를 삭제하고 메시지 토픽 또는 이벤트 스트림에 메시지를 발행한 뒤 1초 후 고객에게 가입 해지가 완료됐음을 알립니다. 이와 거의 동시에 지원 계약, 과금 결제 두 서비스는 모두 가입 해지 이벤트를 수신해 그에 따른 뒤처리를 끝냄으로써 모든 데이터 소스가 동기화됩니다.

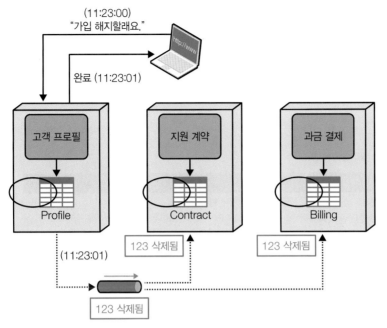

그림 9-20 이벤트 기반 패턴: 비동기 펍섭 메시징이나 이벤트 스트림 기법으로 최종 일관성을 보장한다.

토픽 기반의 표준 발행/구독 메시징(예: 액티브MQ^ActiveMQ, 래빗MQ^RabbitMQ, 아마존 MQ^AmazonMQ 등) 기능을 갖춘 구현체를 사용할 경우, 이벤트에 응답하는 서비스를 지속 가능 구독자^durable subscriber로 설정해야 합니다. 그래야 메시지 브로커나 메시지를 받는 서비스가 실패해도 메시지는 하나도 소실되지 않습니다. 메시지 발행 시점에 구독자(여기서는 지원 계약 서비스, 과금 결제 서비스)가 반드시 가동 중이어야 할 필요는 없습니다. 메시지가 발행되면 구독자는 반드시 그 메시지를 수신함을 보장한다는 점에서 지속 가능 구독자는 저장형 큐와 비슷한 개념입니다. 아파치 카프카^Apache Kafka 같은 메시지 브로커는 메시지를 항상 저장하며 일정 기간 동안 메시지를 토픽에 담아 가용 상태를 유지합니다.

이벤트 기반 패턴은 응답성이 우수하고, 서비스가 디커플링되고, 적시에 데이터 일관성을 맞출 수 있다는 장점이 있는 반면, 다른 최종 일관성 패턴과 마찬가지로 에러 처리가 가장 큰 트레이드오프입니다. 지속 가능 구독자에 해당하는 서비스(예: [그림 9-20]의 과금 결제 서비스)가 하나라도 실패하면 결국 언젠가 재가동된 이후에 다시 이벤트를 받아 처리하게 될 텐데, 이 과정에서 서비스가 이벤트를 처리하다 실패할 경우 갑자기 문제가 복잡해집니다.

대부분의 메시지 브로커는 일정 횟수만큼 메시지 전달을 시도하며, 수신자가 계속 실패하면 해당 메시지를 데드 레터 큐$^{Dead\ Letter\ Queue}$(DLQ)[2]로 보냅니다. 자동화한 프로세스가 이 큐에 쌓인 메시지를 읽어 문제를 조치하도록 미리 목적지를 정해둔 것입니다. 프로그래밍으로도 복구가 불가능한 에러는 사람이 수작업으로 처리할 수 있도록 관리자에게 메시지를 보냅니다.

트레이드오프

표 9-7 이벤트 기반 패턴의 트레이드오프

장점	단점
서비스가 디커플링된다.	복잡한 에러 처리
데이터를 적시에 동기화할 수 있다.	
응답이 빠르다.	

9.9 한빛가이버 사가: 티켓 처리 관련 데이터 오너십

1월 18일 화요일 09:14

하나에게 데이터 오너십과 분산 트랜잭션의 관리 기법을 전수받은 무열과 성한은 경계 콘텍스트를 분명히 설정하기 위해 두 팀이 잘 공조하면서 해결 방안을 찾지 않으면 데이터를 분해하고 데이터 오너십을 배정하는 작업 자체가 불가능하다고 느꼈습니다.

김무열: "뭐 하나 진행된 게 없는 것도 당연합니다. 저희랑 데이터베이스 팀은 항상 이슈가 많아서 시끌시끌했는데, 이제 보니 우리 회사가 두 팀을 완전히 별개로 취급한 결과였네요."

손성한: "네, 그래요. 이제라도 데이터베이스 팀과 긴밀히 협업할 수 있게 돼서 다행입니다. 하나 씨의 이야기를 되새겨보면, 다른 서비스가 읽기 전용으로 데이터에 접근하든 말든 테이블에 데이터를 쓰는 서비스가 그 테이블의 주인이 되는 겁니다. 따라서 Expert_Profile 테이블은 당연히 유저 관리 서비스가 소유하는 게 맞아요."

무열은 성한의 의견에 동의했고, 성한은 단독 오너십 시나리오에 관한 의사 결정을 ADR로 기록했습니다.

ADR: 경계 콘텍스트에 단독 오너십 적용

콘텍스트

서비스와 데이터 간 경계 콘텍스트를 구성할 때는 특정 서비스(서비스들)에 테이블 오너십을 할당
해야 한다.

결정

오직 한 서비스만 테이블에 데이터를 쓸 경우, 해당 테이블의 오너십은 그 서비스에 부여한다. 그
리고 어떤 서비스든 다른 콘텍스트에 있는 테이블은 읽기만 하더라도 그 해당 테이블이 위치한 데
이터베이스나 스키마에 직접 접속할 수 없다.

테이블 오너십은 데이터베이스 팀마다 테이블에 데이터를 쓰는 서비스에 할당한다. 단독 오너십은
테이블에 접근하려는 다른 서비스가 몇 개든 상관없이 무조건 하나의 서비스만 오너가 돼 데이터
관리를 전담한다.

결과

어떤 기법을 사용하느냐에 따라 한 서비스가 다른 경계 콘텍스트에 있는 테이블을 읽을 때 성능 또
는 내고장성 문제가 발생할 수 있다.

두 사람은 이제 테이블 오너십 및 서비스와 데이터 간 경계 콘텍스트를 어떻게 구성해야 하는지 명확히
이해했습니다. 다음은 설문 기능을 검토할 차례입니다. 티켓 완료 서비스는 티켓이 완료되는 시점의 타임
스탬프와 수리를 진행한 전문 기사 정보를 Survey 테이블에 기록합니다. 설문 서비스는 고객에게 설문
을 발송한 타임스탬프를 기록하고 고객이 회신한 응답 정보를 모두 Survey_Response 테이블에 삽입합
니다.

김무열: "경계 콘텍스트와 테이블 오너십의 개념을 알고 나니 이제야 좀 든든하네요."

손성한: "좋아요, 그럼 설문 기능으로 넘어갑시다."

김무열: (자료를 뒤적이다) "어? 티켓 완료 서비스, 설문 서비스 모두 Survey 테이블에 데이터를 쓰고 있
네요."

손성한: "이게 하나 씨가 공동 오너십이라고 했던 거로군요."

김무열: "그럼 우리는 어떻게 해야 할까요?"

손성한: "테이블을 분리하는 건 별 효과가 없을 테니 둘 중 하나네요. 두 서비스가 데이터를 소유하도록 공
통 데이터 도메인을 사용하거나, 어느 한 서비스만 오너로 두는 대리자 기법을 적용하면 됩니다."

김무열: "저는 공통 데이터 도메인이 좋겠어요. 두 서비스 모두 테이블에 데이터를 쓰고 하나의 공통 스키마를 공유하는 방식이요."

손성한: "그런데 여기서는 그 방법이 잘 안 통할 것 같네요. 티켓 완료 서비스는 이미 공통 티케팅 데이터 도메인과 통신을 하고 있잖아요? 한 서비스가 여러 스키마에 접속하는 건 금물입니다."

김무열: "아, 그렇군요. 음… 그럼 그냥 Survey 테이블을 티케팅 데이터 도메인 스키마에 추가하는 건요?"

손성한: "그러면 또다시 모든 테이블이 도로 엮여버리게 될 테니… 얼마 안 가 모놀리식 데이터베이스로 되돌아가는 모양새가 되겠죠."

김무열: "그럼 어쩌면 좋을까요?"

손성한: "잠깐, 좋은 생각이 났어요! 티켓이 완료되면 티켓 완료 서비스는 설문 서비스에 설문을 시작하라고 메시지를 보내잖아요? 설문 서비스가 고객 설문을 생성할 때 데이터도 함께 넣을 수 있도록 필요한 데이터를 메시지에 담아 보내면 어떨까요?"

김무열: "역시 대단하십니다! 그러면 티켓 완료 서비스가 다시 Survey 테이블을 조회할 필요도 없고 좋겠네요."

두 사람은 설문 서비스가 Survey 테이블을 소유하는 것으로 의견을 모았고, 대리자 기법을 적용해 설문 서비스에 설문 프로세스를 시작하라고 알리면서 데이터도 함께 전달하기로 결정했습니다(그림 9-21). 성한은 이 내용을 ADR에 꼼꼼히 기록했습니다.

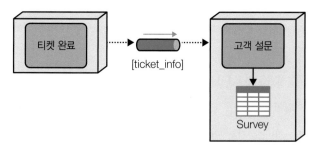

그림 9-21 설문 서비스는 대리자 기법을 이용해서 데이터를 소유한다.

ADR: Survey 테이블은 설문 서비스가 소유

콘텍스트

티켓 완료 서비스, 설문 서비스 모두 Survey 테이블에 데이터를 쓴다. 이는 공동 오너십에 해당하는 경우로, 공유 데이터 도메인을 사용하거나 대리자 기법을 적용하는 두 가지 방안이 있다. 테이블 분힐은 Survey 테이블 구조상 가능한 대안이 아니다.

결정

설문 서비스를 Survey 테이블의 단일 오너로 정한다. 즉, 설문 서비스는 Survey 테이블에 데이터를 쓰는 유일한 서비스다.

티켓이 완료 표시돼 시스템으로 넘어오면, 티켓 완료 서비스는 설문 서비스에 메시지를 보내서 고객 설문을 진행해야 한다. 그런데 티켓 완료 서비스는 이미 알림 이벤트를 보내고 있고, 필요한 티켓 정보가 있으면 이 이벤트에 함께 담아 보내면 된다. 티켓 완료 서비스가 Survey 테이블을 다시 조회할 이유가 없다.

결과

티켓 완료 서비스가 Survey 테이블에 삽입할 때 필요한 모든 데이터는 고객 설문 프로세스가 개시되는 시점에 페이로드에 함께 담아 전달해야 할 것이다.

모놀리식 시스템에서는 티켓 완료 서비스가 완료 프로세스의 일부로 설문 레코드를 테이블에 삽입했지만, 이 결정에 따라 이제부터 설문 레코드 생성은 티켓 생성 프로세스와 완전히 별도의 작업으로 설문 서비스가 처리한다.

## CHAPTER 10

분산 데이터 액세스

1월 3일 월요일 12:43

김무열: "Expert_Profile 테이블은 유저 관리 서비스에 오너십을 할당했는데, 티켓 배정 서비스는 전문 기사 위치와 스킬 데이터를 어떻게 가져오나요? 전에도 말씀드렸지만, 이 서비스가 DB 쿼리하는 횟수를 생각하면 매번 원격 호출을 하는 구조는 좀 아닌 것 같습니다."

손성한: "전문 기사 배정 알고리즘을 고쳐서 쿼리 수를 줄일 수는 없나요?"

김무열: "저는 모릅니다. 배정 알고리즘은 태 팀장님이 직접 관리하시거든요."

성한과 무열은 태예림 팀장을 만나 이 문제를 논의했고, 배정 알고리즘을 변경해서 Expert_Profile 테이블의 쿼리 횟수를 줄일 방법은 없는지 물었습니다.

태예림: "무슨 말씀이신지…? 그런 요건을 반영하려고 배정 알고리즘을 다시 작성할 수는 없어요. 절대로 안 됩니다."

손성한: "하지만 전문 기사 데이터가 필요할 때마다 유저 관리 서비스를 원격 호출하도록 배정 알고리즘을 수정하는 게 유일한 대안입니다."

태예림: "뭐라고요? 그, 그럴 수는 없어요!"

김무열: "팀장님, 저도 처음엔 그렇게 대답했죠. 다시 원점으로 돌아갔네요. 이번 분산 아키텍처 이슈는 유난히 힘드네." (웃으며) "이런 말 해봤자 별 도움은 안 되겠지만, 슬슬 모놀리식 애플리케이션이 그리워지기 시작하네요. 음, 근데요… 유저 관리 서비스를 REST로 호출하지 않고 메시지를 보내면 되지 않을까요?"

태예림: "마찬가지야. 메시징, REST, 그 밖의 다른 원격 호출 프로토콜을 사용해도 어쨌든 정보가 되돌아올 때까지 기다릴 수밖에 없어. 이 테이블은 그냥 Ticket 테이블과 같은 데이터 도메인에 둬야 해."

손성한: "음, 서비스가 자신이 소유하지 않은 테이블에서 데이터를 가져올 다른 좋은 방법이 있을 겁니다. 노건우 팀장님께 한번 물어볼게요."

단일 데이터베이스를 사용하는 모놀리식 시스템에서는 데이터베이스 테이블을 읽는 문제를 개발자가 고민할 일이 많지 않습니다. 테이블을 조인하는 SQL은 워낙 흔한 데다, 데이터베이스에서 필요한 데이터는 간단한 쿼리 한 방으로 모두 가져올 수 있지요. 그러나 여러 서비스가 소유한 다수의 데이터베이스 또는 스키마로 데이터가 분해된 상태에서는 단순 조회조차 쉽지 않습니다.

이 장에서는 서비스가 자신이 소유하지 않은 데이터를 읽는, 다시 말해 데이터를 필요로 하는 서비스의 경계 콘텍스트 외부에서 읽기 액세스를 획득하는 네 가지 데이터 액세스 패턴(서비스 간 통신 패턴, 컬럼 스키마 복제 패턴, 복제 캐싱 패턴, 데이터 도메인 패턴)을 살펴보겠습니다.

이들 액세스 패턴은 각기 장단점이 있습니다. 네, 트레이드오프는 어디에나 있죠. 이해를 돕기 위해 9장에서 예시한 위시리스트 서비스와 카탈로그 서비스를 한 번 더 활용하겠습니다. [그림 10-1]에서 위시리스트 서비스는 고객이 나중에 구매하기를 희망하는 품목 리스트를 관리하며, `cust_id`(고객 ID), `item_id`(품목 ID), `date_added`(위시리스트에 품목을 추가한 날짜) 정보를 `Wishlist` 테이블에 저장합니다. 카탈로그 서비스는 전체 판매 품목을 관리하며, `item_id`(품목 ID), `item_desc`(품목 설명), `dimension`(제품 규격) 정보(예: 무게, 높이, 길이 등)를 `Product` 테이블에 보관합니다.

고객이 자기 위시리스트에 담긴 품목 리스트를 조회하려면 `item_id`, `item_desc` 데이터를 화면에 반환해야 하는데, 위시리스트 서비스가 소유한 `Wishlist` 테이블에는 `item_desc` 컬럼이 없습니다. `item_desc`는 변경 관리 및 데이터 오너십이 명확하게 구분된 카탈로그 서비스의 경계 콘텍스트에 있기 때문에 위시리스트 서비스는 이 장에서 설명할 데이터 액세스 패턴 중 하나를 사용해 카탈로그 서비스에서 `item_desc` 정보를 가져와야 합니다.

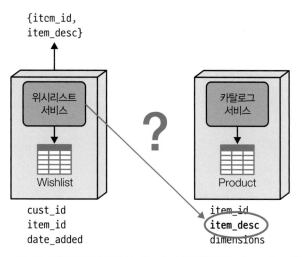

그림 10-1 위시리스트 서비스는 Product 테이블에 있는 item_desc 컬럼의 데이터를 필요로 하지만 접근할 수 없다.

10.1 서비스 간 통신 패턴

서비스 간 통신 패턴^{Interservice Communication pattern}은 분산 시스템에서 데이터를 액세스하는 가장 일반적인 패턴입니다. 한 서비스(또는 시스템)가 자신이 직접 접근할 수 없는 데이터를 읽어야 할 때, 그 데이터를 소유한 서비스나 시스템에 그냥 데이터를 달라고 요청하는 것입니다. 이보다 더 간편한 방법은 없겠죠?

그러나 소프트웨어 아키텍처가 늘 그렇듯, 세상 일이 다 그렇게 호락호락하지 않습니다. 지극히 일반적인 이 데이터 액세스 기법은 간단해서 좋은 만큼 단점이 많습니다. [그림 10-2]는 위시리스트 서비스가 카탈로그 서비스에 `item_id` 리스트(`item_ids`)를 줄 테니 여기에 해당하는 `item_desc` 리스트(`item_descs`)를 달라고 동기 원격 호출을 한 장면입니다.

고객이 위시리스트를 조회할 때마다 위시리스트 서비스는 이렇게 카탈로그 서비스를 계속 원격 호출해서 `item_desc` 리스트를 받아와야 합니다. 이 과정에서 네트워크 레이턴시, 보안 레이턴시, 데이터 레이턴시가 발생하므로 성능이 떨어집니다. 네트워크 레이턴시는 서비스 간 패킷 전송 시간(보통 30~300ms)입니다. 타깃 서비스의 엔드포인트가 요청을 받아 작업을 수행하기 전에 추가 인증이 필요하면 보안 레이턴시가 따로 발생하며, 그 시간은 접속하려는 엔드포인트의 보안 레벨에 따라 다르지만 대개 20~400ms 정도 걸립니다. 데이터 레이턴시는 필요한 정보를 가져오기 위해 데이터베이스를 여러 번 호출하는 과정에서 발생합니다. [그림 10-2]에서 SQL 테이블 조인 한 번으로 끝나면 좋겠지만, 추가로 카탈로그 서비스가 데이터베이스에서 item_desc 리스트를 조회해야 하므로 10~50ms 정도 시간이 더 걸립니다. 모든 레이턴시를 합하면 item_desc 리스트를 가져오는 데만 1초까지도 걸릴 수 있습니다.

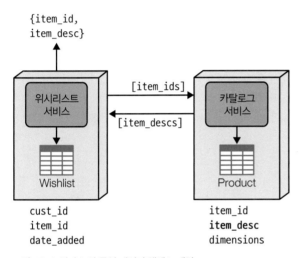

그림 10-2 서비스 간 통신 데이터 액세스 패턴

이 패턴의 가장 큰 단점은 바로 서비스 커플링입니다. 위시리스트 서비스는 카탈로그 서비스의 가용성에 전적으로 의존하므로 두 서비스는 의미상으로, 그리고 정적으로 결합될 수밖에 없습니다. 즉, 카탈로그 서비스가 실패하면 위시리스트 서비스도 사용할 수 없게 됩니다. 또 두 서비스는 정적으로 단단히 결합돼 있으므로 나중에 사용량이 늘어나 확장을 할 때도 두 서비스 모두 함께 확장해야 합니다.

표 10-1 서비스 간 통신 데이터 액세스 패턴의 트레이드오프

장점	단점
단순하다.	네트워크, 데이터, 보안 레이턴시가 발생한다(성능 이슈).
데이터 용량 문제가 없다.	확장성/처리량 이슈
	내고장성이 없다(가용성 이슈).
	서비스 간 계약이 필요하다.

10.2 컬럼 스키마 복제 패턴

컬럼 스키마 복제 패턴Column Schema Replication pattern은 컬럼을 여러 테이블에 복제해서 다른 경계 콘텍스트에서도 데이터를 복제해 쓸 수 있게 만드는 것입니다. [그림 10-3]에서 보다시피, `item_desc` 컬럼을 Wishlist 테이블에 추가하면 위시리스트 서비스는 카탈로그 서비스에 굳이 데이터를 요청하지 않아도 자급자족이 가능하겠죠.

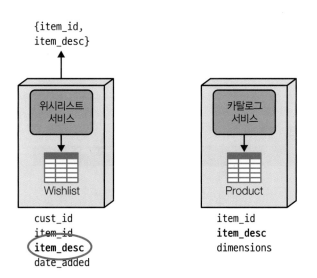

그림 10-3 컬럼 스키마 복제 패턴: 필요한 컬럼을 다른 테이블에 복제한다.

이 패턴의 가장 중대한 두 가지 문제점은 데이터 동기화와 데이터 일관성입니다. 제품 정보가 생성되고, 카탈로그에서 삭제되고, 제품 설명이 변경되는 등의 일들이 발생하면 그때마다 카탈로그 서비스는 위시리스트 서비스(그리고 해당 데이터를 복제해서 쓰는 다른 서비스들)에 변경 사실을 알려야 합니다. 이 작업은 보통 큐, 토픽, 이벤트 스트리밍을 응용한 비동기 통신으로 처리합니다. 트랜잭션 동기화를 바로바로 해야 할 필요가 없는 경우, 동기 통신보다는 응답성이 좋고 서비스 간 디펜던시를 줄일 수 있는 비동기 통신을 하는 편이 좋습니다.

데이터 오너십을 통제하기가 어렵다는 점도 이 패턴의 또 다른 문제입니다. 데이터를 다른 서비스가 소유한 테이블에 복제하기 때문에 다른 서비스가 얼마든지 데이터를 업데이트할 수 있겠죠. 내 손을 떠났으니 공식적으로는 내가 소유한 데이터가 아니기에 가능한 일입니다. 결국, 데이터 일관성 문제가 생길 수 있습니다.

데이터 동기화 때문에 여러 서비스가 결합될 수밖에 없는 구조이지만, 데이터를 읽기만 하는 서비스는 자기 테이블에 간단한 SQL 조인 또는 쿼리 문을 실행해서 원하는 데이터를 바로 가져올 수 있습니다. 덕분에 서비스 간 통신 패턴의 단점인 성능, 내고장성, 확장성이 크게 개선됩니다.

우리는 위시리스트 서비스, 카탈로그 서비스 같은 시나리오에서는 이 패턴을 사용하지 말라고 조언하지만, 데이터 집계, 리포팅, 그 밖에 데이터가 워낙 대량이라서 높은 응답성, 높은 내고장성이 절실함에도 다른 데이터 액세스 패턴으로는 해결하기 곤란한 상황이라면 고려해봄직합니다.

트레이드오프

표 10-2 컬럼 스키마 복제 데이터 액세스 패턴의 트레이드오프

장점	단점
데이터 액세스 성능이 좋다.	데이터 일관성 이슈
확장성/처리량 이슈가 없다.	데이터 오너십 이슈
내고장성 이슈가 없다.	데이터 동기화가 필요하다.
서비스 디펜던시가 없다.	

10.3 복제 캐싱 패턴

대부분의 개발자나 아키텍트는 캐싱이 전체 응답성을 높이는 기술이라고 생각합니다. 데이터를 메모리 캐시에 잠시 담아두는 것만으로도 실제로 검색 시간이 수십 밀리초에서 수 나노초 정도로 단축되죠. 캐싱은 분산 데이터를 액세스하고 공유하는 도구로도 효과적입니다. 복제 캐싱 패턴Replicated Caching Pattern은 각 서비스가 필요로 하는 데이터를 다른 서비스에 매번 요청하지 않고 바로 사용할 수 있도록 메모리 캐시에 데이터를 복제하는 기법입니다. 이러한 복제 캐싱 모델이 다른 캐싱 모델과 다른 점은 데이터가 각 서비스의 메모리에 저장되고 모든 서비스가 언제나 정확히 동일한 데이터를 참조하도록 계속 동기화되는 것입니다.

다른 캐싱 모델과의 차이점을 좀 더 구체적으로 비교해봅시다. 가장 단순한 단일 메모리 캐싱 모델은 각 서비스가 내부 메모리 캐시를 자체 보유한 상태에서 인메모리 데이터가 서로 다른 캐시 간에 동기화되지 않는 형태입니다(그림 10-4). 즉, 서비스마다 자신만의 고유한 데이터를 가지는 것입니다. 각 서비스의 응답성과 확장성은 조금 높일 수 있지만, 서비스 간 캐시 동기화가 되지 않으므로 서비스끼리 데이터를 공유한다는 관점에서는 도움이 안 되는 모델입니다.

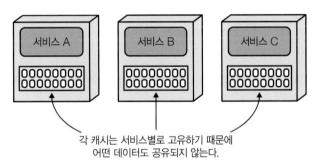

각 캐시는 서비스별로 고유하기 때문에
어떤 데이터도 공유되지 않는다.

그림 10-4 각 서비스는 자신의 고유한 데이터를 단일 인메모리 캐시에 담아둔다.

분산 캐싱distributed caching은 데이터를 각 서비스의 메모리가 아니라 외부 캐시 서버에 보관하는 방법입니다(그림 10-5). 각 서비스는 공유 데이터를 조회/수정하는 요청을 전용 프로토콜을 통해 캐시 서버로 보내며, 단일 메모리 캐싱 모델과 달리 서비스 간 데이터 공유가 가능합니다.

그러나 복제 캐싱 데이터 액세스 패턴에서 이 모델은 세 가지 이유 때문에 효과적인 캐싱 모델이라고 할 수 없습니다. 첫째, 서비스 간 통신 패턴에서 발생하는 내고장성 문제에 아무 도움이 되지 않습니다. 그저 데이터를 조회하는 서비스 대신, 캐시 서버로 디펜던시가 이동했을 뿐입니다.

둘째, 캐시 데이터는 중앙에서 공유되는 구조이므로 분산 캐싱 모델을 적용하면 다른 서비스도 데이터를 업데이트할 수 있고, 그로 인해 데이터 오너십에 관한 경계 콘텍스트가 무너질 수 있습니다. 그래서 캐시와 데이터베이스 사이에 데이터가 어긋날 수 있습니다. 엄격한 거버넌스를 적용해 어느 정도 해결할 수는 있지만, 이 캐싱 모델의 근본적인 한계점입니다.

끝으로, 중앙 분산 캐시는 원격 호출을 통해 접근하므로 데이터 조회 시간만큼 네트워크 레이턴시가 늘어나고 메모리 복제 캐시보다 전체 응답성이 떨어집니다.

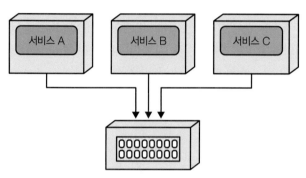

그림 10-5 분산 캐시는 서비스 외부에 위치한다.

복제 캐싱 모델은 서비스 간에 동기화된 데이터를 각 서비스가 자신의 메모리에 갖고 있기 때문에 동일한 데이터를 다수의 서비스가 공유할 수 있습니다. [그림 10-6]을 보면 알 수 있듯이 외부 캐시에 의존하지 않는 구조입니다. 각 캐시 인스턴스는 서로 끊임없이 통신하며, 어느 한 캐시에서 업데이트가 일어나면 동일한 캐시를 사용하는 다른 서비스로 즉시 (백그라운드로, 비동기적으로) 전파됩니다.

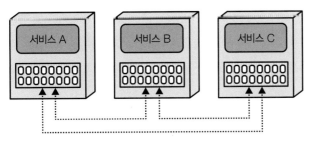

그림 10-6 캐시를 복제함으로써 각 서비스는 동일한 인메모리 데이터를 가진다.

단, 모든 캐싱 제품이 복제 캐싱을 지원하는 것은 아니므로 미리 개발사에 문의해서 지원 여부를 체크하는 것이 중요합니다. 복제 캐싱을 지원하는 대표적인 제품으로는 헤이즐캐스트 Hazelcast[1], 아파치 이그나이트Apache Ignite[2], 오라클 코히어런스Oracle Coherence[3] 등이 있습니다.

위시리스트 서비스, 카탈로그 서비스 예제로 돌아가 분산 데이터 액세스를 복제 캐싱으로 처리하는 방법을 알아보겠습니다. [그림 10-7]에서 카탈로그 서비스는 `item_desc` 데이터를 메모리에 캐시로 갖고 있으며(즉, 카탈로그 서비스가 이 캐시를 수정할 수 있는 유일한 서비스), 위시리스트 서비스는 이와 동일한 캐시를 읽기 전용 메모리 사본으로 갖고 있습니다.

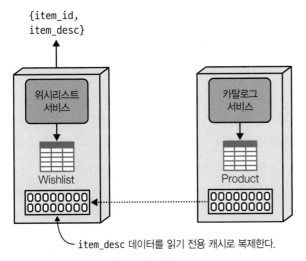

item_desc 데이터를 읽기 전용 캐시로 복제한다.

그림 10-7 복제 캐싱 데이터 액세스 패턴

위시리스트 서비스는 이미 인메모리 캐시를 갖고 있으므로 `item_desc` 데이터를 가져오려고 카탈로그 서비스를 호출할 필요가 없습니다. 카탈로그 서비스가 `item_desc` 데이터를 업데이트하면, 캐싱 제품이 자동으로 위시리스트 서비스에 있는 캐시를 바로 업데이트하는 방식으로 데이터가 계속 동기화됩니다.

응답성, 내고장성, 확장성 측면에서는 확실히 복제 캐싱 패턴이 월등히 좋습니다. 서비스끼리 따로 통신할 필요가 없고 데이터가 항시 메모리에 준비돼 있으니 각 서비스는 자신이 소유하지 않은 데이터를 순간적으로 액세스할 수 있습니다. 내고장성도 탁월합니다. 카탈로그 서비스가 잘못돼도 위시리스트 서비스는 문제없이 작동되며, 카탈로그 서비스가 재가동되면 위시리스트 서비스의 캐시와 자연스럽게 연결됩니다. 그리고 위시리스트 서비스는 카탈로그 서비스와 완전히 독립적으로 확장이 가능합니다.

그럼 이렇게 장점들만 가득할까요? 다른 트레이드오프는 없을까요? 이 책의 전작인 『소프트웨어 아키텍처 101』을 읽었다면 이미 잘 알고 있겠지만, 소프트웨어 아키텍처 첫 번째 법칙에 따라 소프트웨어 아키텍처 세상에서는 모든 것이 다 트레이드오프입니다.[4] 아키텍트가 트레이드오프가 아닌 뭔가를 발견했다고 "유레카!"를 외친다면, 그건 그가 아직 트레이드오프를 제대로 식별하지 못했다는 증거일 뿐입니다.

이 패턴의 첫 번째 트레이드오프는 서비스가 캐시 데이터cache data와 시작 타이밍startup timing에 의존하게 된다는 점입니다. 캐시를 소유한 카탈로그 서비스는 캐시를 채우는 역할을 담당하므로 위시리스트 서비스가 처음 시작될 때 카탈로그 서비스는 반드시 가동 중이어야 합니다. 만약 카탈로그 서비스가 사용 불능 상태가 되면, 이 서비스가 재가동돼 다시 연결될 때까지 앞서 기동한 초기 위시리스트 서비스는 대기 상태에 빠질 것입니다. 이런 시작 디펜던시startup dependency 는 초기 위시리스트 서비스 인스턴스에만 영향을 끼칩니다. 즉, 카탈로그 서비스가 실패하면 다른 위시리스트 인스턴스 중 한 곳에서 캐시 데이터를 옮겨 놓고 다른 위시리스트 인스턴스를 시작할 수 있습니다. 일단 위시리스트 서비스가 시작되고 캐시 데이터를 손에 넣은 이후에는 더 이상 카탈로그 서비스의 실행 여부는 상관이 없겠죠. 위시리스트 서비스에서 캐시를 사용할 수만 있다면, 카탈로그 서비스는 위시리스트 서비스의 전체 인스턴스에 영향을 끼치지 않고 마음대로 기동/중단이 가능합니다.

두 번째 트레이드오프는 데이터양data volume입니다. 데이터가 너무 크면(예: 500MB 이상이면), 이 패턴의 실용성은 (특히 데이터를 필요로 하는 여러 서비스 인스턴스 입장에서는) 급격히 떨어집니다. 서비스 인스턴스마다 각자 복제 캐시를 갖고 있는데, 5개 서비스 인스턴스가 각자

500MB 캐시를 필요로 할 경우, 총메모리 사용량은 2.5GB나 되겠죠. 아키텍트는 캐시 사이즈와 캐시 데이터가 필요한 서비스 인스턴스 수량을 분석해서 복제 캐시의 총메모리 사용량을 파악해야 합니다.

세 번째 트레이드오프는 데이터 변경 빈도(업데이트 속도)가 지나치게 높을 경우 서비스 간에 데이터를 완전히 동기화시키기가 어렵다는 점입니다. 데이터 사이즈, 복제 레이턴시에 따라 사정은 달라지겠지만, 일반적으로 이 패턴은 정적인 데이터(예: 제품 설명)에 비교적 잘 맞는 반면, 변동성이 큰 데이터(예: 제품 재고 수)에는 적합하지 않습니다.

이 패턴의 마지막 트레이드오프는 구성 및 설정 관리 문제입니다. 복제 캐싱 모델에서 서비스들은 TCP/IP 브로드캐스팅, 룩업lookup을 통해 서로가 서로를 인지합니다. 그러나 TCP/IP 브로드캐스팅과 룩업 범위가 너무 커지면 소켓 레벨에서 핸드셰이크handshake를 하는 시간이 오래 걸릴 수 있습니다. 특히 클라우드 환경, 컨테이너화 환경은 IP 주소를 마음대로 제어하기 어렵고 클라우드는 특성상 IP 주소가 동적이라서 결코 만만한 작업이 아닙니다.

트레이드오프

표 10-3 복제 캐시 데이터 액세스 패턴의 트레이드오프

장점	단점
데이터 액세스 성능이 좋다.	클라우드, 컨테이너 환경에서 설정하기가 까다로울 수 있다.
확장성/처리량 이슈가 없다.	대량의 데이터를 처리하기에 적합하지 않다.
내고장성이 괜찮은 편이다.	업데이트가 잦은 경우에도 잘 안 맞는다.
데이터 일관성이 보장된다.	초기 서비스 시작 디펜던시
데이터 오너십이 유지된다.	

10.4 데이터 도메인 패턴

9장에서는 데이터 도메인을 이용해 여러 서비스가 동일한 테이블에 데이터 쓰기를 수행하는 방식으로 공동 오너십을 해결하는 방법을 소개했습니다. 여러 서비스가 공유하는 테이블을 하나의 스키마에 집어넣고 관리하는 방법인데, 데이터 액세스 역시 이와 동일한 패턴을 적용할 수 있습니다.

위시리스트, 카탈로그 서비스 예제로 다시 돌아갑시다. 위시리스트 서비스는 `item_desc`를 필요로 하지만 이 데이터가 담긴 테이블에 직접 접근할 수 없습니다. 카탈로그 서비스의 안정성, 네트워크 레이턴시 및 추가 데이터 조회로 인한 성능 이슈로 서비스 간 통신 패턴은 일단 고려 대상에서 제외합니다. 또 데이터 일관성은 필수이므로 컬럼 스키마 복제 패턴은 사용할 수 없고, 데이디앙이 많이 복제 캐싱 패턴도 사용할 수 없는 상태입니다. 그런 이제 남은 유일한 솔루션은 위시리스트 서비스와 카탈로그 서비스 둘 다 액세스 가능한 동일한 공유 스키마에 Wishlist, Product 테이블을 결합시킨 데이터 도메인을 만드는 것입니다.

[그림 10-8]을 보면 Wishlist, Product 테이블은 두 서비스 중 어느 쪽도 독점하지 않고 서로 공유함으로써 경계 콘텍스트가 더 넓어졌습니다. 이제 위시리스트 서비스는 두 테이블을 그냥 조인해서 `item_desc` 데이터를 가져오면 됩니다.

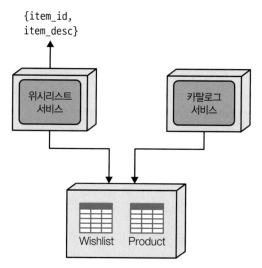

그림 10-8 데이터 도메인 데이터 액세스 패턴

분산 아키텍처는 일반적으로 데이터 공유를 권장하지 않지만, 이 패턴은 다른 3개의 데이터 액세스 패턴에 비해 아주 큰 장점이 있습니다. 무엇보다 서비스가 서로 완전히 디커플링되므로 가용성 디펜던시, 응답성, 처리량, 확장성 이슈가 일거에 해소됩니다. 일반 SQL로도 데이터를 사용하는 데 지장이 없고 복제 캐싱 패턴처럼 서비스가 내부적으로 데이터를 따로 취합할 필요가 없어서 응답성이 매우 좋습니다.

이 패턴은 데이터 일관성과 무결성 역시 매우 빠르게 처리합니다. 여러 서비스가 동일한 테이블에 접근하기 때문에 데이터를 따로 전달, 복제, 동기화할 필요가 없습니다. 테이블 간 외래키 제약 조건을 걸 수 있으므로 데이터 무결성이 보장되고, 뷰, 저장 프로시저, 트리거 등의 데이터베이스 아티팩트도 데이터 도메인 내에 둘 수 있습니다. 무결성 제약 조건을 걸 수 있고 데이터베이스 아티팩트를 그대로 가져갈 수 있는 장점은 이 패턴의 강력한 매력입니다.

데이터 도메인 패턴에서 서비스 간 데이터 전송에 관한 계약은 필요하지 않습니다. 테이블 스키마가 곧 계약이기 때문입니다. 물론 여기에도 트레이드오프가 있습니다. 서비스 간 통신 패턴, 복제 캐싱 패턴에서 사용되는 계약은 테이블 스키마를 감싼 추상화 레이어 역할을 수행하며, 테이블 구조를 변경해도 다른 서비스에는 영향을 미치지 않고 엄격한 경계 콘텍스트를 유지할 수 있게 합니다. 이와 달리 데이터 도메인 패턴은 더 폭넓은 경계 콘텍스트를 형성하기 때문에 데이터 도메인의 테이블 중 하나라도 구조가 바뀌면 여러 서비스를 함께 변경해야 합니다.

데이터 액세스 보안도 문제가 될 수 있습니다. [그림 10-8]에서 위시리스트 서비스는 데이터 도메인에 속한 모든 데이터에 접근할 수 있습니다. 지금까지 예로 든 위시리스트 서비스, 카탈로그 서비스 시나리오라면 별 상관이 없겠지만, 경우에 따라 데이터 도메인에 접근하는 서비스들이 가져가면 안 되는 성격의 데이터도 있을 것입니다. 서비스 오너십과 경계 콘텍스트를 더 엄격하게 적용하면, 계약을 통해 다른 서비스가 특정 데이터를 주고받지 못하게 차단시킬 수 있습니다.

트레이드오프

표 10-4 데이터 도메인 데이터 액세스 패턴의 트레이드오프

장점	단점
데이터 액세스 성능이 좋다.	데이터 변경을 관리할 경계 콘텍스트가 더 넓어진다.
확장성/처리량 이슈가 없다.	데이터 오너십 관리
내고장성 이슈가 없다.	데이터 액세스 보안
서비스 디펜던시가 없다.	
데이터 일관성이 보장된다.	

10.5 한빛가이버 사가: 티켓 배정 관련 데이터 액세스

3월 3일 목요일 14:59

 노건우 팀장은 분산 아키텍처에서 데이터에 접근하는 다양한 방법을 소개하고 각각의 트레이드오프를 설명했습니다. 이제 성하, 무열, 태예림 팀장은 어떤 기술을 사용할지 결정해야 합니다.

태예림: "제 생각엔 지금이라도 이 서비스들을 모두 통합하는 작업을 시작해야 합니다. 안 그러면, 티켓 배정 서비스가 전문 기사 프로필 데이터를 어떻게든 빠르게 갖고 와야 한다는 이야기만 하다가 아무것도 진행되지 않을 것 같아요."

손성하: "네, 이 서비스들이 완전히 다른 도메인에 있기 때문에 서비스 통합은 불가능하고, 공유 데이터 도메인 기법은 우리가 전에 얘기했던 이유 때문에 적절한 방법이 아닌 것 같습니다. 티켓 배정 서비스가 서로 다른 두 데이터베이스에 접속한다는 건 말도 안 되니까요."

김무열: "그럼 선택지는 2개네요. 서비스 간 통신을 사용하거나 복제 캐시를 사용하거나."

태예림: "일단, 복제 캐시 방안을 살펴봅시다. 무열 씨, 우리 데이터양이 얼마나 되지?"

김무열: "DB에 전문 기사는 900명 정도 있습니다. 팀장님, 티켓 배정 서비스는 Expert_Profile 테이블의 어떤 데이터를 조회하죠?"

태예림: "전문 기사의 현재 위치는 다른 곳에서 가져오니까 대부분 정적인 정보들이지. 전문 기사의 스킬 세트, 출장 가능 지역, 가용성 같은…"

김무열: "네, 그럼 기사 1명당 데이터가 1.3KB 정도니까 총 900명이면… 대략 1,200KB 정도 되겠네요. 그리고 데이터는 비교적 정적이고요."

태예림: "그 정도면 메모리에 저장해도 별로 안 크겠는데?"

손성하: "하지만 복제 캐시를 사용하면 티켓 배정 서비스뿐만 아니라 유저 관리 서비스의 인스턴스 개수도 고려해야 합니다. 안전하게 가려면 예상 가능한 최대 인스턴스 개수를 알아야 하는데…"

태예림: "그 정보는 내가 알아요. 수요가 가장 몰릴 때를 기준으로 티켓 배정 서비스는 4개, 유저 관리 서비스는 2개 인스턴스면 충분합니다."

김무열: "다 합쳐보니 인메모리 데이터가 그렇게 많은 건 아니네요."

손성하: "아뇨, 그렇지 않아요. 우리가 전에 사용했던 가정 기반 접근 방식으로 트레이드오프를 분석해봅시다. 만약 인메모리 복제 캐시 방식으로 티켓 배정 서비스에 필요한 데이터만 캐시한다고 가정하면 어떤

트레이드오프가 있을까요?"

잠깐 동안 태예림 팀장과 무열의 머릿속에는 복제 캐시 방식에 대한 부정적인 생각이 떠올랐습니다.

김무열: "유저 관리 서비스가 실패하면 어떻게 되나요?"

손성한: "캐시가 채워져 있는 한 티켓 배정 서비스는 잘 작동되겠죠."

태예림: "그럼 유저 관리 서비스가 망가져도 데이터가 메모리에 저장된다는 뜻인가?"

손성한: "유저 관리 서비스가 티켓 배정 서비스보다 먼저 기동된다는 조건하에서 그렇습니다."

태예림: "아하! 바로 그것이 첫 번째 트레이드오프네요. 유저 관리 서비스가 먼저 기동되지 않으면 티켓 배정 서비스가 제 기능을 못한다… 이거 별로 느낌이 안 좋은데?"

손성한: "하지만 만약 유저 관리 서비스를 원격 호출했는데, 이 서비스가 실패한 상태라면 티켓 배정 서비스는 사용할 수 없겠죠. 반면에 복제 캐시를 사용할 경우 유저 관리 서비스가 돌아가고 있는 상태라면, 적어도 티켓 배정 서비스에 의존할 일은 없어요. 실제로 복제 캐시가 내고장성은 더 좋습니다."

태예림: "맞아요, 시작 디펜던시만 조심하면 되겠네요."

손성한: (다른 트레이드오프를 알고 있지만 무열과 태예림 팀장이 스스로 생각해내길 바라면서) "뭐, 또 다른 부정적인 점들은 없을까요?"

김무열: "아, 하나 있어요. 사용하는 캐시 제품에 종속된다?"

손성한: "맞아요, 그것도 트레이드오프죠. 두 분은 전에 복제 캐시를 써보신 적 있나요? 아니면 그런 경험을 하신 분이 개발 팀에 계신가요?"

태예림 팀장, 무열 두 사람은 고개를 저었습니다.

손성한: "그럼 이것도 약간은 리스크겠네요."

태예림: "사실, 개인적으로는 전부터 이 캐시 기법에 대한 얘기를 많이 들어와서 한번 사용해보고 싶긴 했어요. 어떤 제품들이 있는지는 제가 직접 조사해서 PoC를 하겠습니다."

손성한: "아, 좋습니다! 그럼 저는 제품별 라이선스 비용이 얼마나 드는지, 우리 배포 환경에 어떤 기술적인 제약은 없는지, 이를테면 가용성 영역이 겹치거나 방화벽 이슈 같은 건 없는지 알아볼게요."

이후 세 사람은 각자 리서치와 PoC에 착수했는데, 복제 캐시가 꽤 괜찮은 솔루션이고 비용/노력 측면에서 양호하며 Expert_Profile 테이블 액세스 문제도 해결된다는 사실을 알게 돼 흡족했습니다. 성한은 마지막으로 노건우 팀장과 만나 최종 검토를 진행했고 승인을 얻어냈습니다. 성한은 다음과 같이 ADR을 작성하는 것으로 이번 결정을 기록했습니다.

ADR: 전문 기사 프로필 데이터에 메모리 복제 캐시를 사용

콘텍스트

티켓 배정 서비스는 전문 기사 프로필 테이블에 계속 액세스해야 하지만, 이 테이블은 다른 경계 콘텍스트의 유저 관리 서비스가 소유하고 있기 때문에 전문 기사 프로필 데이터를 가져오려면 서비스 간 통신, 메모리 복제 캐시, 공통 데이터 도메인 중 한 가지 방법을 강구해야 한다.

결정

유저 관리 서비스, 티켓 배정 서비스 간에 복제 캐시를 사용하고, 전문 기사 프로필 테이블의 쓰기 권한은 유저 관리 서비스만 가진다.

티켓 배정 서비스는 이미 티켓 데이터 도메인의 공통 스키마에 연결돼 있으므로 추가적인 다른 스키마에 연결할 수 없다. 또한 유저 관리 기능, 코어 티케팅 기능은 별도의 도메인에 있기 때문에 데이터 테이블을 단일 스키마로 통합하는 것은 좋지 않다. 이런 이유로 공통 데이터 도메인은 적합하지 않다.

메모리 복제 캐시를 사용하면 서비스 간 통신에 의한 성능 및 내고장성 문제가 해결된다.

결과

티켓 배정 서비스의 첫 번째 인스턴스를 시작할 때 적어도 하나 이상의 유저 관리 서비스 인스턴스는 실행 중이어야 한다.

복제 캐시 제품에 대한 라이선스 비용이 발생한다.

## CHAPTER 11

분산 워크플로 관리

2월 15일 화요일 14:34

점심 식사를 마친 선빈은 곧장 노건우 팀장의 사무실로 달려갑니다.

오선빈: "노 팀장님, 지금 새 아키텍처 설계를 보고 있는데 저도 도움이 되고 싶어요. ADR을 작성하는 거나, 아니면 화이트보드에 뭔가 붙이는 거라도 도와드릴 일이 없을까요? 완전히 새로운 아키텍처에서 코레오그래피 방식으로 디커플링을 한다는 발상이 너무 신선하네요!"

노건우: "허허, 정말 열심이네. 근데, 어디서 들었어? 어떤 점이 인상적이었는데?"

오선빈: "네, 제가 요즘 마이크로서비스 관련 책을 열독 중인데, 대부분 고도의 디커플링을 권장하더라고요. 통신 패턴을 살펴보니 코레오그래피가 가장 디커플링된 구조인 듯싶은데, 저희도 당연히 코레오그래피를 써야 하겠죠?"

노건우: "소프트웨어 아키텍처 용어는 항상 신중히 다루는 게 좋아. 예전 내 멘토 중 한 분이 이런 말씀을 하셨지. '아키텍처 얘기를 할 때는 절대absolute를 논하는 게 아니면 '절대absolute'라는 말을 입에 담지 마라.' 바꿔 말하면, '절대 안 된다never'는 말도 절대 하면 안 돼never. 아키텍처는 반드시 되는 것도, 안 되는 것도 아니니까."

오선빈: "넵, 알겠습니다. 그런데 아키텍트는 이 다양한 통신 패턴 중에서 적합한 것을 어떻게 선택하나요?"

이 책은 지금까지 현대 분산 아키텍처와 관련된 트레이드오프 분석을 해왔고, 이제 퀀텀 커플링의 동적인 부분에 이르렀습니다. 2장에서 우리가 명명했던 다양한 패턴도 사실 현대 아키텍처에서 가능한 수많은 경우의 수 중 극히 일부에 불과합니다. 아키텍트는 아키텍처에 실제로 어떤 힘들이 작용하는지 정확하게 이해해야 트레이드오프를 객관적으로 분석할 수 있습니다.

분산 아키텍처는 통신, 일관성, 조정이라는 세 가지 커플링 힘이 서로 영향을 미친다고 2장에서 이야기했습니다(그림 11-1).

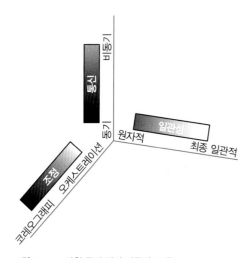

그림 11-1 3차원 동적 퀀텀 커플링 그래프

이 장은 이 셋 중 조정에 집중할 것입니다. 조정은 분산 아키텍처에서 도메인에 특정한 작업을 수행하고 그와 관련된 많은 부수적인 문제를 처리하기 위해 둘 이상의 서비스를 조합하는 것입니다.

분산 아키텍처의 두 가지 기본적인 조정 패턴은 오케스트레이션orchestration과 코레오그래피choreography입니다. [그림 11-2]는 두 패턴의 근본적인 차이점을 나타낸 것입니다.

오케스트레이션은 오케스트레이터orchestrator를 사용하는 특징이 있습니다. 코레오그래피는 오케스트레이터를 사용하지 않습니다.

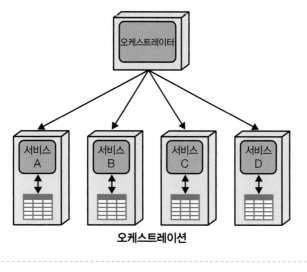

오케스트레이션

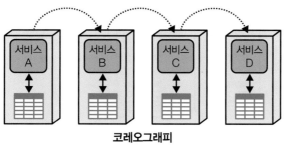

코레오그래피

그림 11-2 분산 아키텍처의 조정 패턴: 오케스트레이션과 코레오그래피

11.1 오케스트레이션 통신 스타일

오케스트레이션 패턴은 오케스트레이터(중재자^{mediator}라고도 함) 컴포넌트를 이용해서 워크플로 상태, 선택적 로직, 에러 처리, 알림, 기타 워크플로 관리 기능을 관장합니다. 마치 오케스트라 지휘자가 모든 악기와 성부를 조율해 통합된 한 곡의 음악을 만들어내는 것과 비슷해서 이런 이름이 붙여졌습니다.

[그림 11-3]은 오케스트레이션 패턴을 적용한 일반적인 형태입니다. 서비스 A~D는 각자 고유한 경계 콘텍스트와 데이터, 동작을 가진 도메인 서비스들입니다. 일반적으로 오케스트레이터는 워크플로를 중재하는 일 외에 다른 기능은 하지 않습니다. 마이크로서비스 아키텍처에

는 이런 오케스트레이터가 워크플로마다 하나씩 있는데, ESB[1] 같은 전역 오케스트레이터global orchestrator와는 다릅니다. 마이크로서비스 아키텍처가 추구하는 목표 중 하나가 디커플링이고 ESB 같은 전역 컴포넌트는 바람직하지 않은 결합점을 유발하기 때문에 워크플로당 오케스트레이터는 하나씩 두는 것이 일반적입니다.

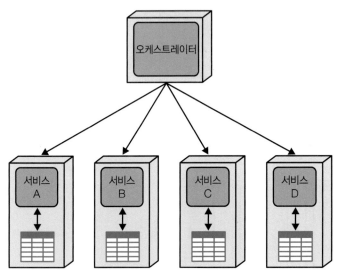

그림 11-3 분산 마이크로서비스들을 오케스트레이터로 조정한다.

오케스트레이션은 '정상 경로happy path (일반적인 처리 흐름)' 하나만 있는 게 아니라, 대체 경로 alternative path와 에러 조건까지 뒤섞인 복잡한 워크플로를 모델링할 때 유용합니다. 이 패턴의 기본 구조를 오류가 없는 정상 경로부터 하나씩 살펴보면서 이해해봅시다. [그림 11-4]는 한빛전자 온라인 쇼핑몰에서 고객이 제품을 구매하는 워크플로를 오케스트레이션 통신 스타일로 모델링한 것입니다.

고객의 주문 요청Place Order request은 제일 먼저 주문 오케스트레이터Order Placement Orchestrator로 전달됩니다. 오케스트레이터가 주문 서비스Order Placement Service를 동기 호출하면 주문 서비스는 주문 정보를 업데이트한 다음 상태 메시지를 반환합니다. 오케스트레이터는 결제 서비스Payment Service를 호출해서 결제 정보를 업데이트한 뒤, 주문 이행 서비스Order Fulfillment Service를 비동기 호출합니다. 주문을 이행하는 작업은 지불 검증과 달리 타이밍 디펜던시가 없어서 비동기 호출로도 충분합니다. 주문 이행 빈도가 매일 수회 정도라면 동기 호출의 오버헤드를 감수할 이유가 없습니다. 끝으로, 오케스트레이터는 이메일 서비스를 호출해서 고객에게 주문이 성공했음을 알립니다.

세상에 '꽃길'만 펼쳐져 있다면 소프트웨어 아키텍처도 어려울 게 없겠죠. 그러나 소프트웨어 아키텍처에서 가장 어려운 부분이 바로 에러 조건과 경로를 다루는 일입니다.

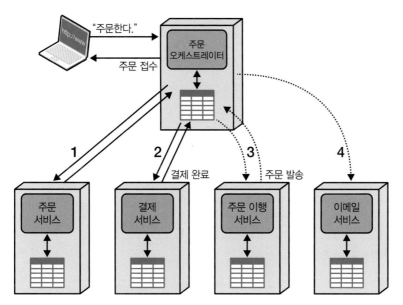

그림 11-4 오케스트레이터를 사용해 제품 주문을 처리하는 '정상 경로'(점선 화살표는 시간에 덜 민감한 비동기 호출 구간)

제품을 구매할 때 흔히 발생하는 에러 조건은 대략 두 가지입니다. 첫째, 고객의 결제 수단이 거부되는 경우입니다(그림 11-5).

주문 오케스트레이터는 주문 서비스를 호출해서 주문 정보를 업데이트하고 결제 서비스를 호출하지만, 이 서비스가 처리하는 도중 신용카드 만료 등의 사유로 결제가 거부될 수 있습니다. 결제 서비스는 이 사실을 즉시 오케스트레이터에 전달하고, 오케스트레이터는 이메일 서비스를 (대부분) 비동기 호출해 고객에게 주문이 실패했음을 알립니다. 끝으로, 오케스트레이터가 주문 서비스의 상태를 업데이트하면, 이 서비스는 해당 주문이 아직 처리 중인 것으로 간주합니다.

이런 처리 흐름은 각 서비스가 자체 트랜잭션 상태를 관리하는 시나리오로, 12.1.3절 '페어리 테일 사가(seo) 패턴'을 모델링한 것입니다. 현대 아키텍처에서 가장 하드한 파트 중 하나가 바로 12장에서 살펴볼 트랜잭션 관리입니다.

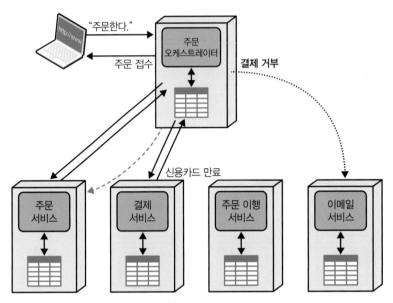

그림 11-5 신용카드 결제가 거부되는 에러 조건

둘째, 결제 처리는 무사히 끝났으나 주문 이행 서비스가 해당 제품이 백오더(back order) 상태[*]라고 알리는 경우입니다(그림 11-6).

고객이 주문한 제품이 현재 다 팔려 백오더가 들어가 있는 상태임을 주문 이행 서비스가 오케스트레이터에 알리기 전까지는 그대로 진행됩니다. 하지만 오케스트레이터는 결제된 금액을 환불 처리하고(그래서 대부분의 온라인 쇼핑몰은 주문 시점이 아닌, 배송 시점에 결제가 이뤄집니다[†]) 주문 서비스 상태를 업데이트해야 합니다.

....

[*] 옮긴이_재고가 부족해서 제조사에 다시(back) 주문(order) 요청이 들어가 있는 상태
[†] 옮긴이_국내 온라인 쇼핑몰은 아직도 대부분 주문과 동시에 카드 결제가 이뤄지지만, 아마존(Amazon)을 비롯한 해외 온라인 쇼핑몰은 오래전부터 주문 시점에 승인만 하고 실제 결제는 배송 시점에 이뤄지는 방식으로 처리해왔습니다.

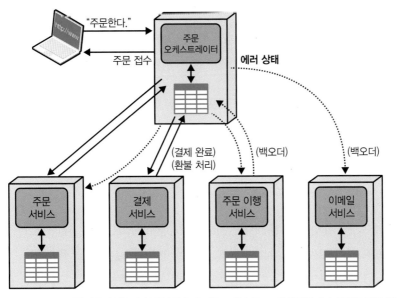

그림 11-6 주문한 제품이 백오더 상태인 경우, 오케스트레이터는 그에 합당한 후속 조치를 해야 한다.

[그림 11-6]에서는 가장 정교한 에러 시나리오조차 정상 경로로 유도하기 위해 전에 없던 통신 경로를 별도로 추가할 필요가 없다는 사실이 흥미롭습니다. 이것이 11.2절 '코레오그래피 통신 스타일'과 근본적으로 다른 점입니다.

오케스트레이션 통신 스타일은 다음과 같은 장점이 있습니다.

중앙화 워크플로

복잡도가 증가할수록 상태와 동작을 통합한 컴포넌트를 두는 게 유리합니다.

에러 처리

에러 처리는 많은 도메인 워크플로에서 중요한 부분으로, 워크플로의 상태 오너를 별도로 두면 여러모로 유용합니다.

복원성

워크플로 상태를 모니터링하는 오케스트레이터가 있기 때문에 하나 이상의 도메인 서비스가 잠깐 중단될 경우 재시도하는 로직을 추가할 수 있습니다.

상태 관리

오케스트레이터가 워크플로 상태를 항시 파악하므로 나머지 워크플로와 다른 전이 상태transient state 가 들어갈 자리가 생깁니다.

반면, 오케스트레이션 통신 스타일은 다음과 같은 단점이 있습니다.

응답성

모든 통신이 거쳐야 하는 오케스트레이터가 병목bottleneck이 돼서 응답성이 저하될 수 있습니다.

내고장성

오케스트레이션으로 도메인 서비스의 복원성은 향상시킬 수 있지만, 오케스트레이터 자신이 워크 플로의 단일 장애점이 될 가능성이 있습니다. 이 문제는 리던던시redundancy (중복성)*로 해결할 수 있지만, 그만큼 더 복잡해집니다.

확장성

코레오그래피보다 조정점coordination point (오케스트레이터)이 더 많아서 비교적 확장이 잘 안되고 병 렬성parallelism이 떨어집니다. 동적 커플링 패턴은 2장에서 살펴봤듯이 코레오그래피를 활용하므로 확장성이 더 우수합니다(특히 12.1.4절 '타임 트래블(sec) 사가 패턴'과 12.1.8절 '앤솔로지 사가(aec) 패턴'이 그렇습니다).

서비스 커플링

중앙에 오케스트레이터를 두면 이 오케스트레이터와 도메인 컴포넌트 간 커플링은 증가합니다. 물 론 외려 이런 결합이 필요한 경우도 있습니다.

---

*   옮긴이_실제로 필요한 것보다 더 많이 예비해 안정성을 최대한 유지하는 전략

트레이드오프

표 11-1 오케스트레이션 통신 스타일의 트레이드오프

장점	단점
워크플로 중앙화	응답성
에러 처리	내고장성
복원성	확장성
상태 관리	서비스 커플링

11.2 코레오그래피 통신 스타일

오케스트레이션이 오케스트레이터가 중앙에서 조정을 해주는 통신 스타일이라면, 코레오그래피는 의도적으로 중앙 조정을 하지 않는 통신 스타일입니다. 각 서비스는 마치 같은 팀에서 춤추는 댄서들처럼 움직입니다. 그렇다고 아무렇게나 막 추는 댄스 공연은 아니고, 안무가(즉, 아키텍트)가 미리 안무를 짜되 중앙 조정자 없이 실행되는(춤추는) 것입니다.

[그림 11-7]은 한빛전자 온라인 쇼핑몰에서 고객이 제품을 구매하는 워크플로를 코레오그래피 통신 스타일로 모델링한 것입니다. 이와 동일한 워크플로를 오케스트레이션 통신 스타일로 구현한 것이 [그림 11-4]입니다.

고객의 주문 요청Place Order request은 책임 체인chain of responsibility의 첫 번째 서비스인 주문 서비스Order Placement Service로 흘러갑니다. 주문 서비스는 주문 정보를 업데이트한 다음, 결제 서비스에 요청을 비동기 전송합니다. 결제 서비스는 결제 처리 후 메시지를 생성해 주문 이행 서비스에 보내고, 주문 이행 서비스는 배송 계획 수립 후 이메일 서비스Email Service로 메시지를 전달합니다.

이렇게만 보면 코레오그래피 방식이 한결 간단해 보입니다. 서비스 개수도 적고(오케스트레이터가 없으므로) 이벤트/커맨드(메시지) 체인이 단순합니다. 그러나 여기서도 정상 경로를 벗어난 경계 조건, 에러 조건을 처리하는 일은 쉽지 않습니다.

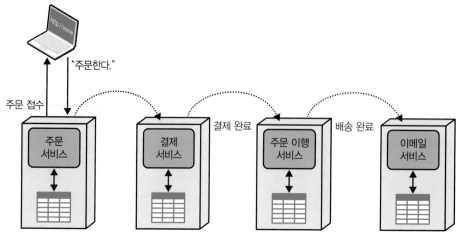

그림 11-7 코레오그래피 방식으로 주문을 처리한다.

앞 절과 마찬가지로 대표적인 에러 조건은 두 가지입니다. 첫째, 결제가 실패한 경우입니다(그림 11-8).

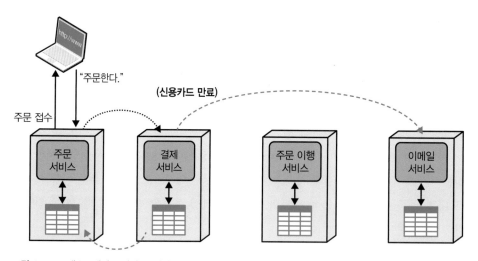

그림 11-8 코레오그래피로 처리 중 결제 에러 발생

결제 서비스는 주문 이행 서비스에 메시지를 보내는 대신, 이메일 서비스와 주문 서비스에 실패 메시지를 보내 주문 상태를 업데이트합니다. 이 대체 워크플로는 전에 없던 새로운 통신 경로가 하나 생겼다는 점을 제외하면 그리 복잡하지 않습니다. 그러나 제품 백오더의 경우는 이

보다 훨씬 더 복잡합니다(그림 11-9).

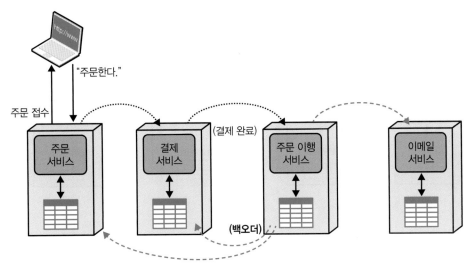

그림 11-9 제품 백오더라는 에러 조건을 코레오그래피 방식으로 후속 처리

이 워크플로는 에러를 일으킨 이벤트(재고 없음)가 발생하기 이전에 이미 많은 단계를 거친 상태입니다. 그리고 각 서비스마다 자체 트랜잭션을 구현하므로(12.1.8절 '앤솔로지 사가[aec] 패턴'), 에러가 발생하면 각 서비스가 다른 서비스에 보상 메시지를 발행해야 합니다. 따라서 주문 이행 서비스는 에러 조건을 인지한 직후, 자신의 경계 콘텍스트에 맞게 이벤트를 생성해 이메일 서비스, 결제 서비스, 주문 서비스가 받아볼 수 있도록 메시지를 브로드캐스팅해야 합니다.

이 예제만 봐도 복잡한 워크플로와 중재자 사이에 디펜던시가 있음을 알 수 있습니다. 원래 코레오그래피 워크플로(그림 11-7)는 [그림 11-4]보다 단순해 보였지만, 에러 조건(그리고 다른 요소들) 탓에 점점 더 복잡해집니다. [그림 11-10]을 보면, 이런 각각의 에러 조건을 처리하기 위해 도메인 서비스들이 서로 인터랙션할 수밖에 없고 정상 경로에서는 필요하지 않았던 통신 링크가 계속 늘어납니다.

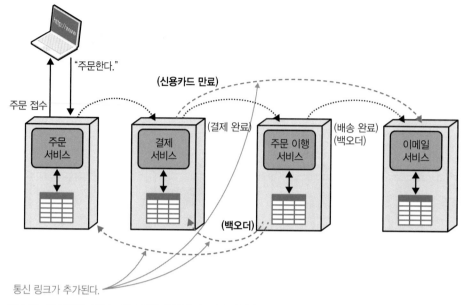

그림 11-10 코레오그래피는 에러 발생 시 통신 경로가 늘어난다.

아키텍트가 소프트웨어에서 모델링하는 모든 워크플로에는 일정량의 시맨틱 커플링semantic coupling, 즉 그 문제 영역problem domain에 내재된 커플링이 있습니다. 예를 들어, 한빛가이버 전문 기사에게 티켓을 할당하는 프로세스에는 고객이 수리를 요청하면 그에 필요한 스킬이 매칭되는 전문 기사를 찾고 스케줄과 위치를 상호 참조하는 일련의 워크플로가 있습니다. 구현 커플링implementation coupling은 아키텍트가 이러한 인터랙션을 모델링하는 수단입니다.

워크플로의 시맨틱 커플링은 도메인 요구 사항에 따라 규정되므로 어떻게든 모델링을 해야 합니다. 시맨틱 커플링은 아무리 영리한 아키텍트라도 그 양을 줄일 수는 없지만, 어떤 구현 선택을 하느냐에 따라 그 양이 늘어날 가능성이 있습니다. 물론 그렇다고 비즈니스 유저가 결정한, 실현하기 어려운(또는 불가능한) 시맨틱을 아키텍트가 거부해도 된다는 말은 아닙니다. 분명히 아키텍처에서 엄청나게 난해한 문제를 일으키는 도메인 요구 사항도 더러 있습니다.

흔한 예를 하나 들어보겠습니다. [그림 11-11]은 표준 레이어드 모놀리스 아키텍처와 이것을 요즘 스타일로 좀 더 발전시킨 모듈러 모놀리스입니다. 좌측은 퍼시스턴스, 비즈니스 규칙 등 기술적인 기능으로 구분된 전형적인 레이어드 아키텍처입니다. 우측은 좌측과 해결하는 문제는 동일하지만 기술적 기능이 아니라 카탈로그 체크아웃, 재고 업데이트 등의 도메인 문제들로 구분 지은 아키텍처입니다.

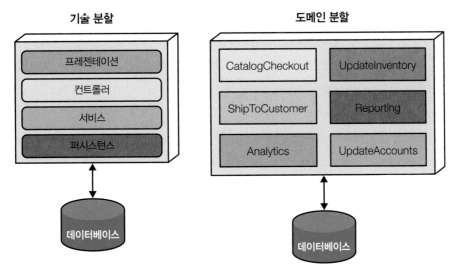

그림 11-11 아키텍처를 분할하는 두 가지 방법

두 아키텍처 모두 코드베이스를 구성하는 합리적인 토폴로지입니다. 그런데 각 아키텍처에서 카탈로그 체크아웃 같은 도메인 개념은 어디에 위치할까요(그림 11-12)?

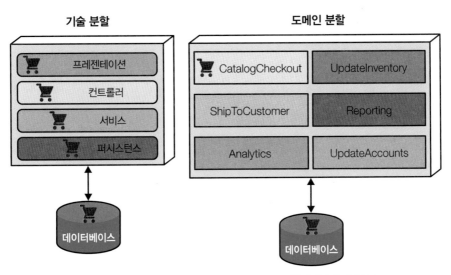

그림 11-12 기술 분할된 아키텍처에서는 카탈로그 체크아웃이 모든 구현 레이어에 걸쳐 있다.

도메인 분할 아키텍처는 카탈로그 체크아웃과 정확히 일치하는 도메인 컴포넌트와 데이터베이스가 있지만, 기술 분할 아키텍처는 이러한 개념이 모든 레이어 여기저기에 스며들어 있습니다. 물론 어떤 도메인이 도메인 분할 아키텍처에 잘 들어맞는 건 어쩌면 당연합니다. 도메인 주도 설계의 인사이트 중 하나는 바로 이러한 도메인 워크플로의 중요성을 부각시켰다는 점입니다. 아키텍트가 워크플로를 정확히 모델링하려면 가동부가 함께 잘 맞물리게 해야 하는데, 아키텍처를 도메인과 동일하게 구성하면 워크플로 구현부는 도메인과 유사한 복잡도를 갖게 될 것입니다. 하지만 ([그림 11-12]의 기술 분할 아키텍처처럼) 도메인과 직접적인 연관성이 없는 레이어를 쌓아올리면, 아키텍트가 시맨틱 복잡도 외에도 추가된 구현부의 복잡도를 함께 신경 써서 설계해야 하므로 전체적인 구현 복잡도가 증가합니다.

물론 이러한 추가 복잡도의 명분이 확실한 경우도 있습니다. 예를 들어, 데이터베이스 커넥션 풀링은 레이어드 아키텍처에서 아키텍처 패턴을 통합함으로써 비용을 줄이고자 하는 근거가 확실합니다. 기술 분할된 데이터베이스 연결성을 적용함으로써 얻게 될 비용 절감과 그로 인한 복잡도, 비용 증가 사이의 트레이드오프를 아키텍트가 여러 측면에서 고려한 결과죠.

지난 10년간 우리가 아키텍처를 설계하면서 깨달은 바는 워크플로의 시맨틱을 가능한 한 구현부와 가깝게 모델링해야 한다는 것입니다.

> **NOTE**
> 아키텍트는 절대로 구현부를 통해 시맨틱 커플링을 줄일 수 없습니다. 더 악화시키는 건 얼마든지 가능하죠.

이제 시맨틱 커플링과 조정의 필요성이 서로 어떤 관계인지 확실해졌죠? 워크플로에 더 많은 단계가 필요할수록, 더 많은 에러와 선택적 경로가 생길 가능성이 높습니다.

11.2.1 워크플로 상태 관리

대부분의 워크플로는 워크플로의 상태(즉, 실행된 단계와 아직 남아 있는 단계, 실행 순서, 에러 조건, 재시도 등) 정보를 갖고 있습니다. 오케스트레이션 패턴에서는 (아키텍처적으로 확장성을 높이기 위해 무상태stateless 오케스트레이터를 두는 경우도 있지만) 오케스트레이터가 명백한 워크플로 상태의 오너입니다. 이와 달리 코레오그래피에서는 워크플로 상태를 관장하는 오너가 따로 없습니다. 이 절에서는 코레오그래피 통신 스타일에서 상태를 관리하는 가장 일반적인 세 가지 방법을 살펴보겠습니다.

첫째, 프런트 컨트롤러^{Front Controller} 패턴입니다. 책임 체인에서 가장 먼저 호출된 서비스(이 예제에서는 주문 서비스)에 상태 관리를 맡기는 방법입니다. 만약 주문과 워크플로 상태 정보가 모두 이 서비스에 포함돼 있다면, 어떤 도메인 서비스는 주문 상태를 조회/수정할 수 있는 통신 링크를 갖고 있어야 할 것입니다.

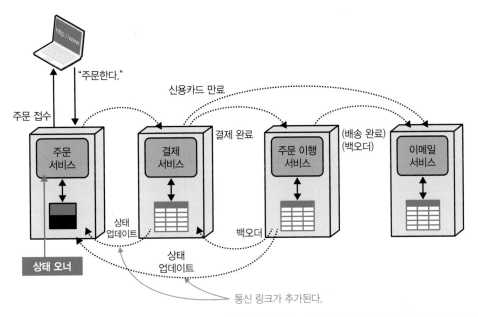

그림 11-13 코레오그래피에서 프런트 컨트롤러는 도메인 동작 외에 워크플로 상태를 관장하는 도메인 서비스 역할을 한다.

[그림 11-13]에서 결제 서비스와 주문 이행 서비스는 주문 상태를 업데이트하기 위해 상태 오너인 주문 서비스와 통신해야 합니다. 이 패턴은 워크플로는 단순하지만 통신 오버헤드가 증가하고, 주문 서비스가 도메인 로직만 처리했던 것에 비해 더 복잡해지는 단점이 있습니다.

트레이드오프

표 11-2 프런트 컨트롤러 패턴의 트레이드오프

장점	단점
코레오그래피 내부에서 의사 오케스트레이터 (pseudo-orchestrator)를 생성한다.	도메인 서비스에 워크플로 상태가 추가된다.
주문 상태를 조회하는 일이 간편하다.	통신 오버헤드 증가 서비스 간 통신량이 늘어나서 성능/확장성이 나빠진다.

둘째, 무상태 코레오그래피stateless choreography입니다. 각 서비스를 쿼리해서 실시간 스냅샷을 구축함으로써 워크플로 전이 상태를 전혀 유지하지 않는 방법입니다. 이렇게 하면, 상태 저장 스냅샷stateful snapshot을 뜨기 위해 서비스 간에 주고받는 통신량이 늘어나 네트워크 오버헤드가 크게 증가합니다. 예를 들어, [그림 11-7]에서 추가 상태 없이 단순한 코레오그래피 정상 경로로 진행되는 워크플로를 생각해봅시다. 고객이 자신의 주문 상태를 조회하는 경우를 대비해 각 도메인 서비스의 상태를 쿼리해서 최신 주문 상태를 결정하는 워크플로를 구축해야 할 것입니다. 이 방법은 아주 유연해서 좋은 반면, 확장성과 성능 등의 운영 아키텍처 특성 관점에서 상태를 재구축하는 작업은 복잡하고 비용이 많이 듭니다. 무상태 코레오그래피는 워크플로 제어를 대가로 높은 성능을 얻어내는 방법입니다(표 11-3).

트레이드오프

표 11-3 무상태 코레오그래피의 트레이드오프

장점	단점
성능/확장성이 매우 좋다.	워크플로 상태가 그때그때 상황에 좌우된다.
완전한 서비스 디커플링	워크플로가 복잡해지면 전체 복잡도가 급증한다.

셋째, 스탬프 커플링stamp coupling입니다(자세한 내용은 13.2.3절 '워크플로 관리를 위한 스탬프 커플링' 참고). 서비스 간에 전송되는 메시지 계약에 워크플로 상태를 끼워 넣는 방법입니다. 각 도메인 서비스는 전체 상태 중 자신에게 해당되는 부분을 업데이트한 후, 책임 체인의 다음 서비스에 상태 정보를 전달합니다. 따라서 같은 계약을 소비하는 컨슈머consumer라면 일일이 서비스를 쿼리하지 않아도 워크플로 상태 확인이 가능합니다.

스탬프 커플링은 워크플로 상태를 쿼리하는 단일 장소가 따로 없으므로 완전한 솔루션은 아니지만, 서비스끼리 자기 상태를 워크플로의 일부로 전달하기 때문에 나중에 유용할지도 모를 콘텍스트를 각 서비스에 제공하는 효과가 있습니다.

트레이드오프

표 11-4 스탬프 커플링 기법의 트레이드오프

장점	단점
각 도메인 서비스가 상태 오너를 따로 쿼리하지 않아도 워크플로 상태를 전달할 수 있다.	워크플로 상태를 수용하는 만큼 계약이 더 커진다.
프런트 컨트롤러가 필요 없다.	적시 상태 쿼리는 안 된다.

코레오그래피 통신 스타일에서 계약이 어떻게 워크플로의 커플링을 늘리거나 줄일 수 있는지는 13장에서 자세히 설명하겠습니다.

코레오그래피 통신 스타일은 다음과 같은 장점이 있습니다.

응답성

한 곳에 부하가 몰리지 않고 병렬화할 수 있는 기회가 더 많습니다.

확장성

오케스트레이터 같은 조정 지점이 없으므로 독립적인 확장이 가능합니다.

내고장성

단일 오케스트레이터가 없고 다수의 인스턴스를 사용하므로 내고장성을 높일 수 있습니다.

서비스 디커플링

오케스트레이터가 없어서 커플링이 줄어듭니다.

반면, 코레오그래피 통신 스타일은 다음과 같은 단점이 있습니다.

분산된 워크플로

워크플로의 오너가 없으므로 에러 조건과 경계 조건을 관리하기가 더 어렵습니다.

상태 관리

중앙화한 상태 보관 장소가 없어서 지속적인 상태 관리가 안 됩니다.

에러 처리

도메인 서비스가 워크플로에 대해 더 많이 알고 있어야 하므로 오케스트레이터 없이 에러를 처리하기가 더 힘듭니다.

복원성

오케스트레이터가 없으면 재시도 같은 복원 행위를 할 수 없으므로 복원성 역시 좋지 않습니다.

트레이드오프

표 11-5 코레오그래피 통신 스타일의 트레이드오프

장점	단점
응답성	분산 워크플로
확장성	상태 관리
내고장성	에러 처리
서비스 디커플링	복원성

11.3 오케스트레이션과 코레오그래피의 트레이드오프

소프트웨어 아키텍처는 모든 게 다 그렇듯이 오케스트레이션, 코레오그래피 어느 쪽도 완벽한 솔루션이 아닙니다. 아키텍트는 수많은 핵심 트레이드오프를 잘 분석해서 이 둘 중 한 가지를 올바르게 선택해야 합니다.

11.3.1 상태 오너 및 커플링

상태 오너십은 보통 오케스트레이터 역할을 하는 공식 중재자 또는 코레오그래피 통신 스타일의 프런트 컨트롤러에 부여합니다(그림 11-13). 코레오그래피는 중재자가 없기 때문에 서비스 긴의 통신량이 증가하는데, 어쩌면 이것이 완벽한 트레이드오프일 것입니다. 가령, 높은 확장성이 필요하고 에러가 발생할 일이 드문 워크플로는 정교한 에러 처리를 희생하는 대신에 코레오그래피 특유의 높은 확장성을 노려볼 만합니다.

하지만 나중에 워크플로가 점점 복잡해질수록 오케스트레이터의 필요성도 비례해서 증가합니다(그림 11-14). 그리고 워크플로에 포함된 시맨틱 복잡도가 증가할수록 아무래도 오케스트레이터가 있는 편이 더 실용적입니다. 구현 커플링이 시맨틱 커플링을 더 나쁘게 만들 수는 있어도 더 좋게 만들 수는 없다는 사실을 꼭 기억하세요.

정리하면, 코레오그래피는 응답성과 확장성이 필요하고 에러 시나리오가 복잡하지 않거나 에러 빈도가 낮은 워크플로에 적합합니다. 실제로 코레오그래피를 적용하면 처리량을 높일 수 있습니다(12.1.2절 '폰 태그 사가(sac) 패턴', 12.1.4절 '타임 트래블 사가(sec) 패턴', 12.1.8절 '앤솔로지 사가(aec) 패턴'에서도 코레오그래피가 사용됩니다). 그러나 다른 힘들이 얽혀 있는 상황에서는 구현하기가 아주 까다로울 수 있고, 12.1.6절 '호러 스토리(aac) 패턴'으로 이어지기도 합니다.

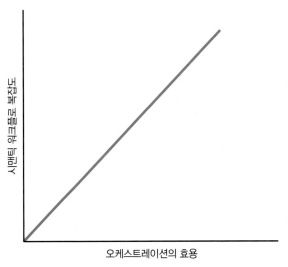

세로축: 시맨틱 커플링의 복잡도
가로축: 오케스트레이션의 효용

그림 11-14 워크플로의 복잡도가 증가할수록 오케스트레이션의 가치는 높아진다.

반면, 오케스트레이션은 경계 조건과 에러 조건이 복잡한 워크플로에 잘 맞습니다. 코레오그래피만 한 확장성은 기대하기 어렵지만, 대부분의 경우 복잡도를 크게 낮출 수 있습니다. 12.1.1

절 '에픽 사가(sao) 패턴', 12.1.3절 '페어리 테일 사가(seo) 패턴', 12.1.5절 '판타지 픽션 사가(aao) 패턴', 12.1.7절 '패러렐 사가(aeo) 패턴'에서도 오케스트레이션이 사용됩니다.

조정은 아키텍트들이 최적의 마이크로서비스 간 통신 방법을 결정할 때 복잡도를 일으키는 주요 힘들 중 하나입니다. 다음 장에서는 조정이 나머지 두 주요 힘들 중 하나인 일관성과 어떻게 맞물리는지 알아보겠습니다.

11.4 한빛가이버 사가: 워크플로 관리

3월 15일 목요일 11:00

 성한과 선빈은 늘 하던 대로 프레젠테이션 자료 더미를 싸 들고, 탕비실에서 제조한 커피를 손에 든 채 노건우 팀장의 사무실로 향합니다.

손성한: "팀장님, 지금 혹시 시간 좀 내주실 수 있나요?"

노건우: "어, 마침 잘들 왔네. 조금 전에 콘퍼런스 콜이 끝났거든. 티켓 워크플로 방안은 준비해왔나?"

오선빈: "네! 전 코레오그래피를 사용해야 한다고 생각하는데, 성한 씨는 오케스트레이션 방식이 더 낫다고 우겨서… 그래서 아직 결정은 못 했습니다."

노건우: "현재 검토 중인 워크플로에 대해 한번 들어볼까?"

손성한: "네, 이게 티켓 워크플로의 주요 흐름이고요… 보시는 것처럼 네 서비스가 관여하고 이런 단계들을 거칩니다."

고객 대면 작업

1. 고객은 티켓 관리 서비스를 통해 고장 티켓을 제출하고 티켓 번호를 발급받는다.

백그라운드 작업

1. 티켓 배정 서비스는 고장 티켓을 처리하기에 적합한 전문 기사를 검색한다.

2. 티켓 배정 서비스는 티켓이 배정된 전문 기사의 모바일 기기로 고장 티켓을 전달한다.

3. 알림 서비스를 통해 전문 기사가 방문 예정이라고 고객에게 알린다.

4. 전문 기사가 수리 완료 후 티켓을 완료 상태로 표시하면 티켓 관리 서비스로 전달된다.

5. 티켓 관리 서비스는 설문 서비스와 통신해 고객 설문을 후속 진행하도록 요청한다.

노건우: "물론 두 가지 방식 다 모델링해봤겠지?"

손성한: "그럼요, 먼저 [그림 11-15]는 코레오그래피 통신 스타일로 모델링한 겁니다."

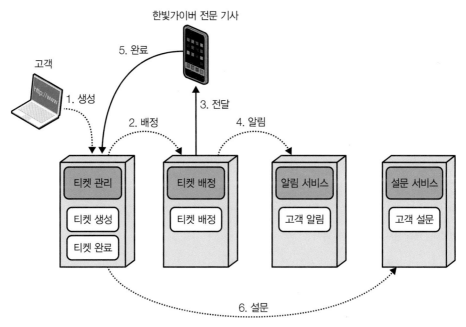

그림 11-15 코레오그래피로 모델링한 고장 티켓 처리 워크플로

손성한: "[그림 11-16]은 오케스트레이션 통신 스타일로 모델링한 거고요."

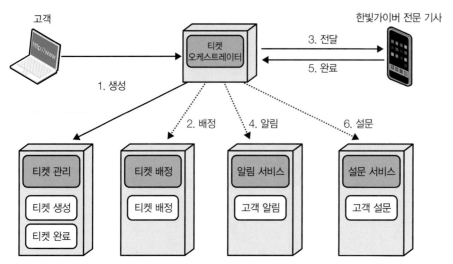

그림 11-16 오케스트레이션으로 모델링한 고장 티켓 처리 워크플로

노건우: (잠시 두 그림을 뜯어본 후) "음, 이렇게 봐선 누가 승자인지 알 수가 없네. 무슨 뜻인 줄은 알지?"

오선빈: "네, 트레이드오프를 따져봐야죠!"

노건우: (웃으며) "좋아, 좋아. 어떤 상황이 예상되는지 살펴보고 각 상황별 장단점을 비교해보자고. 먼저, 두 사람이 가장 염려하는 부분은 뭐야?"

손성한: "무엇보다 잘못 전달된 티켓이 제일 문제겠죠. 사업부에서 이 문제로 항상 불만이 많습니다."

노건우: "좋아, 그럼 이 문제는 오케스트레이션과 코레오그래피 중 어느 쪽이 더 잘 처리할까?"

오선빈: "오케스트레이션이 워크플로 제어는 더 쉽게 할 수 있으니 더 낫지 않을까요? 오케스트레이터가 중심이 돼서 모든 워크플로 이슈를 해결할 수 있고요."

노건우: "자, 이슈를 죽 나열하고 각각에 가장 알맞은 솔루션을 정리합시다."(표 11-6)

트레이드오프

표 11-6 티켓 워크플로에 적용하기 위해 비교한 오케스트레이션과 코레오그래피의 트레이드오프

오케스트레이션	코레오그래피
워크플로 제어	

손성한: "선빈 씨, 우리 다음 이슈가 뭐였죠?"

오선빈: "다음으로, 고장 티켓의 상태를 어느 시점에서든 파악할 수 있어야 해요. 사업부에서 정식으로 요청한 기능인데, 이게 가능해야 다양한 메트릭을 더 쉽게 추적할 수 있습니다. 이것도 역시 오케스트레이터가 있어야 워크플로 상태를 쿼리할 수 있겠죠."

손성한: "그런데 단지 그것 때문에 오케스트레이터를 둘 필요는 없지 않나요? 워크플로의 어떤 파트가 처리됐는지 정도는 해당 서비스를 직접 쿼리해보면 알 수 있고, 스탬프 커플링을 활용하는 방법도 있습니다."

노건우: "맞아, 이건 제로섬 게임^{zero-sum game}이 아니지. 둘 다 효과적이거나, 둘 다 쓸모없을 수도 있어. 양쪽 다 점수를 주자고."(표 11-7)

트레이드오프

표 11-7 티켓 워크플로에 적용하기 위해 비교한 오케스트레이션과 코레오그래피의 트레이드오프(업데이트)

오케스트레이션	코레오그래피
워크플로 제어	
상태 쿼리	상태 쿼리

노건우: "다른 이슈는?"

손성한: "하나 더 있어요. 고객이 이미 접수된 티켓을 취소하는 경우도 있고, 전문 기사의 사정으로, 또는 전문 기사의 모바일 기기 접속이 끊어지거나 고객을 제때 방문하지 못해서 티켓을 재할당하는 경우도 있습니다. 그래서 이런 에러를 적절히 잘 처리하는 일이 중요한데요. 아무래도 오케스트레이션 방식이 낫겠죠?"

노건우: "일반적으로 그렇지. 복잡한 워크플로는 오케스트레이터에 두거나 여러 서비스를 통해 분산시키는 게 좋을 거야. 에러 처리는 한곳에서 통합해 처리하는 게 아무래도 유리할 거고. 코레오그래피는 높은 점수를 줄 수 없겠네."(표 11-8)

표 11-8 티켓 워크플로에 적용하기 위해 비교한 오케스트레이션과 코레오그래피의 트레이드오프(최종)

오케스트레이션	코레오그래피
워크플로 제어	
상태 쿼리	상태 쿼리
에러 처리	

노건우: "이제 좀 깔끔해졌네. 다른 문제는?"

손성한: "이슈라 할 만한 것들은 이게 전부예요. 오늘 회의한 내용을 일단 ADR로 기록하고, 다른 이슈가 나오면 그때 다시 추가하겠습니다."

ADR: 주요 티켓 워크플로는 오케스트레이션 방식으로

콘텍스트

주요 티켓 워크플로에서 메시지가 소실되거나 잘못 전달되는 경우, 이를 쉽게 찾아내고 능률적으로 에러를 처리하며 티켓 상태를 추적할 수 있는 아키텍처가 필요하다. 그래서 오케스트레이션(그림 11-16)과 코레오그래피(그림 11-15) 둘 중 하나를 선택해야 한다.

결정

주요 티켓 워크플로는 오케스트레이션 방식으로 구현한다.

우리는 오케스트레이션과 코레오그래피 두 가지 모두로 모델링해봤고, 그에 따른 트레이드오프(표 11-8)를 분석했다.

결과

티켓 워크플로에 오케스트레이터가 하나뿐이면 확장성 문제가 발생할 수 있다. 따라서 현재 확장 요건이 변경될 경우 본 결정은 재고할 필요가 있다.

## CHAPTER 12

트랜잭셔널 사가

3월 31일 목요일 16:55

바람 부는 어느 목요일 늦은 오후, 선빈은 노건우 팀장을 찾아왔습니다.

오선빈: "성한 씨가 팀장님께 호러 스토리에 대해 물어보라고 해서 왔습니다."

노건우: (하던 일을 멈추고 고개를 들며) "이번 주말에 두 사람이 같이 하기로 했다는 그 익스트림 스포츠 말인가?" (웃으며) "이번엔 무슨 일인데?"

오선빈: "헤헤, 봄이라 해빙 중인 호수에 스케이트 타러 가는 직원들이 많겠네요. 저흰 바디 수트를 입을 건데, 스케이팅과 수영을 절묘하게 조합시킨 스포츠죠. 아, 그건 그렇고… 제 티케팅 워크플로 설계안을 성한 씨에게 보여줬더니, 바로 팀장님한테 제가 호러 스토리를 한 편 썼다고… 그렇게 전해드리라는데 도대체 무슨 소린지 알 수가 없네요."

노건우: "대충 알 만한데? 호러 스토리 사가[aac] 통신 패턴에 빠진 모양이군. 비동기 통신, 원자적 트랜잭션, 코레오그래피를 버무려 설계했나봐?"

오선빈: "어, 어떻게 아셨어요?"

노건우: (웃으며) "그게 바로 호러 스토리 사가[aac] 패턴이니까. 정말 좋지 않은 안티패턴이지. 이거 말고도 일곱 가지가 더 있는데, 각자 트레이드오프가 다르니까 온 김에 하나씩 자세히 설명해줄게."

사가saga는 마이크로서비스 이전에 등장한 개념으로, 원래 초기 분산 아키텍처에서 데이터베이스 락database lock의 범위를 제한하는 것에 관한 주제였습니다(1987년 ACM* 콘퍼런스 회보를 바탕으로 작성된 논문에서 비롯됐다는 의견이 지배적입니다). 크리스 리차드슨Chris Richardson은 자신의 저서 『마이크로서비스 패턴』(길벗, 2020)과 자신이 운영하는 웹 사이트('사가 패턴Saga Pattern'[1] 섹션)에서 사가 패턴이란 각 업데이트가 이벤트를 발행해 다음 차례의 업데이트를 트리거하는 일련의 로컬 트랜잭션이라고 기술했습니다. 만약 이들 업데이트 중 하나라도 실패하면, 사가는 일련의 보상 트랜잭션을 가동시켜 이전에 사가가 실행했던 모든 변경 사항을 되돌립니다.

이 절에서는 트랜잭셔널 사가의 내부 작동 원리와 관리 방법(특히 에러 발생 시)을 자세히 알아보겠습니다. 분산 트랜잭션은 원자성이 결여돼 있어서(9.7절 '분산 트랜잭션') 문제가 발생할 때 처리하는 방법이 흥미롭습니다.

12.1 트랜잭셔널 사가 패턴

[표 12-1]은 트랜잭셔널 사가 패턴의 구현 방법과 동적 커플링에서 서로 맞물리는 세 힘의 속성을 정리한 매트릭스입니다.

표 12-1 분산 아키텍처의 기본 속성 매트릭스

패턴명	통신	일관성	조정
에픽 사가(sao)	동기	원자성	오케스트레이션
폰 태그 사가(sac)	동기	원자성	코레오그래피
페어리 테일 사가(seo)	동기	최종 일관성	오케스트레이션
타임 트래블 사가(sec)	동기	최종 일관성	코레오그래피
판타지 픽션 사가(aao)	비동기	원자성	오케스트레이션
호러 스토리 사가(aac)	비동기	원자성	코레오그래피
패러렐 사가(aeo)	비동기	최종 일관성	오케스트레이션
앤솔로지 사가(aec)	비동기	최종 일관성	코레오그래피

....

* 옮긴이_ACM(Association for Computing Machinery)은 컴퓨터 분야의 학술과 교육을 목적으로 1947년에 세계 최초로 설립된 각 분야 학회들의 연합체입니다(출처: 위키백과).

시기 패턴의 이름은 각 속성의 조합을 명확히 구분하고자 우리가 적당히 붙인 것입니다. 각 패턴명의 우측에 괄호와 함께 표기한 위 첨자superscript는 여러분이 각 패턴명과 그 패턴에 연관된 속성을 쉽게 기억할 수 있도록 앞 글자만 딴 니모닉mnemonic입니다. 예를 들어, 에픽 사가(sao) 패턴은 synchronous(비동기) + atomic(원자적) + orchestrated(오케스트레이션)가 조합된 패턴입니다. 따라서 위 첨자만 봐도 패턴의 성격을 쉽게 머릿속에 떠올릴 수 있습니다.

이 8개 사가 패턴은 상대적인 활용도 면에서 차이가 있지만, 각자 정해진 용도와 상이한 트레이드오프를 갖고 있습니다.

이 장에서는 각각의 통신 조합을 3차원 그래프에서 세 가지 힘이 교차하는 모습으로 나타내고, 뒤이어 일반적인 분산 서비스를 사용한 예제로 도식화했습니다. 이러한 동형 다이어그램 isomorphic diagram은 서비스 간 인터랙션을 가장 일반적으로 나타내므로 아키텍처 개념을 가장 단순한 형태로 표현하기에 제격입니다. [그림 12-1]은 동형 다이어그램에서 주로 사용하는 기호들입니다.

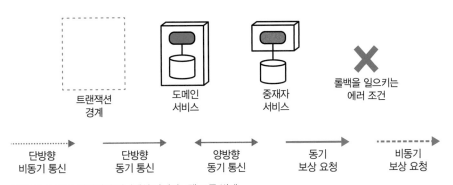

그림 12-1 ISO 아키텍처 인터랙션 다이어그램 표준 범례

각 사가 패턴마다 가능한 모든 인터랙션을 나열하면 지루하니, 그 패턴만의 뚜렷한 특징, 즉 다른 패턴과 차별화된 동작이 무엇인지를 위주로 살펴보겠습니다.

12.1.1 에픽 사가(sao) 패턴

에픽 사가(sao) 패턴은 많은 아키텍트가 '전통적인traditional' 사가 패턴으로 알고 있는 통신 방식으로, 오케스트레이티드 사가orchestrated saga라고도 합니다(그림 12-2).

이 패턴은 동기 통신, 원자적 일관성, 오케스트레이션 조정을 사용합니다. 이 패턴을 선택한 아키텍트의 목표는 모놀리식 시스템의 동작을 모방하는 것입니다. [그림 12-2]의 3차원 그래프 상에 모놀리식 시스템을 표시하면 원점 (0, 0, 0)이 될 것입니다. 전통적인 트랜잭션 기반 시스템의 아키텍트, 개발자에게 아주 익숙한 통신 스타일입니다.

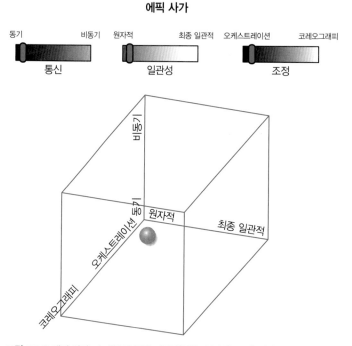

그림 12-2 에픽 사가(sao) 패턴의 동적 커플링(통신, 일관성, 조정) 관계

오케스트레이터 서비스는 트랜잭션에 참여하는 세 서비스의 업데이트가 포함된 워크플로를 모두 성공 또는 실패 처리하는 방식으로 조정합니다. 다시 말해, 하나의 호출이라도 실패하면 모두 실패한 것으로 간주해 정확히 이전 상태로 되돌립니다. 분산 아키텍처에서 조정은 하나같이 복잡하지만, 이렇게 트랜잭션을 걸어 처리하면 간단히 해결됩니다. 그러나 트랜잭션 때문에 데이터베이스 선택의 폭이 제한되며, 악명 높은 고장 모드failure mode도 신경 써야 합니다.

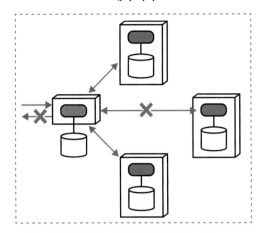

에픽 사가

그림 12-3 에픽 사가(sao) 패턴의 동형 다이어그램

아키텍트 경력이 짧은 초심자들은 큰 고민 없이 문제를 해결해주는 이 패턴이 더없이 깔끔한 솔루션이라고 생각하겠지만, 이 패턴은 문제의 해결성solvability이 아니라 공통성commonality을 인식한 것에 지나지 않습니다. 분산 트랜잭션이 바로 그러한 대표적인 예입니다. 비분산 시스템nondistributed system에서의 트랜잭션 모델링에 길들여진 아키텍트는 트랜잭션의 기능을 분산 아키텍처의 세계로 옮기는 것을 점진적인 변화라고 생각하는 경향이 있습니다. 그러나 외려 분산 아키텍처에서 트랜잭션은 '두통'을 일으키는 주범으로, 문제 영역의 시맨틱 커플링이 복잡해질수록 상황은 점점 더 나빠집니다.

에픽 사가(sao) 패턴은 보통 보상 트랜잭션compensating transaction을 사용해서 구현합니다. 보상 트랜잭션은 분산 트랜잭션 도중에 다른 서비스가 수행한 데이터 쓰기 작업을 되돌리는(예: 업데이트 되돌리기, 전에 삭제한 로우 다시 삽입, 이전에 삽입된 로우 삭제) 업데이트입니다. 보상 트랜잭션은 분산된 데이터 소스를 분산 트랜잭션이 시작되기 이전의 원래 상태로 복원하려고 시도하는데, 이 과정에서 상당히 복잡한 이슈, 어려움, 트레이드오프가 수반됩니다.

보상 트랜잭션 패턴에서는 요청의 트랜잭션 완전성transactional completeness을 모니터링하는 서비스가 배정됩니다(그림 12-4).

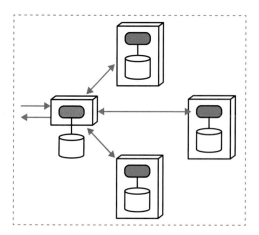

그림 12-4 보상 트랜잭션을 이용해서 오케스트레이션을 완수한다.

대부분의 아키텍처에서 그렇듯이 에러 조건을 처리하는 작업은 어렵습니다. 보상 트랜잭션 패턴에서 중재자는 요청 처리의 성공 여부를 모니터링하고 있다가, [그림 12-5]처럼 하나 이상의 요청이 실패하면 다른 서비스를 보상 호출^{compensating call}합니다.

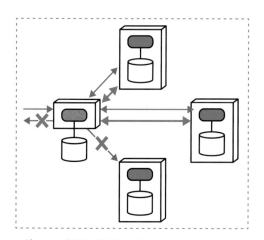

그림 12-5 에러가 발생하면 중재자는 다른 서비스에 보상 요청을 보낸다.

중재자는 요청을 받아 워크플로를 중간에서 조정하는 역할을 수행합니다. 여기서 처음 두 서비스에 보낸 동기 호출은 성공하지만, 마지막 서비스 호출이 (도메인을 비롯한 갖가지 운영 이슈 때문에) 실패합니다. 에픽 사가^(sao) 패턴은 원자적 일관성을 지향하므로, 중재자는 보상 트랜색선을 걸어 다른 누 서비스가 이전에 수행한 작업을 모두 언두undo하도록(되돌리도록) 요청합니다. 이런 식으로 모든 것을 트랜잭션이 시작되기 이전의 상태로 돌려놓는 것입니다.

에픽 사가(sao) 패턴은 많은 사람에게 익숙해서 지금도 널리 쓰이고 있습니다. 실제로 많은 아키텍트가 이 패턴을 기본 패턴으로 사용합니다. 모놀리식 아키텍처와 비슷한 데다 별다른 기술적 제약 조건 없이 변경된 상태를 동기화해야 하는 이해관계자들의 요청(공식적인 요구 사항)에 잘 들어맞기 때문입니다.

이 패턴의 진가는 오케스트레이터라는 분명한 워크플로 오너를 중심으로 (모놀리식 시스템과 비슷하게) 트랜잭션을 조정하는 능력에 있지만, 그만큼 단점도 많습니다. 첫째, 오케스트레이션과 트랜잭션의 조합은 성능, 확장성, 탄력성 같은 운영 아키텍처 특성에 영향을 미칠 수 있습니다. 트랜잭션에 참가한 서비스가 모두 성공/실패했는지 오케스트레이터가 일일이 확인해야 하므로 타이밍 병목timing bottleneck이 일어날 수 있습니다. 둘째, 분산 트랜잭션을 구현하기 위해 적용한 다양한 패턴(예: 보상 트랜잭션)이 다양한 실패 모드와 경계 조건에 종속되며, 그만큼 언두 작업 자체의 복잡도도 증가합니다. 그렇잖아도 분산 트랜잭션은 갖가지 어려움이 뒤따르기 때문에 복잡한 것은 가급적 피하는 게 상책입니다.

에픽 사가(sao) 패턴의 특징을 정리하면 다음과 같습니다.

결합도

'동기 통신 + 원자적 일관성 + 오케스트레이션 조정'의 조합은 매우 높은 수준의 커플링을 나타내며, 분산 아키텍처에서 많은 이슈를 일으킵니다(실제로 8개 사가 패턴 중 가장 커플링 수준이 높습니다). 처음부터 고도로 커플링된 모놀리식 시스템의 통신 방식을 모델링한 패턴이므로 당연한 결과입니다.

복잡도

원자성의 요건을 충족시키기 위한 집중적 조정intensive coordination과 에러 조건은 이 패턴으로 구현된 아키텍처를 한층 더 복잡하게 만듭니다. 한 가지 위안거리라면, 경합 조건race condition이나 교착 상태deadlock는 신경 쓸 필요가 없는 동기 호출을 하므로 복잡도는 줄어든다는 점입니다.

응답성/가용성

오케스트레이션은 (트랜잭션 원자성을 조정해야 하므로) 그 자체로 병목이 돼 응답성을 떨어뜨릴 수 있으며, 동기 호출을 하기 때문에 성능/응답성 측면에서 더더욱 부정적입니다. 서비스가 멎거나 복구 불가능한 에러가 발생하면 이 패턴은 실패할 것입니다.

확장성/탄력성

응답성과 마찬가지로, 이 패턴을 구현하기 위해 필요한 조정과 병목은 확장을 비롯한 다른 운영 관심사를 어렵게 만듭니다. 익숙해서 많은 사람이 좋아하는 패턴이지만, 설계 및 운영 관점에서 해결해야 할 과제가 많습니다(표 12-2).

표 12-2 에픽 사가(sao) 패턴의 평가표

에픽 사가(sao) 패턴	평가
통신	동기
일관성	원자성
조정	오케스트레이션
결합도	매우 높음
복잡도	낮음
응답성/가용성	낮음
확장성/탄력성	매우 낮음

상이한 트레이드오프 세트를 가진 다른 패턴도 많이 있으니, 익숙해서 좋지만 우발적 복잡도 accidental complexity를 유발하는 패턴을 굳이 기본 패턴으로 삼을 필요는 없습니다. 에픽 사가(sao) 패턴의 구체적인 사례와 복잡한 이슈들(그리고 그 해결 방안)은 12.4절 '한빛가이버 사가: 원자적 트랜잭션과 보상 업데이트'를 참고하기 바랍니다.

12.1.2 폰 태그 사가(sac) 패턴

폰 태그 사가(sac)는 에픽 사가(sao) 패턴에서 조정을 오케스트레이션에서 코레오그래피로 바꾼 패턴입니다(그림 12-6).

폰 태그 사가

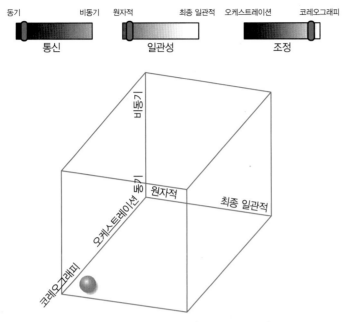

그림 12-6 폰 태그 사가(sac) 패턴의 동적 커플링(통신, 일관성, 조정) 관계

북미 지역에서 유명한 '텔레폰Telephone (옮겨 말하기)'이라는 아이들 놀이와 비슷해서 폰 태그라는 이름이 붙었습니다. 텔레폰 게임은 아이들이 둥글게 모여 앉아서 한 사람이 다음 사람에게 비밀을 귀띔하고, 그 사람은 또 다음 사람에게 귀띔하는 식으로 마지막 사람이 큰소리로 최종 버전을 외칠 때까지 계속됩니다. 오케스트레이션 대신 코레오그래피로 통신하므로 [그림 12-7]처럼 통신 구조가 달라졌습니다.

이 패턴의 특징은 원자성과 코레오그래피의 조합으로, 오케스트레이터는 따로 두지 않습니다. 하지만 원자성은 어느 정도 조정을 필요로 합니다. [그림 12-7]에서 최초로 호출된 서비스가 조정점coordination point (프런트 컨트롤러front controller라고도 함)이 되고, 작업을 마치면 워크플로의 다음 서비스에 요청을 전달해서 워크플로가 성공할 때까지 반복됩니다. 그러나 도중 에러가 발생하면, 각 서비스는 반드시 책임 체인을 거슬러 올라가 보상 요청을 보낼 수 있는 로직을 갖고 있어야 합니다.

폰 태그 사가

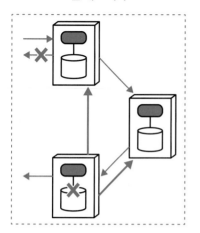

그림 12-7 폰 태그 사가(sac) 패턴의 동형 다이어그램

트랜잭션 원자성이 목표이므로 원자성을 조정하는 로직은 어딘가에 있어야 합니다. 따라서 도메인 서비스는 에러 처리, 라우팅을 비롯해 자기가 참여한 워크플로 콘텍스트에 관한 로직을 더 많이 갖게 됩니다. 워크플로가 복잡해질수록 프런트 컨트롤러는 중재자만큼 복잡해져서 이 패턴의 장점은 사라지고 효용성은 떨어집니다. 이 패턴은 주로 높은 확장성을 요하지만 잠재적으로 성능에 영향을 받을 수 있는 단순한 워크플로에 사용됩니다.

코레오그래피는 확장성 같은 운영 아키텍처 특성 측면에서 오케스트레이션과 비교해 어떤 장점이 있을까요? 같은 동기 통신이라도 코레오그래피로 처리하면 병목을 줄일 수 있으므로, 에러가 없는 경우 마지막 서비스가 결과를 반환하면 확실히 처리량은 더 높고 적체점은 덜 생길 것입니다. 폰 태그 사가(sac) 패턴은 조정이 없기 때문에 정상 경로 시 처리 속도는 에픽 사가(sao) 패턴보다 빠르겠지만, 도중에 에러가 발생하면 중재자가 없는 관계로 각 서비스는 호출 체인call chain을 되감아야 하며, 그만큼 서비스 간 커플링이 증가하고 전체적인 처리 속도는 떨어집니다.

확장성은 병목이 될 수 있는 중재자가 없는 폰 태그 사가(sac) 패턴이 에픽 사가(sao) 패턴보다 조금 더 우수합니다. 그러나 에러 상황 등 워크플로의 복잡한 부분을 처리할 때는 중재자 없이 서비스끼리만 서로 통신해 문제를 해결해야 하므로 성능은 확실히 떨어집니다.

비오케스트레이션nonorchestrated 아키텍처의 장점은 워크플로가 종속되는 단일 결합점이 없다는 것입니다. 이 패턴은 동기 호출을 활용하지만 정상 경로에서 대기 조건^{wait condition}이 줄어 확장성이 좋아집니다. 확장성과 커플링은 반비례 관계이므로, 커플링이 낮을수록 확장성은 커집니다.

오케스트레이션이 없기 때문에 확장성은 나을지 몰라도 도메인 서비스들이 각자 알아서 워크플로를 챙겨야 하므로 복잡도가 증가하고 해야 할 일도 늘어납니다. 워크플로의 복잡도와 서비스 간 통신량이 늘어나면, 결국 이것이 오케스트레이션으로 다시 돌아가게 만드는 트레이드오프로 작용할 수 있습니다.

코레오그래피를 선택했다는 것은 비동기를 택한 것이나 다름없으므로 폰 태그 사가^(sac)는 흔치 않은 조합입니다. 하지만 각 도메인 서비스가 그다음 서비스를 동기 호출하기 전에 각자 정해진 워크플로 파트를 완수하도록 보장하고 경합 조건을 없애려는 의도를 가진 아키텍트라면 이 패턴을 선택할 것입니다. 에러 조건을 해결하기 쉽거나 도메인 서비스가 멱등성^{idempotence}과 재시도를 활용할 수 있다면, 아무래도 에픽 사가^(sao)보다는 이 패턴으로 우수한 병렬 확장성을 얻는 편이 더 유리하겠죠.

폰 태그 사가^(sac) 패턴의 특징을 정리하면 다음과 같습니다.

결합도

에픽 사가^(sao) 패턴의 조정을 오케스트레이션 대신 코레오그래피로 바꾼 워크플로이므로 결합도는 약간 줄어듭니다. 그러나 트랜잭션 요건이 동일하다면, 결국 워크플로의 복잡성이 여러 도메인 서비스에 골고루 흩어진 모습에 불과합니다.

복잡도

이 패턴은 에픽 사가^(sao) 패턴보다 훨씬 복잡합니다. 워크플로 시맨틱이 복잡할수록 오케스트레이터의 빈 자리를 채우기 위해 더 많은 로직이 각 서비스에 들어가게 됩니다. 대안으로, 스탬프 커플링(13.2.3절 '워크플로 관리를 위한 스탬프 커플링') 형태로 메시지 자체에 워크플로 정보를 추가해서 상태를 관리하는 방법이 있습니다. 물론 각 서비스마다 오버헤드가 가중되는 점은 어쩔 수 없습니다.

응답성/가용성

오케스트레이션을 덜 하면 응답성은 대개 좋아집니다. 그러나 오케스트레이터가 없으면 에러 조건

을 모델링하기 더 어렵고, 콜백callback 또는 시간이 많이 소요되는 다른 작업을 통해 더 많은 조정이
필요할 수 있습니다.

확장성/탄력성

오케스트레이터가 없어서 병목은 줄어들지만 확장성은 아주 조금 좋아질 뿐입니다. 이 패턴은 세
차원 중 두 가지(통신, 일관성)가 단단히 결합된 구조여서 사실 (특히 에러가 자주 발생하는 경
우) 확장성이 큰 비중을 차지하지는 않습니다.

표 12-3 폰 태그 사가(sac) 평가표

폰 태그(sac) 사가	평가
통신	동기
일관성	원자성
조정	코레오그래피
결합도	높음
복잡도	높음
응답성/가용성	낮음
확장성/탄력성	낮음

폰 태그 사가(sac) 패턴은 에러가 거의 발생할 일이 없는 단순한 워크플로에 적합합니다. 에픽
사가(sao) 패턴보다 나은 점이 있긴 하지만, 오케스트레이터의 부재로 인한 복잡성 탓에 많은 장
점이 상쇄됩니다.

12.1.3 페어리 테일 사가(seo) 패턴

페어리 테일 사가(seo)는 동기 통신, 최종 일관성, 오케스트레이션이 조합된, 해피 엔딩 스토리
를 지향하는 패턴입니다.

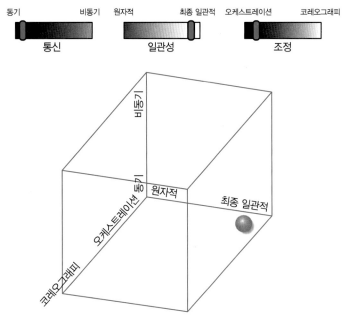

페어리 테일 사가

통신: 동기 — 비동기
일관성: 원자적 — 최종 일관적
조정: 오케스트레이션 — 코레오그래피

그림 12-8 페어리 테일 사가(seo) 패턴의 동적 커플링(통신, 일관성, 조정) 관계

이 통신 패턴은 어려운 원자성 요건을 완화함으로써 아키텍트가 더 다양한 방법으로 시스템을 설계할 수 있게 합니다. 예를 들어, 서비스가 잠시 중단된 경우에는 다시 복구될 때까지 최종 일관성을 통해 변경된 데이터를 캐시합니다. [그림 12-9]는 페어리 테일 사가(seo) 패턴의 통신 구조입니다.

이 패턴에서 오케스트레이터는 요청, 응답, 에러 처리를 조정하지만 트랜잭션은 관리하지 않습니다. 트랜잭션은 각 도메인 서비스가 알아서 관리하므로, 오케스트레이터가 현재 실행 중인 트랜잭션에서 보상 호출을 일으킬 필요는 없습니다.

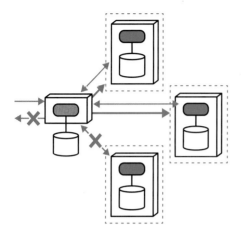

페어리 테일 사가

그림 12-9 페어리 테일 사가(seo) 패턴의 동형 다이어그램

페어리 테일 사가(seo)는 마이크로서비스 아키텍처에서 흔히 볼 수 있는 아주 매력적인 패턴입니다. 아무래도 중재자가 있으면 워크플로 관리가 용이하며, 동기 통신은 당연히 비동기 통신보다 더 알기 쉽습니다. 최종 일관성 덕분에 에러 처리 과정에서 난해한 조정 문제도 신경 쓸 필요가 없습니다.

무엇보다 전체 트랜잭션holistic transaction이 없다는 것이 이 패턴의 가장 큰 장점입니다. 각 도메인 서비스는 전체 워크플로의 최종 일관성에 따라 자신이 수행하는 트랜잭션 동작만 관리하면 됩니다.

페어리 테일 사가(seo) 패턴은 다른 패턴에 비해 트레이드오프도 균형이 잘 잡힌 편입니다.

결합도

높은 커플링 수준은 페어리 테일 사가(seo) 패턴의 두드러진 특징입니다. 세 차원 중 두 가지(동기 통신 + 오케스트레이션 조정)의 조합 때문에 결합도는 가장 큰 편이지만, 커플링 복잡도에 악영향을 주는 트랜잭션성은 최종 일관성으로 대체됩니다. 오케스트레이터가 복잡한 워크플로를 관리해야 하는 점은 똑같지만, 트랜잭션 내부에서 관리하는 구조가 아닙니다.

복잡도

이 패턴은 복잡도가 아주 낮습니다. 제약이 가장 덜하고(최종 일관성) 가장 간편한 조합(오케스트레이션 + 동기 통신)으로 구성되기 때문입니다. 그래서 이름도 해피 엔딩의 단순한 줄거리를 뜻하는 '페어리 테일(동화)'입니다.

응답성/가용성

이런 종류의 통신 스타일은 대개 응답성이 좋습니다. 동기 호출을 하지만, 중재자는 진행 중인 트랜잭션에 대해 시간에 덜 민감한less time-sensitive 상태를 관리하므로 로드 밸런싱도 좋습니다. 그러나 진정한 성능 차이는 비동기 통신을 할 때 도드라집니다.

확장성/탄력성

커플링 수준이 낮아지면 확장성은 좋아집니다. 트랜잭션 커플링이 없으면 각 서비스는 독립적인 확장이 가능합니다.

페어리 테일 사가(seo) 패턴의 특징을 정리하면 다음과 같습니다.

표 12-4 페어리 테일 사가(seo)의 평가표

페어리 테일(seo) 사가	평가
통신	동기
일관성	최종 일관성
조정	오케스트레이션
결합도	높음
복잡도	매우 낮음
응답성/가용성	보통
확장성/탄력성	높음

아키텍트가 최종 일관성의 이점을 잘 활용할 줄 안다면, 페어리 테일 사가(seo) 패턴은 놀라울 정도로 제약이 적고 가동부를 가장 쉽게 엮을 수 있어 인기 있는 선택지가 될 것입니다.

12.1.4 타임 트래블 사가(sec) 패턴

타임 트래블 사가(sec)는 동기 통신, 최종 일관성에 코레오그래피 조정을 곁들인 패턴입니다. 따라서 중앙에 중재자가 없고 참여하는 도메인 서비스들이 워크플로를 각자 알아서 관리해야 합니다(그림 12-10).

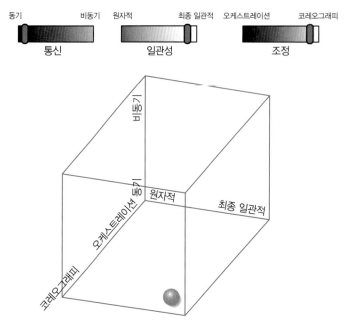

타임 트래블 사가

그림 12-10 타임 트래블 사가(sec) 패턴의 동적 커플링(통신, 일관성, 조정) 관계

그림 12-11에서 보다시피, 이 패턴은 오케스트레이션이 없는 구조입니다.

타임 트래블 사가

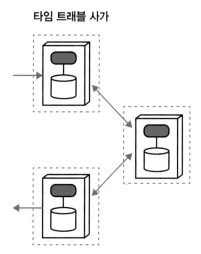

그림 12-11 타임 트래블 사가(sec) 패턴의 동형 다이어그램

각 서비스는 요청을 빌어 어떤 작업을 수행한 다음 다른 서비스에 요청을 전달합니다. 이런 아키텍처는 책임 체인Chain of Responsibility 디자인 패턴*이나 파이프와 필터Pipes and Filters 아키텍처 스타일†로 구현할 수 있습니다. 즉, 각 단계가 한 방향으로, 순서대로 흘러가는 워크플로가 되는 것입니다. 타임 트래블 사가(sec) 패턴의 각 서비스는 자체 트랜잭션성을 '보유하므로own' 아키텍트는 도메인 설계 시 워크플로의 에러 조건을 반영해야 합니다. 일반적으로 중재자의 조정이 없는 코레오그래피 통신 스타일은 거의 워크플로의 복잡도에 정비례해 복잡해집니다. 그래서 워크플로가 복잡해질수록 코레오그래피 방식으로 구현하기는 더 어려워집니다.

모든 것이 시간의 관점에서 디커플링되므로 타임 트래블 사가라고 이름을 붙였습니다. 각 서비스는 자신의 트랜잭셔널 콘텍스트transactional context를 갖고 워크플로의 일관성을 조금씩 맞춰가는데, 결국 인터랙션 설계에 따라 시간이 경과하면 일관된 상태로 맞춰질 것입니다.

타임 트래블 사가(sec) 패턴은 트랜잭션이 없어서 워크플로를 모델링하기는 쉽지만, 오케스트레이터가 없으므로 도메인 서비스는 각자 알아서 워크플로 상태 및 정보를 갖고 있어야 합니다. 모든 코레오그래피 통신 스타일이 그렇듯이, 워크플로 복잡도와 오케스트레이터의 유용성은 밀접한 연관이 있으므로 이 패턴은 단순한 워크플로에 적합합니다.

이 패턴은 처리량이 높은 이점 덕분에 전자 데이터 수집electronic data ingestion, 벌크 트랜잭션bulk transaction 같은 '파이어 앤드 포겟fire and forget'‡ 스타일의 워크플로에 잘 맞습니다. 하지만 오케스트레이터가 없기 때문에 도메인 서비스는 에러 조건을 직접 처리하면서 서로 알아서 잘 조정해야 합니다.

이 패턴은 결합도가 낮아 확장성은 좋은 편입니다(앤솔로지 사가(aec) 패턴처럼). 비동기 통신을 하면 확장성은 더 좋아지지만, 이 패턴은 전체 트랜잭션 조정이 안 되기 때문에 아키텍트는 데이터 동기화에 각별히 힘써야 합니다.

타임 트래블 사가(sec) 패턴의 특징을 정리하면 다음과 같습니다.

결합도

결합도는 중간 정도입니다. 오케스트레이터의 부재로 줄어든 커플링과 동기 통신을 하면서 증가한

---

* 옮긴이_ 어느 서비스가 요청을 처리할 수 있는지 미리 알 수 없는 경우, 일단 요청을 수신한 서비스가 자신이 처리할 수 없다고 판단하면 다음 서비스에 던지는 식으로, 결국 요청을 처리할 수 있는 서비스가 처리하도록 체인을 느슨하게 결합하는 패턴입니다.
† 옮긴이_ 『소프트웨어 아키텍처 101』의 11장 '파이프라인 아키텍처 스타일' 참고
‡ 옮긴이_ 피호출부의 응답을 기다리지 않고 일단 비동기 호출(fire) 후 잊어버리는(forget) 것

커플링이 서로가 서로를 상쇄하는 구조입니다. 모든 최종 일관성 패턴이 그렇듯이, 트랜잭션 커플링이 없으므로 데이터 처리는 비교적 간단합니다.

복잡도

트랜잭션이 없기 때문에 복잡도는 낮습니다. 이 패턴은 고속 처리량fast throughput, 단방향 통신 아키텍처one-way communication architecture 등의 다소 특이한 용도에 적합합니다.

응답성/가용성

결합도처럼 응답성도 중간 정도입니다. 대개 응답성은 특별한 용도로 구축한 시스템에서는 높고, 복잡한 에러를 처리하는 시스템에서는 낮은 편입니다. 이 패턴은 오케스트레이터가 없어서 에러가 발생하면 각 도메인 서비스가 알아서 움직이면서 최종 일관성을 맞춰야 하는데, 동기 호출은 적잖은 오버헤드를 일으키기 때문에 응답성과 성능에 영향을 받습니다.

확장성/탄력성

확장성과 탄력성은 매우 우수하며, 비동기 통신을 하면 더 높일 수 있습니다(앤솔로지 사가(aec) 패턴 참고).

표 12-5 타임 트래블 사가(sec)의 평가표

타임 트래블(sec) 사가	평가
통신	동기
일관성	최종 일관성
조정	코레오그래피
결합도	보통
복잡도	낮음
응답성/가용성	보통
확장성/탄력성	높음

타임 트래블 사가(sec) 패턴은, 더 복잡하지만 확장성의 '끝판왕'이라고 할 만한 앤솔로지 사가(aec) 패턴으로 향하는 징검다리 역할을 합니다. 대부분의 아키텍트, 개발자는 비동기 통신보다 동기 통신이 이해하고, 구현하고, 디버깅하기 더 쉽다고 생각합니다. 만약 이 패턴의 확장성이 그럭저럭 만족할 만한 수준이라면, 굳이 더 복잡하지만 확장성이 우수한 다른 대안을 찾아 헤

멜 필요는 없습니다.

12.1.5 판타지 픽션 사가(aao) 패턴

판타지 픽션 사가(aao)는 원자적 일관성, 비동기 통신, 오케스트레이션 조정을 조합한 패턴입니다(그림 12-12).

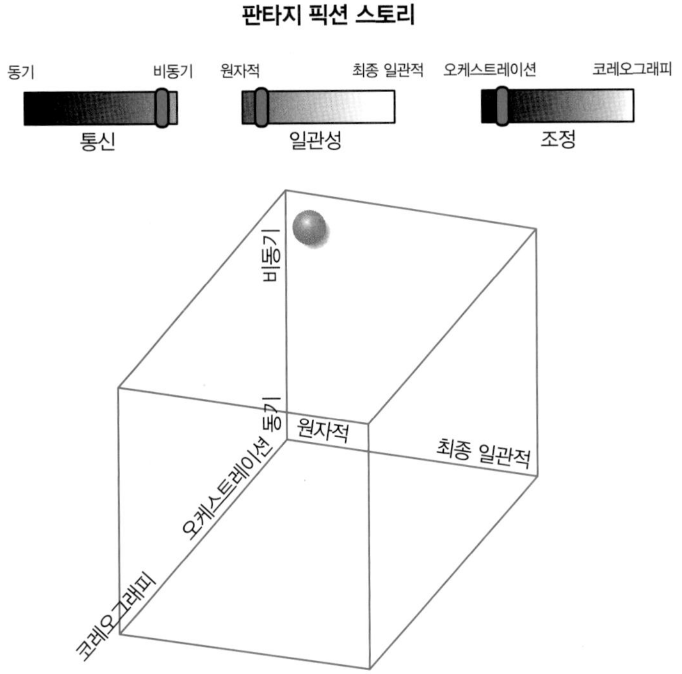

판타지 픽션 스토리

그림 12-12 판타지 픽션 사가(aao) 패턴의 동적 커플링(통신, 일관성, 조정) 관계

그림 12-13에서 알 수 있듯이, 이 패턴은 몇 가지 구조적인 어려움을 갖고 있습니다.

아키텍처적 힘을 어떤 식으로 조합했다고 해서 매력적인 패턴이 되는 것은 아니지만, 상대적으로 잘 어울릴 것 같지 않은 것들만 조합한 이 패턴도 나름대로 용도가 있습니다. 우선, 이 패턴은 동기 통신 대신 비동기 통신을 사용하는 점을 제외하면 에픽 사가(sao) 패턴과 비슷합니다. 분산 시스템의 응답성을 높이는 가장 일반적인 방법은 비동기 통신을 통해 순차가 아닌, 병렬로 작업을 수행하는 것입니다. 이렇게만 보면, 확실히 에픽 사가(sao)보다 성능을 개선할 수 있는 좋은 방법처럼 보입니다.

판타지 픽션 스토리

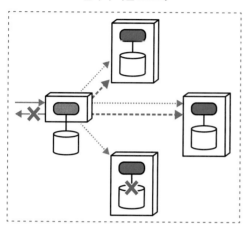

그림 12-13 판타지 픽션 사가(saga) 패턴의 동형 다이어그램

그러나 비동기성은 그리 단순한 변경이 아닙니다. 비동기성으로 말미암아 아키텍처, 특히 조정과 연관된 구조에 엄청난 복잡도가 유발되며 중재자가 하는 일도 그만큼 더 복잡해집니다. 예를 들어, 트랜잭션 워크플로 A가 시작된다고 합시다. 만사가 비동기로 처리될 테니 이 트랜잭션이 걸려 있는 동안 트랜잭션 워크플로 B가 시작될 수 있습니다. 이제 중재자는 현재 진행 중인 두 트랜잭션의 상태를 면밀히 추적해야 합니다.

갈수록 상황은 나빠지겠죠. 가령 그 사이에 또 다른 워크플로 C가 시작됐는데, 도메인 서비스를 처음 호출한 요청은 아직 작업 중인 워크플로 A의 결과에 좌우됩니다. 아키텍트가 이런 흐름을 정확히 모델링할 수 있을까요? 설사 가능하다 해도 복잡도는 점점 더 증가할 것입니다.

오케스트레이터로 조정하는 워크플로에 비동기성을 가미하는 것은 방정식에 비동기 트랜잭션 상태라는 미지수를 추가하는 것과 같습니다. 결국 순서대로 진행되리라는 가정은 여지없이 깨지고, 갖가지 교착 상태, 경합 조건, 기타 수많은 병렬 시스템의 난제들이 대책 없이 뒤엉켜버릴 수 있습니다.

판타지 픽션 사가(saga) 패턴의 특징을 정리하면 다음과 같습니다.

결합도

오케스트레이터와 원자성을 사용하지만 비동기 통신을 하므로 이 패턴의 결합도는 매우 높습니다. 비동기 통신에 따른 경합 조건 및 순서가 어긋나는 문제들은 아키텍트, 개발자가 직접 다뤄야 하므로 조정 작업은 훨씬 더 까다롭습니다.

복잡도

결합도가 높으니 복잡도 역시 높습니다. 설계만 복잡한 게 아니라, 매우 복잡한 워크플로를 아키텍트가 직접 개발해야 할 수도 있습니다. 또 규모에 따라 비동기 워크플로를 처리하는 디버깅과 운영 복잡도 역시 항상 신경 써야 합니다.

응답성/가용성

이 패턴은 다수의 호출에 걸쳐 트랜잭션 조정을 해야 하므로 하나 이상의 서비스가 실패하면 응답성은 곧바로 급락할 것입니다.

확장성/탄력성

비동기 통신을 하더라도 트랜잭션 체계로는 높은 확장성을 얻기가 사실상 불가능합니다. 이 패턴과 비슷하지만 원자적 일관성 대신 최종 일관성을 추구하는 패러렐 사가[aeo] 패턴이 확장성 면에서 더 낫습니다.

표 12-6 판타지 픽션 사가[aao]의 평가표

판타지 픽션[aao] 사가	평가
통신	비동기
일관성	원자성
조정	오케스트레이션
결합도	높음
복잡도	높음
응답성/가용성	낮음
확장성/탄력성	낮음

불행히도 이 패턴은 트랜잭션도 관리하면서 에픽 사가[sao]의 성능을 개선할 수 있다는 그릇된 믿음을 가진 아키텍트들 때문에 의외로 많이 쓰입니다. 이 패턴보다는 차라리 패러렐 사가[aeo]

패턴이 더 낫습니다.

12.1.6 호러 스토리(aac) 패턴

호러 스토리(aac) 패턴은 그 이름에 걸맞게 비동기 통신, 원자적 일관성, 코레오그래피 조정이라는 최악의 조합을 자랑하는 무시무시한 패턴입니다(그림 12-14).

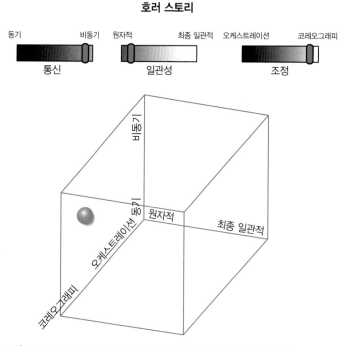

그림 12-14 호러 스토리(aac) 패턴의 동적 커플링(통신, 일관성, 조정) 관계

이 조합이 왜 무시무시한 걸까요? 가장 엄격한, 원자적 일관성이라는 커플링과 가장 느슨한 비동기 통신 + 코레오그래피 스타일이 어우러진 최악의 궁합이기 때문입니다. [그림 12-15]는 이 패턴의 통신 구조입니다.

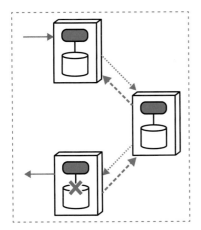

호러 스토리

그림 12-15 호러 스토리(aac) 패턴의 동형 다이어그램

이 패턴에는 여러 서비스와 비동기 통신을 하면서 트랜잭션 일관성을 관장하는 중재자가 없습니다. 그래서 각 도메인 서비스는 비동기성 때문에 순서가 어긋날지 모를, 다수의 진행 중인 트랜잭션에 대해 언두 정보를 계속 추적해야 하고, 에러가 발생하면 서로 알아서 조정을 해야 합니다. 예를 들어, 트랜잭션 A가 시작돼 진행 중이고 뒤이어 트랜잭션 B가 시작됐다고 합시다. 여기서 트랜잭션 A의 호출 하나가 실패할 경우, 코레오그래피로 엮인 서비스들은 실행 순서를 뒤집어 이 트랜잭션에 속한 (이미 순서가 어긋나버렸을지 모를) 파트를 모두 언두해야 합니다. 그러나 누구나 예상하다시피, 에러 조건이 워낙 다양하고 복잡해서 그렇게 하기가 상당히 어렵습니다.

굳이 어려운 길로 가야 할 이유가 있을까요? 비동기성은 성능을 높일 수 있는 매력적인 요소이므로, 수많은 실패 모드에도 불구하고 어떻게든 트랜잭션 무결성을 유지하려고 애쓰는 이들도 있습니다. 그러나 그럴 바에는 차라리 전체 트랜잭션을 제거한 앤솔로지 사가(aec) 패턴이 더 나은 선택지입니다.

호러 스토리 사가(aac) 패턴의 특징을 정리하면 다음과 같습니다.

결합도

놀랍게도 이 패턴의 결합도는 최악이 아닙니다(최악의 '영광'은 에픽 사가(sao) 패턴이 차지하고 있습니다!). 이 패턴이 시도하는 단일 커플링(트랜잭션성)은 최악이지만, 중재자 없이 비동기 통신을 하므로 결합도는 조금 낮아집니다.

복잡도

이 패턴의 복잡도는 정말 이름처럼 '호러 스토리'입니다. 가장 엄격한 요구 사항(트랜잭션성)과 가장 어려운 다른 팩터들(비동기성, 코레오그래피)을 조합해야 하므로 가히 최악이라 할 만합니다.

확장성/탄력성

이 패턴은 중재자가 있는 패턴보다 확장이 잘되고, 비동기성 덕분에 더 많은 작업을 병렬 처리할 수 있습니다.

응답성/가용성

전체 트랜잭션을 요하는 다른 패턴과 마찬가지로 이 패턴 역시 응답성은 낮습니다. 워크플로를 조정하려면 서비스들끼리 적잖은 '수다'를 떨어야 하므로 성능과 응답성은 떨어질 수밖에 없습니다.

표 12-7 호러 스토리(aac)의 평가표

호러 스토리(aac)	평가
통신	비동기
일관성	원자성
조정	코레오그래피
결합도	보통
복잡도	매우 높음
응답성/가용성	낮음
확장성/탄력성	보통

호러 스토리(aac) 패턴은 명확한 의도를 가진 아키텍트가 에픽 사가(sao) 패턴으로 시작했다가 복잡한 워크플로 탓에 성능이 좋지 않은 점을 개선하고자 무턱대고 비동기 통신과 코레오그래피를 들이댄 결과로 나타나는 경우가 많습니다. 문제 영역에서 서로 연관된 차원을 제대로 살펴보지 않아 잘못된 길로 들어선 거죠. 물론 비동기 통신 하나만 보면 분명히 성능은 나아지지만, 아키텍트는 이것이 일관성, 조정 등의 다른 아키텍처 차원과 얽혀 있는 문제이며 어느 한 단면만 보고 판단해서는 안 된다는 사실을 명심해야 합니다.

12.1.7 패러렐 사가^(aeo) 패턴

패러렐 사가^(aeo) 패턴은 '전통적인' 에픽 사가^(sao) 패턴에서 동기 통신을 비동기 통신으로, 원자적 일관성을 최종 일관성으로 바꿔 제약을 완화하고 구현하기 쉽게 만든 패턴입니다(그림 12-16).

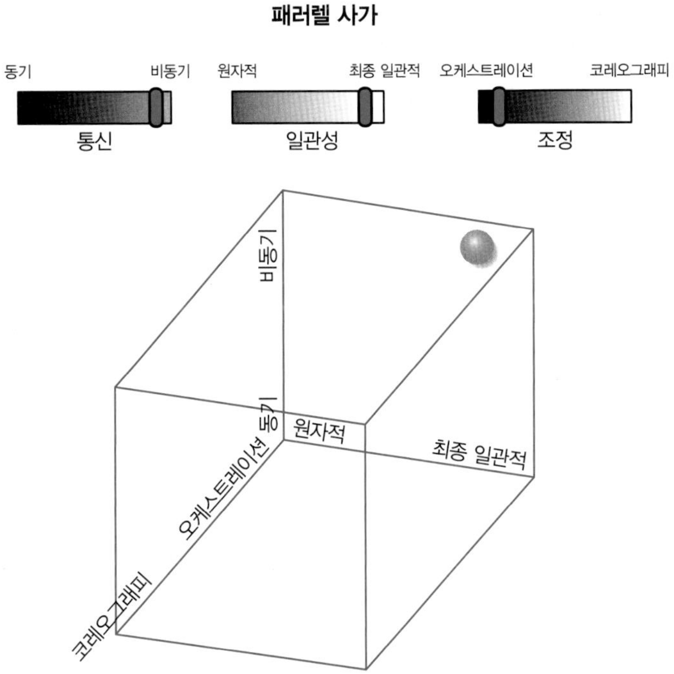

패러렐 사가

그림 **12-16** 패러렐 사가^(aeo) 패턴의 동적 커플링(통신, 일관성, 조정) 관계

에픽 사가^(sao) 패턴은 트랜잭션과 동기 통신에 기반하므로 병목과 성능 저하가 일어날 수밖에 없습니다. [그림 12-16]에서 보다시피, 패러렐 사가^(aeo) 패턴은 이 두 제약 조건을 느슨하게 만든 것입니다.

이 패턴은 중재자를 사용하므로 복잡한 워크플로에 적합하며, 비동기 통신을 사용하므로 응답성과 병렬성도 좋습니다. 도메인 서비스는 백그라운드에서, 또는 중재자를 통해 공유 데이터를 동기화해 데이터 일관성을 맞춥니다. 조정이 필요한 다른 아키텍처 문제들처럼, 여기서도 중재자는 상당히 유용하게 쓰입니다.

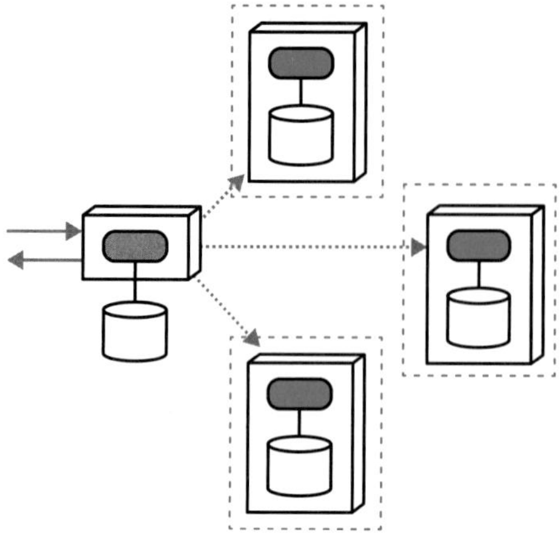

그림 12-17 패러렐 사가(aeo) 패턴의 동형 다이어그램

예를 들어, 워크플로를 실행하는 도중에 에러가 발생하면 중재자는 실패한 업데이트를 보상하기 위해 연관된 도메인 서비스에 각각 비동기 메시지를 보냅니다. 그러면 재시도, 데이터 동기화, 기타 여러 가지 후속 작업이 뒤따르겠죠.

물론 느슨한 제약 조건은 그 장점을 상쇄할 만한 단점이 있음을 의미하며, 이것이 소프트웨어 아키텍처의 본질입니다. 트랜잭션이 없으면 에러 발생이나 갖가지 워크플로 문제를 중재자에게 더 많이 의존하게 됩니다. 비동기 통신이 응답성은 좋지만, 경합 조건, 교착 상태, 큐 안정성 등 분산 아키텍처에서 난해한 타이밍 문제와 동기화 문제는 더욱 골치 아프게 합니다.

패러렐 사가(aeo) 패턴의 특징을 정리하면 다음과 같습니다.

결합도

이 패턴은 결합도가 낮고, 커플링을 집중시키는 트랜잭션의 영향력을 여러 개별 도메인 서비스의 범위로 한정합니다. 또 비동기 통신을 하므로 서비스는 대기 상태로부터 해방돼 더 많은 병렬 처리가 가능합니다. 물론 그만큼 아키텍트가 커플링 분석을 하며 고려해야 할 시간 요소도 늘어납니다.

복잡도

결합이 느슨한 만큼 이 패턴의 복잡도는 낮은 편입니다. 아키텍트가 패턴을 이해하기 쉽고, 오케스트레이션을 통해 워크플로 및 에러 처리 설계를 단순화할 수 있습니다.

확장성/탄력성

비동기 통신을 활용하고 트랜잭션 경계가 줄어들어 아키텍처를 깔끔하게 확장시킬 수 있으며, 서비스 간 격리 수준을 잘 유지할 수 있습니다. 예를 들어 마이크로서비스 아키텍처에서 대고객 서비스의 확장성과 탄력성은 더 높여야 하고, 반대로 백오피스 서비스는 확장성이 크게 필요하지 않지만 보안 수준을 높여야 하는 경우가 있습니다. 이런 상황에서 도메인 수준으로 트랜잭션을 격리하면, 아키텍트는 도메인 개념 중심으로 자유롭게 서비스를 확장할 수 있습니다.

응답성/가용성

중앙에서 트랜잭션 조정을 하지 않고 서비스끼리 비동기 통신을 하므로 응답성이 좋습니다. 실제로 각 서비스가 자체 트랜잭셔널 콘텍스트를 관리하므로 서비스 간 성능 요건이 제각각인 환경에서 유리합니다. 서비스 수요에 따라 특정 서비스를 다른 서비스보다 더 확장시키는 일도 가능합니다.

표 12-8 패러렐 사가(aeo)의 평가표

패러렐(aeo) 사가	평가
통신	비동기
일관성	최종 일관성
조정	오케스트레이션
결합도	낮음
복잡도	낮음
응답성/가용성	높음
확장성/탄력성	높음

패러렐 사가(aeo) 패턴은 여러 가지 시나리오에서, 특히 대용량 데이터가 오가는 복잡한 워크플로에서 트레이드오프가 대체로 괜찮은 조합입니다.

12.1.8 앤솔로지 사가(aec) 패턴

앤솔로지 사가(aec)는 전통적인 에픽 사가(sao) 패턴의 정반대에 해당하는 패턴이며 비동기 통신, 최종 일관성, 코레오그래피 조정이라는, 결합도가 가장 낮은 요소들로 구성됩니다(그림 12-18).

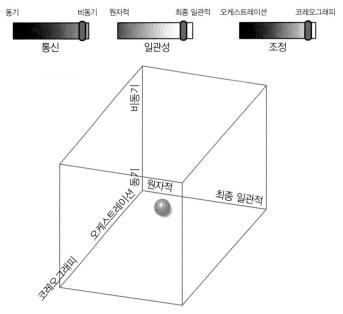

그림 12-18 앤솔로지 사가(aec) 패턴의 동적 커플링(통신, 일관성, 조정) 관계

앤솔로지 사가(aec) 패턴은 메시지 큐를 이용해서 조정 없이 메시지를 다른 도메인 서비스에 비동기 전송합니다.

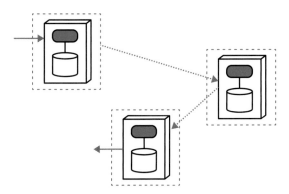

그림 12-19 앤솔로지 사가(aec) 패턴의 동형 다이어그램

[그림 12-19]에서 보다시피, 각 도메인 서비스는 알아서 트랜잭션 무결성을 관리합니다. 오케스트레이터가 없으므로 각 서비스는 에러 처리, 기타 조정 전략 등 자신이 참여한 워크플로에 관한 콘텍스트를 많이 갖고 있어야 합니다.

조정 기능이 없는 탓에 서비스는 더 복잡해지지만 처리량, 확장성, 탄력성 등의 운영 아키텍처 특성은 훨씬 좋아집니다. 또 병목과 커플링 적체점이 없기 때문에 응답성과 확장성도 높은 편입니다.

그러나 이 패턴은 복잡한 워크플로에서는 별로 효과적이지 않습니다. 특히 데이터 일관성에 에러가 발생하는 경우가 문제입니다. 폰 태그 사가(sac) 패턴과 마찬가지로, 스탬프 커플링 (13.2.3절 '워크플로 관리를 위한 스탬프 커플링') 기법을 사용해 워크플로 상태를 전달하는 대안이 있습니다.

이 패턴은 높은 처리량을 요하는, 단순하면서도 거의 대부분 선형적으로linear 진행되는 워크플로에 적합합니다. 높은 성능과 확장성이 시스템의 존재 이유라면 그런 잠재력을 가진 이 패턴은 매력적인 선택지가 될 것입니다. 하지만 디커플링이 심하기 때문에 (특히 복잡하거나 업무상 중대한 워크플로는 더) 조정이 어렵습니다.

앤솔로지 사가(aec) 패턴의 특징을 정리하면 다음과 같습니다.

결합도

이 패턴은 결합도가 가장 낮은 조합이므로 높은 성능과 탄력성이 필요한, 고도의 디커플링된 아키텍처를 구축할 수 있습니다.

복잡도

결합도는 아주 낮지만, 반대로 복잡도는 그만큼 높습니다. 오케스트레이터의 부재로 복잡한 워크플로에는 적합하지 않습니다.

확장성/탄력성

이 패턴은 전반적으로 결합도가 낮아 확장성/탄력성은 가장 높은 점수를 줄 만합니다.

응답성

속도 조절기speed governor (트랜잭션 일관성, 동기 통신) 대신 응답 가속기responsiveness accelerator (코레오그래피 조정)를 사용하기 때문에 응답성은 높습니다.

표 12-9 앤솔로지 사가(aec)의 평가표

앤솔로지(aec) 사가	평가
통신	비동기
일관성	최종 일관성
조정	코레오그래피
결합도	매우 낮음
복잡도	높음
응답성/가용성	높음
확장성/탄력성	매우 높음

앤솔로지 사가(aec) 패턴은 워크플로가 단순하고 에러가 발생할 일이 별로 없는, 높은 처리량이 필요한 통신에 어울립니다. 예를 들면, 파이프와 필터 아키텍처 스타일이 이 패턴에 꼭 맞습니다.

아키텍트는 이 절에서 설명한 8개 패턴을 다양한 방법으로 구현할 수 있습니다. 예를 들어, 보상 업데이트를 사용하거나 최종 일관성에 따른 트랜잭션 상태 관리를 함으로써 원자적 트랜잭션을 통해 트랜잭셔널 사가를 관리할 수 있습니다. 여러분이 맞닥뜨린 상황에서 어떤 트랜잭셔널 사가 패턴이 최선의 선택이 될지는 각 패턴의 장단점을 꼼꼼히 잘 따져보고 결정하기 바랍니다.

12.2 상태 관리와 최종 일관성

상태 관리와 최종 일관성state management and eventual consistency은 유한 상태 기계finite state machine(12.2.1절 '사가 상태 기계') 개념을 활용해 현재 트랜잭셔널 사가 상태를 파악하고 재시도 또는 다른 자동/수동 조치를 통해 오류를 해결하는 방법입니다. [그림 12-20]은 티켓 완료 프로세스를 페어리 테일 사가(seo) 패턴으로 구현한 그림입니다.

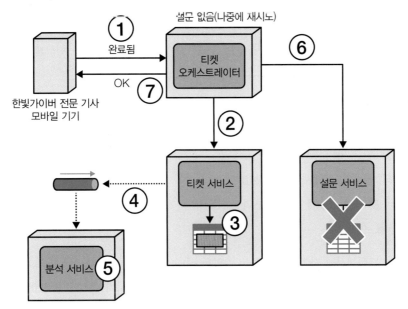

그림 12-20 페어리 테일 사가(seo) 패턴은 응답성이 좋은 반면, 소스 데이터는 모두 동기화되기 전까지 어긋난 상태가 된다.

원래 설문 서비스는 분산 트랜잭션 도중 사용할 수 없지만, 이렇게 페어리 테일 사가(seo) 패턴을 적용하면 보상 업데이트를 일으키지 않고 사가 상태를 NO_SURVEY로 변경한 다음, 한빛가이버 전문 기사에게 성공 응답을 전달할 수 있습니다([그림 12-20]의 7번 단계). 그동안 티켓 오케스트레이터 서비스는 에러 원인을 찾아 프로그래밍으로 재시도하는 등 에러 해결을 위해 물밑에서 비동기로 움직입니다. 만약 그래도 해결이 안 되면, 관리자/담당자가 수동으로 조치할 수 있도록 티켓 오케스트레이터 서비스가 에러를 전송합니다.

엔드 유저(한빛가이버 전문 기사)는 보상 업데이트를 일으키지 않고도 사가 상태를 관리할 수 있고, 설문이 고객에게 전달되지 않았을까 봐 노심초사할 필요가 없습니다. 모든 뒷일은 티켓 오케스트레이터 서비스가 알아서 처리하기 때문입니다. 또한 엔드 유저 관점에서 응답성이 좋고, 시스템이 에러를 조치하는 동안 다른 일을 할 수 있습니다.

12.2.1 사가 상태 기계

상태 기계state machine는 분산 아키텍처에서 있음 직한 모든 가능한 경로를 기술하는 패턴입니다. 항상 트랜잭셔널 사가를 개시하는 시작 상태beginning state로 시작하며, 이어서 상태가 변경될 때마다 수행할 액션과 전이 상태transition state가 등장합니다.

다음은 한빛가이버 애플리케이션에서 고객이 새로 등록한 고장 티켓을 처리하는 워크플로입니다.

1. 시스템에서 고객이 고장 티켓을 새로 등록한다.

2. 출동 가능한 한빛가이버 전문 기사에게 티켓을 배정한다.

3. 전문 기사의 모바일 기기로 티켓이 전송된다.

4. 전문 기사는 티켓을 받고 고객을 방문해서 수리한다.

5. 수리 완료 후 전문 기사는 티켓을 완료 처리한다.

6. 고객에게 설문을 보낸다.

[그림 12-21]은 이 트랜잭셔널 사가에 존재하는 다양한 상태와 전이 액션을 나타낸 다이어그램입니다. 트랜잭셔널 사가는 사가 진입점인 **START** 노드에서 시작해 사가 종료점인 **CLOSED** 노드에서 끝납니다.

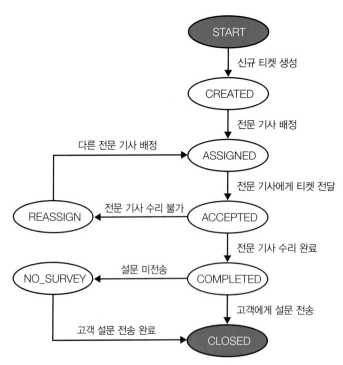

그림 12-21 신규 고장 티켓 생성 워크플로의 상태 다이어그램

이 트랜잭셔널 사가의 긱 상태마다 일어나는 액션을 사세히 살펴봅시다.

START(시작)

트랜잭셔널 사가는 고객이 시스템에 고장 티켓을 새로 등록하는 것으로 시작됩니다. 시스템은 먼저 고객의 지원 플랜과 티켓 데이터가 올바른지 확인합니다. 이상이 없으면 티켓 데이터를 Ticket 테이블에 삽입한 후, 사가 상태를 CREATED로 바꾸고 고객에게 티켓 생성이 성공했다고 알립니다. 이것이 이 상태 전이에서 일어날 수 있는 유일한 결과로, 여기서 에러가 발생하면 사가는 시작조차 하지 못합니다.

CREATED(생성)

성공적으로 생성된 티켓은 전문 기사에게 배정됩니다. 해당 티켓을 처리할 수 있는 전문 기사가 마땅치 않을 경우, 수리 가능한 전문 기사가 있을 때까지 대기합니다. 전문 기사가 배정되면 사가 상태는 ASSIGNED 상태로 바뀝니다. 이것이 이 상태 전이에서 일어날 수 있는 유일한 결과이며, 티켓은 전문 기사에게 배정될 때까지 CREATED 상태가 됩니다.

ASSIGNED(배정)

티켓이 전문 기사에게 배정되고 나면, 배정 알고리즘이 실행돼 수리 가능한 전문 기사를 찾았다는 가정하에 해당 티켓을 전문 기사에게 전달하는 외길 수순입니다. 마땅한 전문 기사를 찾지 못해 티켓을 보내지 못할 경우, 사가는 티켓 전달이 가능할 때까지 ASSIGNED 상태로 유지됩니다. 티켓 전달 후 전문 기사는 티켓을 받았다고 확인 응답을 해야 합니다. 여기까지 진행되면 사가는 ACCEPTED 상태로 바뀌며, 이것이 이 상태 전이에서 일어날 수 있는 유일한 결과입니다.

ACCEPTED(접수)

한빛가이버 전문 기사가 티켓을 접수하면, 티켓 상태는 COMPLETED나 REASSIGN 둘 중 하나가 됩니다. 전문 기사가 수리 완료 후 티켓을 '완료'로 표시하면 사가 상태는 COMPLETED로 바뀌고, 티켓이 잘못 배정됐거나 어떤 이유에서든 전문 기사가 수리를 마칠 수 없으면 REASSIGN 상태로 전환됩니다.

REASSIGN(재배정)

REASSIGN 상태가 되면 시스템은 티켓을 다른 전문 기사에게 재배정할 것입니다. CREATED 상태와 마찬가지로 다른 마땅한 전문 기사가 없으면, 티켓이 배정될 때까지 트랜잭셔널 사가는 REASSIGN 상태로 유지됩니다. 적합한 전문 기사가 나타나 티켓이 재배정되면, 사가는 ASSIGNED 상태로 바뀌고 해당 전문 기사가 접수할 때까지 대기합니다. 이것이 이 상태 전이에서 일어날 수 있는 유일한 결과이며, 티켓이 전문 기사에게 재배정될 때까지 사가는 계속 REASSIGN 상태가 됩니다.

COMPLETED(완료)

전문 기사가 수리를 마치고 티켓을 완료 처리하면 티켓 상태는 CLOSED나 NO_SURVEY 중 하나가 됩니다. 티켓이 완료되면, 수리한 전문 기사의 서비스 품질을 평가하는 설문이 고객에게 전송되고 트랜잭셔널 사가는 CLOSED 상태가 되면서 종료됩니다. 그러나 설문 서비스가 실패했거나 고객에게 설문을 전송하는 도중 문제가 발생하면 사가는 NO_SURVEY 상태가 됩니다. 즉, 전문 기사가 수리를 완료했지만 고객에게 설문을 보내지 못한 상태가 되는 것입니다.

NO_SURVEY(설문 없음)

NO_SURVEY는 에러 조건 상태이므로 시스템은 계속 고객에게 설문 전송을 시도할 것입니다. 다행히 정상적으로 전송되면 CLOSED 상태가 되고 트랜잭셔널 사가는 종료됩니다. 이것이 이 상태 전이에서 일어날 수 있는 유일한 결과입니다.

가급적 가능한 모든 상태 전이와 그에 해당하는 액션 목록을 테이블 형태로 정리하는 것이 좋습니다. 그러면 개발자는 이 테이블을 참조해서 상태 전이 트리거와 가능한 에러 처리 로직을 오케스트레이션 서비스(코레오그래피 패턴이라면 해당 서비스)에 구현할 것입니다. [표 12-10]은 고객이 새로 등록한 고장 티켓을 처리하는 과정에서 가능한 상태 리스트와 상태 전이 시 트리거되는 액션들을 표 하나로 정리한 것입니다.

표 12-10 신규 고장 티켓을 처리하는 사가 상태 기계

변경 전 상태	변경 후 상태	트랜잭션 액션
START	CREATED	티켓을 전문 기사에게 배정한다.
CREATED	ASSIGNED	배정된 전문 기사에게 티켓을 전송한다.
ASSIGNED	ACCEPTED	전문 기사가 수리를 한다.
ACCEPTED	COMPLETED	고객에게 설문을 전송한다.
ACCEPTED	REASSIGN	티켓을 다른 전문 기사에게 재배정한다.
REASSIGN	ASSIGNED	재배정된 전문 기사에게 티켓을 전송한다.

COMPLETED	CLOSED	티켓 사가 완료
COMPLETED	NO_SURVEY	고객에게 설문을 전송한다.
NO_SURVEY	CLOSED	티켓 사가 완료

보상 업데이트를 사용할지, 아니면 분산 트랜잭션 워크플로의 상태 관리를 할지는 그때그때 상황, 그리고 응답성과 일관성 사이의 트레이드오프 분석 결과를 바탕으로 판단해야 합니다. 어떤 기법으로 에러 조건을 처리하든, 반드시 분산 트랜잭션의 상태는 정확히 파악해서 관리해야 합니다.

트레이드오프

표 12-11 보상 업데이트를 하는 원자적 분산 트랜잭션과 상태 관리의 트레이드오프

장점	단점
응답성이 좋다.	에러 발생 시 데이터가 어긋날 수 있다.
에러 발생 시 엔드 유저에게 미치는 영향이 적다.	최종 일관성을 맞추는 데 시간이 걸린다.

12.3 사가 관리 기법

분산 트랜잭션은 단순히 시스템에 '꽂아 넣는dropped into' 뭔가가 아닙니다. 그렇다고 인터넷에서 내려받거나 돈을 주고 살 만한 프레임워크나 ACID 트랜잭션 관리자 제품이 있는 것도 아닙니다. 아키텍트, 개발자가 직접 설계하고 코딩해서 꾸준히 관리해야 합니다.

우리가 즐겨 쓰는 분산 트랜잭션 관리 기법 중 하나는 자바의 애너테이션, C#의 커스텀 애트리뷰트, 그 밖의 언어에서 기본 제공되는 이런 종류의 아티팩트를 활용하는 것입니다. 프로그래밍 언어에 내장된 아티팩트가 그 자체로 어떤 실질적 기능을 하는 것은 아니지만, 시스템에 있는 트랜잭셔널 사가를 포착해서 문서화할 수 있는 프로그래밍 방법 및 트랜잭셔널 사가와 서비스를 연관 짓는 수단을 제공합니다.

[예제 12-1], [예제 12-2]는 각각 자바 애너테이션과 C# 커스텀 애트리뷰트로 작성한 코드입니다. 둘 다 Transaction 이늄enum에 트랜잭셔널 사가(NEW_TICKET, CANCEL_TICKET 등)가

포함돼 있고, 이것이 애플리케이션 콘텍스트에 존재하는 다양한 사가를 열거하고 문서화하는 구심점이 됩니다.

예제 12-1 트랜잭셔널 사가를 정의한 애너테이션(자바)

```java
@Retention(RetentionPolicy.RUNTIME)
@Target(ElementType.TYPE)
public @interface Saga {
  public Transaction[] value();

  public enum Transaction {
    NEW_TICKET,
    CANCEL_TICKET,
    NEW_CUSTOMER,
    UNSUBSCRIBE,
    NEW_SUPPORT_CONTRACT
  }
}
```

예제 12-2 트랜잭셔널 사가를 정의한 애트리뷰트(C#)

```csharp
[AttributeUsage(AttributeTargets.Class)]
class Saga : System.Attribute {
  public Transaction[] transaction;

  public enum Transaction {
    NEW_TICKET,
    CANCEL_TICKET,
    NEW_CUSTOMER,
    UNSUBSCRIBE,
    NEW_SUPPORT_CONTRACT
  };
}
```

애너테이션이나 애트리뷰트는 트랜잭셔널 사가에 참여한 서비스를 식별하기 위해 사용됩니다. 예를 들어, [예제 12-3]에서 SurveyServiceAPI 클래스에 붙인 @Saga(Transaction.NEW_TICKET)만 보면 이 클래스가 NEW_TICKET 사가에 참여하는 서비스 진입점임을 바로 알 수 있습니다. 마찬가지로, TicketServiceAPI 클래스는 NEW_TICKET, CANCEL_TICKET 두 사가에 참여하는 서비스 진입점이라는 사실이 쉽게 파악됩니다.

```java
@ServiceEntrypoint
@Saga(Transaction.NEW_TICKET)
public class SurveyServiceAPI {
  ...
}


@ServiceEntrypoint
@Saga({Transaction.NEW_TICKET,)
      Transaction.CANCEL_TICKET})
public class TicketServiceAPI {
  ...
}
```

[예제 12-3]에서 NEW_TICKET 사가는 설문 서비스와 티켓 서비스를 포괄합니다. 개발자는 이 정보를 바탕으로 워크플로나 사가를 변경할 때 테스트 범위를 올바르게 설정하고, 해당 트랜잭셔널 사가에 참여하는 한 서비스를 변경하면 다른 서비스는 어떤 영향을 받는지 파악할 수 있습니다.

애너테이션과 커스텀 애트리뷰트를 잘 활용하면, 아키텍트와 개발자가 간단한 커맨드 라인 인터페이스(CLI) 도구를 만들어 사가 정보를 코드베이스나 소스 코드 리포지터리에서 실시간으로 검색할 수 있습니다. 예를 들어, 다음은 간단한 코드 탐색 CLI 도구로 NEW_TICKET 사가에 참여하는 서비스들을 조회한 예입니다.

```
$ ./sagatool.sh NEW_TICKET -services

-> Ticket Service
-> Assignment Service
-> Routing Service
-> Survey Service

$
```

이 셸 파일은 애플리케이션 콘텍스트에서 @ServiceEntrypoint 애너테이션이 선언된 클래스를 먼저 찾고, 그중 @Saga 애너테이션이 주어진 사가(이 예제는 Transaction.NEW_TICKET)와 일치하는 것들을 표시합니다. 이런 도구는 작성하기도 쉽고 별로 복잡하지 않아서 트랜잭셔널 사가 관리에 필요한 귀중한 정보를 캐낼 때 유용합니다.

12.4 한빛가이버 사가: 원자적 트랜잭션과 보상 업데이트

4월 5일 화요일 09:44

성한과 선빈은 노건우 팀장과 대회의실에서 만나 새로운 마이크로서비스 아키텍처의 트랜잭션에 관해 논의했습니다.

노건우: "자신이 알고 있는 내용을 아키텍처에 어떻게 적용하느냐는 개인마다 생각이 다를 수 있어. 그래서 지금 두 사람이 나와 같은 방향을 바라볼 수 있게 몇 가지 워크플로와 다이어그램을 준비했어요. 일단 오늘은 시스템에서 티켓 완료를 표시하는 문제를 얘기합시다. 다들 알다시피 전문 기사가 수리를 마치면 자신의 모바일 기기 앱에서 티켓을 '완료'로 표시하지. 우선, 에픽 사가(sao) 패턴과 보상 업데이트를 얘기할 건데, 어제 메일로 배포한 자료 3쪽에 있는 [그림 12-22]를 봅시다."

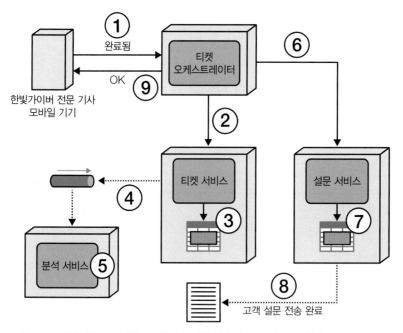

그림 12-22 에픽 사가(sao) 패턴을 적용할 경우, 티켓 상태 업데이트와 설문 전송을 모두 하나의 원자적인 동기 작업으로 묶어 처리해야 한다.

노건우: (말을 이어서) "이 그림 밑에 각 단계별로 세부 설명을 자세히 달아났어. [그림 12-22]에서 동그라미 안에 기재한 숫자가 단계 번호야."

① 선문 기사가 자신의 모바일 기기 앱에서 티켓을 완료 처리하면 티켓 오케스트레이터 서비스는 이 정보를 동기 통신으로 수신한다.

② 티켓 오케스트레이터 서비스가 티켓 서비스에 동기 통신으로 '진행 중'인 티켓 상태를 '완료'로 변경해 달라고 요청한다.

③ 티켓 서비스는 DB 테이블에서 티켓 번호를 찾아 상태를 '완료'로 업데이트하고 커밋한다.

④ 티켓 완료 프로세스의 일부로, 티켓 서비스는 티켓 정보(예: 티켓 수리 시간, 티켓 대기 시간 등)를 분석 서비스가 가져갈 수 있게 큐에 비동기 방식으로 전송한다. 이 작업이 끝나면 티켓 서비스는 티켓 오케스트레이터 서비스에 업데이트가 완료됐다는 메시지를 보낸다.

⑤ ④와 거의 동시에 분석 서비스는 업데이트된 티켓 정보를 비동기 통신으로 수신받아 처리를 개시한다.

⑥ 티켓 오케스트레이터 서비스는 고객 설문을 준비해서 고객에게 발송하라고 설문 서비스에 동기 요청한다.

⑦ 설문 서비스는 설문 정보(고객, 티켓 정보, 타임스탬프)가 있는 테이블에 데이터를 삽입한 후 커밋한다.

⑧ 설문 서비스는 고객 이메일로 설문을 발송하고 티켓 오케스트레이터 서비스에 설문 처리가 완료됐음을 확인 응답한다.

⑨ 끝으로, 티켓 오케스트레이터 서비스는 모든 티켓 처리가 완료됐음을 전문 기사의 모바일 앱에 전송해 알린다. 이제 해당 전문 기사는 자신에게 배정된 다음 고장 티켓을 선택할 수 있다.

손성한: "와, 진짜 일목요연하네요. 정리하는 데 얼마나 걸리셨어요?"

노건우: "뭐, 좀 걸리긴 했는데 아주 요긴할 거야. 두 사람 말고도 이렇게 서로 다른 조각들이 어떻게 함께 어우러져 작동되는지 모르는 사람들이 태반이야. 그래서 소프트웨어 아키텍처가 어렵다고 볼멘 소리들을 하는 거겠지. 이제 기본적인 워크플로는 알겠지?"

노건우: (성한과 선빈이 고개를 끄덕이는 것을 보고 말을 이어) "보상 업데이트 적용 시 가장 먼저 발생하는 문제는, 분산 트랜잭션은 트랜잭션 격리를 하지 않기 때문에(12.4절 '한빛가이버 사가: 원자적 트랜잭션과 보상 업데이트') 트랜잭션이 끝나기 전에는 앞서 업데이트한 데이터에 다른 서비스가 무슨 짓을 했을지 알 길이 없다는 점이야. 자, [그림 12-23]과 같은 에픽 사가(sao) 시나리오를 생각해보자고. 전문 기사가 티켓을 완료 표시했는데 마침 설문 서비스가 잠시 실패한 거야. 이때, 티켓 서비스는 업데이트를 되돌리려고 보상 업데이트([그림 12-23]의 ⑦)를 발동시키고 티켓 상태는 '완료'에서 '진행 중'으로 다시 돌아가겠지([그림 12-23]의 ⑧). [그림 12-23]도 원자적인 분산 트랜잭션이니까 전문 기사에게 에러를 반환해서 작업이 성공하지 못했으니 재시도를 하라고 알려줄 거야. 근데, 뭔가 좀 이상하지 않아? 설문이 고객에게 전송됐는지를 왜 전문 기사가 신경 써야 하지?"

오선빈: (잠시 침묵하다가) "원래 모놀리스에서는 그게 워크플로의 일부였잖아요? 제 기억이 맞다면 모든 작업이 한 트랜잭션으로 묶여 실행됐었는데…?"

손성한: "맞아요, 지금까지 말은 안 했지만 저도 항상 그게 이상했어요. 전문 기사가 설문 조사 따위를 왜 챙기는지…? 기사님들은 배정된 다음 티켓을 계속 처리하기도 바쁠 텐데요."

노건우: "맞아, 이게 원자적 분산 트랜잭션의 문제점이야. 엔드 유저가 불필요하게 비즈니스 프로세스의 시맨틱과 엮여버리게 되거든. [그림 12-23]을 보면 트랜잭션 격리가 안 되는 분산 트랜잭션에서 어떤 문제가 생기는지 바로 알 수 있어. 티켓 서비스는 티켓을 완료로 표시하는 원래 업데이트의 일부로 분석 서비스가 티켓 정보를 받아 처리하는(⑤) 큐로 비동기 전송(④)을 했지. 그런데 티켓 서비스에서 보상 업데이트가 일어났고(⑦), 이미 티켓 정보는 분석 서비스가 ⑤에서 처리를 완료했어."

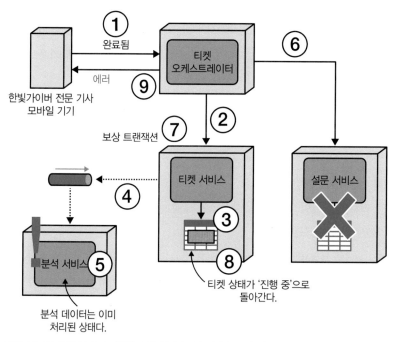

그림 12-23 에픽 사가(sao) 패턴은 보상 처리가 필수이지만, 그에 따른 부수 효과가 일어날 수 있다.

노건우: "이것을 분산 아키텍처의 부수 효과라고 해. 티켓 서비스가 트랜잭션을 되돌려도 그 이전에 업데이트한 데이터에 대해 이미 다른 서비스가 어떤 작업을 수행했을지 알 수 없고, 이게 아니어도 그냥 간단히 되돌릴 수 없는 경우도 있어. 분산 트랜잭션에서 지원하지 않는 트랜잭션 격리가 얼마나 중요한 개념인지 이제 알겠지? 티켓 서비스가 열심히 데이터를 펌프질해서 분석 서비스한테 이전 티켓 정보는 무시

히리고 요청하면 어느 정도 해설할 순 있겠지. 하지만 이렇게 일일이 보상 처리하려면 얼마나 복잡한 코드와 타이밍 로직을 분석 서비스에 욱여넣어야 할지…! 또 분석 서비스가 이미 처리한 데이터를 갖고 다른 곳에서 어떤 식으로 뭔가 작업을 했을 경우, 그 모든 이벤트 체인을 되감아서 바로잡는 일은 상상만 해도 끔찍해. 한도 끝도 없이 작업이 길어질 거야." (잠시 말을 끊었다가) "이슈는 이것만 있는 게 아니고…"

오선빈: "또 있나요?"

노건우: (웃으며) "보상 실패는 보상 업데이트에 반드시 따라다니는 고질적인 문제야. [그림 12-24]의 ⑦에서 티켓 서비스가 보상 업데이트를 할 때 티켓 상태를 '완료'에서 '진행 중'으로 바꾸는 과정에서도 에러가 발생할 수 있지(⑧)."

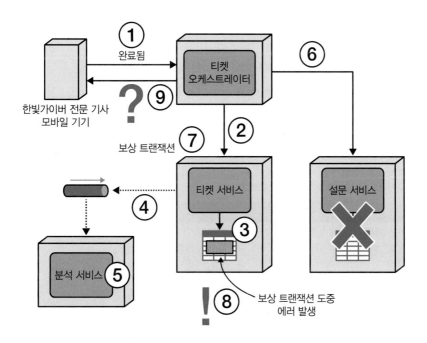

그림 12-24 보상 트랜잭션 자체가 실패할 경우, 후속 조치할 작업들이 서로 뒤엉켜 비일관성과 혼란이 빚어질 수 있다.

손성한: "맞아요, 예전에 진짜 그런 일이 있었어요. 버그 찾느라 밤을 샜었는데…"

노건우: "아키텍트, 개발자는 보상 업데이트가 항상 성공할 거라 생각하는 경향이 있는데, 실패하는 경우도 반드시 있지. [그림 12-24]와 같은 경우에 엔드 유저(즉, 전문 기사)한테는 어떻게 응답하는 게 좋을까? (두 사람을 잠시 쳐다보며) 어렵지. 보상 처리는 실패했고 티켓은 아직 완료로 표시돼 있으니 '완료

된 것으로 표시하라'는 요청을 다시 보내면 또 다른 에러(즉, 티켓은 이미 완료로 표시돼 있다!)가 발생할 가능성이 커. 엔드 유저 쪽에서도 적잖이 당황스럽겠지?"

손성한: "네, 벌써 개발자들이 몰려와 이 문제를 어떻게 해결하면 좋을지 물어보는 모습이 선하네요."

노건우: "응, 불완전하거나 헷갈리게 설계한 아키텍처는 개발자들 반응만 봐도 금세 알 수 있어. 개발자가 혼란스러워 한다면 그럴 만한 이유가 있는 거야. 그리고 여기에 이슈 하나 더 추가! 원자석 분산 트랜잭션 과 그에 따른 보상 업데이트는 응답성에도 영향을 미쳐. 에러가 발생하면, 엔드 유저는 (보상 업데이트를 통해) 모든 수정 작업이 끝나고 무슨 무슨 에러가 발생했다는 응답을 받을 때까지 기다려야 해."

오선빈: "그럼 응답성 차원에서 최종 일관성으로 바꾸면 좀 도움이 되지 않을까요?"

노건우: "응답성은 (패러렐 사가(aeo), 앤솔로지 사가(aec) 패턴처럼) 최종 일관성을 이용해 보상 업데이트를 비동기로 걸어주면 조금 나아지긴 하지만, 그래도 대부분의 원자적 분산 트랜잭션에 보상 업데이트가 걸리면 응답성이 더 나빠지겠지."

오선빈: "네, 정말 그렇겠네요. 원자적 조정은 항상 오버헤드를 수반하죠."

노건우: "휴, 얘기가 많이 길어졌네! 원자적 분산 트랜잭션과 보상 업데이트에 관한 트레이드오프를 간단히 표로 정리해봅시다."(표 12-12)

트레이드오프

표 12-12 원자적 분산 트랜잭션과 보상 업데이트의 트레이드오프

장점	단점
모든 데이터를 이전 상태로 되돌릴 수 있다.	트랜잭션 격리가 안 된다.
재시도, 재시작이 가능하다.	보상 과정에서 부수 효과가 일어날 수 있다.
	보상 자체가 실패할 수 있다.
	엔드 유저 입장에서 응답성이 좋지 않다.

노건우: "보상 트랜잭션 패턴도 몇 가지 있긴 한데, 막상 적용하려면 풀어야 할 숙제가 한두 가지가 아냐. 어떤 것들이 있을까?"

오선빈: "네, 일단 서비스가 롤백을 수행할 수 없습니다. 서비스 중 하나가 이전 작업을 제대로 언두하지 못하는 경우도 있으니까요. 따라서 트랜잭션이 성공하지 못했음을 나타내는 조정 코드를 오케스트레이터 가 갖고 있어야 해요."

노건우: "아주 좋아, 다른 건?"

손성한: "트랜잭션에 참여한 서비스를 락킹할시 여부를 결정하기가 까다롭겠네요. 중재자는 서비스를 호출한 후 특정 값을 업데이트하고 워크플로의 다음 서비스를 호출하는데… 만약 동일한 중재자가, 아니면 첫 번째 서비스에 대해 다른 콘텍스트의 일부로 발생한 또 다른 요청이 첫 번째 요청의 결과에 좌우된다면? 오, 이런 분산 아키텍처 문제는 동기 호출보다 비동기 호출을 하면 훨씬 더 심각해지겠네요(12.1.2절 '폰 태그 사가(sac) 패턴'). 중재자가 워크플로를 실행하는 도중에는 다른 서비스가 호출을 받지 못하게 걸어 잠그면 트랜잭션의 유효성은 보장되겠지만… 성능, 확장성은 엉망이 되겠네요."

노건우: "오호, 제법인데? 우리 철학적으로 한번 접근해볼까? 트랜잭션은 그 참가자들에게 자신의 세상을 잊고 어떤 값으로 동기화하도록 강요하지. 개념이 그렇다는 거야. 이런 방식은 관계형 데이터베이스를 기반으로 한 모놀리식 아키텍처에서는 구현하기가 아주 쉬워서 과거에 많은 아키텍트 선배님들이 남용했던 게 사실이야. '스타벅스는 2단계 커밋을 사용하지 않는다Starbucks Does Not Use Two-Phase Commit[2]'는 말은 그레고르 호페Gregor Hohpe가 쓴 유명한 에세이에도 나오는 얘기이지만, 현실 세계는 결코 트랜잭션처럼 움직이지 않아. 트랜잭션 조정은 아키텍처에서 가장 하드한 부분인데, 그 범위가 넓어질수록 문제는 더 악화되고 말지."

손성한: "그럼 에픽 사가(sao)를 대체할 방안은요?"

노건우: "[그림 12-24]의 경우라면 페어리 테일 사가(seo)나 패러렐 사가(aeo) 패턴이 더 현실적인 접근법이야. 이 두 사가는 에러가 발생하면 보상 업데이트를 원자적 분산 트랜잭션에 거는 게 아니라, 비동기 통신에 기반을 둔 최종 일관성과 상태 관리를 활용하거든. 그래서 엔드 유저가 개입하지 않아도 백그라운드에서 에러 조치가 이뤄지고, 그만큼 엔드 유저는 분산 트랜잭션에서 발생 가능한 에러의 영향을 덜 받지. 또 유저가 분산 트랜잭션에서 에러 조치가 끝날 때까지 기다릴 필요가 없으니 응답성 역시 최종 일관성 및 상태 관리 방식이 더 우수하다고 볼 수 있어. 원자성 이슈가 있는 경우에는 이런 패턴도 대안으로 고려해보는 게 좋아."

손성한: "팀장님, 정말 감사합니다! 주옥 같은 얘기들을 너무 많이 들려주셔서 정신이 다 혼미하지만, 선배 아키텍트들이 새로운 아키텍처에서 어떤 고민들을 했는지 이제 조금 알 것 같네요."

## CHAPTER 13

계약

4월 15일 금요일 12:01

성한은 무열과 구내 식당에서 점심을 함께 먹으며, 티켓 관리 워크플로에서 오케스트레이터 와 다른 서비스들 간의 조정 문제에 대해 이야기를 나누었습니다.

김무열: "그냥 죄다 gRPC로 통신하면 안 되나요? gRPC가 진짜 빠르다던데…"

손성한: "음, gRPC는 구현부지, 아키텍처가 아니죠. 구현 방법을 선택하기 전에 먼저 어떤 타 입의 계약을 사용할지 결정해야 합니다. 엄격한 계약과 느슨한 계약 중에서 어느 쪽으로 갈 지 선택하고, 그렇게 결정된 계약이 우리가 정한 피트니스 함수를 충족한다는 전제하에 구현하는 방법은 무열 씨가 알아서 하시면 돼요."

김무열: "저, 근데 계약 타입은 어떻게 결정하나요?"

2장에서는 통신, 일관성, 조정이라는 세 가지 중요한 힘의 조합을 소개하고 트레이드오프를 어 떻게 분석하는지 설명했습니다(기억이 가물가물한 분들을 위해 세 힘이 교차하는 3차원 공간 을 [그림 13-1]에 다시 나타냈습니다). 이 장에서는 다양한 통신 스타일과 트레이드오프를 이 야기하면서 이 세 힘을 한 번 더 살펴보고자 합니다.

아키텍트가 아무리 많은 관계를 정확히 구분해 찾아낸다 해도, 어떤 힘들은 개념 공간^{conceptual} ^{space}을 넘나들며 나머지 차원에 동일한 영향을 미칩니다. 물리적인 3차원 공간에 시간이라는 또 다른 차원이 공통적으로 작용하는 것과 같은 이치입니다.

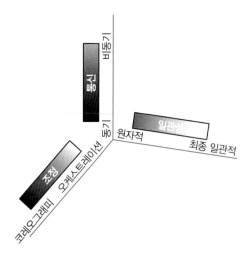

그림 13-1 3차원 동적 퀀텀 커플링 그래프

계약contract은 종류가 다른 아키텍처 파트가 서로 어떻게 연결되는지 정의한 것으로, 아키텍트가 의사 결정하는 소프트웨어 아키텍처의 거의 모든 부분에서 한결같이 영향을 미치는 팩터입니다. '계약'이라는 단어를 사전에서 찾아보면 다음과 같이 풀이돼 있습니다.

계약

고용, 판매, 임대차 등 법적 구속력을 보장받기 위한 서면 또는 구두 합의

소프트웨어 아키텍처에서 계약은 통합점 같은 것들을 기술하기 위해 폭넓게 활용됩니다. 실제로 SOAP, REST, gRPC, XMLRPC 등의 다양한 계약 포맷contract format은 소프트웨어의 설계 프로세스 중 하나입니다. 하지만 우리는 다음과 같이 좀 더 넓은 의미로 일관되게 계약을 정의합니다.

하드 파트 계약hard parts contract

어떤 정보나 디펜던시를 전달하기 위해 아키텍처의 각 파트에서 사용되는 포맷

이렇게 정의한 계약은 프레임워크와 라이브러리의 디펜던시, 내외부 통합점, 캐시, 기타 다른 파트 간 통신 등 시스템의 각 부위를 '서로 연결'시키는 모든 기술을 망라한 개념입니다.

이 장에서는 정적/동적 퀀텀 커플링과 워크플로의 효율을 개선(또는 악화)하는 방법 등 계약이 아키텍처의 여러 파트에 어떤 영향을 미치는지 알아보겠습니다.

13.1 엄격한 계약 vs. 느슨한 계약

소프트웨어 아키텍처의 많은 것이 그러하듯, 계약도 '모 아니면 도'만 있는 게 아니라 엄격한 계약부터 느슨한 계약까지 스펙트럼이 넓습니다. [그림 13-2]는 계약 스펙트럼에 분포된 다양한 계약 타입을 나타낸 것입니다.

엄격하다   **느슨하다**

XML 스키마	GraphQL	가치 주도 계약
JSON 스키마	REST	단순 JSON
객체		KVP 배열(맵)
RPC(gRPC 포함)		

그림 13-2 엄격함에 따라 분포된 계약 타입 스펙트럼

엄격한 계약strict contract은 이름, 타입, 순서, 그 밖의 모든 세부 사항을 준수하되, 모호한 부분을 남겨두지 않습니다. 소프트웨어에서 가장 엄격한 계약으로는 자바 플랫폼 메커니즘을 활용한 RMI가 대표적입니다. RMI는 마치 내부의 자바 메서드를 호출하듯이 원격 메서드를 호출하는 기술이므로 메서드명, 매개변수, 타입, 기타 다른 세부 정보가 모두 일치해야 합니다.

엄격한 계약의 포맷은 대개 메서드 호출의 시맨틱을 모방한 것입니다. 예를 들어, 보통 RPC라고 줄여 쓰는 원격 프로시저 호출Remote Procedure Call을 변형한 프로토콜의 하나인 gRPC[1]는 많이 쓰이는 엄격한 계약 기반의 원격 호출 프레임워크입니다.

대부분의 아키텍트는 내부 메서드 호출과 정확히 의미가 같은 동작을 모델링한 엄격한 계약을 선호합니다. 하지만 엄격한 계약은 통합 아키텍처에서 꼭 방지해야 할 취약점을 일으킵니다. 8장에서도 언급했듯이, 여러 아키텍처 파트에서 쓰이면서 자주 변경되는 것들은 어떤 아키텍처를 사용하더라도 문제를 야기합니다. 계약은 (자주 변경해야 할수록 다른 서비스에 파문을 일으키는) 분산 아키텍처에서 일종의 접착제 역할을 하므로 본연의 뜻에 부합합니다. 물론 아키텍트가 엄격한 계약을 반드시 사용해야 하는 것은 아니며, 엄격한 계약이 유리한 경우에만 적용하면 됩니다.

JSON[2]처럼 외관상 느슨한 포맷도 단순 이름-값 쌍에 스키마 정보를 선택적으로 추가하는 방법을 제공합니다. [예제 13-1]도 스키마 정보가 추가된 엄격한 JSON 계약입니다.

예제 13-1 엄격한 JSON 계약

```json
{
    "$schema": "http://json-schema.org/draft-04/schema#",
    "properties": {
        "acct": {"type": "number"},
        "cusip": {"type": "string"},
        "shares": {"type": "number", "minimum": 100}
    },
    "required": ["acct", "cusip", "shares"]
}
```

첫 번째 줄은 이 계약에서 사용된 스키마 정의를 참조 가능한 링크입니다. 그 밑에 세 프로퍼티 (acct, cusip, share)의 타입을 각각 명시하고 맨 마지막 줄에 필수 프로퍼티를 지정합니다. 어떤 프로퍼티가 필수이고 그 타입은 무엇인지 기술된 엄격한 계약입니다.

REST[3], 그래프QL[4]처럼 느슨한 계약 포맷도 있습니다. 포맷은 완전히 다르지만 RPC 기반의 포맷보다 커플링이 좀 더 느슨한 포맷들입니다. REST는 메서드나 엔드포인트 대신에 리소스를 모델링하므로 계약이 덜 취약한 편입니다. 예를 들어 항공기 좌석 검색 시 항공기의 각 파트를 보여주는 REST형 리소스를 구축하면, 나중에 다른 개발자가 엔진 상세 정보를 리소스에 추가할 일이 생겨도 좌석 검색 기능은 문제가 되지 않겠죠. 없던 정보를 추가한다고 기존 정보가 깨질 일은 없을 것입니다.

그래프QL 역시 값비싼 조정 없이도 다양한 종류의 서비스에서 읽기 전용 집계 데이터를 제공하는 분산 아키텍처에서 사용됩니다. [예제 13-2], [예제 13-3]은 프로필 계약을 두 가지 방식으로 나타낸 그래프QL 코드입니다.

예제 13-2 고객 위시리스트 프로필을 정의한 그래프QL 코드

```
type Profile {
    name: String
}
```

예제 13-3. 고객 프로필을 정의한 그래프QL 코드

```
type Profile {
    name: String
    addr1: String
```

```
    addr2: String
    country: String
    . . .
}
```

두 예제 모두 **Profile**이라는 개념이 등장하지만 그 값이 다릅니다. [예제 13-2]의 고객 위시리스트 프로필은 고객명을 내부적으로 접근하지 않고 유일한 식별자만 갖고 있기 때문에 고객명을 가져오려면 고객 프로필에 접근해서 이 식별자와 매핑해야 합니다. 반면, [예제 13-3]의 고객 프로필은 고객명 외에도 고객에 관한 풍부한 정보를 갖고 있습니다. 하지만 위시리스트만 본다면, 고객 프로필에서 유일하게 관심 있는 정보는 고객명 하나뿐입니다.

이럴 때 아키텍트는, 결국 언젠가 위시리스트에 다른 정보도 필요하게 될 테니 그냥 처음부터 계약에 다 넣어버리려는 유혹에 빠지기 쉽습니다. 이는 스탬프 커플링의 일례로, 대부분의 경우 안티패턴입니다. 별다른 이점이 없고 결국 중대 변경이 필요하지 않은 경우에도 중대 변경을 해야 할 만큼 아키텍처가 취약해지기 때문입니다. 이를테면, 위시리스트는 고객 프로필에서 고객명에만 관심이 있는데 (만약을 위해) 프로필의 모든 필드를 계약에 넣어버리면, 나중에 위시리스트와 전혀 상관없는 곳이 변경될 때도 계약이 깨져서 별도의 조치가 필요할 것입니다. '알아야 할 필요가 있는$^{need\ to\ know}$' 것들만 계약에 담아두면, 통합 아키텍처에 불필요한 취약점이 발생하지 않고 시맨틱 커플링과 필요한 정보 간에도 균형이 맞춰질 것입니다.

계약 타입 스펙트럼의 다른 쪽에는 YAML[5]이나 JSON처럼 이름-값 쌍 형태로 표현하는 매우 느슨한 계약 포맷들이 있습니다(예제 13-4).

예제 13-4 JSON 이름-값 쌍

```
{
    "name": "Mark",
    "status": "active",
    "joined": "2003"
}
```

보다시피 가공되지 않은 팩트 외에 어떤 정보도 없습니다! 부가적인 메타데이터나 타입은 하나도 없고 오직 이름-값 쌍만 나열돼 있습니다.

이렇게 느슨한 계약을 사용하면 마이크로서비스 같은 분산 아키텍처가 추구하는 고도로 디커플링된 시스템을 구축하는 데 유리합니다. 그러나 계약이 느슨하다고 함은 곧 계약을 검증할 방법이 없음을 뜻하므로 확실성^{certainty}이 떨어지고 애플리케이션 로직이 늘어나는 트레이드오프가 있습니다. 이 문제는 계약 피트니스 함수를 이용해 해결할 수 있는데, 자세한 내용은 13.1.2절 '마이크로서비스에서의 계약'에서 다룹니다.

13.1.1 엄격한 계약과 느슨한 계약의 트레이드오프

그럼 어떤 경우에 엄격한 계약을 사용하고 어떤 경우에 느슨한 계약을 사용해야 할까요? 아키텍처의 모든 게 다 그렇듯이 이 질문의 정답 역시 존재하지 않습니다. 하지만 아키텍트라면 어떤 경우에 어느 계약이 가장 적합한지 알고 있어야 합니다.

엄격한 계약

엄격한 계약의 화려한 장점들을 먼저 봅시다.

계약 충실도 보장

계약만으로 스키마를 검증할 수 있으므로 값, 타입, 그 밖의 관리 메타데이터를 정확히 준수할 수 있습니다. 계약 변경에 대한 엄격한 커플링이 이로운 문제 영역이 있습니다.

버저닝

엄격한 계약을 적용할 경우, 서로 다른 값을 받는 두 엔드포인트를 지원하거나 시간이 지남에 따라 도메인의 발전을 관리할 목적을 지닌 버저닝 전략이 필요합니다. 옛 버전은 지정된 개수만 남겨두는 식으로 관리하면 팀 간 협업이 용이해지고 점진적으로 통합할 수 있습니다.

빌드 시 쉽게 검증 가능

스키마 도구는 대부분 빌드 시점에 계약을 검증하는 메커니즘을 제공합니다. 덕분에 통합점에 대해 타입을 체크하는 단계가 추가됩니다.

문서화하기 좋다

매개변수와 타입이 모호하지 않고 분명해서 문서화하기 아주 좋습니다.

다음은 엄격한 계약의 단점입니다.

단단한 커플링

엄격한 계약을 적용하면 커플링의 일반적인 정의에 따라 단단한 결합점이 생깁니다. 따라서 두 서비스가 엄격한 계약을 공유한 상태에서 계약이 변경되면 두 서비스 모두 반드시 변경해야 합니다.

버저닝

버저닝은 장점이면서 단점이기도 합니다. 버전을 나눠 관리하면 정확성을 기할 수 있지만, 팀에 명확한 버전 구식화 정책이 없거나 너무 많은 버전을 지원하려고 욕심을 내면 끔찍한 '통합 악몽'에 시달릴 것입니다.

트레이드오프

표 13-1 엄격한 계약의 트레이드오프

장점	단점
계약 충실도 보장	단단한 커플링
버저닝	버저닝
빌드 시점에 쉽게 검증할 수 있다.	
우수한 문서화	

느슨한 계약

이름–값 쌍 등의 느슨한 계약을 이용하면 통합점의 결합도를 최소화할 수 있지만, [표 13-2]에 정리한 것처럼 이것 역시 트레이드오프가 있습니다.

느슨한 계약의 장점은 다음과 같습니다.

고도의 디커플링

많은 아키텍트는 마이크로서비스 아키텍처를 설계할 때 높은 수준의 디커플링 등과 같은 목표를 명시적으로 기술합니다. 이런 점에서 느슨한 계약은 가장 높은 유연성을 제공합니다.

발전성이 좋다

스키마 정보가 (거의) 없는 까닭에 계약을 더 자유롭게 발전시킬 수 있습니다. 물론 (구현부로 시맨틱 커플링을 줄일 수 없으므로) 시맨틱 커플링을 변경하려면 연관된 모든 파트 간 조정은 불가피하지만, 느슨한 계약을 적용하면 구현부를 더 쉽게 가공할 수 있습니다.

느슨한 계약의 단점은 다음과 같습니다.

계약 관리

느슨한 계약은 본질적으로 계약을 엄격하게 적용할 수 없기 때문에 가령 명칭의 철자가 틀렸다거나 이름-값 쌍이 누락되는 등의 (스키마 정보가 있으면 조치할 수 있을) 결함이 발생할 소지가 있습니다.

피트니스 함수가 필요하다

조금 전 언급한 이슈를 해결하려면, 컨슈머 주도 계약consumer-driven contract을 아키텍처 피트니스 함수로 활용해 느슨한 계약에 필요한 기능을 수행하는 데 충분한 정보가 포함돼 있는지 확인할 수 있습니다.

트레이드오프

표 13-2 느슨한 계약의 트레이드오프

장점	단점
고도의 디커플링	계약 관리
발전성이 좋다.	피트니스 함수가 필요하다.

그럼 지금부터 마이크로서비스 계약 예제를 같이 보면서 아키텍트가 흔히 맞닥뜨리게 될 트레이드오프를 살펴보겠습니다.

13.1.2 마이크로서비스에서의 계약

아키텍트는 여러 서비스가 서로 어떻게 인터랙션하고, 그 과정에서 어떤 정보(시맨틱)를 어떻게 전달하고(구현), 서비스를 얼마나 단단하게 결합할지 결정해야 합니다.

결합도

[그림 13-3]의 고객 주소처럼 도메인 정보를 서로 공유해야 하는, 독립적인 트랜잭션으로 움직이는 두 마이크로서비스가 있다고 합시다.

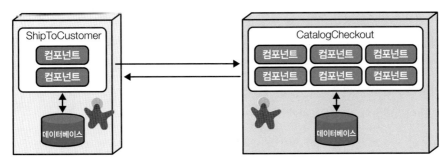

그림 13-3 두 서비스는 고객 관련 도메인 정보를 공유해야 한다.

아키텍트는 두 서비스 모두 동일한 기술 스택으로 구현하고 엄격한 타입의 계약을 사용하기로 결정할 수 있습니다. 또 플랫폼에 종속된 원격 프로시저 프로토콜(예: RMI)을 쓰든, 구현부와 독립적인 프로토콜(예: gRPC)을 사용하든, 계약을 충실하게 이행하는 전제하에 서비스 사이에서 고객 정보를 주고받을 수 있습니다. 그러나 이러한 단단한 결합은 애당초 디커플링된 서비스를 구축하려는 마이크로서비스 아키텍처의 야심 찬 목표와 거리가 멉니다.

따라서 각 서비스는 자신의 내부 표현형으로 고객을 나타내고, 다른 서비스에 정보를 전달해 연계할 때는 이름–값 쌍을 사용하는 대안을 고려해봅시다(그림 13-4).

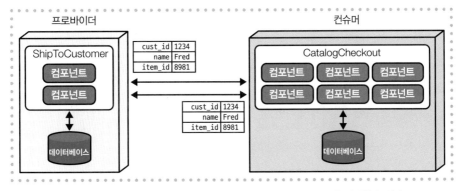

그림 13-4 내부 시맨틱 표현형을 지닌 마이크로서비스는 간단한 메시지를 통해 값을 전달할 수 있다.

이제 두 서비스는 고객을 자신의 경계 콘텍스트에 맞게 각자 정의합니다. 그리고 서로 고객 정보를 전달할 때 JSON 이름–값 쌍 형태의 느슨한 계약을 사용합니다.

이러한 느슨한 결합은 상당수 마이크로서비스의 주요 목표를 충족시킵니다. 첫째, 경계 콘텍스트에 따라 고도로 디커플링된 서비스를 모델링하고, 각 팀은 필요에 따라 적극적으로 내부 표현형을 발전시킬 수 있습니다. 둘째, 구현부의 디커플링이 가능합니다. 가령 A, B 두 서비스가 동일한 기술 스택으로 출발했지만 나중에 B 서비스를 다른 플랫폼으로 이전하기로 해도 A 서비스는 아무 영향을 받지 않습니다. 이름–값 쌍은 대부분의 플랫폼에서 생산/소비가 가능하기 때문에 통합 아키텍처의 링구아 프랑카lingua franca* 같은 존재입니다.

느슨한 계약의 가장 큰 단점은 계약 충실도contract fidelity입니다. 여러분이 아키텍트라면 개발자가 다른 서비스를 호출할 때 정확한 개수와 타입의 매개변수를 전달하리라 어떻게 장담할 수 있나요? JSON 같은 프로토콜은 스키마 도구가 포함돼 있어서 아키텍트는 느슨한 계약에 메타데이터를 첨가할 수 있습니다. 아니면 컨슈머 주도 계약이라는 아키텍처 피트니스 함수를 적용하는 방법도 있습니다.

컨슈머 주도 계약

느슨한 커플링과 계약 충실도, 평행선을 달리는 듯한 이 두 가지 목표는 마이크로서비스 아키텍처의 공통적인 문제입니다. 마이크로서비스 아키텍처에서 아주 일반적인 컨슈머 주도 계약은 소프트웨어 개발 분야의 진보를 십분 활용한 접근 방법입니다.

대부분의 아키텍처 통합 시나리오는 어느 한 서비스가 상대편 서비스에 어떤 정보를 전달할지 결정합니다(즉, 서비스 프로바이더provider(제공자)가 컨슈머에게 계약을 푸시하는(밀어넣는) 푸시 모델push model입니다). 컨슈머 주도 계약은 이 관계를 풀 모델pull model로 뒤집은 개념입니다. 다시 말해, 컨슈머가 프로바이더로부터 받고 싶은 정보를 계약에 넣고 프로바이더에게 보내면, 프로바이더는 이 계약을 자신의 빌드에 포함시켜 계약 테스트를 항상 성공 상태로 유지합니다. 컨슈머가 프로바이더에게 받아야 할 정보를 계약 형태로 추상화한 것입니다.

---

*   옮긴이_서로 다른 모어(母語)를 사용하는 화자들이 의사소통을 하기 위해 공통어(共通語)로 사용하는 제3의 언어(때로는 한 집단의 모어)를 말하며, 국가나 단체에서 공식적으로 정한 언어를 뜻하는 공용어(公用語)와는 다른 개념입니다(출처: 위키백과).

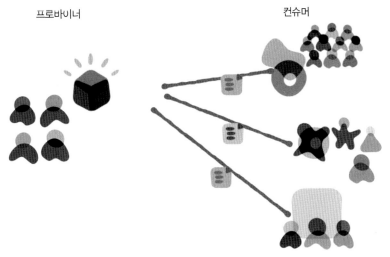

프로바이너   컨슈머

그림 13-5 컨슈머 주도 계약을 활용하면 자동화 아키텍처 거버넌스를 통해 프로바이더와 컨슈머를 계속 동기화할 수 있다.

[그림 13-5]에서 좌측 프로바이더 팀은 우측 컨슈머 팀에 각각 (거의) 중복된 정보를 제공합니다. 각 컨슈머가 필요로 하는 정보를 계약에 명시해 프로바이더에게 전달하면, 프로바이더는 지속적 통합 또는 배포 파이프라인의 일부로 계약 테스트를 편입합니다. 이로써 각 팀은 필요에 따라 계약을 엄격하거나 느슨하게 설정할 수 있고, 계약 충실도는 빌드 프로세스의 일부로 보장됩니다. 컨슈머 주도 계약의 테스트 도구는 대부분 자동 빌드 시 계약을 체크하는 기능을 제공하므로 엄격한 계약에 준하는 장점도 생깁니다.

컨슈머 주도 계약은 마이크로서비스 아키텍처에서 널리 활용되고 있으며, 아키텍트는 컨슈머 주도 계약을 통해 느슨한 커플링과 관리된 통합이라는 두 가지 과제를 해결할 수 있습니다. [표 13-3]은 컨슈머 주도 계약의 트레이드오프를 정리한 것입니다.

컨슈머 주도 계약의 장점은 다음과 같습니다.

서비스 간 느슨한 계약 커플링

이름-값 쌍은 가장 느슨한 서비스 간 결합 형태이며, 구현부를 변경할 때 장애 가능성을 최소화할 수 있습니다.

엄격함을 달리할 수 있다

아키텍트는 아키텍처 피트니스 함수를 사용해 스키마 또는 기타 타입 부가type-additive 도구에서 제공되는 것보다 더 엄격한 검증 체계를 구축할 수 있습니다. 예를 들어 일반적으로 숫자형 데이터를 스키마에 지정하는 것은 가능하지만, 허용 가능한 값의 범위는 지정할 수 없습니다. 피트니스 함수는 이런 검증 기준을 아키텍트가 원하는 대로 구축할 수 있게 도와줍니다.

발전성이 좋다

느슨한 결합은 곧 발전성을 의미합니다. 단순한 이름–값 쌍을 사용하면 서비스끼리 주고받는 정보의 시맨틱을 해치지 않고도 구현부를 변경할 수 있습니다.

컨슈머 주도 계약의 단점은 다음과 같습니다.

기술적으로 성숙해야 한다

아키텍처 피트니스 함수는 훈련이 잘된 팀이 건전한 프랙티스를 가지면서 절차를 생략하지 않고 지킬 때만 의미가 있습니다. 가령 모든 팀이 계약 테스트가 포함된 지속적 통합을 수행하는 경우 피트니스 함수는 더없이 훌륭한 검증 메커니즘으로 빛을 발하겠지만, 반대로 실패한 테스트를 그냥 무시하거나 계약 테스트를 제때 수행하지 않으면 통합점은 원하는 것보다 더 오랫동안 작동 불능 상태로 방치될 것입니다.

연동 메커니즘이 하나가 아닌 둘이다

아키텍트는 문제를 해결할 수 있는 단일 메커니즘을 모색하는데, 많은 스키마 도구는 종단 간end-to-end 접속을 생성하는 정교한 기능을 제공합니다. 그러나 경우에 따라 두 가지 단순한 연동 메커니즘interlocking mechanism을 사용하면 문제를 더 간단하게 해결할 수 있으므로 많은 아키텍트가 이름–값 쌍과 컨슈머 주도 계약을 조합해 계약을 검증합니다. 다시 말해, 팀에 한 가지 메커니즘이 아니라 두 가지 메커니즘을 적용하는 것입니다.

이런 트레이드오프가 있으므로 최선의 방법은 결국 '느슨한 계약으로 디커플링을 추구할 것인가, 아니면 복잡하지만 엄격한 계약으로 확실한 결과를 얻을 것인가'라는 선택의 문제와 팀 성숙도에 좌우됩니다.

표 13-3 컨슈머 주도 계약의 트레이드오프

장점	단점
서비스 간 느슨한 계약 커플링	기술적으로 성숙해야 한다.
엄격함을 달리할 수 있다.	연동 메커니즘이 하나가 아닌 둘이다.
발전성이 좋다.	

13.2 스탬프 커플링

스탬프 커플링[6]은 분산 아키텍처에서 흔히 발견되는 패턴(때로는 안티패턴)입니다. 서비스 간에 덩어리가 큰 데이터를 주고받지만, 각 서비스는 그중 극히 일부만 인터랙션하는 경우를 가리킵니다. [그림 13-6]의 네 서비스도 그런 모습입니다.

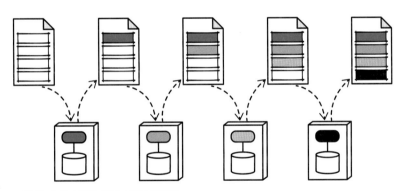

그림 13-6 네 서비스 간의 스탬프 커플링

이 네 서비스는 서로 주고받는 데이터 구조의 일부만 액세스(읽기, 쓰기, 또는 둘 다)합니다. 이 패턴은 업계 표준 문서 포맷(예: XML)이 있는 경우에 흔히 나타납니다. 예를 들어, 여행 업계에는 여행 일정표travel itinerary에 관한 상세 정보를 명시하는 글로벌 표준 XML 포맷이 있습니다. 그래서 여행 관련 서비스와 연동되는 많은 시스템은 전체 문서를 전달하되 그중 자기에게 관련된 부분만 업데이트합니다.

스탬프 커플링은 아키텍트가 계약에 불필요한 세부 사항을 지나치게 많이 명시하거나 단순 반복적인 호출에 너무 많은 대역폭을 우발적으로 소비하는 등의 안티패턴으로 나타나는 경우가 많습니다.

13.2.1 스탬프 커플링으로 인한 오버 커플링

위시리스트와 프로필 예로 돌아가서 [그림 13-7]처럼 두 서비스를 스탬프 커플링으로 결합된 엄격한 계약으로 묶는다고 합시다.

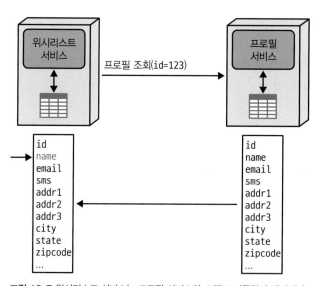

그림 13-7 위시리스트 서비스는 프로필 서비스와 스탬프 커플링이 맺어진다.

위시리스트 서비스는 (id로 조회하는) name만 있으면 되지만, 프로필의 전체 데이터 구조가 계약으로 묶여 있습니다. 이렇게 설계한 아키텍트는 아마 나중에 필요할지 모를 기능을 미리 확보하려는 의도였겠지만, 문제는 이렇게 계약에 과도한 커플링이 발생하는 부수 효과로 인해 전체 구조가 취약해진다는 점입니다. 가령, 위시리스트가 전혀 관심이 없는 state 같은 필드를 프로필에서 변경하더라도 계약은 깨져버릴 것입니다.

계약에 너무 시시콜콜한 정보를 모조리 명시하는 것은 자주 발생하는 안티패턴입니다. 워크플로 관리 등 법적인 문제 때문에 스탬프 커플링을 사용하는 경우에도 이 안티패턴에 빠지기 쉽습니다 (13.2.3절 '워크플로 관리를 위한 스탬프 커플링').

13.2.2 대역폭

분산 아키텍처에서 무심코 빠지기 쉬운 또 다른 함정은 바로 대역폭이 무한하다는 그릇된 믿음입니다. 모놀리스는 이미 자연적인 장벽이 존재하므로 아키텍트와 개발자가 총메서드의 호출 횟수를 고려할 일이 거의 없지만, 분산 아키텍처는 이런 장벽이 대부분 사라지고 없는 상태이므로 예기치 못한 문제가 일어날 수 있습니다.

가령, 조금 전 예에서 초당 2,000건의 요청이 유입된다고 합시다. 요청당 페이로드가 500KB 이면 필요한 대역폭은 초당 1MB나 됩니다! 특별한 이유도 없이 대역폭을 탕진하는 셈이죠. 위 시리스트와 프로필 두 서비스 사이에 주고받을 name 정도만 페이로드에 넣으면, 초당 200바이 트로 전송량이 확 줄어 대역폭도 초당 400KB 수준으로 떨어질 것입니다. 이 정도면 완벽하게 이치에 맞는 수치죠.

스탬프 커플링을 과용하면 대역폭이 좁아져 서비스 간 통신에 문제가 될 수 있습니다. 물론 아 키텍처의 모든 게 다 그러하듯이 적당히 잘 사용하면 이로운 경우도 있습니다.

13.2.3 워크플로 관리를 위한 스탬프 커플링

12장에서는 코레오그래피 조정 기반의 다양한 동적 퀀텀 통신 패턴을 소개했습니다. 아키텍트 는 앞서 설명한 여러 가지 이유 때문에 본능적으로 복잡한 워크플로를 지양합니다. 그러나 만 약 확장성 같은 다른 팩터로 인해 코레오그래피 방식의 복잡한 방법을 사용할 수밖에 없을 때 는 어떻게 해야 할까요?

바로 이런 경우에 스탬프 커플링을 사용해서 서비스 간 워크플로 상태를 관리하는 것입니다. [그림 13-8]처럼 도메인 지식과 워크플로 상태를 계약의 일부로 넣어 전달하는 거죠.

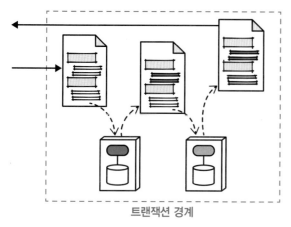

트랜잭션 경계

그림 13-8 스탬프 커플링은 워크플로 관리 용도로 활용할 수 있다.

즉, 워크플로 상태, 트랜잭션 상태 등 워크플로에 관한 정보를 계약에 포함시켜 설계하는 것입니다. 각 도메인 서비스는 계약을 받아 자신에게 해당되는 계약 부분과 워크플로 상태를 업데이트한 뒤 다음 서비스로 전달합니다. 워크플로 끝자락에 있는 서비스는 계약을 질의해서 성공/실패 상태, 에러 메시지 등의 정보를 가져옵니다. 시스템 전체적으로 트랜잭션 일관성이 필수인 경우에는 각 도메인 서비스가 이전에 방문했던 서비스에 계약을 다시 브로드캐스팅하는 방식으로 데이터 일관성을 맞춰야 합니다.

스탬프 커플링을 활용한 워크플로 관리는 어떤 식으로든 서비스 간 결합도를 높이는 결과를 초래하지만, 어딘가에는 시맨틱 커플링을 줘야 합니다. 구현부만으로는 도저히 시맨틱 커플링을 줄일 방법이 없다는 사실을 다시 한 번 명심하세요. 코레오그래피로 전환하면 대부분 처리량/확장성을 높일 수 있으므로 중재자를 두는 구조보다는 스탬프 커플링이 더 매력적인 선택지가 될 것입니다.

트레이드오프

표 13-4 스탬프 커플링의 트레이드오프

장점	단점
코레오그래피에서도 복잡한 워크플로가 가능하다.	협력자 간 결합도가 (보통 부자연스럽게) 높다.
	규모가 커지면 대역폭이 문제가 될 수 있다.

13.3 한빛가이버 사가: 티켓 계약 관리

5월 10일 화요일 10:10

무열과 성한은 회사 근처 카페에서 커피를 마시며 티켓 관리 워크플로의 계약에 대해 이야기합니다.

손성한: "티켓 관리 워크플로에 적용할 계약 타입을 대략 정리해봤는데요. 무열 씨랑 같이 보면서 빠뜨린 건 없는지 체크 좀 할게요. [그림 13-9]를 보시면, 오케스트레이터와 두 티켓 서비스, 즉 티켓 관리 서비스와 티켓 배정 서비스 간 계약이 너무 엄격해요. 이 둘 사이에 오가는 정보는 아주 시맨틱하게 결합돼 있고 함께 변경해야 할 가능성이 높습니다. 예컨대, 관리할 티켓 타입이 새로 추가되면 배정 서비스도 싱크를 맞춰야 하죠. 하지만 알림 서비스와 설문 서비스는 이보다 느슨한 계약만으로 충분해요. 데이터가 바뀌는 속도가 더 느린 데다 취약한 커플링을 맺어서 좋을 게 없을 것 같습니다."

김무열: "네, 말씀하신 내용 모두 일리가 있습니다. 그런데 오케스트레이터와 전문 기사 애플리케이션 사이의 계약은요? 이 계약도 배정 서비스처럼 엄격해야 할 것 같은데요?"

손성한: "네, 잘 보셨어요. 아닌 게 아니라 저희도 모바일 앱과의 계약을 티켓 배정처럼 하려고 했었는데, 퍼블릭 앱 스토어에 앱을 배포하고 승인받기까지 시간이 걸리는 문제가 있더군요. 계약을 느슨하게 하면 더 유연하게 변경 빈도를 낮출 수 있을 겁니다."

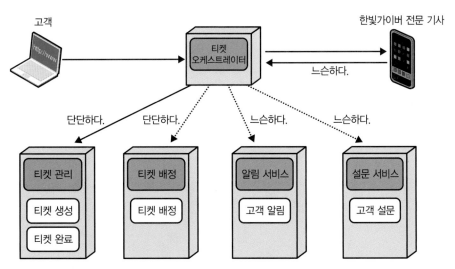

그림 13-9 티켓 관리 워크플로의 협력자마다 알맞은 계약 타입을 적용한다.

성한은 무열과 나눈 대화를 다음과 같이 ADR로 정리했습니다.

ADR: 전문 기사 모바일 앱에 느슨한 계약을 도입

콘텍스트

한빛가이버 전문 기사가 모바일 기기에서 사용 중인 앱은 퍼블릭 앱 스토어를 통해 배포되므로 계약을 신속하게 업데이트할 수 없다.

결정

느슨한 이름–값 쌍 형태의 계약을 사용해 오케스트레이터와 모바일 앱이 정보를 주고받는다. 단기적 유연성을 위해 일시적 연장을 허용하는 확장 메커니즘을 구축할 것이다.

결과

앱 스토어 정책상 더 신속한(또는 지속적인) 배포가 가능하다면 본 결정은 재검토해야 한다. 오케스트레이터와 모바일 앱에 계약을 검증하는 로직을 추가해야 한다.

## CHAPTER 14

분석 데이터 관리

5월 31일 화요일 13:23

노건우 팀장과 하나는 주간 업무 회의를 마치고 대회의실 밖에서 이야기를 나누고 있습니다.

설하나: "노 팀장님, 분석 데이터는 새 아키텍처에서 어떻게 처리하는 게 좋을까요? 데이터베이스를 한창 잘게 쪼개고는 있지만, 리포팅이나 분석을 하려면 다시 전부 합쳐야 할 텐데… 데이터 파트에서 항상 개선하려고 애쓰는 부분이 바로 수요 예측인데요. 전략적으로 정확한 의사 결정을 하려면 더 많은 데이터 과학과 통계학이 필요합니다. 분석 데이터 연구 팀도 신설됐고 이제 이런 니즈에 걸맞은 시스템이 필요해요. 데이터 웨어하우스를 구축해야 하는 건가요?"

노건우: "데이터 웨어하우스도 검토해봤는데요. 하나 씨 말씀대로 데이터 통합 문제는 해결되겠지만, 고민해야 할 다른 이슈가 너무 많습니다."

지금까지 이 책은 주로 마이크로서비스 같은 아키텍처 스타일에서 트레이드오프를 분석하는 방법을 다뤘는데, 이 방법들은 소프트웨어 개발 생태계에 등장한 새로운 기능을 이해하기 위한 용도로도 사용할 수 있습니다. 데이터 메시data mesh가 바로 그런 대표적인 예입니다.

분석 데이터와 운영 데이터는 현대 아키텍처에서 용도가 많이 다릅니다(1.3절 '아키텍처에서 데이터의 중요성'). 이 책도 이 운영 데이터와 관련된 쉽지 않은 트레이드오프를 설명하는 데 많은 지면을 할애했습니다. 클라이언트/서버 시스템이 널리 보급되고 대기업용으로도 충분히 강력해지면서 아키텍트와 DBA는 특수 쿼리specialized query를 사용할 수 있는 솔루션을 모색해왔습니다.

14.1 예전 접근 방법

사실, 운영 데이터와 분석 데이터의 분리 문제는 어제오늘의 일이 아닙니다. 데이터 자체가 존재했던 시간만큼 오래됐죠. 두 데이터는 용도가 아예 다릅니다. 다양한 아키텍처 스타일이 출현하고 발전을 거듭하면서 데이터를 다루는 접근법 또한 끊임없이 변화하고 진화해왔습니다.

14.1.1 데이터 웨어하우스

소프트웨어 개발의 초창기(이를테면, 메인프레임 컴퓨터나 PC가 처음 등장했던 시절)에는 거의 모든 애플리케이션이 모놀리식이었습니다. 코드와 데이터가 물리적으로 동일한 시스템에 공존했었죠. 이제 독자 여러분도 여기까지 잘 읽어왔다면 '서로 다른 물리적 시스템 간의 트랜잭션 조정이 얼마나 어려웠을까'라는 생각이 들 것입니다. 근거리 통신망(LAN^{Local Area Network})이 사무실에 보급되면서 데이터 요구 사항은 갈수록 대담해졌고, 결국 강력한 데이터베이스 서버는 네트워크에서, 데스크톱 애플리케이션은 로컬 컴퓨터에서 각각 실행되는 체제가 굳혀졌습니다. 그 결과 네트워크를 통해 데이터에 접근하는 클라이언트/서버 애플리케이션이 급증하기 시작했습니다. 애플리케이션과 데이터 처리를 분리하면 이력 데이터를 새로운 목적(예: 분석)으로 활용할 수 있고, 트랜잭션 관리, 조정 등 여러모로 이로운 점이 많습니다.

당시 아키텍트들은 데이터 웨어하우스 패턴에 따라 쿼리 가능한^{queriable} 분석 데이터를 제공하려고 시도했습니다. 그들 역시 근본적으로 운영 데이터와 분석 데이터를 분리하고 싶었던 것입니다. 이쪽 데이터의 포맷/스키마가 저쪽 데이터의 포맷/스키마와 맞지 않거나 심지어 사용 자체를 할 수 없는 경우가 비일비재했죠. 데이터 분석은 보통 집계^{aggregation}와 계산^{calculation}을 필요로 하는데, 이런 작업은 관계형 데이터베이스에서 비싼(특히 이미 트랜잭션 부하가 많은 운영 데이터베이스라면 더더욱 비용이 많이 드는) 편입니다.

데이터 웨어하우스 패턴은 벤더가 제공하는 기능에 따라 약간씩 다른 형태로 발전해왔지만 많은 공통점을 갖고 있습니다. 기본 전제는 운영 데이터를 네트워크를 통해 직접 접근할 수 있는 관계형 데이터베이스에 저장하는 것입니다. 데이터 웨어하우스 패턴의 중요한 특성을 몇 가지 정리하면 다음과 같습니다.

많은 소스로부터 데이터 추출

운영 데이터는 개별 데이터베이스에 들어 있으므로 다른 (대용량) 데이터 저장소(이 패턴에서 '웨어하우스'에 해당되는 부분)로 데이터를 추출하는 메커니즘을 이 패턴의 일부로 지정합니다. 가령, 리포트를 구축하려고 사내 전체 데이터베이스를 쿼리하는 일은 현실적으로 어렵기 때문에 데이터는 분석 전용 웨어하우스로 추출하는 것입니다.

단일 스키마로 변환

운영 스키마는 리포팅에 필요한 구조와 잘 맞지 않습니다. 운영 시스템은 스키마와 트랜잭션에 관한 동작을 체계화할 필요가 있는 반면, 분석 시스템은 OLTP 데이터(1장)는 거의 없고 보통 리포팅, 집계 등의 용도를 지닌 대량의 데이터를 처리합니다. 그러므로 데이터 웨어하우스는 대부분 스타 스키마Star Schema*로 차원 모델링dimensional modelling을 하며, 운영 시스템에서 가져온 상이한 포맷의 데이터를 웨어하우스 스키마로 변환하는 작업을 합니다. 웨어하우스 설계자는 데이터를 반정규화denormalization†해 처리 속도 및 성능을 높이고 쿼리를 더 단순하게 만듭니다.

웨어하우스에 적재

운영 데이터는 개별 시스템에 있으므로 일정 주기마다 데이터를 추출, 변환한 다음 웨어하우스에 적재하는 메커니즘이 반드시 필요합니다. 웨어하우스 설계자는 관계형 데이터베이스의 기본 내장 메커니즘(예: 복제)이나 전용 도구를 써서 원본 스키마를 웨어하우스 스키마로 바꿔주는 변환기를 만듭니다. 물론, 운영 시스템의 스키마가 조금이라도 변경되면 변환된 스키마에도 변경된 부분을 복제해야 하므로 변경 관리를 하기가 어렵습니다.

웨어하우스에서 분석 수행

데이터가 웨어하우스에서 '살고 있기 때문에' 모든 분석은 웨어하우스에서 수행합니다. 이것은 운영 관점에서 바람직한 구조입니다. 대부분의 데이터 웨어하우스 장비는 대용량 스토리지와 컴퓨팅을 지원하므로 과중한 분석 요구 사항도 자체적으로 분산 처리가 가능합니다.

---

* 옮긴이_조인 스키마(join schema)라고도 하며 데이터 웨어하우스 스키마 중 가장 단순한 종류의 스키마다. 1개의 사실 테이블과 주 키 및 각 차원과 추가적인 사실들로 이뤄지며, '스타 스키마'라는 이름은 스키마 다이어그램의 모양이 마치 '별표'처럼 보여서 붙여졌다.

† 옮긴이_정규화한 데이터 모델을 시스템 성능 향상이나 개발/운영 편의성 등의 사유로 일부러 정규화 원칙을 위배하면서 통합, 중복, 분리하는 것입니다.

데이터 분석자가 사용

데이터 웨어하우스는 주로 데이터 분석자^{data analyst}, 즉 리포트를 작성하고 다른 BI 자산을 구축하는 사람들이 사용합니다. 그러나 유용한 리포트를 뽑아내려면 도메인에 관한 이해가 필수입니다. 즉, 운영 시스템과 분석 시스템 모두에 대해 도메인 전문 지식을 갖고 있어야 합니다. 그래야 쿼리 설계자들이 변환된 스키마에서도 동일한 데이터를 사용해 의미 있는 리포트와 BI를 만들어낼 수 있겠죠.

BI 리포트와 대시보드

데이터 웨어하우스는 분석 데이터, 리포트, 그 외에 경영진이 더 올바른 의사 결정을 내리는 데 필요한 정보가 담긴 BI 리포트와 대시보드를 결과물로 내놓습니다.

SQL과 비슷한 인터페이스

대부분의 웨어하우스 도구는 유사 SQL 쿼리 언어로 쿼리를 작성하는 기능을 제공하므로 DBA가 사용하기 쉽습니다. 앞서 설명한 데이터 변환 단계가 필요한 이유도 복잡한 집계와 다른 BI를 더 쉽고 더 간단하게 쿼리할 수 있기 때문입니다.

스타 스키마

스타 스키마는 데이터 마트[*]와 웨어하우스에서 널리 쓰였던 패턴입니다. 이 패턴은 데이터 시맨틱을 여러 팩트로 나누고, 이들 팩트 안에 정량화 가능한(quantifiable) 조직의 데이터와 차원을 보관합니다. 그래서 차원 모델(dimensional model)이라고도 하며, 팩트 데이터를 기술하는 애트리뷰트가 포함돼 있습니다.

예를 들어, 한빛가이버 애플리케이션이라면 시간당 수리 요청 건수, 수리 시간, 고객과의 거리 등 구체적으로 측정 가능한 모든 수치는 팩트 데이터에 해당하고 전문 기사의 전문성, 이름, 지점 위치, 그 밖의 메타데이터는 차원에 해당합니다.

하지만 무엇보다 스타 스키마는 더 단순한 쿼리, 비즈니스 로직 단순화(즉, 복잡한 조인을 줄임), 더 빠른 쿼리 및 집계, 데이터 큐브(data cube) 같은 복잡한 분석, 다차원 쿼리(multidimensional query) 구성 등을 지원하기 위해 의도적으로 반정규화를 해야 하므로 대부분 엄청나게 복잡합니다.

데이터 웨어하우스 패턴은 소프트웨어 아키텍처에 기술 분할을 적용한 전형적인 사례입니다.

....

* 옮긴이_데이터 마트(Data Mart, DM)는 데이터 웨어하우스(Data Warehouse, DW) 환경에서 정의된 접근 계층으로, 데이터 웨어하우스에서 데이터를 꺼내 유저에게 제공하는 역할을 합니다. 이는 데이터 웨어하우스의 한 부분이며, 대개 특정한 조직이나 팀에서 사용하는 것을 목적으로 합니다(출처: 위키백과).

웨이하우스 설계자가 데이터를 스키마로 변환하면 쿼리 및 분석은 간편해지겠지만, 도메인 분할은 포기해야 하므로 필요시 쿼리로 재생성해야 합니다. 결국, 고도로 훈련된 전문가들이 쿼리를 구성하는 방법을 완전히 알고 있어야 쓸 수 있는 아키텍처였던 것입니다.

하지만 데이터 웨어하우스 패턴이 실패한 가장 큰 이유는 통합 취약성, 도메인 지식의 극단적 분할, 복잡성, 특정 목적에 한정된 기능 때문입니다.

통합 취약성

이 패턴에 내재된 '주입 단계injection phase에서 데이터를 변환해야 한다'는 요건은 시스템에 심각한 취약점을 유발합니다. 특정 문제 영역에 관한 데이터베이스 스키마는 해당 문제의 시맨틱과 단단히 맞물리게 되므로, 나중에 도메인을 변경하면 스키마도 함께 변경해야 하며 데이터 임포트 로직data import logic까지 바꿔줘야 합니다.

도메인 지식의 극단적 분할

복잡한 비즈니스 워크플로를 구축하려면 도메인 지식이 꼭 필요합니다. 복잡한 리포트와 BI를 구축하는 일 역시 전문 분석 기법과 더불어 도메인 지식을 필요로 합니다. 벤 다이어그램Venn diagram을 그려보면 도메인 전문성이 중첩되는 그레이존gray zone이 나옵니다. 이런 까닭에 아키텍트, 개발자, DBA, 데이터 과학자가 모두 함께 데이터 변경과 진화를 조정해야 하며, 완전히 다른 사내 부서 간에도 끈끈한 결합이 맺어질 수밖에 없는 구조입니다.

복잡성

고급 분석이 가능한 대체 스키마alternate schema를 구축하면 데이터를 주입/변환하는 데 필요한 기존 메커니즘과 전체 시스템이 점점 더 복잡해집니다. 데이터 웨어하우스는 조직의 일반 운영 시스템과는 별도의 프로젝트이고 완전히 분리된 체제로 유지해야 하지만, 운영 시스템 내부에 깊숙이 새겨진 도메인과 단단히 유착되는 현상을 막을 방법은 없습니다. 이런 모든 팩터가 복잡도에 기여하는 것입니다.

특정 목적에 한정된 기능

결국, 데이터 웨어하우스는 그것을 구축하고 유지하는 노력에 걸맞은 비즈니스 가치를 제공하지 못했기 때문에 실패했습니다. 이 패턴은 클라우드 환경이 등장하기 훨씬 이전 시대부터 널리 보급돼 있었기 때문에 지속적인 개발 및 유지 보수, 물리적 인프라에 엄청난 비용이 투입됐습니다. 데이터 컨슈머는 웨어하우스가 제공할 수 없는 타입의 리포트를 요구하는 일이 많은데, 어쩔 수 없이 한정된 기능에 계속 돈을 들여봐야 밝은 미래가 펼쳐질 리 만무하죠.

동기화는 병목을 만듦

데이터 웨어하우스는 아주 다양한 운영 시스템에 분산된 데이터를 동기화해야 하는데, 이는 조직과 운영 모두의 발목을 잡는 병목 지점이 됩니다. 즉, 데이터 웨어하우스가 아니었으면 독립적으로 작동됐을 다수의 데이터 스트림이 한 곳에 몰리는 것입니다. 디커플링하려고 해도 동기화 프로세스 자체가 운영 시스템에 영향을 미치는 부수 효과는 데이터 웨어하우스에서 공통적으로 나타나는 현상입니다.

운영 계약과 분석 계약의 차이점

데이터를 기록하는 시스템은 구체적인 계약 요건을 갖고 있지만(13장), 분석 시스템의 계약 니즈는 운영 시스템과 사뭇 다른 경우가 많습니다. 데이터 웨어하우스는 보통 파이프라인으로 데이터 조회 및 변환 작업을 처리하는데, 이 변환 과정에서 계약상의 취약점이 드러납니다.

트레이드오프

표 14-1 데이터 웨어하우스 패턴의 트레이드오프

장점	단점
데이터의 중앙 집중식 통합	도메인 지식의 극단적인 분할
전용 분석 사일로 덕분에 격리가 가능하다.	통합 취약성
	복잡하다.
	주어진 목적에만 기능이 한정된다.

5월 31일 화요일 13:33

노건우: "우리가 데이터 웨어하우스를 확인해봤는데, 이 패턴은 요즘의 분산 아키텍처보다 예전의 모놀리식 아키텍처가 더 잘 어울리는 것 같습니다. 게다가 이제 머신 러닝도 지원해야할 케이스가 엄청나게 많아졌고요."

설하나: "예전에 데이터 레이크라는 기술을 들어본 적이 있는데… 마틴 파울러의 블로그에서 관련된 글*을 읽었던 것 같습니다. 이걸 쓰면 데이터 웨어하우스의 갖가지 문제가 해결되고 ML 유스 케이스에도 더 적합하다고 하던데요?"

노건우: "아, 저도 그 글 읽어봤어요. 그분 사이트가 워낙 '보물 창고'로 유명하잖아요? 그 글도 마이크로서비스가 화두가 된 직후에 쓰셨더라고요. 사실 저는 2014년에 마이크로서비스에 관한 글을 그 사이트에서 처음 읽었는데, 그때 저런 아키텍처에서 리포팅은 어떻게 관리하는지 몹시 궁금했습니다. 데이터 레이크가 초창기 데이터 웨어하우스의 대안으로 등장한 기술이긴 한데, 마이크로서비스 같은 아키텍처에서는 안 통할 거라 본 거죠."

설하나: "왜 안 통할 거라 생각하셨죠?"

14.1.2 데이터 레이크

데이터 웨어하우스의 복잡성, 비용, 장애 문제를 둘러싸고 반론이 제기되면서, 설계의 중심축은 데이터 웨어하우스 패턴을 의도적으로 정반대로 뒤집어놓은 데이터 레이크Data Lake 패턴으로 옮겨졌습니다. 데이터 레이크는 데이터 웨어하우스의 중앙화 모델과 파이프라인은 그대로 두고 '변환 후 적재transform and load' 모델을 '적재 후 변환load and transform' 모델로 역전시킨 구조입니다. 이 패턴의 철학은 어차피 쓰지도 않을 불필요한 변환을 하느라 낭비하지 말고 비즈니스 유저가 아예 변환을 하지 않은, 있는 그대로의 분석 데이터를 갖다가 필요하면 직접 변환/가공해서 쓰도록 하자는 것입니다. 변환을 프로액티브하게proactive (선제적으로) 하지 말고 리액티브하게 reactive (~에 대응해) 하는, 즉 필요하지 않을지도 모를 작업을 미리 하지 않고 그때그때 필요할 때마다 변환 작업을 하는 방식입니다.

많은 아키텍트가 관찰한 바에 따르면, 데이터 웨어하우스에 미리 생성된 스키마가 유저에게 필요한 리포트나 쿼리 타입과 맞지 않는 경우가 워낙 많아서 정교한 솔루션을 만들려면 웨어하우스 스키마를 이해하느라 외려 더 고생을 하게 됩니다. 또 머신 러닝 모델은 대부분 변환된 버전보다 반가공semi-raw 포맷에 '더 가까운closer' 데이터가 더 알맞습니다. 이미 도메인을 알고 있는 도메인 전문가에게는 데이터를 도메인에서 발라내 콘텍스트를 데이터 웨어하우스로 변환하는 일 자체가 혹독한 고역이었습니다. 단지 새로운 스키마에 자연스럽게 맞지 않는 쿼리를 다듬기

---

* 마틴 파울러는 2015년 데이터 레이크에 관해 영향력 있는 글(*https://martin fowler.com/bliki/DataLake.html*)을 자신의 블로그에 게시했습니다.

위해 도메인 지식이 필요했으니까요!

데이터 레이크 패턴의 특징은 다음과 같습니다.

데이터를 여러 소스에서 추출

이 패턴도 운영 데이터를 추출하는 것은 변함없지만 다른 스키마로 변환되는 일은 줄어듭니다. 오히려 데이터가 있는 그대로의 형태로 저장되는 것이 보통입니다. 물론 이 패턴에서도 변환이 일어나는 경우는 있습니다. 예를 들어, 업스트림 시스템upstream system이 컬럼 기반 스냅샷column-based snapshot에 따라 구성된 데이터 레이크에 포매팅된 파일을 덤프할 수 있습니다.

레이크에 적재

레이크는 보통 클라우드 환경에 배포되며, 운영 시스템에서 주기적으로 덤프한 데이터로 구성됩니다.

데이터 과학자가 주로 사용

데이터 과학자 등 분석 데이터의 컨슈머들은 레이크에서 데이터를 찾아 원하는 답을 얻는 데 필요한 집계, 조합 등의 변환 작업을 수행합니다.

데이터 레이크 패턴은 여러모로 데이터 웨어하우스 패턴을 발전시킨 모습이었지만 여전히 많은 한계점을 갖고 있습니다.

무엇보다 이 패턴은 여전히 데이터를 중앙에서 바라보면서, 운영 시스템의 데이터를 추출해 어느 정도 포맷이 자유로운 레이크로 복제하는 구조입니다. 하지만 데이터를 소비하는 컨슈머가 이질적인 여러 데이터를 어떻게 서로 연관 지을지 직접 알아내야 하는 부담은 여전했습니다. 쉽게 말하면 이런 논리입니다. '만약 우리가 어떤 분석을 하기 위해 뭔가 사전 작업이 필요하면 한꺼번에 다 해버리고 막대한 선행 투자는 넘어갑시다.'

데이터 레이크 패턴은 데이터 웨어하우스 패턴에서 고질적이었던 변환 관련 문제는 예방했지만 완전히 해결된 것은 아니며, 다음과 같은 새로운 문젯거리가 생겼습니다.

적절한 자산을 찾기가 어렵다

도메인 내부의 데이터 관계를 이해하는 일은 데이터가 비정형unstructured 레이크로 유입되면서 사라집니다. 물론 도메인 전문가가 직접 분석 작업에 관여해야 한다는 점은 똑같습니다.

PII와 기타 민감 정보

데이터 과학자들이 사생활을 침해할 수 있는 갖가지 정보를 수집/축적하게 되면서 PII^{Personal} ^{Identifiable Information}(개인 식별 정보)에 대한 우려가 점점 커지고 있습니다. 이미 많은 국가에서 개인 정보뿐만 아니라 (광고 타기팅 등의 상업적인 목적으로) 조합을 통해 개인 식별 가능 정보의 수집을 제한하고 있습니다.* 비정형 데이터를 레이크에 덤프하면 자칫 사생활을 침해할 수 있는 정보가 노출될 위험이 있습니다. 하지만 불행히도, 부주의로 인해 개인정보가 노출되는 사고를 방지하기 위해 필요한 지식은 도메인 전문가들이 갖고 있기 때문에 그들이 레이크에 있는 데이터를 다시 분석할 수밖에 없습니다.

여전히 도메인 분할이 아니라 기술 분할이다

요즘 소프트웨어 아키텍처는 기술이 아닌 도메인에 따라 시스템을 분할하는 추세입니다. 그러나 데이터 웨어하우스 패턴, 데이터 레이크 패턴은 모두 기술 분할에 초점을 둔 패턴들입니다. 일반적으로 아키텍트는 고유한 수집, 변환, 적재, 서비스 파티션에 따라 솔루션을 설계하고 이는 각각의 기술적 기능에 초점이 맞춰져 있지만, 요즘 아키텍처 패턴은 도메인 분할을 더 선호해 기술적인 상세 구현을 캡슐화하는 경향을 나타냅니다. 예를 들어, 마이크로서비스 아키텍처는 서비스를 기술 대신 도메인에 따라 나누고 데이터를 비롯한 도메인 지식을 서비스 경계 내부로 캡슐화합니다. 그러나 데이터 웨어하우스, 데이터 레이크는 모두 데이터를 별도의 엔티티로 분리하므로, 이 과정에서 중요한 도메인 퍼스펙티브^{perspective}(예: PII 데이터)가 사라지거나 흐려집니다.

이제 점점 더 많은 아키텍트가 기술 대신 도메인 위주로 아키텍처를 설계하고 있습니다. 데이터 웨어하우스, 데이터 레이크는 모두 데이터를 콘텍스트에서 분리해내고자 하는 전형적인 사례입니다. 아키텍트와 데이터 과학자에게 필요한 것은 적절하게 거시적인 분할^{macro-level} ^{partitioning}을 하면서 운영 데이터에서 분석 데이터를 깔끔하게 발라내는 기술입니다.

---

* 옮긴이_ 대한민국도 2011년부터 개인정보 보호법을 제정해 시행하고 있습니다(*https://www.law.go.kr/법령/개인정보보호법*).

표 14-2 데이터 레이크 패턴의 트레이드오프

장점	단점
데이터 웨어하우스 패턴보다 데이터 구조가 자유롭다.	관계를 파악하기 어려울 때가 많다.
사전 변환 직업이 별로 없다.	그때그때 변환이 필요하다.
분산 아키텍처에 더 잘 어울린다.	

데이터 레이크 패턴이 변환을 덜 하는 건 맞지만, 데이터 클렌징^data cleasing^ (데이터 정제) 같은 변환은 여전히 일반적이며 파이프라인의 취약성과 병적인 커플링이라는 단점은 그대로입니다.

데이터 레이크 패턴은 데이터 무결성 테스트, 데이터 품질, 그 밖의 품질 이슈를 다운스트림 레이크 파이프라인에 떠넘기기 때문에 데이터 웨어하우스 패턴과 마찬가지로 운영상 병목이 발생할 수 있습니다.

기술 분할 및 배치 비슷한^batch-like^ 특성 탓에 이 패턴은 데이터 김빠짐^data staleness^ 문제가 생길 수도 있습니다. 아키텍트가 주의 깊게 조정하지 않아 업스트림 시스템의 변경이 무시된 채 김빠진 데이터가 흘러내려가면, 이와 결합된 파이프라인들 역시 줄줄이 무너질 것입니다.

5월 31일 화요일 14시 43분

설하나: "음, 데이터 레이크도 정답은 아니네요! 이제 어쩌죠?"

노건우: "몇 가지 최근 연구 결과를 찾아봤는데, 마이크로서비스 같은 분산 아키텍처에서 분석 데이터 문제를 해결할 수 있는 방법이 있네요. 이걸 적용하면 우리가 원하는 대로 도메인 경계를 지키면서도 데이터 과학자들이 사용 가능한 방향으로 분석 데이터를 구체화할 수 있을 것 같습니다. 법무 팀에서 신경 쓰는 PII 문제도 해결되고요."

설하나: "와! 어떤 방법이죠?"

14.2 데이터 메시

그간 분산 아키텍처의 동향을 예의 주시하던 세막 데그하니^{Zhamak Dehghani} 등의 몇몇 혁신가는 마이크로서비스, 서비스 메시, 사이드카(8.4절 '사이드카와 서비스 메시')의 도메인 지향적 디커플링에서 영감을 받아, 데이터 메시 패턴의 핵심 아이디어를 약간 변형하고 분석 데이터에 적용했습니다. 사이드카는 8장에서도 설명한 것처럼 직교 커플링을 구성하는 명쾌한 패턴입니다(8.4절에서 설명한 '직교 커플링' 참고).

14.2.1 데이터 메시란?

데이터 메시는 분석 데이터를 탈중앙화 방식^{decentralized fashion}으로 공유, 접근, 관리하는 사회 공학적^{sociotechnical} 접근법으로서 리포팅, 머신 러닝 모델 훈련, 인사이트 생성 등 폭넓은 용도로 활용할 수 있습니다. 앞의 두 아키텍처와 반대로, 데이터 메시는 비즈니스 도메인에 따라 아키텍처와 데이터 오너십을 구성하며 데이터의 피어 투 피어 소비^{peer-to-peer comsumption}가 가능합니다.

데이터 메시의 4대 기본 원칙은 다음과 같습니다.

데이터의 도메인 오너십^{domain ownership of data}

> 데이터는 그 자신과 가장 가까운 도메인, 즉 데이터의 출처가 되거나 일급 컨슈머^{first-class consumer}에 해당하는 도메인이 소유하고 공유합니다. 따라서 데이터 메시 아키텍처는 어떤 중간 단계나 중앙 집중식 레이크, 웨어하우스, 전담 데이터 팀 없이도 피어 투 피어 방식으로 여러 도메인의 데이터를 분산 공유하고 액세스할 수 있습니다.

데이터를 프로덕트로

> 데이터 메시는 데이터 사일로^{data silo}*를 방지하고 도메인 간 데이터 공유를 장려하기 위해 데이터를 프로덕트로 서비스하는^{data served as a product} 개념을 도입했습니다. 그리고 각 도메인이 조직 전체의 데이터 컨슈머에게 데이터를 원활히 제공할 수 있도록 조직 차원에서 역할을 부여하고 성공 메트릭을 설정합니다. 또 찾기 쉽고, 이해하기 쉽고, 시의적절하고, 안전하며, 품질이 높은 데이터를 잘 관리해서 지속적으로 컨슈머에게 서비스하고자 데이터 프로덕트 퀀텀^{data product quantum}이라는 새로운

---

* 옮긴이_같은 회사 내에서도 부서별이나 팀별로 상이한 플랫폼과 솔루션을 도입해 사용하다 보면 데이터가 고립돼서 전체적으로 통합하려고 해도 데이터가 서로 맞지 않아 불필요한 효율 저하가 발생하는 문제를 말합니다.

아키텍처 퀀텀을 만들었습니다. 이 장에서는 데이터 프로덕트 퀀텀의 아키텍처 측면을 소개합니다.

셀프 서비스 데이터 플랫폼

데이터 메시는 도메인 팀이 데이터 프로덕트를 구축/관리할 수 있는 신개념의 셀프 서비스 플랫폼 self-service platform을 제공합니다. 데이터 프로덕트 개발자 및 컨슈머의 UX 개선에 초점을 둔 것으로, 데이터 프로덕트의 선언적 생성declarative creation, 검색 및 브라우징을 통한 메시 전체의 데이터 프로덕트 발견 가능성discoverability, 데이터 및 지식 그래프 같은 다른 지능형 그래프intelligent graph의 출현 관리 등과 같은 기능을 갖고 있습니다.

연합 컴퓨팅 거버넌스

연합 컴퓨팅 거버넌스federated computational governance는 데이터의 탈중앙화 오너십decentralized ownership에도 전사 거버넌스 요건(예: 데이터 프로덕트의 상호 운용성interoperability, 컴플라이언스, 보안, 개인정보 보호, 데이터 품질)이 모든 도메인에서 일관되게 충족되도록 보장하는 원칙입니다. 데이터 메시는 도메인 데이터 프로덕트 오너들로 구성된 연합 의사 결정 모델federated decision-making model을 도입함으로써, 이들 오너가 규정한 정책들은 각 데이터 프로덕트에 코드 형태로 자동 임베드됩니다. 이러한 관리 기법의 이면에는 데이터 액세스 지점에서의 정책(데이터 읽기 또는 쓰기)을 저장/실행하기 위해 각 데이터 프로덕트 퀀텀에 임베드한, 플랫폼에서 제공된 사이드카가 있습니다.

데이터 메시는 매우 광범위한 주제이므로 자세한 내용은 세막 데그하니Zhamak Dehghani의 『Data Mesh: Delivering Data-Driven Value at Scale』(O'Reilly, 2022)을 참고하기 바랍니다. 이 장에서는 핵심 아키텍처 요소인 데이터 프로덕트 퀀텀을 주로 이야기하겠습니다.

14.2.2 데이터 프로덕트 퀀텀

데이터 메시의 핵심 사상은 마이크로서비스 같은 현대 분산 아키텍처에 기반합니다. 팀은 서비스 메시에서 했던 것과 마찬가지로, 서비스에 인접해 결합된 DPQData Product Quantum(데이터 프로덕트 퀀텀)를 구축합니다(그림 14-1).

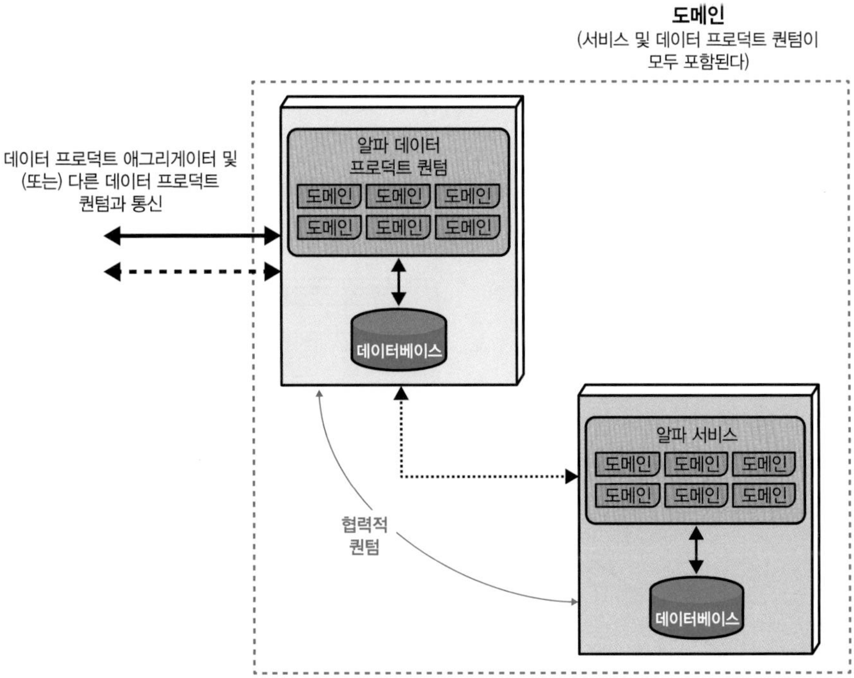

도메인
(서비스 및 데이터 프로덕트 퀀텀이
모두 포함된다)

데이터 프로덕트 애그리게이터 및
(또는) 다른 데이터 프로덕트
퀀텀과 통신

알파 데이터
프로덕트 퀀텀

| 도메인 | 도메인 | 도메인 |
| 도메인 | 도메인 | 도메인 |

데이터베이스

협력적
퀀텀

알파 서비스

| 도메인 | 도메인 | 도메인 |
| 도메인 | 도메인 | 도메인 |

데이터베이스

그림 14-1 데이터 프로덕트 퀀텀의 구조

[그림 14-1]에서 알파 서비스는 동작 데이터와 트랜잭션(운영) 데이터를 모두 갖고 있습니다. DPQ는 도메인에 포함돼 있고 여기에 구현된 코드와 데이터가 시스템의 전체적인 분석과 리포팅 부분의 인터페이스 역할을 합니다. DPQ는 운영 측면에서 독립적이지만 고도로 결합된 동작 및 데이터 세트로서 동작합니다.

현대 아키텍처에서 흔히 볼 수 있는 몇 가지 DPQ 타입을 정리하면 다음과 같습니다.

소스(네이티브native) DPQ

마이크로서비스처럼 협력적 퀀텀cooperative quantum으로 동작하는 협업 아키텍처 퀀텀collaborating architecture quantum을 대신해 분석 데이터를 제공합니다.

애그리거트 DPQ

여러 출처에서 수집한 입력 데이터를 동기 또는 비동기 방식으로 집계합니다. 집계 작업에 따라 비동기 요청만으로 충분한 경우도 있지만, 애그리거트aggregate DPQ가 소스 DPQ에 대해 동기 쿼리를 수행해야 하는 경우도 있습니다.

전용 DPQ

유저가 특정 요건을 위해 작성한 커스텀 DPQ입니다. 분석 리포팅, BI, 머신 러닝, 기타 지원 기능
이 대상에 포함됩니다.

DPQ는 분석과 BI 활동에 기여하는 도메인에 각각 포함됩니다(그림 14-2).

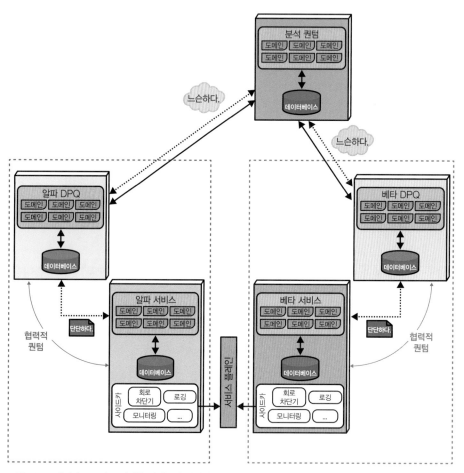

그림 14-2 데이터 프로덕트 퀀텀은 서비스와 별개이지만 단단히 결합된 첨가제 역할을 한다.

여기서 DPQ는 서비스 구현을 담당하는 도메인 팀이 소유한 컴포넌트를 나타냅니다. DPQ는
데이터베이스에 저장된 정보를 감싸 도메인 동작 중 일부와 비동기 인터랙션을 수행하며 분석,
BI 용도의 데이터뿐만 아니라 동작도 갖고 있습니다.

각 DPQ는 해당 서비스를 위한 협력적 퀀텀 역할을 합니다.

협력적 퀀텀

협력적 퀀텀은 비동기 통신과 최종 일관성의 방법으로 다른 협력자와 통신하는 운영상 분리된 퀀텀입니다. 다른 협력자와는 엄격한 계약 커플링을 맺지만, 분석 퀀텀과는 느슨한 계약 커플링을 맺습니다. 서비스는 리포트, 분석, BI 등을 담당합니다. 두 가지 협력적 퀀텀은 독립적으로 운영되지만 데이터의 양면, 즉 퀀텀의 운영 데이터와 DPQ의 분석 데이터 모두를 나타냅니다.

시스템 일부가 분석 및 BI 책임을 맡아 수행하면 그 자신의 도메인과 퀀텀이 형성될 것입니다. 이 분석 퀀텀은 자신이 정보를 필요로 하는 개별 DPQ와 정적인 퀀텀 커플링을 맺습니다. 이 서비스는 요청 타입에 따라 DPQ에 동기 또는 비동기 호출을 합니다. 예를 들어, 분석 DPQ로 향하는 SQL 인터페이스를 제공함으로써 동기 쿼리를 할 수 있는 DPQ도 있습니다. 요건에 따라 여러 DPQ에서 정보를 집계해야 하는 경우도 있을 것입니다.

14.2.3 데이터 메시, 커플링, 아키텍처 퀀텀

분석 리포팅은 이 솔루션의 필수 기능이므로 DPQ와 그 통신 구현부는 아키텍처 퀀텀의 정적 커플링에 속합니다. 예를 들어, 마이크로서비스 아키텍처에서 서비스 플레인은 반드시 사용 가능한 상태여야 합니다. 메시징 호출을 기반으로 설계할 때, 메시지 브로커 사용을 전제로 하는 것과 같은 이치입니다. 하지만 서비스 메시의 사이드카 패턴이 그렇듯이, DPQ는 서비스 내부에서 구현부의 변경과 직교적이어야 하며 데이터 플레인과도 별도의 계약으로 관리해야 합니다.

동적 퀀텀 커플링 관점에서 데이터 사이드카는 언제나 최종 일관성과 비동기성을 둘 다 지닌 통신 패턴(예: 12.1.7절 '패러렐 사가(aeo) 패턴', 12.1.8절 '앤솔로지 사가(aec) 패턴') 중 하나를 구현해야 합니다. 다시 말해, 데이터 사이드카에 운영/분석 데이터를 계속 동기화하는 트랜잭션 요건이 포함되면 절대로 안 됩니다. 그럴 경우, 직교적 디커플링을 위해 DPQ를 사용하는 취지와 맞지 않겠죠. 마찬가지로, 도메인 서비스의 운영 아키텍처 특성에 미치는 영향을 최소화하려면 데이터 플레인과는 비동기 통신을 해야 합니다.

14.2.4 데이터 메시는 어떤 경우에 사용하는가?

트레이드오프

표 14-3 데이터 메시 패턴의 트레이드오프

장점	단점
마이크로서비스 아키텍처와 궁합이 잘 맞는다.	데이터 프로덕트 퀀텀과 계약 조정이 필요하다.
현대 아키텍처 원칙과 엔지니어링 프랙티스를 준수한다.	비동기 통신과 최종 일관성이 필요하다.
분석 데이터와 운영 데이터 간의 디커플링이 우수하다.	
계약을 신경 써서 잘 작성하면 분석 기능을 느슨하게 결합한 상태로 발전시킬 수 있다.	

이 패턴은 서비스 간 격리가 잘되고 트랜잭션 지원이 탄탄한 현대 분산 아키텍처에 알맞습니다. 이 패턴을 적용하면 도메인 팀이 다른 퀀텀에 의해 소비되는 데이터의 양, 속도, 품질, 투명성을 결정할 수 있습니다.

그러나 분석 데이터와 운영 데이터가 항시 동기화돼야 하는 아키텍처에 이 패턴을 적용하기는 다소 어려우며, 이는 분산 아키텍처에서 어려운 과제입니다. 아주 엄격한 계약으로 최종 일관성을 지원하는 방법을 찾아보면 다른 어려움을 일으키지 않는 많은 패턴을 적용할 수 있습니다.

데이터 메시는 소프트웨어 개발 생태계에서 떠올라 점진적 발전을 꾸준히 거듭해온 대표적인 기술 사례입니다. 새로운 기능은 새로운 퍼스펙티브를 창출하고, 결국 이로써 (오랫동안 앓던 이 같았던) 인위적으로 (운영, 분석 모두) 데이터를 도메인에서 분리하는 문제를 해결하는 데 도움이 됐습니다.

14.3 한빛가이버 사가: 데이터 메시

6월 10일 금요일 09:55

노건우 팀장과 하나, 성한은 대회의실에서 만났습니다. 앞서 회의실을 사용한 사람들이 (이른 아침에 아점으로) 먹다 남긴 간식들이 책상 여기저기에 남아 있었습니다.

노건우: "좀 전에 데이터 과학자들과 미팅을 하고 왔는데, 그쪽에선 장기적으로 문제를 해결할 방안을 찾고 있었어요. 즉, 전문 기사 공급 계획을 데이터 주도적으로, 그리고 상이한 시점에, 상이한 위치에 있는 기사 분들의 스킬 세트 수요에 알맞게 수립해야 한답니다. 그런 능력을 갖추면 전문 기사 신규 채용 및 훈련을 비롯해 여타 공급 계획을 수행하는 데도 큰 도움이 되겠죠."

손성한: "저는 데이터 메시 구현에 관여하지 않아 잘 모르는데요… 하나 씨, 얼마나 진행됐죠?"

설하나: "구현한 서비스마다 DPQ가 하나씩 들어 있어요. 도메인 팀은 자기 서비스에 맞게 DPQ 협력적 퀀텀을 실행/관리하는 일을 합니다. 이제 막 시작한 터라… 앞으로 어떤 니즈가 있는지 지켜보면서 조금씩 기능을 덧붙일 생각이에요. [그림 14-3]은 티켓 관리 도메인 구성도입니다."

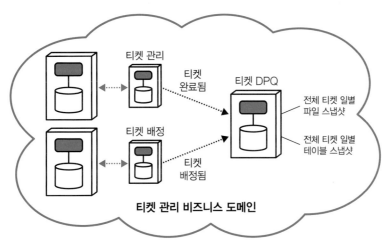

그림 14-3 이 티켓 관리 도메인에서 두 서비스는 각각 DPQ를 갖고 있고 티켓 DPQ는 공유한다.

노건우: "티켓 DPQ는 그 자체가 아키텍처 퀀텀으로, 다른 시스템이 필요로 하는 여러 가지 티켓 뷰를 모아주는 역할을 하지."

손성한: "팀장님, 각 팀마다 기본 제공되는 것 외에 얼마나 더 구축해야 하나요?"

설하나: "그 질문은 제가 대답하죠. 데이터 메시 플랫폼 팀은 데이터 유저, 데이터 프로덕트 개발자에게 셀프 서비스 기능 세트를 제공할 생각입니다. 이렇게 하면 새로운 분석 유스 케이스를 구축하고 기존 아키텍처 퀀텀에서 관심 있는 데이터 프로덕트를 찾아보려는 모든 팀이 직접 연결해 쓸 수 있을 거예요. 신규 데이터 프로덕트를 생성할 도메인도 플랫폼에서 지원되고요. 데이터 메시 플랫폼은 데이터 프로덕트에 다운타임은 없는지 지속적으로 모니터링하거나 거버넌스 정책에 위배되는 부분이 있는지 확인해서 각 도메인 팀에 알려주는 역할도 합니다."

노건우: "도메인 데이터 프로덕트 오너는 플랫폼 프로덕트 오너는 물론 보안, 법규, 리스크, 컴플라이언스 SME*들과 협력해서 글로벌하게 연합된 거버넌스 그룹을 구성합니다. 데이터 공유 계약, 데이터 비동기 전송 모드, 접근 통제 등 표준화할 DPQ 항목은 여기서 결정되죠. 플랫폼 팀은 일정 기간 DPQ의 사이드카를 새로운 정책 실행 기능으로 강화하고 메시 전체에 균일하게 업그레이드합니다."

설하나: "와, 생각했던 것보다 훨씬 더 발전된 형태네요. 그나저나 전문 기사 공급 정보를 제공하려면 어떤 데이터가 필요하죠?"

노건우: "어떤 정보를 수집해야 할지는 데이터 과학자들과 함께 결정했어요. 티켓 DPQ는 접수/완료 처리된 모든 티켓에 대한 장기적인 뷰를, 유저 관리 DPQ는 전체 전문 기사 프로필에 대한 일일 스냅샷을, 설문 DPQ는 모든 고객 설문 결과에 대한 로그를 각각 제공합니다. 이렇게 해야 정확할 것 같네요."

손성한: "역시 팀장님! 그런데 전문 기사 공급 DPQ 같은 이름으로 DPQ를 새로 하나 더 만들어 좀 전에 말씀하신 세 DPQ에서 비동기 입력을 받아야 할 것 같습니다. 이 DPQ의 첫 번째 프로덕트는 공급 권장 사항이라 할 수 있는데요. 설문, 티켓, 관리 도메인에 있는 DPQ에서 취합된 데이터를 이용해 훈련시킨 ML 모델을 사용합니다. 그리고 전문 기사 공급 DPQ는 새로운 티켓, 설문, 전문 기사 프로필 데이터가 들어오면 일별 권장 사항 데이터를 제공하고요. 전체적인 구조는 [그림 14-4]와 같은 모습이겠죠."

---

* 옮긴이_주제 전문가(Subject Matter Expert). 해당 직무 또는 과제를 (지식, 기능, 태도 측면에서) 가장 잘 알고 잘 수행하고 있는 사람을 말합니다(출처: 한국인사관리협회).

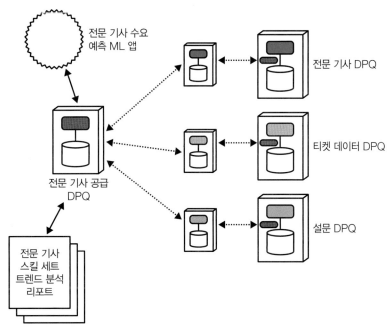

전문 기사 수요
예측 ML 앱

전문 기사 DPQ

티켓 데이터 DPQ

설문 DPQ

전문 기사 공급
DPQ

전문 기사
스킬 세트
트렌드 분석
리포트

그림 14-4 전문 기사 공급 DPQ 구현

설하나: "와, 아주 완벽해 보이는데요? 서비스는 이미 준비됐으니까, 각 소스 DPQ마다 주어진 엔드포인트가 존재하는지 확인하고 새로운 전문 기사 공급 DPQ를 구현하기만 하면 됩니다."

노건우: "맞아요, 한 가지 염려되는 점이라면… 트렌드 분석은 신뢰할 수 있는 데이터를 전제로 한다는 사실입니다. 만약 소스 시스템 중 하나가 일정 기간 불완전한 정보를 넣어주면 어떻게 될까요? 그렇게 되면 트렌드 분석은 아무 의미도 없을 것 같은데…"

설하나: "네, 그렇습니다. 불완전한 데이터를 받느니 아무 데이터도 안 받는 게 차라리 더 낫죠. 트래픽이 덜 들어오는 것처럼 보이긴 하겠지만… 하지만 그런 일이 자주 발생하는 게 아니라면 그냥 예외 처리하면 됩니다."

노건우: "알겠습니다. 성한 씨, 무슨 뜻인지 이해했지?"

손성한: "네, 이해했습니다. 완전한 정보가 아니면 아무 정보도 받지 않는다, 그리고 우리가 완전한 데이터를 받았는지 확인하는 피트니스 함수를 사용한다… 네, 이렇게 정리하겠습니다."

ADR: 전문 기사 공급 DPQ 소스가 일별 전체 데이터를 제공하거나 아무 데이터도 제공하지 않아야 함

콘텍스트

전문 기사 공급 DPQ는 주어진 기간의 트렌드를 분석하는데, 어떤 날짜에 불완전한 데이터가 섞이면 트렌드가 왜곡돼 표시될 수 있으니 건너뛰어야 한다.

결정

전문 기사 공급 DPQ의 데이터 소스가 당일 트렌드의 완전한 스냅샷을 수신하든지, 아니면 아무 데이터도 수신하지 않도록 만들어 데이터 과학자가 예외 처리하게 한다.

소스 피드 및 전문 기사 공급 DPQ 간의 계약은 느슨하게 결합해 취약성을 방지한다.

결과

가용성 등의 문제가 생겨 너무 많은 일별 데이터가 예외 처리될 경우, 트렌드 분석의 정확도에 좋지 않은 영향을 미칠 것이다.

피트니스 함수

일별 스냅샷을 완료한다. 메시지 도착 시 타임스탬프를 확인한다. 메시지 수량은 평상시 정도인데 1분 이상의 간극이 발생할 경우, 해당 날짜의 데이터는 예외 처리하는 것으로 표시한다.

티켓 DPQ, 전문 기사 공급 DPQ에 대한 컨슈머 주도의 계약 피트니스 함수. 티켓 도메인이 내부적으로 달라져도 전문 기사 공급 DPQ를 깨뜨리지 않게 한다.

## CHAPTER 15

자신만의 트레이드오프 분석

6월 10일 월요일 10:01

지난 9월 한빛가이버 경영진이 사업 철수를 고려했던 운명의 날에 비해 대회의실은 한층 밝고 화사해진 느낌입니다. 사람들은 삼삼오오 이야기 꽃을 피웠고 오랫동안 찾아보기 어려웠던 에너지가 넘쳐 흘렀습니다.

박배일: "자, 다들 오셨죠? 회의를 시작하겠습니다. 여러분도 아시다시피, 본 회의는 9개월 전 불거졌던 한빛가이버 애플리케이션의 기술 이슈를 IT 부서에서 어떻게 조치하고 개선했는지 자세히 들어보고자 마련한 자리입니다."

손성한: "네, 이런 시간을 회고retrospective라고 합니다. 앞으로 더 잘할 수 있는 방법을 찾고, 잘했던 일과 못했던 일들에 대해 이야기를 나누는 아주 유익한 시간이죠."

박배일: "좋아요, 한번 들어봅시다. 비법이 뭔가요? 기술적인 관점에서 여러분은 어떻게 이 사업부를 좋은 방향으로 개선시킨 거죠?"

오선빈: "사실, 어느 한 가지가 아닙니다. 아주 많은 것들이 조합된 결과죠. 무엇보다 IT 엔지니어인 저희들은 문제점을 발견하고 해결 방안을 마련하는 수단으로서 비즈니스 동인을 활용했고, 그 과정에서 정말 소중한 교훈을 얻었습니다. 전에는 어떤 문제가 생기면 늘 기술적인 부분에만 집중해서 큰 그림을 볼 수 없었죠."

설하나: "네, 그리고 저와 데이터베이스 팀 분들이 문제 해결을 위해 애플리케이션 팀과 더 많이 협업하게 된 것도 큰 성과입니다. 예전에는 DB 쪽 사람들과 개발자들은 대화 없이 각자 일해서 답답했죠. 모두

함께 노력하지 않았다면, 지금처럼 한빛가이버 애플리케이션을 마이그레이션하지는 못했을 거예요."

손성한: "제 개인적으로는 트레이드오프를 분석하는 방법을 배우게 된 좋은 기회였습니다. 노건우 팀장님의 지도, 인사이트, 지식이 없었으면 지금의 성과는 거두기 어려웠을 거예요. 비즈니스 관점에서 저희가 수립한 솔루션을 정당화할 수 있었던 건 모두 노 팀장님 덕분입니다."

박배일: "그런 점에서 돌이켜보면 뭐랄까… 당초 여러분들의 비즈니스 정당성을 돌이켜보면, 사실 그때는 여러분에게 문제를 해결할 마지막 기회를 드릴 수밖에 없던 상황이었습니다. 익숙하지 않은 기술들이었고, 음… 아주 솔직히 말하면 많이 놀랐어요. 물론 좋은 방향으로 충격이었죠."

박거성: "네, 이제 모든 일이 착착 잘 진행되고 있다는 점에선 이견이 없는 것 같은데, 앞으로도 이 페이스를 유지하려면 어떻게 해야 할까요? 사내 타 부서나 팀이 과거와 똑같은 혼란의 늪에 빠지지 않게 독려하려면 어떤 방법이 좋을까요?"

노건우: "지속적인 교육과 훈련이 병행돼야 합니다. 어떤 식으로든 의사 결정을 할 때마다 트레이드오프 표를 작성하고, ADR를 기록해 결정된 내용을 문서화함으로써 소통하며, 어떤 문제가 생겨 솔루션을 찾을 때 다른 팀 사람들과 협업하는 습관을 뿌리내려야 합니다."

모건승: "하지만 그러자면 추가적인 프로세스나 절차가 너무 많아지지 않을까요?"

노건우: "아뇨, 그게 바로 아키텍처입니다. 이제 다들 아시겠지만, 사실이 그렇습니다."

지금까지 이 책에서는 분산 아키텍처의 일반적인 트레이드오프 분석 방법을 여러 예제를 들어 설명했습니다. 그러나 모든 아키텍처에 다 통하는 범용 솔루션은 드물고, 설령 그런 솔루션이 있다 해도 아키텍처마다 고유한 사정이 있으므로 불완전할 수밖에 없습니다. 사실 2장에서 소개한 아키텍처 퀀텀에 관한 내용도 상세히 다 살펴본 것은 아니지만, 그래도 여러분이 지금까지 잘 따라왔다면 이 책이 문제 영역에 얽혀 있는 고유한 요소들을 바라보는 시야를 넓히는 좋은 시발점을 제공했다고 생각합니다.

마지막 장에서는 여러분이 독자적으로 트레이드오프 분석을 수행하는 데 있어, 우리가 이 책에서 결론을 내기 위해 사용한 것과 동일한 기법으로 몇 가지 조언을 하고자 합니다.

2장에서도 소개했듯이, 현대 트레이드오프 분석은 다음 3단계를 거칩니다.

- 어느 파트가 서로 관련돼 있는지 확인한다.
- 어떻게 서로 결합돼 있는지 분석한다.
- 상호 의존적 시스템의 변경 영향도를 파악함으로써 트레이드오프를 평가한다.

이 세 단계마다 사용되는 기법과 고려할 점들을 하나씩 정리하겠습니다.

15.1 서로 연관된 차원 확인

아키텍트는 제일 먼저 어떤 차원들이 서로 관련돼 있고 서로 얽혀 있는지 찾아내야 합니다. 이는 아키텍처의 고유한 영역이지만, 현재 시스템의 전반적인 체계와 기능, 제약 조건 등을 잘 아는 숙련된 개발자, 아키텍트, 운영자들이 노력하면 발견할 수 있습니다.

15.1.1 커플링

'아키텍처에 있는 각 파트를 어떻게 서로 결합할까?' 아키텍트는 이 질문의 답을 찾아보는 것부터 시작합니다. 소프트웨어 개발 세상에서 커플링은 다양하게 정의할 수 있지만, 가장 무식하게 직관적으로 표현하면 '만약 누가 X를 변경하면 Y도 변경해야 할까?'라는 것입니다.

여러분은 2장에서 기술 커플링의 종합적인 구성도를 제공하는, 아키텍처 퀀텀 간의 정적 커플링을 배웠습니다. 모든 아키텍처는 각자 고유하기 때문에 이런 구성도를 그리는 제네릭한 도구는 없지만, 자동화 또는 수작업으로 정적 커플링 다이어그램을 작성할 수 있습니다.

가령, 마이크로서비스에 관한 정적 커플링 다이어그램을 작성하려면 다음과 같은 세부 정보를 수집해야 합니다.

- 운영체제/컨테이너 디펜던시
- 전이적 디펜던시 관리를 통해 전달되는 디펜던시(프레임워크, 라이브러리 등)
- 데이터베이스, 검색 엔진, 클라우드 환경 등에 대한 퍼시스턴스 디펜던시(persistence dependency)
- 서비스 자신의 부트스트랩(시동)에 필요한 아키텍처 통합점
- 다른 퀀텀과의 통신에 필요한 메시징 인프라(예: 메시지 브로커)

정적 커플링 다이어그램은 퀀텀 내부에서 유일한 결합점이 워크플로 통신인 여타 퀀텀은 고려하지 않습니다. 예를 들어 워크플로에서 AssignTicket 서비스는 ManageTicket 서비스와 협력하지만 그 밖에 다른 결합점이 없다면, 두 서비스는 (실제 워크플로가 작동되는 도중에는 동적으로 결합되지만) 정적으로 독립적인statically independent 상태라고 할 수 있습니다.

이미 자동화를 통해 대부분의 환경을 구축한 팀이라면, 앞으로 시스템을 빌드하면서 결합점을 문서화하는 부가 기능을 생성 메커니즘에 만들어 넣을 수 있을 것입니다.

이 책에서 우리의 목표는 분산 아키텍처의 커플링과 통신에 따른 다양한 트레이드오프를 견줘보는 것이었습니다. 무엇이 동적 퀀텀 커플링의 3차원이 되는지, 수많은 분산 아키텍처(마이크로서비스와 다른 아키텍처들)의 예를 들어 살펴봤습니다. 즉, 우리가 예시한 아키텍처들은 하나같이 모두 통신, 일관성, 조정이라는 차원의 변화에 민감했습니다.

이 프로세스는 아키텍처에서 반복 설계$^{iterative\ design}$가 얼마나 중요한지를 잘 나타냅니다. 아무리 똑똑한 아키텍트라도 초안부터 완벽할 수는 없습니다. 어떤 워크플로에 대한 샘플 토폴로지를 만들어보고 그 트레이드오프를 매트릭스 형태로 나타내면, 그때그때 임시로 접근하는 방식보다 더 신속하고 철저한 분석이 가능합니다.

15.1.2 결합점 분석

분석 대상 결합점을 식별했다면 다음은 가능한 조합들을 가볍게 모델링할 차례입니다. 현실과 거리가 먼 조합은 과감하게 넘어갑니다. 결합점 분석의 목표는 아키텍트가 어떤 힘을 연구해야 하는지, 즉 어떤 힘의 트레이드오프를 분석해야 할지 결정하는 것입니다. 예를 들어 아키텍처 퀀텀의 동적 커플링 분석은 12.1.7절 '패러렐 사가$^{(aeo)}$ 패턴'의 별점 등급표(표 15-1)에 표시했듯이, 통신, 일관성, 조정의 세 힘을 분석하는 것 외에도 커플링, 복잡성, 응답성/가용성, 확장성/탄력성을 주요 트레이드오프 요소로 선정합니다.

표 15-1 패러렐 사가$^{(aeo)}$ 패턴

패러렐 사가$^{(aeo)}$	평가
통신	비동기
일관성	최종 일관성
조정	중앙 집중식
결합도	낮음
복잡성	낮음
응답성/가용성	높음
확장성/탄력성	높음

우리는 이 등급표를 작성할 때 각 설계 솔루션(우리가 명명했던 패턴들)을 따로따로 고려했고, [표 15-2]에 정리했듯이 마지막에 그 차이점을 확인하기 위해 조합을 했습니다.

트레이드오프

표 15-2 동적 커플링 패턴의 통합 비교

패턴명	결합도	복잡도	응답성/가용성	확장성/탄력성
에픽 사가(sao)	매우 높음	낮음	낮음	매우 낮음
폰 태그 사가(sac)	높음	높음	낮음	낮음
페어리 테일 사가(seo)	높음	매우 낮음	보통	높음
타임 트래블 사가(sec)	보통	낮음	보통	높음
판타지 픽션 사가(aao)	높음	높음	낮음	낮음
호러 스토리 사가(aac)	보통	매우 높음	낮음	보통
패러렐 사가(aeo)	낮음	낮음	높음	높음
앤솔로지 사가(aec)	매우 낮음	높음	높음	매우 높음

이렇게 각 패턴을 독립적으로 분석한 다음, 그 특성을 비교하는 매트릭스를 작성하니 몇 가지 흥미로운 사실이 눈에 띄었습니다. 첫째, 결합도와 확장성/탄력성은 직접적인 반비례 관계입니다. 즉, 패턴의 결합도가 높을수록 확장성은 떨어집니다. 사실, 직관적으로도 그렇죠. 더 많은 서비스가 워크플로에 개입될수록 확장성 좋은 아키텍처를 설계하기는 더 어려워질 것입니다.

둘째, 응답성/가용성과 결합도 간에도 (결합도와 확장성/탄력성만큼 직접적인 관계는 아니지만) 중요한 상관관계가 발견됐습니다. 결합도가 높을수록 더 많은 서비스가 워크플로에 연관될 테니 응답성/가용성은 자연스레 떨어질 것입니다. 그래서 어느 한 서비스라도 실패하면 전체 워크플로가 실패할 가능성이 높습니다.

이러한 분석 기법은 반복 아키텍처링iterative architecturing의 좋은 예입니다. 아키텍트가 아무리 뛰어나도 완전히 고유한 시나리오에서 미묘한 뉘앙스까지 바로 알아차리기는 힘들고, 복잡한 아키텍처일수록 이런 뉘앙스가 곳곳에 등장하기 마련입니다. 따라서 아키텍트가 하나 또는 그 이상의 차원을 조합해보면서 결과를 지켜보고 그 의미를 파악하려면, 경우의 수 매트릭스matrix of possibilities를 작성해보는 것이 모델링 연습 차원에서도 유익합니다.

15.1.3 트레이드오프 평가

'만약 ~라면what if' 시나리오를 반복시킬 수 있는 체계가 마련됐다면, 이제 주어진 상황에서 근본적인 트레이드오프에 집중합니다. 예를 들어 '동기 통신이냐, 비동기 통신이냐'의 선택에는 수많은 가능성과 제약 조건이 있는데, 결국 소프트웨어 아키텍처의 모든 건 다 트레이드오프입니다. 따라서 동기성 같은 근본적인 차원을 선택하면 미래의 선택은 당연히 제한될 수밖에 없고, 이렇게 차원이 고정되면 당초 선택한 것 때문에 그렇게 하는 게 더 낫거나 그렇게 할 수밖에 없는 후속 결정들에 관한 분석을 똑같은 방식으로 되풀이하면 됩니다. 아키텍트가 난해한 결정, 여러 차원이 맞물린 복잡한 결정을 내릴 수 있을 때까지 이 프로세스를 반복합니다.

15.2 트레이드오프 기법

끝으로, 우리 저자들이 그간 수많은 트레이드오프 분석을 수행한 경험을 토대로 독자 여러분에게 몇 가지 유익한 조언을 남깁니다.

15.2.1 정성적 분석 vs. 정량적 분석

이 책에 실린 트레이드오프 표들은 사실 그 어떤 것도 수치에 근거한 정량적quantitative 자료가 아니라 정성적qualitative 자료들입니다. 정량적 비교는 아키텍트마다 천차만별이므로 비교 자체가 어렵지만, 대량의 데이터에 통계적 분석 기법을 동원한다면 합리적인 정량적 분석도 가능할 것입니다.

예를 들어 통신, 일관성, 조정을 조합한 여러 구현부를 견줘보면서 각 사례마다 확장성을 검토한다면 [표 15-2]와 같은 객관적인 비교 자료를 산출할 수 있습니다.

이와 마찬가지로, 특정 조직의 아키텍트도 동일한 방식으로 연관된 관심사를 차원 매트릭스 형태로 정리해 전형적인 (현재 조직 내부, 또는 테스트 이론에 국한된) 사례를 살펴볼 수 있을 것입니다.

아키텍처에서 순수한 정량 분석만 할 일은 거의 없을 테니 정성적 분석 수행 능력을 부지런히 갈고 닦기 바랍니다.

15.2.2 MECE 리스트

아키텍트는 지금 본인이 전혀 다른 것이 아닌, 동일한 것을 비교하고 있는지부터 확실히 해야합니다. 예를 들어 단순 메시지 큐와 ESB를 비교하는 행위는 아무 의미가 없습니다. ESB에는메시지 큐 말고도 다른 수많은 컴포넌트가 들어 있기 때문입니다.

기술 전략 분야에서 차용한 MECE^Mutually Exclusive Collectively Exhaustive (상호 배제와 전체 포괄) 리스트라는 개념은 아키텍트가 비교할 항목을 정확하게 일치시키는 데 유용합니다.

상호 배제^Mutually Exclusive

비교 대상은 서로 기능이 겹치지 않아야 합니다. 가령 메시지 큐와 전체 ESB는 동일한 범주에 속하지 않으므로 비교 자체가 어불성설입니다. 다른 부분은 없고 메시징 기능만 비교한다는 전제가있어야 상호 비교 가능한 두 가지로 대상을 좁힐 수 있습니다.

전체 포괄^Collectively Exhaustive

의사 결정 과정에서 모든 가능성을 짚어보고 명백한 기능은 하나라도 빠뜨리면 안 됩니다. 예를 들어 고성능 메시지 큐를 검토 중인 아키텍트가 ESB, 단순 메시지 큐만 고려하고 카프카는 고려하지않는다면, 문제 영역에서 모든 가능성을 따져봤다고 할 수 없습니다.

MECE 리스트의 목표는 [그림 15-1]처럼 구멍 뚫린 곳이나 중첩되는 부분 없이 문제 영역을완전히 커버하는 것입니다.

소프트웨어 개발 생태계는 끊임없이 발전하고 있으며 새로운 기능이 계속 쏟아져 나옵니다. 아키텍트는 장기적인 영향도가 있는 의사 결정을 할 때 그 기준 자체를 변경해야 할 새로운 기능이 최근에 등장하지 않았는지 계속 확인해야 합니다. 즉, 의미 있는 탐구를 하려면 비교 기준이전체 포괄적이어야 합니다.

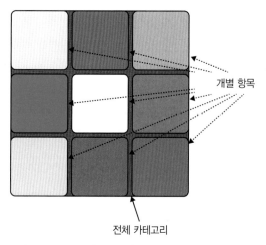

개별 항목

전체 카테고리

그림 15-1 MECE 리스트는 상호 배제와 전체 포괄을 원칙으로 한다.

15.2.3 '콘텍스트 왜곡' 함정

트레이드오프를 검토할 때는 반드시 콘텍스트에 따라 의사 결정을 해야 합니다. 그렇게 하지 않으면 아키텍트가 애써 수행한 트레이드오프 분석이 외부적 요인의 막대한 영향을 받게 될 것입니다. 어떤 솔루션이 여러모로 유익하긴 하지만 성공을 가로막는 요소를 고루 갖춘 경우도 있습니다. 아키텍트는 가능한 모든 트레이드오프가 아닌, 트레이드오프 세트의 균형을 정확하게 잘 맞춰야 합니다.

예를 들어, [그림 15-2]처럼 분산 아키텍처에서 공통 기능을 구현하고 싶은 한 아키텍트가 공유 서비스와 공유 라이브러리 중 어느 쪽을 택할지 고민하고 있는 경우를 생각해봅시다.

이 아키텍트는 선택의 기로에서 여러 연구 논문이나 사내 실험 데이터를 통해 이 두 솔루션에 대해 연구를 시작합니다. 불철주야 노력한 끝에 [그림 15-3]의 트레이드오프 매트릭스를 작성했습니다.

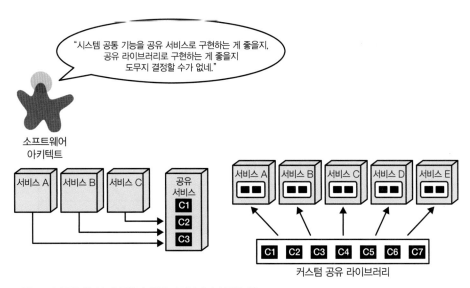

그림 15-2 공유 서비스가 좋을까, 공유 라이브러리가 좋을까?

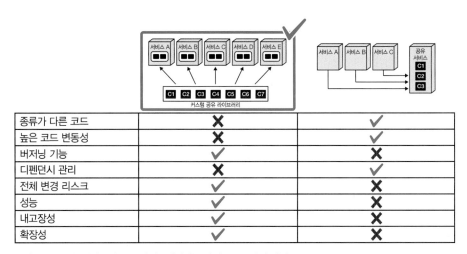

종류가 다른 코드	✗	✓
높은 코드 변동성	✗	✓
버저닝 기능	✓	✗
디펜던시 관리	✗	✓
전체 변경 리스크	✓	✗
성능	✓	✗
내고장성	✓	✗
확장성	✓	✗

그림 15-3 공유 서비스와 공유 라이브러리의 트레이드오프 분석 결과

이 매트릭스를 보며 흡족해한 아키텍트는 확실히 우세한 것으로 나타난 공유 라이브러리 방식이 타당하다고 본인 스스로 정당화합니다. 그러나 이 결정은 콘텍스트 왜곡out-of-context의 전형적인 사례입니다. 문제에 관한 부가 콘텍스트extra context가 드러나면 [그림 15-4]처럼 의사 결정 기준이 달라집니다.

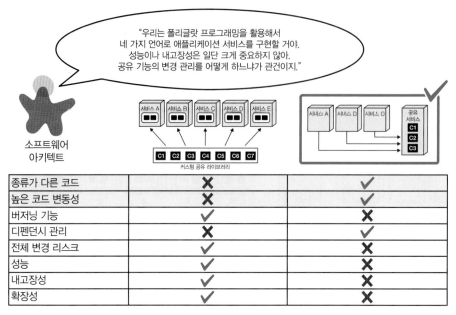

종류가 다른 코드	✗	✓
높은 코드 변동성	✗	✓
버저닝 기능	✓	✗
디펜던시 관리	✗	✓
전체 변경 리스크	✓	✗
성능	✓	✗
내고장성	✓	✗
확장성	✓	✗

그림 15-4 부가 콘텍스트에 따라 의사 결정이 달라진다.

아키텍트는 '서비스냐? 라이브러리냐?' 같은 제네릭한 문제뿐만 아니라 그 상황에 적용 가능한 실제적인 콘텍스트에 대해서도 계속 연구해야 합니다. 주어진 상황에 특정한 부가 콘텍스트가 쏙 빠진 제네릭한 솔루션은 실제 아키텍처에서 무용지물이나 다름 없습니다.

두 가지만 꼭 기억하세요. 첫째, 아키텍트가 어떤 결정에 관한 최적의 콘텍스트를 발견하면 그만큼 고려할 옵션의 수가 줄어 의사 결정 프로세스가 엄청나게 단순해집니다. 흔히 소프트웨어 고수들은 목표를 어떻게 달성할지 설명하지 말고 '단순한 설계를 그냥 받아들여라embrace simple designs'라고 조언합니다. 의사 결정 콘텍스트를 정확하게 좁혀가면 아키텍트가 생각해야 할 가짓수가 줄어 설계를 더 단순화할 수 있습니다.

둘째, 아키텍트는 반복 설계가 얼마나 중요한지 이해하고, 정성적인 '만약에what-if' 게임을 하면서 아키텍처 차원들이 서로 어떻게 영향을 미치는지 샘플 아키텍처를 그려봐야 합니다. 반복 설계를 진행하면서 아키텍트는 가능한 솔루션을 꼼꼼히 살펴보고 의사 결정에 관한 적절한 콘텍스트를 발견하게 될 것입니다.

15.2.4 모델과 연관된 도메인 케이스

아키텍트는 특정 솔루션에 가치를 부여할 만한 아무런 명분도 없이 맨땅에서 의사 결정을 해선 안 됩니다. 의사 결정 프로세스에 도메인 동인^{domain driver}을 추가하면 아키텍트가 가능한 방안을 걸러내고 진짜 중요한 트레이드오프에 집중하는 데 도움이 됩니다.

예를 들어, [그림 15-5]처럼 단일 결제 서비스를 만들지, 아니면 결제 수단별로 개별 서비스를 만들지 고민하는 아키텍트가 있다고 해봅시다.

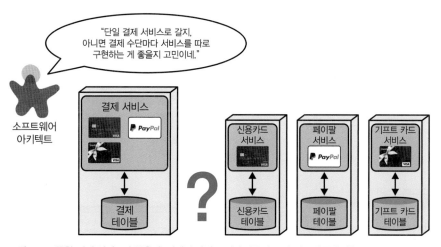

그림 15-5 통합 결제 서비스가 좋을까, 결제 수단별로 서비스를 따로 만드는 게 좋을까?

7장에서 배웠듯이, 아키텍트는 수많은 통합인과 분해인 중에서 의사 결정을 뒷받침할 만한 근거를 선택할 수 있습니다. 그러나 이 힘들은 너무 제네릭하므로 아키텍트는 있음 직한 시나리오를 모델링함으로써 의사 결정에 더 많은 뉘앙스를 첨가할 수 있을 것입니다.

예를 들어 신용카드 처리 서비스를 업데이트하는 시나리오가 있다고 합시다. [그림 15-6]은 그 첫 번째 시나리오입니다.

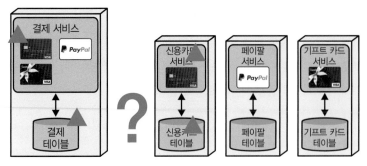

그림 15-6 시나리오 1: 신용카드 처리 서비스를 업데이트한다.

서비스를 따로 두면 모든 서비스가 퀀텀 레벨에서 격리되므로 유지 보수성, 시험성, 배포성이 좋아집니다. 하지만 서비스 간 정적 퀀텀 커플링을 방지하기 위해 코드 중복이 늘어나므로 개별 서비스를 두는 이점이 사라집니다.

두 번째 시나리오는 시스템에 새로운 결제 수단을 추가하는 경우를 모델링한 것입니다(그림 15-7).

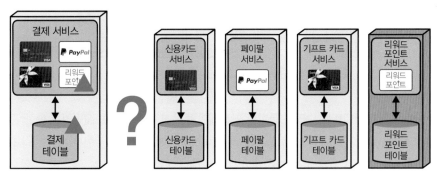

그림 15-7 시나리오 2: 결제 수단을 추가한다.

아키텍트는 리워드 포인트라는 결제 수단을 추가해서 아키텍처 특성에 어떤 영향이 있는지 확인합니다. 서비스를 따로 두었으니 아무래도 확장성은 좋아질 것입니다. 네, 지금까지는 개별 서비스 구조가 훨씬 매력적입니다.

그러나 [그림 15-8]처럼 복잡한 워크플로가 되면 아키텍처의 하드 파트가 비로소 모습을 드러냅니다.

이제야 시비스를 분리하면 실세로 어넌 트레이드오프가 있을지 눈에 들어오기 시작합니다. 이런 워크플로에서도 개별 서비스의 장점을 십분 활용하려면 오케스트레이터가 가장 잘 처리하는 조정이 필요합니다. 그러나 오케스트레이터 체제로 바꾸면 성능상 좋지 않고 데이터 일관성을 지키기가 한층 어려워지겠죠(11장). 오케스트레이터를 안 쓰고 해결하는 방법도 있지만, 어쨌든 워크플로 로직은 어딘가에 둬야 할 것입니다. 시맨틱 커플링은 구현부를 통해 늘어나면 늘어났지, 절대로 줄어들지 않는다는 사실을 명심하세요.

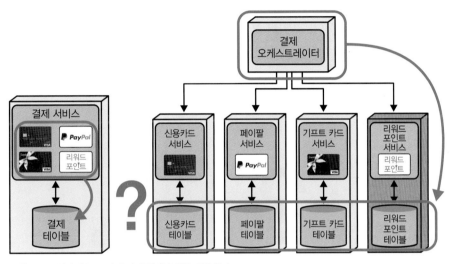

그림 15-8 시나리오 3: 여러 가지 결제 수단을 사용한다.

세 가지 시나리오를 모델링한 아키텍트는 트레이드오프 분석은 결국 성능과 데이터 일관성(단일 결제 서비스)이 먼저인지, 확장성과 민첩성(개별 서비스)이 먼저인지의 문제임을 깨닫습니다.

아키텍트가 아키텍처 문제를 일반적이고 추상적인 관점에서만 바라보면 결국 제자리만 맴돌게 될 것입니다. 대부분의 아키텍처 문제는 제네릭한 솔루션으로는 해결되지 않으므로, 아키텍트는 도메인 시나리오를 모델링하는 기술을 연마해서 프로답게 트레이드오프 분석과 의사 결정을 할 수 있는 능력을 배양해야 합니다.

15.2.5 차고 넘치는 증거보다 한마디 결론이 낫다

트레이드오프 분석의 모든 측면을 학습하기 위해 엄청난 양의 정보를 축적하려는 아키텍트들이 있습니다. 뭔가 새로운 것을 배우는 사람들은 (특히 상대방이 관심을 가질 만한 주제라면 더욱더) 그것을 다른 이들에게 자꾸 떠벌리고 싶어 하는 경향이 있습니다. 하지만 아키텍트가 밝혀낸 기술적인 세부 사항은 기술에 문외한인 내부분의 이해관계자에게는 매우 난해합니다. 또 일단 정보의 양에 압도되면, 그들의 소중한 인사이트가 의사 결정 과정에 제대로 반영되지 않을 가능성이 높습니다.

아키텍트는 자신이 수집한 정보를 전부 다 보여주려 하지 말고, 트레이드오프 분석 범위를 개별 트레이드오프를 적절히 취합한 몇 가지 핵심 주제로 좁히는 것이 좋습니다.

[그림 15-9]는 마이크로서비스 아키텍처에서 아키텍트가 흔히 맞닥뜨리는 '동기 통신이냐, 비동기 통신이냐'의 문제입니다.

그림 15-9 동기 통신인가? 비동기 통신인가?

동기식 오케스트레이터는 REST 동기 호출로 워크플로 협력자들과 소통하고, 비동기식 오케스트레이터는 메시지 큐를 사용해 비동기 통신을 합니다.

아키텍트는 솔루션별로 제네릭한 팩터들을 견줘본 다음, 기술 문외한인 이해관계자들이 관심을 가질 만한 구체적인 도메인 시나리오를 생각합니다. 그러면 [표 15-3]과 같은 트레이드오프 표를 작성할 수 있을 것입니다.

트레이드오프

표 15-3 신용카드 처리 문제에 대한 동기 통신과 비동기 통신의 트레이드오프

동기 통신의 장점	동기 통신의 단점	비동기 통신의 장점	비동기 통신의 단점
	고객이 신용카드 승인 처리가 시작될 때까지 기다려야 한다.	프로세스가 시작되길 기다릴 필요가 없다.	
고객 요청이 끝나기 전에 무조건 신용카드 승인이 시작된다.			프로세스가 시작됐다는 보장이 없다.
	오케스트레이터가 실패하면 고객 애플리케이션은 신용카드 승인 요청을 거부한다.	애플리케이션 처리 프로세스가 오케스트레이터에 종속되지 않는다.	

이렇게 시나리오 모델링이 끝나면 이제 아키텍트는 이해관계자들 앞에서 의사 결정의 기준을 제시합니다. '신용카드 승인 프로세스가 바로 시작되는 것과 응답성 및 내고장성 중에서 어느 쪽이 더 중요한가?' 편두통을 유발하는 기술 세부 사항이 빠진 상태에서 기술을 모르는 이해관계자들은 설계 결정보다 그 결과에 더 집중할 수 있고 기술의 늪에서 허우적대지 않을 것입니다.

15.2.6 터무니없는 말과 에반젤리즘은 금물

에반젤리즘evangelism은 기술에 너무 열광한 사람들에게 나타나는 부작용입니다. 기술 리더와 개발자에게 사치스러운 명품 같은 에반젤리즘은 아키텍트를 곤경에 빠뜨리는 경향이 있습니다.

누구든 어떤 도구나 기술, 접근 방식에 열정을 갖고 그것을 남에게 전달하는 과정에서 무조건 좋은 부분은 키우고 나쁜 부분은 감추려고 하기 쉽습니다. 그러나 이제 여러분도 알다시피, 소프트웨어 아키텍처는 만사가 결국 복잡한 트레이드오프와 맞물려 있습니다.

아키텍트는 뭔가 엄청난 혁신을 불러올 것처럼 떠들어대지만 주기적으로 왔다가 조용히 사라지는 그런 신기술이나 테크닉을 조심해야 합니다. 만약 그런 도구나 기술을 전도하는 에반젤리스트가 있다면, (소프트웨어 아키텍처에서 모든 게 다 좋다는 건 말이 안 되므로) 장점과 단점을 정직하게 평가한 자료를 요청해서 검토하기 바랍니다. 그래야 편향되지 않은 의사 결정을 할 수 있습니다.

예를 들어, [그림 15-10]과 같이 과거에 어떤 방법을 적용해서 큰 성과를 낸 어떤 아키텍트가 에반젤리스트가 됐다고 합시다.

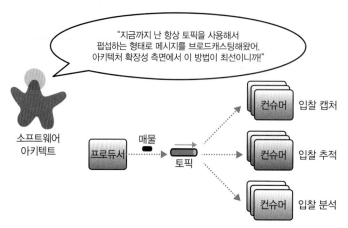

그림 15-10 '은제 탄환'을 발견했다고 자만하는 아키텍트 에반젤리스트

이 아키텍트는 예전에 확장성을 핵심 아키텍처 특성으로 정해놓고 추진했던 경험 때문인지 확장성이야말로 모든 의사 결정을 좌우하는 요소라고 굳게 믿습니다. 그러나 어떤 아키텍처 솔루션이 어떤 문제 영역의 틀을 넘어서 외부로까지 확장되는 경우는 거의 없습니다. 외려 '어떤 프로젝트에서 어떤 식으로 해결했다더라'라는 이야기가 더 설득력 있는 경우가 많습니다. 조건 반사적인knee-jerk 에반젤리즘 속에 파묻혀 진짜 트레이드오프가 보이기나 할까요?

본인의 경험도 도움은 되겠지만, 아키텍트가 가진 가장 강력한 도구 중 하나는 전체 시스템을 구축하지 않고도 반복 설계가 가능한 시나리오 분석입니다. 있음 직한 시나리오를 자꾸 모델링하다 보면 어떤 솔루션이 실제로 적합한지 확인할 수 있습니다. [그림 15-10]에서 기존 시스템은 단일 토픽을 거쳐 변경 사항을 전파하는 구조인데, 여기서 아키텍트의 목표는 워크플로에 입찰 이력을 추가하는 것입니다. 기존 펍섭 방식을 유지하는 게 나을지, 아니면 컨슈머마다 메시지를 따로 보내는 점대점 메시징 방식으로 전환하는 게 좋을지 고민입니다.

아키텍트는 이 두 방안을 모두 적용한 도메인 시나리오를 모델링해서 어떤 트레이드오프가 있는지 알아보기로 합니다. [그림 15-11]은 예전의 펍섭 방식으로 입찰 이력을 추가한 설계 방안입니다.

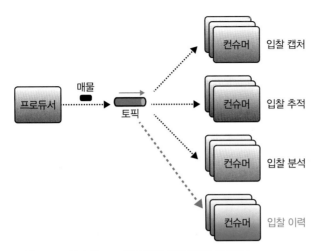

그림 15-11 시나리오 1: 기존 토픽에 입찰 이력을 추가한다.

이렇게 해도 잘 작동하지만 몇 가지 문제점이 있습니다. 첫째, 만약 여러 팀에 필요한 컨슈머별 계약이 상이하다면? 모든 정보가 다 들어 있는 하나의 커다란 계약을 만들면 되겠지만 (13.2.3절 '워크플로 관리를 위한 스탬프 커플링'), 모든 팀에게 하나의 계약을 강요하는 건 아키텍처의 우발적 결합점accidental coupling point이 되기 쉽습니다. 가령, 어느 한 팀이 필수 정보 하나를 변경하면 나머지 모든 팀도 여기에 맞춰 조정 작업을 해야 하겠죠. 둘째, 데이터 보안은? 모든 컨슈머가 하나의 펍섭 토픽을 사용해도 데이터 액세스는 큰 문제가 없겠지만, 보안 문제와 PII(개인 식별 가능 정보) 유출 문제가 생길 수 있습니다. 셋째, 아키텍트는 컨슈머별로 필요한 운영 아키텍처 특성이 다르다는 점을 생각해야 합니다. 예를 들어 운영 팀에서 입찰 포착 및 추적은 오토 스케일링을 적용하되 나머지 두 서비스는 오토 스케일링을 적용하지 않겠다고 하면, 단일 토픽으로 이 기능을 구현할 방법은 없습니다. 결국 컨슈머들이 서로 결합되고 말겠죠.

이러한 문제점을 인식한 아키텍트는 그 대안(그림 15-12)을 모델링해서 정말 기존 아키텍처의 문제점이 해결되는지 (혹여 새로운 문제점이 생기는 건 아닌지) 살펴보기로 합니다.

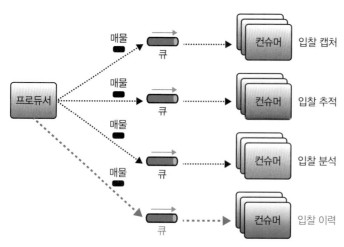

그림 15-12 큐를 각각 나눠 입찰 정보를 캡처한다.

이 워크플로의 각 파트(입찰 캡처, 입찰 추적, 입찰 분석, 입찰 이력)는 각자 자체 메시지 큐를 사용합니다. 이로써 기존의 많은 문제점이 해결됩니다. 첫째, 컨슈머마다 자기 계약을 갖고 있으므로 다른 컨슈머와 디커플링됩니다. 둘째, 데이터 보안 및 접근 통제가 프로듀서와 컨슈머 간 계약 안에 있으므로 정보와 변경 빈도 모두 컨슈머별로 달리 정할 수 있습니다. 셋째, 각 큐를 독립적으로 모니터링하고 확장할 수 있습니다.

물론 이 책을 여기까지 읽은 여러분은 점대점 기반의 시스템 역시 완벽하지 않으며 다른 트레이드오프 세트가 있을지 모른다는 것쯤은 확실히 이해했으리라 믿습니다.

트레이드오프

표 15-4 점대점 메시징과 펍섭 메시징의 트레이드오프

점대점 메시징	펍섭 메시징
여러 종류의 계약을 사용할 수 있다.	확장성(컨슈머를 새로 추가하기 쉽다)
데이터 보안 및 접근 통제를 세밀하게 조정할 수 있다.	
컨슈머마다 다른 운영 프로파일을 적용할 수 있다.	

이제 이 아키텍트는 이해관계자(운영 팀, 전사 아키텍트, 비즈니스 분석가 등)들과 만나 자신이 정리한 트레이드오프 중 어느 것이 더 중요한지 논의하면 됩니다.

때로는 아키텍트가 뭔가 딱히 전도하려고 했던 건 아니지만 어떤 것(특히 장점이 뚜렷하지 않은 뭔가)을 반대하는 편에 설 수밖에 없는 상황도 있습니다. 어떤 기술이든 단점은 대충 넘어가고 장점은 무조건 부각시키는 팬(보통 열혈 팬)들을 만들기 마련입니다.

그 실례로, 최근 이 책의 저자 중 한 사람은 프로젝트 기술 리더가 '모노레포monorepo[*] vs. 트렁크 기반 개발trunk-based development[†]' 논쟁에 심취한 탓에 고생한 적이 있습니다. 둘 다 일장일단을 고루 갖춘 해묵은 소프트웨어 아키텍처 결정 사항인데, 하필 이 기술 리더가 모노레포의 광팬이었고 해당 저자에게 반대 입장을 취해보라고 강요했던 것입니다. 찬성 측, 반대 측이 없으면 논쟁 자체가 성립되지 않으니까요.

다행히 저자는 아키텍트에게 '그것은 어디까지나 트레이드오프다, 기술 리더님이 말씀하신 대로 장점이 많은 건 사실이다, 다만 그것을 적용하려면 과거에 경험해보지 못한 수준의 교육/훈련이 병행돼야 한다, 그러나 확실히 개선 효과는 있을 것이다'라고 부드럽게 설명했습니다.

저자는 억지로 반대파가 돼서 원치 않는 토론을 하는 상황을 피했고, 제네릭한 솔루션이 아니라 실세계의 트레이드오프 분석을 강조했습니다. 그래서 일단 모노레포 방식을 시도해보기로 하되, 모노레포의 부정적인 측면이 드러나지 않도록 메트릭을 수집하기로 했습니다. 실제로 그 회사 사람들은 리포지터리 근접성repository proximity 때문에 두 프로젝트 사이에 우발적인 결합도가 발생하는 안티패턴을 끔찍이도 싫어했습니다. 그래서 기술적으로 결합점이 생길 가능성은 있지만, 미연에 방지할 수 있도록 여러 피트니스 함수를 만들었습니다.

> **NOTE**
> 다른 사람들이 여러분에게 뭔가 전도하도록 강요하지 못하게 하세요. 만사가 다 트레이드오프니까요.

우리는 아키텍트 여러분이 뭔가를 전도하려 하지 않고 객관적인 트레이드오프 중재자가 되고자 노력하길 바랍니다. 아키텍트는 은제 탄환을 쫓는 사람이 아니라, 있는 그대로의 트레이드오프를 분석하는 스킬을 연마해서 조직에 진정한 가치를 더하는 사람입니다.

---

[*] https://oreil.ly/PEEBC, 옮긴이_버전 관리 시스템에서 2개 이상의 프로젝트 코드가 동일한 저장소에 저장되는 소프트웨어 개발 전략입니다(출처: 위키백과).

[†] https://oreil.ly/HCtsh, 옮긴이_트렁크(trunk) 또는 마스터(master)라고 하는 하나의 브랜치(branch)에서 직접 모든 개발 소스를 관리하는 방식

15.3 한빛가이버 사가: 에필로그

6월 20일 월요일 16:55

손성한: "아, 이제야 알겠네요. 아키텍처를 일반적인 조언에 의존해선 안 됩니다. 남의 아키텍처가 내 아키텍처가 될 수는 없는 거니까요. 힘들더라도 트레이드오프 분석은 끊임없이 계속해야 합니다."

노건우: "성한 씨 말이 맞습니다. 하지만 이건 단점이 아니라 장점이에요. 차원을 분리해서 트레이드오프를 분석하면 우리가 바라보는 아키텍처에 대한 구체적인 사실을 밝혀낼 수 있습니다. 일반적으로 '다른 아키텍처는 어떻다더라'라는 말 따위 신경 쓸 이유가 없어요. 어떤 문제가 생겼을 때 그 문제의 솔루션이 트레이드오프를 실제로 모델링하고 테스트할 수 있는 정도로 가짓수를 줄여보면, 전체 시스템에 대해 아주 소중한 지식을 얻을 수 있습니다. 아시다시피 토목/건축 공학을 하는 분들은 이미 갖가지 수학이나 예측 도구를 만들어 쓰고 있지만, 우리는 그렇게 하기가 쉽지 않고 비용도 많이 들어요. 소프트웨어는 뭐랄까, 확실히 더 소프트softer하죠. 비록 다른 분야의 엔지니어가 갖고 있는 그런 수학 같은 도구는 없지만, 솔루션을 점진적으로 구축하고 테스트할 수 있으니 훨씬 더 유연한 매체의 장점을 십분 활용할 수는 있지요. 객관적 결과를 토대로 테스트를 진행하면 정성적이 아닌 정량적인 트레이드오프 분석을 할 수 있고, 그러면서 막연한 추정이 엔지니어링이 되는 겁니다. 세상에서 하나뿐인 우리 시스템에 관해 구체적인 사실을 더 많이 알게 될수록 우리가 수행한 분석은 더 정확해지겠죠."

손성한: "네, 옳은 말씀입니다. 자자, 다들 자축하는 의미에서 이따 퇴근하고 한잔 어때요?"

전원: "좋습니다!"

중요 개념과 용어 색인

다음은 이 책에서 설명했던 개념과 용어를 전작인 『소프트웨어 아키텍처 101』에서 참조하기 쉽도록 정리한 색인입니다.

- 순환 복잡도(cyclomatic complexity) – 6장 118쪽
- 컴포넌트 커플링(component coupling) – 7장 133쪽
- 컴포넌트 응집도 – 7장 133쪽
- 기술 분할 대 도메인 분할(technical versus domain partitioning) – 8장 146쪽
- 레이어드 아키텍처(layered architecture) – 10장 181쪽
- 서비스 기반 아키텍처(service-based architecture) – 13장 215쪽
- 마이크로서비스 아키텍처(microservices architecture) – 17장 301쪽

아키텍처 결정 레코드 색인

다음은 한빛가이버 아키텍트 팀에서 기록한 아키텍처 결정 레코드(ADR)를 한눈에 찾아보기 쉽도록 정리한 색인입니다.

트레이드오프 색인

이 책의 중심 주제는 트레이드오프 분석입니다. 특히 2부에서는 아키텍처 관심사에 관한 트레이드오프 분석 표와 그림이 적잖이 등장하는데, 다음은 이 자료들을 간편하게 찾아볼 수 있도록 정리한 색인입니다.

미주

1장 '베스트 프랙티스'가 없다면?

1 옮긴이_ https://web.archive.org/web/20160910002130/http://worrydream.com/refs
   /Brooks-NoSilverBullet.pdf

2 https://oreil.ly/bW8CH

3 https://adr.github.io/

4 https://oreil.ly/yDcU2

5 https://oreil.ly/0nwHw

6 http://asciidoc.org/

7 https://www.markdownguide.org/

8 https://oreil.ly/usx7p

9 https://oreil.ly/ozzzk

10 https://www.sonarqube.org

11 https://www.archunit.org

12 https://oreil.ly/EMXpv

2장 아키텍처 퀀텀

1 https://oreil.ly/okbu0

3장 아키텍처 퀀텀

1 *https://oreil.ly/2im3v*

2 *http://www.hello2morrow.com*

3 *https://oreil.ly/TbFjN*

4 *https://www.mattstine.com*

5 *https://oreil.ly/e9EGN*

4장 아키텍처 분해

1 *https://oreil.ly/7WkHf*

2 *http://www.laputan.org/mud*

3 *https://faustodelatog.wordpress.com*

5장 컴포넌트 기반 분해 패턴

1 *https://oreil.ly/XyIgr*

2 *https://oreil.ly/XyIgr*

3 *https://oreil.ly/AaKR2*

6장 운영 데이터 분리

1 *https://oreil.ly/Q8mI7*

2 *https://oreil.ly/pBjGZ*

3 *https://cassandra.apache.org*

4 *https://www.mysql.com*

5 *https://www.oracle.com*

6 *https://oreil.ly/LP7jK*

7 *https://www.postgresql.org*

8 *https://oreil.ly/2FOQy*

9 https://oreil.ly/34

10 https://neo4j.com

11 https://oreil.ly/TFr1D

12 https://neo4j.com

13 https://snowflake.com

14 https://aws.amazon.com/redshift

15 https://oreil.ly/Tvkx3

16 옮긴이_https://docs.datomic.com/cloud/whatis/data-model.html

17 https://clojure.org

7장 서비스 세분도

1 https://oreil.ly/caVCG

2 https://oreil.ly/r64Yw

3 https://oreil.ly/JZpcT

4 https://oreil.ly/qOtdg

5 https://oreil.ly/Vhjmv

8장 재사용 패턴

1 https://oreil.ly/dTVrX

2 https://oreil.ly/a9ADS

3 https://jfrog.com/artifactory

4 https://oreil.ly/LMmZH

5 https://oreil.ly/bW8CH

6 https://grpc.io

7 https://oreil.ly/EcBuk

8 https://oreil.ly/4hYmI

9 https://oreil.ly/oYla7

9장 데이터 오너십과 분산 트랜잭션

1 *https://oreil.ly/WJ2kt*

2 옮긴이_*https://www.confluent.io/ko-kr/blog/kafka-connect-deep-dive-error-handling-dead-letter-queues*

10장 분산 데이터 액세스

1 *https://hazelcast.com*

2 *https://ignite.apache.org*

3 *https://oreil.ly/ISDkz*

4 *https://oreil.ly/J8FPY*

11장 분산 워크플로 관리

1 *https://oreil.ly/KTGrU*

12장 트랜잭셔널 사가

1 *https://oreil.ly/drXJa*

2 *https://oreil.ly/feCe1*

13장 계약

1 *https://grpc.io*

2 *https://www.json.org*

3 *https://oreil.ly/tzoUg*

4 *https://graphql.org*

5 *https://yaml.org*

6 *https://oreil.ly/Jau2N*

INDEX

INDEX

INDEX

INDEX

INDEX

INDEX

INDEX

INDEX

INDEX

INDEX

INDEX

INDEX

INDEX

INDEX

INDEX

INDEX